KB125762

중국을 말하다

중국을 말하다

인류 지식의 표준, 브리태니커가 집대성한
현대 중국의 모든 것

Britannica®

브리태니커 편찬위원회 지음
조너선 머스키·도로시-그레이스 게레로 서문
이선미 옮김

AGORA

차례

중심이 되는 국가

중화(中和). 이 이름은 모든 것을 말해준다. '중심이 되는 국가', 중국. 현재는 그 뜻이 이름에만 한정되어 있는지도 모르지만, 자신이 최고며 으뜸이고 가장 강력하다는 주장은 그들이 21세기의 주인공이 될 것이라는 기대와 불안감 또는 소망을 불러일으킨다.

어떤 국가나 수반을 위해 런던을 말 그대로 온통 붉은색으로 바꿀 수 있을까? 그럴 수 있다. 몇 년 전 영국 왕립미술원에서 열린 중국 황실 예술전 때 일어난 일이다. 개장하는 날 런던 중심가는 템스 강에서 웨스트엔드에 이르기까지 붉은 조명으로 번쩍였다. 후진타오〔胡錦濤〕주석과 엘리자베스 여왕이 청나라 황제의 소장품을 감상하려고 전시관을 방문했던 날에는 일반인들의 관람이 제한되었다. 후진타오 주석과 엘리자베스 여왕은 50분 동안 두 사람만의 대화를 나누었다.

이런 대우가 과분하다고 생각하는가? 어떤 국가가 중국의 만리장성이나 세계에서 가장 높은 고도를 달리는 티베트 행 기차와 같은 공학기술의 경이를 보여주었던가. 중국은 나침반, 화약, 목판 인쇄술, 활자 인쇄술, 종이, 도자기, 비단 등을 처음 발명한 것으로 알려져 있다. 이 발명품들은 전세계 청소년이 알아야 하는 상식이라고 말하는 사람이 있을 만큼 중요한 것이다. 풀무(곡물에 섞인 쭉정이, 겨, 먼지 따위를 날려서 제거하는 농기구-옮긴이), 외바퀴 손수레, 짐 끄는 말에 사용하는 조임 없는 마구, 석궁, 연, 현수교, 방수 구획이 된 배, 세로돛, 운하의 수문, 심부시추(시공심도가 통상 500미터 이상인 시추기술-옮긴이)는 또 어떤가? 중국인은 이 모두를 자신들이 발명했다고 단언하는데 여러 곳에서 그 근거를 찾을 수 있다.

크기가 중요하다. 중국의 인구는 세계에서 제일 많다. 더 놀라운 사실은 소수민족을 포함한 중국 인구가 1세기경에 이미 5,000만 명 이상이었다는 것이다. 현대 중국군은 세계 최대 규모이며, 인구수가 1,000만 이상인 도시의 수도 다른 어떤 나라보다 많다. 출생률과 평균 수명으로 평가한다고 해도 중국이 보여주는 수치는 이미 대부분의 개발도상국가들의 수치를 넘어 선진국 수준에 이르렀다.

중국은 가장 오랫동안 유지되어온 문명이라고 할 수 있다. 이집트나 그리스와는 달리 문자와 관습, 예절 등 문화를 이루는 기본요소 대부분이 손상 없이 지금까지 이어지고 있다. 게다가 이런 특징은 저 유명한 몽골족이나 만주족 등의 침입 속에서도 살아남았으며, 중국인은 오히려 이민족 왕조의 오랜 통치 기간 동안 그들에게 자신의 관습과 제도를 전해주었다. 중국이 19세기에 여러 국가와 불평등 조약을 맺었을 때에도 홍콩과 타이완을 제외한 본토는 식민지가 된 적이 없다. 일부 서구세력이 무자비하게 영향력을 행사한 적도 있었지만, 정말로 '중국의 마력'이라는 것이 있어서인지는 몰라도 중국인은 서구의 영향을 자신에게 유리하게 변화시키는 데 성공했다. 많은 전통적 가치가 그대로 유지되었고 이는 농촌지역에서 두드러졌다. 스타벅스나 루이뷔통이 중국인의 열망의 대상이 되었는지도 모르지만, 현대 중국인은 여전히 서구의 약보다 전통적인 치료법을 선호한다.

이런 문화적 연속성과 적응력은 중국인과 그 지배 권력의 특징이 되어왔는데, 특히 1949년 공산주의가 승리한 뒤 세워진 정부는 이 특징을 더욱 두드러지게 보여주었다. 서구에서 주창된 공산주의는 중국에서 그 모습이 변형되었다. 중국은 더 이상 냉전시대 용어가 가리키는 공산주의 국가라고 할 수 없으며, 기본적인 정치와 권력 구조는 중국 정부의 표현대로 '중국식 사회주의'를 보여주고 있다.

중국인은 아주 어릴 때부터 공산당이 중국을 구했으며 다른 지배 권력이 있을 수 없다는 것과 중국 문명이 세계에서 가장 오래되고 좋은 것이라는 두 가지를 아주 확실하게 교육받는다. 게다가 중국의 55개 소수민족은 가장 커다란 희망이 한족 문화에 동화되는 것이라고 교육받는다.

변형의 정도와 대가에 관해서는 서로 다른 의견이 존재하지만 1980년 이래로 중국 경제가 보여준 도약은 깜짝 놀랄 만한 사건이었다. 이 책의 본문에서 살펴보겠지만, 중국 대도시의 생활수준은 놀랄 만큼 발전했고 많은 외국 기업들이 중국으로 물밀듯이 들어왔으며 외국 은행과 기업에 대한 중국 정부의 투자 규모는 다른 어떤 국가와도 비교가 안 될 정도로 크다. 현재 중국의 도시 거주민은 20년 전에는 생각지도 못 했던 방식으로 입고, 읽고, 국내외로 여행하며, 종교 생활을 하고, 일을 한다.

중국 정부는 예전의 독자적인 외교 정책(죽의 장막을 가리킨다-옮긴이)에서 벗어나 수많은 국제단체와 국제활동에 참여하고 있다. 북한의 핵무기 개발이나 미얀마 민주화운동 등 국제사회의 위기 때에도 중국은 중요한 역할을 맡아왔다. 1997년 홍콩이 중국 대륙으로 반환된 뒤 중국은 '1국 2체제' 정책을 보장하겠다는 약속을 지켰다. 국가안전법(홍콩 반환 당시 자치권을 최대한 보장한다는 당초의 약속과는 달리 중국 정부가 언론 및 표현의 자유 제약과 인권침해의 가능성이 있는 내용 삽입을 시도한 법안-옮긴이)을 도입하려 했을 때에는 정치적인 의견 대립과 반대 여론, 홍콩 시민들의 반발이 수그러들지 않자 재빨리 입법을 철회하는 모습을 보여주었다. 타이완에 대해서도 타이완을 침략해 오랫동안의 숙원인 하나의 중국을 이루겠노라 여러 차례 협박을 했지만, 소란만 떨었지 실제로 타이완의 지도자가 공식적으로 본토에서 독립하겠다는 주장을 했을 때는 오히려 잠잠했다.

유서 깊은 문화유산을 간직하고 있지만 1949년까지만 해도 가난하고 낙후된 나라였던 중국은 현재 경제적·군사적으로 강대국 수준에 근접했고, 사랑받는 여행지가 되었으며, 국제사회에서도 주도적 역할을 맡고 있다. 중요한 점은 중국이 여전히 과도기에 있기 때문에 이것이 전부가 아니라는 것이다.

이 엄청난 속도 변환은 중국이 시대적·지역적으로도 중요한 역할을 하고 있고 국민의 필요와 요구에 부합하는 동시에 인권과 민주주의에 대해 자신만의 정의를 내릴 수 있는 정부라는 자화상이 합당하다는 새로운 이론이 생겨나게 만들었다. 중국 정부는 인권에 관련된 국제조약 대부분에 서명을 했음에도 인권 보호란 거대한 인구에게 안전, 음식, 옷, 집을 보장하는 것이라며 자의적인 정의를 내린다. 중국식 민주주의는 '의회주의 모델'을 기본으로 한 것이 아니라 마을, 도시, 성 단위로 단계적인 선거를 치른 후, 국익이라고 규정한 것과 관련된 정책 방향에 관해 여러 이익단체와의 논의를 거쳐 정부가 결정을 내리는 방식이다. 그렇기 때문에 중국 정부는 자국민의 권리 확대에 대한 외국인의 충고를 '중국 주권에 대한 모욕'으로 받아들인다.

통치 영역에서 보여준 이런 혁신은 비난이 아니라 칭찬을 받아야한다고 주장하는 중국 전문가들도 있다. 일부 해외 전문가들은 만약 외부인이 나서서 중국의 통치방식이나 국가체제를 비난한다면, 중국의 지배세력을 방어적으로 만들고 자신이 적대적인 환경에 포위되어 있다고 생각하게 만드는 결과만 가져올 뿐이라고 주장하기도 한다(중국의 문화적·정치적 성과는 뒤에서 상세하게 다뤄질 것이다).

부정적인 의미로도 중국은 '가장 크고', '으뜸'이어서 이것이 중국인과 중국이 나머지 세계와 맺은 관계에도 영향을 끼친 것이 사실이다.

현재 중국의 인구는 13억을 넘어섰고 필요에 의해 그 성장 속도가 제한되고 있다. 하지만 성장 속도를 제한한 것으로 치르게 된 대가도 작지 않았다. 1980년부터 실시된 한 가구 한 자녀 정책은 1949년 정부 수립 후 생겨난 정책 중 가장 환영받지 못한 정책이 되었다. 무자비하게 실행된 이 정책은 아들 선호 사상뿐 아니라, 생계 수단이 사라지면 아들에게 노후를 의탁할 수 있지만 시집간 딸에게는 보살핌을 받을 수 없는 농촌 노인들의 현실에도 크게 어긋나는 것이었다. 아들을 둔 부모라 해도 외동아들이 결혼을 하면 사돈 중 한쪽은 부양도 받지 못하고 얼굴도 잘 못 보고 지낼까 봐 두려워하게 되었다. 이 정책이 실행되자 절망에 빠진 부모는 갓 태어난 딸을 죽이거나 버리기도 했고, 태아를 감별하여 여아를 임신한 경우 중절수술을 받는 일이 횡행했다. 이로 인해 성비율에 큰 차이가 생겼다. 일부 지역 중에는 여아 100명당 남아가 118명이나 되는 곳도 생겼다.

중국 정부의 현대적 면모 뒤에는 반체제에 대한 끊임없는 탄압도 있다. 최근 많이 온건해지긴 했지만 반체제 세력에 대한 무자비한 탄압은 여전히 계속되고 있다. 1989년 베이징의 톈안먼〔天安門〕 광장에서 일어난 시위와 다른 도시에서 벌어진 유사한 시위들의 결과는 반체제운동에 대한 정권의 태도를 보여준 가장 극적인 예라고 할 수 있다. 당시 시위에 함께했던 참가자 중에 여전히 투옥 중인 사람들이 많다. 한 번이라도 정권을 비난한 사람들은 '반혁명 인사'로 간주되었고 '범죄자'라는 낙인이 찍혀 구치를 당하게 되었다. 최근에 새로 등장한 감시 방법은 인터넷상의 감시로서, 중국 정보 관리자가 '민주주의' 같은 의심스러운 단어를 이메일이나 블로그에서 검색하는 것이다.

'산업성장 무역제 정책' 때문에 가능했던 경제성장의 기적도 그 결과를 맞이하게 되었다. 중국은 세계에서 자연환경이 가장 많이 파괴된 국가 대열에 들게 되었으며, 유해 탄화수소 방출량 기준에서도 미국을 제치고 1위에 등극하게 되었다. 세계에서 가장 많이 오염된 강들의 절반이 중국에 있으며 중국 도시의 반 이상이 세계적인 오염 도시 명단에, 그것도 상위 자리를 차지하고 있다. 매년 수만 명의 중국 아동이 오염된 공기와 물 때문에 죽어간다는 보고서도 발표되었다.

중국은 앞에서 언급했던 것처럼 국제적으로 긍정적인 역할을 담당하기도 했다. 핵무기 개발을 중단하라고 이웃 국가인 북한을 설득하기도 했고, 확실한 근거는 없지만 2007년 중국 정부가 미얀마 정권에 승려들에 대한 탄압을 중단하라는 국제사회의 요구에 귀를 기울이라는 충고를 했다는 소문도 있었다. 그러나 이와는 사뭇 다른 경우도 있다. 중국은 짐바브웨 같은 나라에게 인권에 관한 국제적인 기준을 지키라고 촉구하는 것은 그들의 주권을 침해하는 것이라고 계속해서 주장하고 있다. 게다가 중국은 유전 탐사에 열을 올리며 아프리카와 중동의 독재 정권이 자국민에게 행하는 횡포에 대해 침묵하면서 그들과 원유 거래를 하기도 했다. 또한 미국, 영국, 프랑스 같은 선진국도 결코 결백하지 않다고 응수하면서 독재 정권에게 무기를 공급하는 역할도 해오고 있다.

국제경제에서 중국은 저렴한 가격의 제조품을 수출해 전세계 고객의 마음을 사로잡았다. 하지만 여기에도 우려되는 점이 두 가지 있다. 한 가지는 중국에 진출해 있는 외국 기업, 특히 광산업 관련 기업들의 중국 공장 환경이 안전하지 못하고, 노동자의 주거환경이 열악하며 임금이 낮다는 것이다. 다른 한 가지는 품질 관리가 잘 이루어지지 않아 결함이 있는 부품이나 치명적인 첨가물이 들어간 상품이 제조된다는 것이다. 이로 인해 식품, 장난감, 애완동물 사료, 화장품 등이 대량으로 회수되는 일도 있었다.

요컨대 중국은 규율이 존재하지만 부정부패 또한 묵인되는 사회 분위기에서, 경제성장에 대한 대중적 요구를 만족시키기 위한 시장 개혁을 추진하고 있는 것이다. 도시 인구는 비교적 부유하고, 농촌 인구는 경제성장의 혜택을 거의 받지 못하는 불균형이 계속 커지고 있지만 현재까지는 전반적으로 성공적이었다고 할 수 있다. 하지만 저임금에 시달리거나 안전상의 위험을 느끼는 노동자들과, 지역 관리에게 부당한 대우를 받은 소작농들에 의한 시위가 매년 수만 건씩 일어나는 상황에서 현 정권은 1989년과 비교할 만한 또는 그것보다 더 큰 규모의 정치 폭동이 일어나지나 않을까 주의를 기울이고 있다.

마오쩌둥 집권 시기, 1966~76년의 문화대혁명으로 인한 무질서를 겪은 중국 공산당은 사회주의 외의 대안은 모두 혼란을 가져올 뿐이라고 국민들을 설득하려는 것으로 보인다. 또한 정부는 타이완과 홍콩의 발전에도 불구하고 당원들에게 '중국인은 민주주의를 원하지 않는다'고 끊임없이 교육시킨다. 1919년 5·4운동(1919년 5월 4일부터 2개월간에 걸쳐 중국 전역에서 일어난 반일 애국운동-옮긴이) 당시, 애국심에 불타는 중국인들은 '과학'과 '민주주의'가 중국을 구해줄 것이라고 믿었다. 물론 '과학'이 구원자가 되어줄 것이라는 관념은 중국인들 사이에 오래전부터 존재해왔다. 그에 비해 민주주의는 아직 요원하다. 몇 년 전 하버드대학교의 로더릭 맥파쿼 교수는 베이징에서 열린 공산당 학회에서 민주주의가 "여전히 문 앞에서 기다리고 있다. 민주주의가 문 안으로 들어오기 전까지 중국인은 시민이 아니라 피지배자일 뿐"이라고 경고했다.

만약 중국 정부의 작전과 전략이 성공한다면, 그래서 만연한 부패가 일정한 영역에만 머물러 있고 지난 1911년 만주족을 전복시킨 국가적 봉기(신해혁명. 청나라를 무너뜨리고 동아시아 최초의 공화국인 중화민국을 건립한 혁명-옮긴이)와 같은 형태를 지닌 어떤 폭동이나 민주주의운동도 일어나지 않는다면, 중국 정부는 새로운 종류의 사회를 건설했다고 할 수 있을 것이다. 공산당은 텔레비전으로 방영되는 1989년 톈안먼 사건을 두려움 속에서 지켜보았고, 정부는 외국에서 쏟아지는 격렬한 비난을 견뎌내야만 했다. 그러나 최고 권력층은 정치적으로 안정된 중국, 경제적으로 성공한 국가, 실질적인 규칙에 의해 국제 상황을 통제하는 정부를 원한다. 최근 미국의 한 정책 결정자는 다음과 같은 말을 했다. "베이징에 전화를 할 때면 전화를 받는 사람이 누구인지 알고 싶고 그를 믿고 싶다."

중국의 지도자들은 국민들이 반란을 일으켜 사회가 혼란스러워질까 봐 두려워하지만, 몇 가지 이유를 근거 삼아 국민들에게 필요한 물건들만 규칙적으로 제공해주면 '안정성'을 확보할 수 있다고 믿고 있다. 마오쩌둥의 후계자들인 이 지도부는 역사에 관한 훌륭한 안목을 지니고 있다. 매사추세츠공과대학교에서 오랫동안 정치학을 가르쳤으며 중국에 관해 날카로운 통찰력을 지닌 루시안 파이 교수는 역사학자들이 경제개혁에 관해서는 거의 글을 쓰지 않는 것을 언급하며 다음과 같이 말했다. "역사의 큰 장은 국민에게 정치적 자유와 안전을 선물한 지도자의 몫이다."

_조너선 머스키

중국이 보여준 폭발적 성장의 위험

노벨경제학상을 수상한 스웨덴의 경제학자 군나르 뮈르달(Gunnar Myrdal)은 1950년대에 21세기에도 중국은 가난이라는 수렁에서 벗어나지 못한 채 허우적대고 있을 것이라고 예측했다. 하지만 21세기 초 중국이 보여준 모습은 뮈르달의 예측과는 거리가 멀었다. 2008년 올림픽을 유치하는 과정에서 중국 정부는 13억 명이 넘는 사람이 살고 있는 나라도 얼마든지 빠른 변화를 보여줄 수 있다는 것을 알리려고 거대한 변신을 준비했다. 새로운 지하철 노선이 생기고 후퉁(베이징의 옛 모습을 간직한 골목을 뜻한다-옮긴이)은 고층 건물에 자리를 내주었다. 현재 중국은 세계 3위의 경제 규모와 2위의 무역 규모를 지닌 국가다. 또한 세계 총 GDP의 5퍼센트를 차지하고 있으며 최근 중소득 국가 대열에 들어섰다. 또한 국제적으로 중요한 원조국이기도 하다. 생산면에서 보면 중국은 세계 철강의 3분의 1 이상을, 시멘트의 절반을, 알루미늄의 3분의 1을 공급한다.

중국이 마오쩌둥 시기의 가난을 떨쳐버린 것은 규모나 속도 모두에 있어서 깊은 인상을 남겼다. 약 4억 명의 인구가 가난에서 벗어났다. 지금도 많은 사람의 생활수준이 개선되고 있고, 이로 인해 정부가 가까운 미래에 사회의 전반적인 수준을 중산급으로 올려놓을 것이라는 긍정적인 기대를 불러일으켰다.

그러나 중국이 이루어낸 놀라운 경제성장을 보여주는 이 숫자 뒤에는 거대한 난관이 숨어 있다. 이 난관을 묵살한다면 중국이 얻은 성과는 위태로워질 것이다. 중국 내외의 여러 개발 문제 전문가들은 중국이 무모한 방식으로 성장한 결과, 자국은 물론 전세계를 환경 파괴라는 대참사로 떨어질 수 있는 절벽으로 몰아갔다고 우려한다. 중국은 아주 빠른 속도로 줄어드는 천연자원 문제로 이미 고심하기 시작했다. 게다가 빠른 경제성장의 혜택은 모든 인민에게 고루 분배되지 못했다. 전 인민의 10분의 1에 해당하는 1억 3,500만 명이 절대 빈곤선의 국제 기준에 못 미치는 삶을 살고 있다. 부자와 가난한 사람 사이에서뿐 아니라 도시와 농촌 간에도 메울 수 없는 격차가 자리 잡았다. 환경재난과 불평등을 경험한 사람들은 계속해서 폭동을 일으키고 있다. 만약 이런 사회 문제가 해결되지 않는다면 '조화로운 발전'이라는 정부의 목표에 걸림돌이 될 것이며, 나아가 중국 공산당의 독재 권력이 위협을 받게 될 것이다.

환경 지속성 문제

중국의 석탄 소비량은 미국, 유럽, 일본의 소비량을 합친 것보다 더 많고, 온실가스 배출량은 그 동안 최다 배출국이었던 미국을 이미 넘어섰거나 능가하려고 한다. 베이징은 산성비의 주범인 이산화황을 가장 많이 배출하는 곳이기도 하다. 중국 관련 학자들은 빠른 경제성장과 에너지 공급원의 70퍼센트 이상을 석탄에 의존하는 상황 때문에 오염물질의 발생 속도가 증가하는 것이라고 지적한다. 매년 조기 사망의 30만 건 이상이 대기오염으로 인한 것이다. 중산계급의 생활양식의 변화 역시 이 문제의 원인이 된다. 베이징에서만 매일 천 대의 새 차가 거리로 쏟아져나온다. 세계 10대 오염 도시 중 7곳이 중국에 있다.

유엔(UN)이 2006년에 발표한 「인류 개발 보고서」에 따르면 중국의 수질오염이 가속화되고 있고 중국 정부는 심각한 오염원을 제대로 통제하지 못하고 있다고 한다. 보고서 발표 당시 3억이 넘는 중국인이 깨끗한 식수를 마시지 못하고 있는 것으로 파악되었다. 중국 주요 7대 강의 60퍼센트가 넘는 곳의 수질이 식수로는 부적합하다고 판정받았으며 공업용수의 3분의 1 이상과, 지역 하수의 3분의 2 이상이 아무런 하수 처리 없이 강으로 흘러들어갔다. 중국은 세계 수자원의 7퍼센트를 보유하고 있고 전세계 약 20퍼센트의 인구가 중국에 살고 있다. 그런데 수자원의 공급이 지역적으로 큰 불균형을 보이고 있다. 중국 수자원의 약 5분의 4가 남쪽지역에 분포되어 있다.

수출 중심의 성장 덕분에 급속히 발달한 두 지역인 주장〔珠江〕삼각주와 양쯔 강〔揚子江〕삼각주는 대규모의 중금속오염과 끊임없는 유기오염에 시달리고 있다. 오염물질은 선진국이 운영하는 공장이나 미국에서 불법으로 수입된 전자제품 폐기물에서 흘러나온다. 중국 내 비정부기구인 환경정책연구원의 공식 보고서에 따르면 중국에서 사업을 하는 다국적 기업 중 30곳 이상이 수질오염 관리 지침을 지키지 않고 있다. 이 중에는 펩시콜라, 파나소닉 건전지 주식회사, 포스터 그룹도 포함되어 있다. 이 자료는 지방과 중앙정부가 제공한 보고서를 근거로 삼은 것이다.

그러나 중국 역시 성장에는 대가가 따른다는 사실을 인식해가고 있다. 중국 환경보호총국과 세계은행에 따르면 중국 GDP의 5.8퍼센트가 대기오염과 수질오염을 막는 데 사용된다. 물론 심각한 환경문제에 대한 일차적인 책임은 중국 정부에 있지만, 중국의 저렴한 노동력을 사용하고 오염물질이 배출되는 공장을 중국에 설립해 혜택을 본 기업들과 소비자들이 나선다면 환경문제를 해결하는 데 도움이 될 것이다.

2004년 중국 정부가 에너지 소비와 오염물질 배출을 줄인다는 목표를 세웠을 때만 해도 완만한 경제성장 모델을 채택하지 않으면 환경문제가 심각해질 것이라는 관측을 인정하는 사람은 많지 않았다. 그러나 2007년에 이르러 재생 가능한 에너지를 사용하고 천연자원을 보존하며 오염물질 방출에 대한 엄격한 통제 체계를 세워야 한다는 것의 필요성이 다시 한 번 확인되었다. 중국 정부는 2020년까지 전체 소비 에너지 중 16퍼센트를 수력 에너지와 기타 재생 가능한 대체 에너지로 전환하겠다는 목표를 세웠다.

사회 정의 문제

중국을 자세히 들여다보면 중국민의 주된 관심사는 자국의 대외 홍보보다는 사회에 만연한 불평등이나 그와 관련된 문제 해결에 있다는 것을 알 수 있다. 지니계수(이탈리아의 통계학자 C. 지니에 의해 제시된 지니의 법칙에 나오는 소득불균형 상태를 나타내는 계수. 보통 0.4가 넘으면 소득분배의 불평등 정도가 심한 것으로 본다─옮긴이)를 기준으로 보면 1970년대 후반 중국의 지니계수는 0.5까지 증가했다. 상위 1퍼센트에 드는 부자가 국가 경제의 60퍼센트를 통제했다. 이런 소득의 불균형은 도시와 농촌 간의 1인당 소득을 비교해보면 더욱 극명하다. 농촌지역의 생활은 고되고 대부분의 주민이 가난하다. 도시와 농촌 간의 소득 비율은 1980년대 초반에는 1.8:1이었다가 2003년에는 3.23:1로 간극이 더 크게 벌어졌다(세계 평균은 1.5:1과 2:1 사이다). 농촌 인구는 수입이 낮을 뿐 아니라 교육이나 의료 같은 공공 혜택은 못 받으면서 불공평한 세금의 의무를 지고 있다. 최근 정부는 농촌지역 빈곤 문제를 해결하고자 몇 가지 세금 조항을 삭제했다.

약 1억에서 1억 5,000만 명에 이르는 농민공이 도시로 일자리를 찾아 이동한다. 그러나 이도 쉽지만은 않다. 도시에서 일하는 농민공은 대개 공장이나 건설현장에서 일하는데 도시에서 집을 살 수도 없고 자녀를 도시 학교에 보낼 수도 없다. 특히 여성 농민공은 가난하고 기술이 없는데다 농촌 출신 여성이라는 이유로 삼중 차별을 받게 된다. 매년 보고되는 수만 건이 넘는 폭동과 항의의 배경은 가난보다는 부패에 대한 것이 더 많다. 중국의 농촌은 공동 소유다. 이론적으로 촌 단위로 주변 땅을 소유하고 집마다 일정 넓이의 땅을 장기로 임대하는 식이다. 그러나 1980년대 중반 이후 도시화가 진행되면서 6만 5,000제곱킬로미터의 밭이 도시로 유입되었다. 사람들은 자신의 몰수된 땅에 신흥 부자만이 살 수 있는 값비싼 집이 세워지는 것과 지역 관리들이 자기 주머니만 채우는 모습을 지켜보고 있어야 했다. 농민들은 개발 대가로 약간의 보상금만 받고 그후로 몇 년 동안 공장이나 건설현장에서 하루하루 벌어 생활하고 있다. 파렴치한 사장을 만나 월급을 못 받는 일도 허다하다. 대중 시위에 관한 여러 보고서에는 많은 중국인이 20년 동안 이뤄진 경제성장의 결과가 더 공평하게 분배되길 바란다는 점이 확연히 드러나 있다.

_도로시-그레이스 게레로

Part 1

배경

공식 명칭: 중화인민공화국

정부 형태: 인민공화제, 일당제, 단원제

국가 원수: 주석

행정부 수반: 총리

수도: 베이징

공용어: 표준 중국어

공식 종교: 없음

화폐 단위: 위안(元)

인구 통계

총인구(2007년): 1,317,925,000명

인구 밀도(2007년): 137.7명/km^2

도시─농촌 인구 비율(2007년): 도시 43.9% 농촌 56.1%

성별 비율(2007년): 남성 51.52% 여성 48.48%

연령별 비율(2004년): 15세 미만 19.3%, 15~29세 22.1%, 30~44세 27.2%, 45~59세 19.0%, 60~74세 9.6%, 75세 이상 2.8%

추계인구: 1,408,064,000명(2020년)

민족별 비율(2000년): 한족(漢族) 91.53%, 쫭족(壯族) 1.30%, 만주족(滿洲族) 0.86%, 후이족(回族) 0.79%, 먀오족(苗族) 0.72%, 위구르족(Uighur) 0.68%, 투자족(土家族) 0.65%, 이족(彝族) 0.62%, 몽골족(蒙古族) 0.47%, 티베트족(Tibetan) 0.44%, 부이족(布依族) 0.24%, 둥족(侗族) 0.24%, 야오족(瑤族) 0.21%, 조선족(朝鮮族) 0.15%, 바이족(白族) 0.15%, 하니족(哈尼族) 0.12%, 카자흐족(Kazakh) 0.10%, 리족(黎族) 0.10%, 다이족(泰族) 0.09%, 기타 0.54%

종교별 비율(2005년): 무교 39.2%, 중국 민간 신앙 28.7%, 그리스도교 10.0%(미등록 개신교도 7.7%, 등록 개신교도 1.2%, 미등록 천주교 0.5%, 등록 천주교 0.4%), 불교 8.4%, 도교 7.8%, 전통 신앙 4.4%, 이슬람교 1.5%

주요 도시별 인구(2005년)

상하이〔上海〕	14,503,000명
베이징〔北京〕	10,717,000명
광저우〔廣州〕	8,425,000명
선전〔深圳〕	7,233,000명
우한〔武漢〕	7,093,000명
톈진〔天津〕	7,040,000명
충칭〔重慶〕	6,363,000명
선양〔瀋陽〕	4,720,000명
둥관〔東莞〕	4,320,000명
청두〔成都〕	4,065,000명
시안〔西安〕	3,926,000명
하얼빈〔哈爾濱〕	3,695,000명
난징〔南京〕	3,621,000명
구이양〔貴陽〕	3,447,000명
다롄〔大連〕	3,073,000명
창춘〔長春〕	3,046,000명
쯔보〔淄博〕	2,982,000명
쿤밍〔昆明〕	2,837,000명
항저우〔杭州〕	2,831,000명
칭다오〔靑島〕	2,817,000명
타이위안〔太原〕	2,794,000명

지난(濟南)	2,743,000명
정저우(鄭州)	2,590,000명
푸저우(福州)	2,453,000명
창사(長沙)	2,451,000명
란저우(蘭州)	2,411,000명

세대별 평균 인구(2004년) 3.6명, 도시 평균 3.0명, 농촌 평균 4.1명

인구 동태 통계

인구 1,000명당 출생률(2006년) : 12.1명(세계 평균 20.3명)

인구 1,000명당 사망률(2006년) : 6.8명(세계 평균 8.6명)

인구 1,000명당 자연 증가율(2006년) : 5.3명(세계 평균 11.7명)

출산률(여성 1명이 평생 동안 낳는 평균 자녀수, 2005년) : 1.72명

평균 수명(2005년) : 남성 70.9세, 여성 74.3세

국가 경제

국민총생산(2006년) : 2,641,846,000,000달러(1인당 GNP 2,035달러)

예산(2004년)

  수입 : 2,639,647,000,000위안

  지출 : 2,848,689,000,000위안(경제발전비 27.8%, 경제발전비 중 농업 비율은 8.3%, 사회 문화 및 교육 발전비 26.3%, 행정비 19.4%, 국방비 7.7%,기타 18.8%)

국가 채무(외채 이자의 규모가 가장 컸던 2005년 기준) : 82,853,000,000달러

대외무역

수입(2004년) : 561,229,000,000달러(기계 및 기구류 41.7%, 그 중 트랜지스터/초소형 회로(2003년) 12.7%, 컴퓨터와 사무기계(2003년) 5.9%, 특정 산업용

기계(2003년) 5.0%, 광물성 연료 8.6%, 전문 과학장치 7.4%, 플라스틱 관련 제품 5.0%, 유기화학물 4.2%, 철강류 4.2%)

주요 수입국 : 일본 16.8%, 타이완 11.5%, 한국 11.1%, 미국 8.0%, 독일 5.4%, 말레이시아 3.2%, 싱가포르 2.5%, 러시아 2.2%, 홍콩 2.1%, 호주 2.1%

수출(2004년) : 593,326,000,000달러(기계 및 기구류 41.8%, 그 중 컴퓨터와 사무기계(2003년) 14.3%, 통신기구, 녹음 및 재생 장치(2003년) 10.3%, 초소형 회로를 포함한 전자기기(2003년) 9.9%, 의류 및 액세서리 11.3%, 완제품을 포함한 철강류 4.2%, 화학 및 화학 생산품 4.1%, 운반 장치 3.5%)

주요 수출국 : 미국 21.1%, 홍콩 17.0%, 일본 12.4%, 한국 4.7%, 독일 4.0%, 네덜란드 3.1%, 영국 2.5%, 타이완 2.3%, 싱가포르 2.1%, 프랑스 1.7%

군사
현역 군인 수(2006년 3월) : 2,255,000명(육군 71.0%, 해군 11.3%, 공군 17.7%)
GDP 대비 국방비(2005년) : 약 2.0%, 1인당 지출 34달러

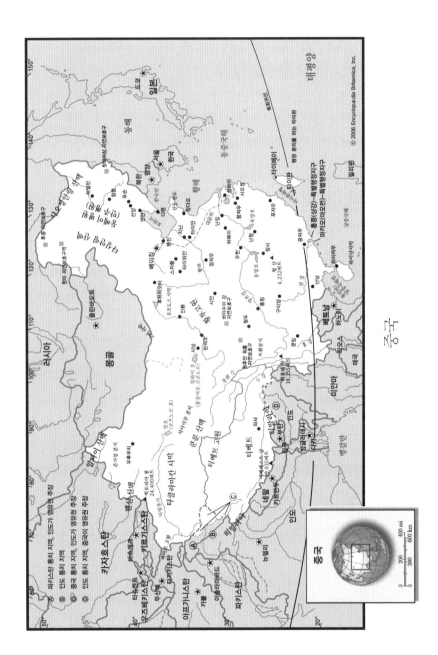

중국

© 2006 Encyclopædia Britannica, Inc.

01
개요

　중국은 자연적으로나 인문적으로 무척 다양하고 복잡한 국가다. 중국에는 세계에서 해발고도가 가장 높은 지역과 낮은 지역이 모두 있고, 사람이 들어갈 수 없는 산간지역부터 광활한 해안 저지대까지 지형도 다양하다. 기후 또한 극도로 건조한 사막 기후를 보이는 서북지역에서 동남지역의 열대 기후까지 다양하다. 중국은 남북의 온도차가 세계에서 가장 큰 국가이기도 하다.

　4,000년 이상의 기록 역사를 지닌 중국은 세계 문명의 초기부터 경제적·문화적으로 번성했던 곳 가운데 현재까지 남아 있는 몇 안 되는 나라다. 게다가 긴 역사 동안 빈번하게 발생했던 정치·사회 변동으로 국가 전체가 황폐해지고 불연속적인 정치·문화적 단위가 되었음에도 오랫동안 복원력을 유지해왔다는 점도 독특하다. 인도에서 유입된 불교를 제외하면, 중국의 문화 발전은 대부분 외부의 영향 없이 이뤄진 편이라고 할 수 있다. 만주족 같은 '이민족' 문화가 침투하기도 했지만 도리어 한족 문화에 흡수되었다.

　지난 수세기 동안 중국 문화는 외부세계와 거의 단절된 상태에서 발전하고 번영했지만, 19세기 중반 기술적으로 발전한 외국과 마주하게 됐을 때 외부세계와 직면할 준비가 되어 있지 않다는 사실이 드러났다. 외국의 맹공격에 맞설 준비가 되어 있지 않다는 것을 깨달은 중국은 쇠락과 노후의 시간을 보내게 된다. 이런 외부의 도전이 가져온 충격은 20세기 초 구정권에 대항하는 혁명의 촉매제가 되었고, 1949년 대륙에 공산당 정권을 세워 지금까지 유지되도록 만들었다. 이 사건은 전세계 정치 지형도를 바꾸어놓았고 그후로 중국은 세계에서 가장 영향력 있는 국가 대열에 오르게 되었다.

아시아에서 가장 넓은 나라인 중국은 동서로는 5,250킬로미터, 남북으로는 5,500킬로미터에 이른다. 국경선의 길이는 약 20,000킬로미터에 달하고, 해안선은 14,000킬로미터에 육박한다. 북쪽으로는 몽골과 접해 있고 동북쪽으로는 러시아와 북한이, 동쪽으로는 황해와 동중국해가 펼쳐져 있으며 남쪽으로는 남중국해가 있다. 베트남, 라오스, 미얀마, 인도, 부탄, 네팔 등과 남쪽 접경을 마주하고 있고 남서쪽으로는 파키스탄과 아프가니스탄을, 서쪽으로는 타지키스탄과 키르기스스탄 그리고 카자흐스탄과 마주하고 있다. 직접 국경을 맞대고 있는 이 14개국 말고도 황해를 사이에 두고 한국, 일본과 접촉하고 있으며 남중국해를 건너면 필리핀이 있다.

중국 지형에서 가장 특이한 점은 광활하게 뻗은 산맥이라고 할 수 있다. 이 산맥들은 중국의 정치·경제·문화 발전에 막대한 영향을 끼쳤다. 전 국토의 약 3분의 1이 산으로 되어 있다. 중국의 지형에는 놀라운 특징이 많다. 중국과 네팔 접경지역에 위치한 해발 8,850미터의 에베레스트 산은 세계에서 가장 높은 산이다. 대조적으로 신장웨이우얼 자치구[新疆維吾爾自治區]에 있는 투루판 분지[吐魯番盆地]의 아이딩 호[艾丁湖]는 해수면보다 154미터가 더 낮다. 해안도 남북의

28

차이가 크다. 항저우 만〔杭州灣〕까지 이르는 해안은 바위가 많고 들쭉날쭉하며 항구나 섬이 많이 분포되어 있다. 반면 항저우 만에서 북쪽으로는 산둥 반도〔山東半島〕와 랴오둥 반도〔遼東半島〕를 제외하고는 평평한 모래사장으로 되어 있다.

중국의 지리를 통해 중국 사회 발전의 여러 특징을 발견할 수 있다. 한족 문화는 현재 시안〔西安〕 지역인 황투 고원〔黃土高原〕 남쪽에서 시작되어 지형과 기후로 이루어진 장애물을 만나기 전까지 계속 확장되었다. 그래서 오랫동안 중국의 정치 중심은 모두 황허〔黃河〕 하류지역을 중심으로 자리를 잡았다.

그러나 지리적 장애가 있었기 때문에, 강력한 힘을 가졌던 몇몇 왕조들을 제외하고는, 중앙정부가 중국 전체를 완전하게 통제하지는 못했다. 중국 남서쪽, 스코틀랜드의 두 배 정도 크기의 쓰촨 분지〔四川盆地〕는 수세기 동안 높은 산맥의 보호를 받으며 농업으로 자급자족하는 독립 왕국 형태를 유지했다. 서북쪽의 타림 분지〔塔里木盆地〕도 비슷한 상황이었다.

중국을 동부, 서북부, 남서부 이렇게 세 지역으로 나눈다면 동부는 강 유역을 따라 두 개의 평원으로 나눌 수 있다. 서북부는 건조하며 바람에 의한 침식으로 내륙 배수지역이 형성되었다. 남서부는 추운 고원지대로, 산간 고원과 내륙호를 포함한 산맥으로 이루어져 있다.

국토

만주 평원이나 쑹랴오 평원〔松遼平原〕으로도 알려져 있는 둥베이 평원〔東北平原〕은 중국의 동북쪽에 위치하고 있다. 북서쪽으로는 다싱안링 산맥〔大興安嶺山脈〕을, 동쪽으로는 샤오싱안링 산맥〔小興安山

脈]을 각각 그 경계선으로 삼는다. 굽이치는 이 드넓은 평원은 해발 고도 150미터에서 260미터에 위치하는 낮은 분수령을 기준으로 북부와 남부로 갈라지는데, 그 분수령의 북쪽 지류는 쑹화 강[松花江]으로, 남쪽 지류는 랴오허[遼河]로 흘러든다. 기본적으로 삼림 스텝, 스텝, 초원 스텝, 경작지로 구성되어 있다. 토양은 검고 비옥하며 예로부터 광범위한 경작이 이루어졌다. 넓은 강 유역은 오랫동안 강을 따라 흘러온 토양이 침적되어 평평하다. 여름 홍수기에는 넓은 지역으로 범람한 물로 광물질과 영양분이 공급되어 토질이 더욱 비옥해진다.

만주 평원의 남동쪽으로는 창바이[長白], 장광차이링[張廣才嶺], 완다[完達] 산맥 등이 이어진다(중국에서는 일반적으로 '사시사철 하얀 산'이라는 뜻의 창바이 산으로 부르고 있다). 이 산맥들은 중간중간 계곡에 의해 끊어지고 험한 봉우리와 가파른 절벽을 드러내기도 한다. 가장 높은 봉우리는 해발 2,750m에 위치한 백두산(白頭山)의 화구로, 눈이 덮여 있는 정상에는 아름다운 화산호가 있다. 중국 주요 삼림지대 중 하나인 이 지역은 진귀한 모피와 유명한 약재의 보고다.

둥베이 평원과 크기가 거의 비슷한 화베이 평원[華北平原]은 대부분 평야지대로 이루어져 있다. 화베이 평원은 황투 고원으로부터 황허와 화이허[淮河]가 운반해온 침전물이 쌓여 형성되었다. 40만㎢에 달하는 이 거대한 황투 고원의 침전물은 북쪽의 평야지대와 서쪽의 사막지대 사이에 황토가 쌓인 언덕과 메마른 산으로 이루어진 독특한 지역을 만들어냈다. 북쪽으로는 만리장성이 가로막고 남쪽으로는 산시 성[陝西省]의 친링 산맥[秦嶺山脈]이 경계를 이루고 있다. 간쑤[甘肅]에서 허난[河南]에 이르는 바위투성이의 이 높은 경계는 티베트 고원의 동쪽에 위치한 산맥까지 쭉 이어진다. 지리학자들은 친링 산맥과 화이허를 경계로 중국을 남과 북으로 나눈다.

쓰촨 분지는 중국에서도 가장 매력적인 지역 중 한 곳이다. 이 지역은 차가운 북풍을 막아주는 산맥으로 둘러싸여 있다. 경작지가 부족한 이곳의 농부들은 언덕에 계단식 밭을 조성해 농사를 짓는다.

중국의 남동쪽은 바위 많은 해안과 마주하고 있는데, 그 해안선 뒤로는 그림같이 아름다운 산들이 펼쳐져 있다. 가장 높은 봉우리는 1,500미터에서 2,000미터 정도 된다. 이 지역의 강은 폭이 좁고 빨리 흘러 가파른 계곡을 형성했다. 주요 거주지역은 해안선을 따라 좁게 이어지는 평원의 쌀 생산지역으로 제한되어 있다. 해안선을 따라 수많은 섬이 있으며 어업이 많이 발달되어 있다.

후베이 성[湖北省]의 남부 도시 이창[宜昌]의 동쪽으로는 양쯔 강(창장[長江]이라고도 함)을 따라 평원들이 계속해서 나타난다. 이 평원들은 특히 삼각주지역과 양쯔 강과 연결된 호수들(둥팅 호[洞庭湖], 포양 호[鄱陽湖], 타이 호[太湖], 훙쩌 호[洪澤湖] 등)과 합류하는 지점에서 더욱 큰 규모로 펼쳐진다. 또한 강, 운하, 호수 들이 복잡한 수로를 형성하고 있다. 평원의 표면에는 계곡의 경사면을 따라 계단을 이루는 하안단구가 형성되어 있다.

난링 산맥[南嶺山脈]은 동북에서 남서로 이어지는데 이 산맥을 경계로 양쯔 강은 북쪽으로, 주장은 남쪽으로 흐른다. 주봉은 약 1,500미터 정도 되는데 2,000미터를 넘는 봉우리들도 있다. 난링 산맥 남쪽지역은 주로 구릉지대로, 평지는 전체의 10퍼센트도 되지 않는다. 주장의 삼각주지역이 이 근방에서 가장 넓은 평원지역이며 중국 남부에서 가장 비옥한 지역이라고 할 수 있다. 홍콩과 마카오를 비롯한 이 지역의 해안선은 암석이 많고 불규칙하며 낭떠러지와 작은 만들이 많이 발견된다. 이 지역의 주요 강인 시장[西江]은 윈난 성[雲南

省〕동쪽과 구이저우 성〔貴州省〕남쪽의 고원지대에서 발원한다.

중국의 남서쪽으로는 윈난 성 북부와 구이저우 성 서부로 이루어진 윈구이 고원〔雲貴高原〕이 펼쳐져 있다. 윈난 성은 구이저우 성보다 평원지대가 많고 완만한 고지대를 보여주지만 두 성 모두 거대한 협곡들과 깎아지른 듯한 산들이 즐비하다.

티베트 고원은 거대한 산괴로 그 면적이 중국 국토의 4분의 1에 달한다. 대부분의 평원은 해발고도 4,000∼5,000미터 사이에 분포되어 있다. 평원의 경계가 되는 쿤룬 산맥〔崑崙山脈〕과 히말라야 산맥은 이보다 더 높아서 8,000미터 이상의 봉우리도 있다. 이 산맥들의 티베트 쪽 경사는 험준한 바깥쪽보다 훨씬 완만하다. 평원의 동쪽과 남쪽 주변에서 양쯔 강, 황허, 메콩 강, 살윈 강, 인더스 강, 브라마푸트라 강 등 세계 주요 강이 시작된다. 거주지는 주로 브라마푸트라 계곡을 따라 펼쳐진 낮은 지역에 형성되어 있다.

티베트 고원의 북쪽으로는 타림 분지가 자리 잡고 있다. 타림 분지는 북쪽으로는 하늘의 산이라는 뜻의 톈산 산맥〔天山山脈〕, 서쪽으로는 파미르 고원, 남쪽으로는 쿤룬 산맥 등 높은 산지로 둘러싸여 있다. 고산지대의 빙하에서 녹은 물은 분지 중앙에 위치한 타클라마칸 사막의 모래와 자갈 속으로 스며든다. 타클라마칸 사막은 세계에서 가장 건조하고 황폐한 불모지 중 한 곳이다. 타림 강과 허톈 강〔和田河〕 같은 큰 강줄기가 사막을 통과하긴 하지만 강수량이 일정하지 않아 우기에만 물을 볼 수 있다.

타림 분지 북쪽에는 또 하나의 분지인 준가얼 분지〔準噶爾盆地〕가 있다. 준가얼 분지의 남쪽은 톈산 산맥으로 막혀 있고, 북동쪽은 알타이 산맥을 경계로 몽골과 맞닿아 있다. 분지의 지표는 평평하고 남동쪽으로 완만한 경사를 이룬다. 이 분지의 해발고도는 대부분

300~450미터이며, 가장 낮은 지역은 해발 200미터 미만이다. 일반적으로 초승달 모양의 사구인 바르한으로 되어 있고 아주 특정한 일부 지역에만 초목이 남아 있다.

텐산 산맥의 동쪽, 즉 중국 쪽 지형은 저지대와 고지대가 복잡하게 얽힌 모습인데 크게 북부와 남부로 나누어볼 수 있다. 이 두 지역은 다시 산간 저지대를 기준으로 중심 지역과 주변 지역으로 나눌 수 있다. 중심 지역은 주로 고대 변성암으로 이루어져 있다. 2억 5,000만 년에서 5억 4,000만 년 정도 된 고생대의 침전물과 화산 침전물이 북쪽과 남쪽을 이으며 연속적으로 축적되어 있고 6,500만 년에서 2억 5,000만 년 된 중생대 사암과 침전물이 산악 저지대와 산등성이를 형성하고 있다. 텐산 산맥의 중국 쪽은 높이가 4,000~4,600미터이며 제일 높은 봉우리는 4,900미터 정도다. 강수량이 충분한 서쪽지역에는 32킬로미터 이상 이어진 거대한 빙하가 형성되어 있다. 이리 강(伊犁河)과 그 지류처럼 수량이 풍부한 강들이 이곳에서 발원한다. 고산성 목초지가 우세한 이 지역은 중국에서 가장 좋은 목초지 가운데 하나다.

국민

전 인류의 20퍼센트가 중국 국적을 가지고 있다. 그 중 국외에 거주하는 중국인의 수가 5,500만 명이나 된다. 중국은 다양한 인종과 어족으로 구성된 나라인데, 최대 규모인 한족(漢族)은 티베트와 신장 자치구를 제외한 전국에서 다른 소수민족보다 수적으로 월등하게 많이 거주하며 그 성장 속도도 매우 빠르다. 한족은 중국 내에서도 동일한 문화, 전통, 문자 언어를 공유하는 가장 큰 단일집단이라고 할 수 있다. 이런 이유로 중국의 인구는 인종보다는 사용하는 언어를 기준으로 분류된다.

55개의 소수민족은 중국 전역의 5분의 3 정도 되는 면적에 흩어져서 생활한다. 특정 소수민족의 밀집지역에는 자치권이나 자치정부가 허락되기도 한다. 중국 정부는 소수민족에게 좋은 혜택을 주었다며 무척 생색을 낸다. 실제로 정부의 정책으로 인해 소수민족의 경제수준이 개선되고 삶의 질도 향상되었으며 교육시설이 제공되어 언어 구사력과 문화 수준이 상승되었다. 뿐만 아니라 정부는 식자율도 높였고 문자가 없었던 소수민족에게는 문자 체계도 만들어주었다. 그러나 티베트인들을 비롯한 몇몇 소수민족은 다양한 종류의 억압을 받아야 했다.

1949년 공산당 정부가 들어서기 전에는 50개의 소수민족 언어 가운데 20개만이 문자체계가 있었고, 그 중에서도 일상생활에서 자주 사용되는 것은 극히 소수(몽골어, 티베트어, 위구르어, 카자흐어, 다이어, 조선어)였다. 이들을 제외한 소수민족의 문자는 주로 종교적인 차원에서 아주 제한된 수의 사람만 사용했다. 중국에는 여러 개의 어족이 있다. 이 중 가장 많이 사용되는 언어는 중국티베트어족과 알타이어족이며, 인도유럽어족과 오스트로아시아어족과 타이어족은 비교적 적게 사용된다.

가장 두드러진 어족인 중국티베트어족 중에서도 중국어가 가장 널리 사용된다. 중국어는 문화적 관습과 표의문자 체계가 통일되어 있음에도 불구하고, 서로 의사소통할 수 없는 여러 개의 지역 방언으로 존재한다.

현재까지 가장 중요한 중국어는 '일반적인 언어' 또는 '평범한 언어'라는 뜻을 가진 푸퉁화(普通語), 즉 만다린어다. 만다린어에는 세 개의 변형이 존재한다. 그 중 첫 번째는 북방 방언인 베이징어로 친링 산맥-화이허를 기준으로 북쪽에서 많이 사용된다. 중국 전역에서 가장 널리 사용되는 언어로 표준 중국어의 기준이 되었다. 두 번째는 서쪽 방언으로 청두〔成都〕 또는 양쯔 강 상류 방언이라고 하며 쓰촨 분지와 중국 남서부 접경지역에서 많이 사용된다. 마지막은 남부 방언으로 난징〔南京〕 또는 양쯔 강 하류 방언이라고 하며 장쑤 성〔江蘇省〕 북부와 안후이 성〔安徽省〕 남부와 중부에서 사용된다. 일부 전문가 가운데 서북지역에서 많이 사용되는 서북 방언을 네 번째 방언으로 분류하는 사람도 있다. 만다린어와 비슷한 언어로 후난 중남부에서 많이 사용되는 후난〔湖南〕 방언인 상어〔湘語〕와 간어〔贛語, 장시 성〔江西省〕 북동쪽(양쯔 강 연안지대와 남부지역 제외) 및 후베이 성 남동쪽 일대에서 사용-옮긴이)가 있다. 안후이 성 남부에서 사용되는 후이저우〔徽州〕 방언이 있는데 이 방언은 만다린어가 사용되는 남부지역에서도 군락형태를 이루어 사용되고 있다.

상하이에서 광저우〔廣州〕(광둥〔廣東〕)에 이르는 남동부 해안지역에서 사용되는 방언은 만다린어 사용자에게 더 낯설게 느껴지는 언어다. 이 중 가장 중요한 언어는 장쑤 성 남부와 저장 성〔浙江省〕에서 사용되는 우어〔吳語〕다. 남쪽인 푸저우〔福州〕와 푸젠 성〔福建省〕 중북부, 샤먼〔廈門〕과 산터우〔汕頭〕에서 사용되는 민베이어〔閩北語〕와 푸젠 성 남부, 광둥 성 동부와 타이완에서 사용되는 민난어〔閩南語〕가 있다. 장시 성 남부와 광둥 성 북동부에서 사용되는 하카어〔客家語〕는 비교적 띄엄띄엄 분포되어 있다. 남부 방언 중에서 가장 잘 알려진 것은 광둥 성 중서부와 홍콩, 광시 성〔廣西省〕 남부에서 많이 사용되는 광둥어다. 해외에 거주하는 화교 중에는 이 지역 출신이 많다.

한족뿐 아니라 만주족과 후이족〔回族〕(중국 무슬림) 역시 만다린어로 말하고 중국 문자를 사용한다. 이슬람교도인 후이족은 상인, 군인, 학자의 신분으로 중국을 오갔던 페르시아와 중앙아시아의 무슬림 후예들이다. 중국 전역에 흩어져 있는 후이족은 대부분 한족과 동화되었기 때문에 가장 많은 수가 밀집해 거주하는 닝샤후이족 자치구〔寧夏回族自治區〕에서나 그들을 구분할 수 있다. 다른 후이족 공동체는 신장 성, 칭하이 성〔青海省〕, 허베이 성〔河北省〕, 구이저우 성, 윈난 성에서 자치현의 형태로 존재한다. 밀집 거주지역으로 거주지를 옮기는 후이족이 늘어나고 있는데 이는 무슬림끼리 쉽게 결혼하기 위해서인 듯하다.

만주족은 자신들이 17세기 중국을 침략해 청 왕조(1644년~1911년 12월)를 세웠던 정복자의 후예라고 주장한다. 만주어는 사실상 죽은 언어라고 할 수 있는데, 그 이유는 만주어가 아직도 사용되고 있는 시보(錫伯)어와 무척 유사하지만 만주족이 이미 한족 문화에 완전하게 동화되었기 때문이라고 할 수 있다. 만주족은 중국 북부와 동북 지역에 주로 거주하는데, 공동생활체 수준을 넘어선 자치구를 형성하고 있지는 않다.

좡족〔壯族〕은 중국 소수민족 중 규모가 가장 큰 민족이다. 대부분은 광시좡족 자치구〔廣西壯族自治區〕에 거주한다. 이웃하는 윈난과 광둥 성에서 자치구를 이루어 살기도 한다. 대부분 쌀 재배에 종사한다. 애니미즘적 종교 형태를 취하는 좡족은 조상의 정령을 숭배한다. 부이족〔布依族〕은 구이저우 성 남부에 모여 살며 먀오족〔苗族〕과 함께 자치구를 이루어 살고 있다. 둥족〔侗族〕은 광시와 구이저우 성에서 작은 규모로 밀집해 살고 있으며 1956년 구이저우 성 남동지역에 세워진 자치구에서 먀오족과 함께 살기 시작했다.

티베트족은 칭하이-티베트 고원지역에 분포되어 있다. 티베트를 제외하고도 칭하이 성에 다섯 군데, 쓰촨 성에 두 군데, 그리고 윈난과 간쑤 성에 각각 한 군데씩의 티베트족 밀집지역이 존재한다. 티베트족은 고유의 민족성을 여전히 지키고 있지만 유목민으로 남아있는 사람은 거의 없다. 대부분이 농업에 종사하며 목축업을 하고 중국 서부지역 사람들과 마찬가지로 사냥으로 식량을 마련한다. 티베트족의 주종교는 불교로, 17세기부터 시작해서 1959년 중국 군대의 통제를 받기 전까지는 달라이 라마의 신정체제 아래 있었다. 이족[彝族]은 쓰촨 성 남부와 윈난 성 북부에 있는 두 자치구에 밀집되어 있다. 주로 곡식을 재배하고 동물을 기른다.

먀오족은 대부분 구이저우 성에 밀집되어 있는데 대부분 중국의 중남부와 서남부에 분포되어 있고 일부는 동부에 거주하기도 한다. 먀오족은 더 세분화된 민족으로 구분되기도 한다. 한족의 영향으로 전통 관습을 거의 상실한 먀오족은 이제 언어로서만 간신히 구분된다. 먀오족의 3분의 2는 구이저우 성에서 부이족, 둥족과 자치구를 공유하며 살고 있다. 야오족[瑶族]은 광시-광둥-후난 접경지역에 주로 거주한다.

중국 일부 지역, 특히 남서부에는 다양한 소수민족이 함께 살고 있다. 언어 장벽이나 경제구조의 차이를 이유로 이들은 자신만의 문화 속에서만 삶을 영위하며 다른 민족으로부터 독립되어 생활한다. 한족은 도시와 비옥한 강 지역에 주로 거주하는 반면 소수민족은 언덕이나 산에서 밭을 일구거나 동물을 기르는 전통적인 형태의 삶을 계속 유지해오고 있다. 이 지역에서 사는 사람들을 수직적 분포로 분류하자면, 높은 곳에 사는 사람일수록 단순한 삶을 영위한다고 할 수 있다. 예전에는 서로 많은 교류를 하지 않았지만 도로가 놓이기 시작하면서 서로의 거주지에 깊숙이 들어갈 수 있게 되었고 다른 민족과 교류할 수 있는 기회도 많아졌고 그 결과 발전된 생활환경의 혜택을 받을 수 있게 되었다.

중국티베트어족의 비주류가 이처럼 남부와 남서부에 집중되어 있는 반면 두 번째로 중요한 어족인 알타이어족은 주로 중국의 서북부와 북부지역에 분포되어 있다. 알타이어족은 크게 튀르크어군, 몽골어군, 만주퉁구스어군 셋으로 분류할 수 있다. 이 중 튀르크어군이 가장 많은 하위어로 세분화된다. 무슬림인 위구르족은 튀르크어군 중에서 가장 큰 규모의 민족이다. 위구르족은 신장 성의 타림 분지와 준가얼 분지의 오아시스를 따라 분포하며 관개농업에 의존해 생활한다. 신장 성에 거주하는 그 밖의 튀르크어군에는 카자흐족이나 키르기스족 등 이웃 중앙아시아의 나라에서 분리되어 중국에 자리 잡은 소수민족들이 있는데 대부분 이슬람교도다. 카자흐족과 키르기스족은 신장 성 중에서도 주로 북서부와 북부, 즉 그 유명한 이리 강 유역에서 목축을 하며 산다(여름에는 초원에서 가축을 먹이고, 겨울에는 계곡으로 이동해 겨울을 난다). 키르기스족은 고산지대에서 목축을 하며 신장의 서쪽에 주로 거주한다.

전통적으로 유목생활을 하는 몽골족은 중국 소수민족 중에서 가장 넓게 흩어져서 사는 민족이다. 주요 거주지는 네이멍구 자치구(內蒙古自治區)다. 물론 신장, 칭하이, 간쑤 성에서 동북의 지린(吉林), 헤이룽장(黑龍江省), 랴오닝 성(遼寧省)에 이르기까지 작은 규모의 몽골족 집단 거주지가 존재한다. 네이멍구 자치구 말고도 몽골족은 신장 성에서 티베트 접경지역과 카자흐족 접경지역 등 자치구 두 곳과 동북지역의 서부에도 여러 개의 자치현을 이루고 있다. 일부 몽골족은 전통적인 생활방식을 유지하고 유목을 하기도 하지만 대부분은 한 지역에 정착해서 농업에 종사하거나 목축업을 병행하기도 한다.

중국에는 중국티베트어족이나 알타이어족에도 속하지 않는 소수 어족이 존재한다. 신장의 가장 서쪽에 사는 타지크족은 타지키스탄 인과 관련이 있는데 이들의 언어는 인도유럽어족의 이란어군에 속 한다. 미얀마 접경지역에 사는 와족은 오스트로아시아어족의 몬-크 메르어군에 속한 말을 한다. 타이어족에 속한 언어는 주로 윈난 성 남부에 모여 사는 소수민족이 사용하는데 태국 북부의 다이족〔傣族〕 과 미얀마의 산족과 관련 있는 소수민족이다. 하이난〔海南省〕의 리족 〔黎族〕이 사용하는 언어는 타이어족이나 오스트로아시아어족에 속하 지 않고 독립적이다. 하이난 섬의 남쪽에는 일부 먀오족이 거주한 다. 꽤 많은 수의 조선족은 북한 접경지역인 지린 성 동쪽에서 자치 구를 이루어 살고 있다.

마을과 농촌

현대판 중국은 거대한 도시, 그것도 세계에서 가장 큰 도시를 볼 수 있는 나라다. 중국의 도시 중에는 시안처럼 아주 오래된 도시도 있고, 몇백 년 전에 정부 관청이 세워지면서 발전하기 시작한 베이 징 같은 도시도 있고, 또 상하이처럼 불과 수십 년 만에 대도시의 면 모를 갖춘 경우도 있다. 그러나 대규모의 도시가 있고 2020년에는 인구가 14억이 될 것임에도 불구하고 여전히 중국에는 도시보다는 농촌에 거주하는 사람이 더 많다.

산간지역이나 계곡을 제외하면 대부분의 농촌도 꽤 큰 규모의 집 단 거주지를 형성하고 있다. 이렇게 집단 거주지가 형성된 배경에는 인구 증가나 역사적 관습 같은 이유뿐 아니라 물 공급이 원활하게 이루어지는 우물 주변에 밀집하게 된다든지, 산적 등의 위협을 공동으로 방어해야 하는 필요가 존재했다. 규모가 커서 수만 명의 인구가 모여 사는 농촌 마을이라고 할지라도 도시적인 생활환경을 찾아보기는 어렵다. 농부들이 키운 작물을 물물교환할 수 있도록 마을별로 돌아가며 장이 선다. 또한 중국식 가옥에서 사람과 가축이 아주 가깝게 생활을 해서, 유행성 감기를 포함한 대부분의 동물성 유행병이 유발되는 원인이 되기도 한다.

화베이 평원에는 마을들이 고르게 분포되어 있어 걷거나 마차를 타고 다른 마을로 갈 수 있다. 대부분 햇볕에 말린 벽돌이나 흙으로 단단하게 지어진 가옥들이 촘촘하게 밀집되어 있다. 시장이 자리한 마을이나 큰 촌락 중에는 성벽으로 둘러싸인 곳이 많다. 거리의 수나 규모는 마을의 크기나 지형에 따라 천차만별이며, 골목 정도밖에 되지 않는 아주 좁은 거리도 있다.

중국 중부와 남부의 농촌 풍경은 대부분 쌀이 자라는 들판으로 채워진다. 양쯔 강 삼각주지역에서는 농장에서 꽤 큰 시장에 이르기까지 모든 종류의 거주 형태를 볼 수 있다. 장쑤 성 타이 호의 남쪽과 동쪽으로는 마을들이 2～3킬로미터 정도의 간격을 두고 떨어져 있는데 이 중 많은 마을들이 1980년대부터 작은 도시로 개발되었다. 중국 중부의 마을들, 특히 양쯔 강 하류에 위치한 마을들은 북부의 마을보다 규모가 크다. 이런 마을의 중심에는 시장이 있는데 이곳에서는 곡물과 공산품 등 다양한 물건들이 거래된다. 마을간의 교류는 주로 수로를 따라 배로 이루어진다. 이 지역에서 많이 볼 수 있는 멋진 풍경은 개울과 운하를 가로지르는 많은 돌다리들이다. 쓰촨 분지의 청두 평원에 사는 사람들은 무성한 대나무와 활엽수로 둘러싸인 고립된 농장이나 작은 마을에 산다.

동굴 거주는 중국 농촌에서 빼놓을 수 없는 특이한 거주 형태다.

이런 거주 형태는 황투 고원지역뿐 아니라 황토가 많고 나무가 적은 산시 성〔陝西省〕북부, 산시 성〔山西省〕서부, 간쑤 성 남동부에서 흔히 발견할 수 있다. 동굴은 자연 단열이 잘 돼 여름에는 시원하고 겨울에는 따뜻하다는 장점이 있다.

1970년대 후반에 시작된 중국의 경제개혁은 특히 농촌지역에서 큰 성과를 거뒀다. 농업 생산력의 향상으로 막대한 잉여 노동력이 발생했다. 농촌에서 발생한 잉여 노동력 중에는 공장의 일자리를 찾아 대도시로 향한 사람도 많았지만 농촌에 남아 '향촌 기업'이라고 불리는 농촌산업 생산체계 발전에 참여하게 된 사람도 많았다. 대개 내수용 상품과 수출용의 경공업 제품 생산을 했던 이 기업들은 수천 개의 마을을 부분적으로 도시화하고 수백만 농민의 생활수준을 개선시켰다. 이런 새로운 마을들은 도시와 농촌의 다리 기능을 했고 농촌 경제가 급속히 발전하는 데 있어 핵심적인 역할을 맡았다.

도시화와 공업화는 서로 밀접한 관련이 있다. 1949년 이후 처음 이루어진 도시화 작업은 1950년대 중반 정부가 농촌을 공업화하려고 하면서 급속하게 일어났다. 도시 성장은 중국이 본격적으로 세계 경제 시장에 나서기 시작한 1980년대 중반부터 더욱 가속화되었다.

현대 제조업과 국내 커뮤니케이션의 급속한 발전으로 인해 도시는 극적인 변화를 경험하게 된다. 새로운 마을과 도시가 공장과 광산 주변에 세워지기 시작했다. 철도와 고속도로의 등장으로 중국 외곽지역도 빠르게 발전해서 신장 성 북부의 스허쯔〔石河子〕나 티베트 서부의 스취안허〔獅泉河〕같은 완전히 새로운 마을이 생겨나기 시작했다. 신장 성의 성도 우루무치〔烏魯木齊〕, 간쑤 성의 성도 란저우〔蘭州〕, 내몽골의 도시 바오터우〔包頭〕같은 대도시들도 대표적인 경우다. 란저우는 중국의 남동부를 잇는 철도와 서북부를 잇는 철도의 교차 지점에 위치해 있다. 원래 상인, 기계공, 농민공이나 살았던 황량한 국경도시 바오터우는 규모가 큰 철강 생산 중심지가 되었다.

1975년만 해도 중국의 도시 인구는 전체 인구의 25퍼센트도 되지 않았지만, 지금은 약 40퍼센트에 이르는 인구가 도시에 살고 있다. 고도로 산업화된 다른 국가와 비교했을 때 도시-농촌 인구율 차이가 비교적 낮은 편에 속하지만, 북미 대륙의 인구와 맞먹는 수의 거대한 인구가 도시에 살고 있다. 인구가 100만이 넘는 도시가 약 50개에 달하고, 인구가 50만 명에서 100만 명 사이인 도시는 100여 개에 달한다. 중국 내의 대도시 분포를 보면 국가 전체 인구의 분포도를 알 수 있는데, 동쪽 해안지역에 가장 많이 집중되어 있으며 그 다음은 중부, 서부 순이다.

인구

기록에 따르면 기원전 800년경 주(周) 왕조 초기에 인구가 이미 1,370만 명에 이르렀다고 한다. 2세기경 서한(西漢) 왕조는 비교적 정확한 인구조사 기록을 가지고 있었는데 당시 인구가 5,960만 명이었다고 한다.

북송(北宋) 왕조 후반인 12세기 초, 중국은 경제적으로나 문화적으로 이미 전성기에 들어섰는데, 당시 전체 인구가 1억을 넘기 시작했다. 그러나 그후 북방으로부터 거듭 대규모 침입을 받아 인구가 계속해서 줄어들었다. 1381년 명(明) 왕조 초기 정리된 인구조사 기록에 따르면 당시 인구가 2세기 인구와 비슷했다.

15세기부터 인구는 꾸준히 증가해왔으나, 17세기 중반 전쟁과 자연재해로 인해 인구 성장이 더뎌지기도 했고 1949년 공산당 정부가 세워지기 전 내전과 외세의 침입으로 인해 인구 성장이 다시 느려지기도 했다. 18세기 중국은 평화와 번영의 시기를 보냈는데 이 시기에는 국토가 끊임없이 확장되고 인구도 빠른 속도로 늘어갔다. 1762년 중국의 인구는 2억이 넘었고 1834년에는 그 두 배가 되었다. 하지만 경작지의 증가는 인구 증가 속도를 따라잡지 못했고 그때부터 기아가 큰 문제가 되었다.

인구 대이동은 중국 역사에서 계속해서 등장한다. 일반적으로 인구가 밀집했던 지역에서 기아나 폭동 등으로 인구가 줄어들면 근처 지역민들이 이동해서 빈자리를 메우는 식이었다. 1640년대에 쓰촨 성에서 일어난 농민 봉기로 많은 사람들이 죽었는데 이웃하고 있는 후베이 성과 산시 성[陝西省]에서 사람들이 이주해 쓰촨 성에 거주하기 시작했다. 이런 식의 이동은 19세기까지 꾸준히 등장한다.

그로부터 3세기가 지나 태평천국운동(청대 말기 홍수전(洪秀全)이 창시한 배상제회(拜上帝會)라는 그리스도교 비밀결사를 토대로 청조 타도와 새 왕조 건설을 목적으로 일어난 농민운동—옮긴이)이 일어나 대규모의 분열이 일어났다. 양쯔 강 하류에 사는 많은 사람들이 군대에 대항하다 학살을 당했고 남은 사람들은 굶주림에 시달렸다. 운동은 실패했고 후베이, 후난, 허난 성의 사람들이 장쑤, 안후이, 저장 성 등지로 이동해서 버려진 경작지를 중심으로 거주하기 시작했다. 비슷한 예로 1850년대와 60년대에 화이허 주변에서 일어난 염군의 난(捻軍亂, 태평천국운동과 같은 반청 반란운동으로 협객 단체가 중심이 되었다—옮긴이)과 1860년대와 70년대 사이에 산시 성[陝西省]과 간쑤 성에서 일어난 무슬림 봉기 그리고 1877~8년에 발생한 산시 성[陝西省]과 산시 성[山西省] 가뭄 등이 있다.

중국 현대사에서의 가장 큰 규모의 인구 이동은 한족이 만주 지방으로 이동한 것이다. 1644년에 청(淸) 왕조가 세워지기도 전부터 만주족은 당시 중국 북부를 공격해 한족을 끌고 갔는데 잡혀간 한족은 만주지역에 거주해야만 했다. 1668년 황제의 명으로 한족이 만주지역으로 이주하는 것을 금했지만 잘 지켜지지는 않았다. 1850년이 되자 만주로 이주한 한족이 만주족보다 더 많아졌다. 이 금지령은 후에 부분적으로 풀렸는데 중국 본토인이 일으키는 소란에 청 왕조가 지치기도 했고, 만주에 거주하는 인구가 줄어들자 러시아 제국이 계속해서 침략하려고 해왔기 때문이기도 했다. 이 금지령은 1878년에 완전히 철폐되었지만 만주로의 이주가 장려된 것은 1900년 이후였다.

1923년 후부터 만주로 유입되는 인구가 더욱 늘어나기 시작했고 그 지역으로 이주한 농민은 빠른 속도로 넓은 미경작지를 개척해갔다. 만주로 가는 이주민 가운데 3분의 2는 해로로, 3분의 1은 육로로 이동했다. 이 지역의 겨울 날씨는 무척 혹독했기 때문에 초기 이주민은 계절이동을 했는데, 대개 2월부터 봄 사이에 이 지역으로 이동했다가 가을 추수가 끝나면 많은 수가 남쪽으로 되돌아왔다. 그러나 만주가 주요 산업지로 개발되기 시작하면서 큰 규모의 도시가 세워지고 이주의 본질도 바뀌게 되었다. 이제 더 이상 농사를 지으러 그 지역으로 이주하는 사람은 없었고, 그 대신 농촌에서 도시로의 이주 형태를 띠게 되었다.

1949년 새 정부가 중국 내륙이나 접경지역으로의 계획 이주를 추진하면서 눈에 띄는 결과가 나타났다. 정부 이주계획에 포함된 총인원수는 알려지지 않았지만 1980년의 조사에 따르면 내몽골, 신장, 헤이룽장, 칭하이 등지의 인구 중 적게는 4분의 1에서 많게는 3분의 1이 이런 계획 이주를 통해 그곳에 거주하게 된 사람이라는 사실이 드러났다. 특히 신장 성은 이주를 통해 한족의 비율이 총 인구의 5분의 2로 늘어났다. 대약진운동 이후 대도시 성장을 억제하고자 2,000만 명의 도시 인구가 농촌으로 재이주하게 되었고, 1968년 이후 10년 동안 비슷한 수의 도시 청년들이 농촌으로 이주했다. 그러나 그들 대부분은 다시 도시로 돌아왔다.

이런 노력에도 불구하고 1970년대 후반에 시작된 경제개혁으로 농촌에서 도시로, 서부에서 해안가로 향하는 이주 물결이 높아졌다. 이 흐름으로 해안지역에는 거대한 인구가 유입되고 서부 내륙에는 인구 부족 현상이 나타나는 인구 분포 불균형 현상이 더욱 심화되었다. 물론 도시로 일자리를 찾아 떠난 수천만 명의 농촌 인구는 매년 고향을 방문하기 위해 돌아왔다. 이들은 국외로 나간 이민자들이 자연스럽게 한데 모여 사는 것처럼, 대도시에서도 같은 고향 출신끼리 모여 살았다. 그러나 끊임없이 도시로 유입되는 인구가 규제되지 않고 그들의 생활이나 일자리가 불안정해서 환경과 치안 등의 문제가 대두되었다.

1949년 이후로 도시와 농촌 모두 위생과 의료제도가 크게 개선되었다. 전염병이 효과적으로 통제되어서 훨씬 더 건강한 아이들이 태어났다. 공중 보건제도 역시 개선되어 사망률이 빠르게 감소했고 인구 성장이 더욱 가속화되었다. 중국의 인구는 1980년대 초에 10억에 이르렀고, 21세기 들어서는 13억을 넘어섰다.

끊임없이 늘어나는 인구는 정부 입장에서는 큰 골칫거리였다. 식량 공급과 삶의 질 개선 문제로 고민 중이던 1955~8년에 정부는 출산 통제 정책을 시작했다. 인구 통제를 시도했던 두 번째 시도는 1962년에 일어났는데 주요 골자는 만혼과 피임 도구 사용의 권장이었다. 곧이어 1966년에 시작된 문화대혁명으로 이 정책이 유야무야

되었지만 1970년에 더 강력한 정책이 세 번째로 실행되었다. 만혼을 권장하는 동시에 가족 수의 제한을 두는 것이었다. 이 흐름은 1979년 한 가정에서 한 자녀만 출산해야 한다는 정책이 실행되면서 최고점에 이르렀다. 정부의 정책은 2000년에 이르러 더욱 강력하게 시행되었지만 대부분의 농촌지역 주민들은 이 정책에 순응하지 않았다. 하지만 대부분의 도시에서는 성공을 거두었다. 예상하지 못했던 '소황제' 현상이 나타나긴 했지만 말이다. 소황제 현상이란 부모와 조부모까지 여섯 명에 이르는 어른이 한 자녀에게 관심을 집중하게 되어서 평등이나 자기희생과 같은 공산주의에서 이상적이라고 생각하는 덕목이 배양되지 않는 것을 말한다. 출산 제한 정책은 또 다른 부작용도 불러일으켰는데, 바로 경제적으로 더 유용하다고 생각되는 아들을 낳기 위해 여아를 죽이는 일이 자행되기 시작한 것이다. 그 결과 전국적으로 성비 불균형 현상이 나타났다. 현재 중국에는 남성이 여성보다 약 4,000만 명이나 더 많다.

정부에서 주도한 출산 제한 정책보다 인구 비율에 더 많은 영향을 준 정책이 있는데 바로 마오쩌둥이 1958년부터 주도한 대약진운동이다. 이 운동으로 중국에 심한 기아가 발생했고 사망률이 출생률을 앞서기 시작했다. 그 결과 1960년은 대체적으로 인구가 감소 추세를 보였다. 1963년 기아를 극복한 중국은 정부의 출산 제한 정책에도 불구하고 출생률이 급속도로 증가해서 연 인구 성장률이 가장 높았던 1949년보다도 3퍼센트 더 높은 인구 성장률을 기록했다.

그러나 정부가 효율적으로 실시한 1970년 3차 가족계획 정책이 시작된 후 중국의 인구 성장률은 모든 개발도상국 중에서 가장 낮은 수치를 보이고 있다. 물론 절대적인 인구 규모는 여전히 세계 최대지만 말이다.

Part

2

역사

02
공화국의 탄생(1912~49)

　3,500년 동안 중국은 어떤 기관에도 간섭받지 않는 절대권력을 가진 왕조들이 다스려왔다. 황제의 통치는 유교 관료들의 지지를 바탕으로 했는데, 이들은 대부분 학자와 관리로서 황실에 충성하며 스스로는 아주 제한된 결정만을 내릴 수 있었다. 하지만 관료의 부패라는 사회악은 가난과 기아와 함께 만연했다. 청 왕조 말기에는 대중을 위한 사회체제를 만드는 데 헌신했던 민족주의자, 개혁가, 혁명 조직 들이 수없이 등장했다.

　1912년, 268년 동안 중국을 다스렸던 청 왕조가 막을 내렸다. 청의 몰락은 변화를 원하는 국내의 요구뿐 아니라 외세의 무력간섭 때문에 더욱 가속화되었다. 20세기 전반기 동안 중국의 낡은 체제가 붕괴되고 새로운 사회에 필요한 준비가 이루어졌다. 외국의 영향력은 전통적인 정부체제를 침식했고, 민족주의는 가장 강력한 사회 발전의 원동력이 되었으나, 내전과 일본의 침략은 거대한 국토를 산산조각 내 현대화를 늦추는 결과를 가져왔다.

　이 변화의 중심에 있었던 사람이 바로 현대 중국의 아버지로 불리는 쑨원[孫文]이다. 쑨원은 중국 남부 광둥 성 상산[香山]의 가난한 농부 집안에서 태어났다. 노동자 신분으로 하와이에 가 있었던 형 쑨메이[孫眉]는 1879년 쑨원을 호놀룰루로 데리고 갔고, 그곳에서 쑨원은 영국계 미션스쿨에서 3년간 공부하고 후에는 미국계 학교인 오아후 대학에서 공부하면서 처음으로 서구 문물을 접하게 되었다.

쑨원은 정식으로 정치 공부를 한 것은 아니었지만 정치적 야망을 가지고 있었고, 관습적인 청 왕조 방식에 얽매여 선진기술로 무장한 서구 열강으로부터 굴욕을 당하고 있는 조국의 현실에 괴로워했다. 광저우에서 하던 의학 공부를 중단한 쑨원은 1894년 정치적 야망을 펼치기 위해 북쪽으로 갔다. 쑨원은 당시 총독이었던 이홍장(李鴻章)에게 긴 편지를 보내 중국이 강해질 수 있는 방법에 대한 자신의 생각을 전했다. 이홍장에게서 빈약한 답변만을 들은 쑨원은 1894년 10월 하와이로 건너가 흥중회(興中會)를 결성했으며, 이 조직은 훗날 쑨원이 이끄는 비밀결사체가 된다.

청일전쟁(1894~5년)에서 청이 패하고 위기가 계속되는 틈을 타 쑨원은 1895년에 홍콩으로 건너가, 자신이 태어난 광둥 성의 성도인 광저우에서 봉기를 일으키려 계획한다. 하지만 이 계획은 실패하고 그때부터 쑨원은 16년간 해외 망명생활을 하게 된다.

1903년은 쑨원의 인생에서 커다란 전환점이었는데, 이 시기부터 그는 중국의 영향력 있는 지식인 계급의 지지를 더 많이 받게 된다. 1904년 그는 유럽 여러 지역에 혁명조직을 심을 수 있게 되었고 1905년에는 도쿄에 소재한 혁명단체인 동맹회(同盟會)의 수장이 된다. 그후로 3년간 이 단체는 기관지인 《민바오[民報]》를 통해 효과적인 선전활동을 펼 수 있었다.

쑨원이 정치적으로 성공을 거두기 시작하면서 여러 가지 어려움도 생겼다. 동맹회는 조직이 매우 느슨하게 구성되어 있어서 쑨원은 회원 개개인에게 전혀 통제력을 발휘할 수 없었다. 또한 쑨원과 동지들이 계획한 모든 봉기는 실패했다. 동맹회 회원들은 낙담했고, 외부의 재정적 후원도 감소하기 시작했다. 1907년 일본 정부는 쑨원에게 돈을 주며 일본을 떠날 것을 요구했다. 1년 뒤에는 그가 수차례 봉기를 준비했던 프랑스령 인도차이나로부터 입국을 완전히 거부당했다. 홍콩 등지에서도 비슷한 반응을 보였다. 1909년부터 10년까지 쑨원은 이런 상황에서 유럽과 미국을 떠돌아야 했다.

1910년 6월, 아시아로 돌아온 그는 몇 차례 동지들을 만나 어떻게 해서라도 광저우를 손에 넣겠다고 결의한 뒤 12월에 다시 서구로 떠났다. 그후 쑨원은 캐나다와 미국에서 큰돈을 모금했지만 4월 27일 광저우에서 일으킨 봉기(음력을 기준으로 하는 중국 풍습에 의해 3·29 봉기라고 알려져 있다) 역시 예전에 일으켰던 봉기보다 더 나은 성과를 거두지는 못했다. 혁명이 성공할 가능성은 점점 더 멀어지는 것처럼 보였다.

그런 상황에서 청 왕조가 뜻밖의 도움을 주었다. 1911년 청의 통치자는 모든 간선철도를 국유화하기로 결정했는데 이는 각 지방의 철도 관계 사업자들의 분노를 일으켰다. 이로 인해 쓰촨 성에서 무장반란이 일어났는데 정부가 초기 진압에 실패해서 더 많은 반란을 불러일으키게 되었다. 같은 해 10월, 우한[武漢]에서 일어난 반란은 여러 가지 협조가 미흡했는데도 예상을 뒤엎고 성 정부를 전복시킬 수 있었다. 우한혁명의 성공으로 다른 지역에서도 반란이 계속되었다.

쑨원은 콜로라도 주, 덴버에서 신문을 통해 이 소식을 알게 되었다. 그는 12월에 상하이로 돌아왔고 난징에서 열린 대의원회의에서 임시 총통으로 선출되었다. 자신의 정부가 취약하다는 사실을 알고 있었던 쑨원은 이미 조정으로부터 전권을 위임받은 바 있는 위안스카이〔袁世凱〕와 거래를 한다.

1911년 혁명은 공화국의 출현을 알렸으나 중국은 민주주의에 대한 준비가 전혀 되어 있지 않았다. 청 황제가 폐위되자 쑨원은 연합을 이끌어내는 데 빠질 수 없는 인물로 평가되었던 위안스카이에게 임시 총통직을 물려주었다. 그 대가로 위안스카이에게 공화정부를 세우겠다는 약속을 받아내면서 혁명은 마무리되었다.

위안스카이는 허난 성 샹청〔項城〕의 군인 지주 가문에서 태어난 인물이다. 젊을 때는 학문보다 운동에 더 뛰어난 재주를 보였고 쾌락을 탐했다. 그는 가장 낮은 과거시험에도 합격한 적이 없었지만 한족 출신으로는 처음으로 총독과 총리대신을 역임했고, 청말에는 후작으로까지 봉해졌다. 1912년 위안스카이는 보수세력과 혁명세력 모두에게서 나라를 분열 없이 평화롭게 이끌어갈 수 있는 인물로 평가받았다. 당시 국고는 텅 비었고, 각 성은 지방군벌이 장악하고 있었으며, 헌법은 미완성된 상태였다. 위안스카이는 새로 구성된 의회가 걸핏하면 서로 싸우기만 할 뿐 국익에는 전혀 도움이 되지 않는다고 생각하고 있었다.

공화국 수립 초기에는 권력이 궁극적으로 누구에게 주어져야 하는지에 관해 위안스카이와 혁명세력 간에 논쟁이 계속되었다. 이 논쟁은 1913년 2월에 있었던 내각 구성과 함께 시작되었다. 대부분 기존의 혁명세력으로 이루어진 국민당이 의회에서 다수석을 얻었다. 의회는 헌법 제정을 준비 중이었다. 국민당 승리의 주역인 쑹자오런〔宋教仁〕은 총통보다는 의회가 행정권을 가져야 한다고 주장했다. 1913년 쑹자오런은 암살되었고, 암살범의 자백과 이후에 드러난 상황 증거로 암살 계획이 위안스카이와 밀접한 관련이 있음이 드러났다.

위안스카이는 1억 2,500만 달러에 달하는 해외 차관을 들여오려고 노력했고, 의회의 방해에도 불구하고 4월에 협상이 성사되어 차관이 들어왔다. 위안스카이는 그후에 세 명의 군 사령관을 해임했다. 그해 여름 혁명세력 지도자는 위안스카이에 맞서는 반란을 일으켰고, 이는 나중에 제2차 혁명이라고 불리게 된다. 위안스카이는 재빠르게 군대를 동원해 반란을 진압했다. 혁명세력의 주요 인물이었던 쑨원은 일본으로 도피했다.

위안스카이는 의회에 자신을 공식 총통으로 선출하라고 강요했고, 10월 10일 혁명이 일어난 지 2주년이 되는 날 총통으로 취임했다. 당시만 해도 위안스카이의 정부는 대부분의 외국 정부로부터 인정을 받는 상황이었다. 의회가 행정권을 입법부에 이양해야 한다고 주장하자 위안스카이는 그 당시 일어난 반란에 연루되었다는 이유로 국민당원들을 의원직에서 모두 해임했다. 그리고 1914년 1월 10일 의회를 해산하고, 자신이 원하는 사람으로 구성된 조직을 만들었다. 위안스카이는 더 이상 총통이 아닌 독재자였다.

1914년 제1차 세계대전이 일어나자 일본은 연합국 측에 합류했고 독일이 소유하고 있던 자오저우 만[膠州灣] 주변의 조차지와 산둥 성의 철도 소유권을 넘겨받았다. 중국은 그 과정에서 어떠한 영향력도 행사할 수 없었다. 그리고 1915년 1월 18일 일본 정부는 밀사를 파견해 위안스카이에게 21개의 요구사항을 전달했는데, 이 요구에는 중국을 점령하려는 일본의 의도가 숨어 있었다. 위안스카이는 중국의 항구, 철도를 차지하는 것도 모자라 중국 내 정치 문제에 개입하려는 시도로 보이는 조차지 점유를 제한하는 협상을 진행했다.

동시에 위안스카이는 외국의 도움을 받으려고 했지만 전쟁에 휘말린 유럽 국가들은 일본의 야욕을 막아줄 여력이 없었고, 미국은 중간에 끼어들기를 꺼렸다. 이런 상황에서 그에게 힘을 실어준 것이 중국의 민중들이었다. 위안스카이의 정치적 경쟁 세력마저 일본의 요구에 대항하려는 그를 지지해주었다. 그럼에도 1915년 5월 7일 일본은 위안스카이에게 48시간 내에 이 조항들을 받아들이라고 최후통첩을 했다.

이로써 일본은 많은 특권과 드넓은 만주지역을 얻게 되었고, 독일이 갖고 있던 산둥지역 조차권도 물려받았다. 중국은 해안의 어떤 항구, 만, 섬도 일본 외의 다른 국가에 조차하지 않을 것이며 당시 일본의 식민지였던 타이완과 가장 가까운 푸젠 성의 해안가에 어떤 외국 정부도 조선소, 석탄 공급소, 해군 기지 등을 세우지 못하게 하겠다는 약속을 해야 했다.

일본과 이토록 굴욕적인 협정을 하게 된 위안스카이는 오히려 군주제를 부활시켜 황제가 되려고 했다. 같은 해 10월 일본 정부는 이러한 움직임에 대한 반대 의견을 명확히 하는 한편, 위안스카이의 계획을 막아야 한다고 연합국 정부들을 설득했다. 중국 내에서도 위안스카이의 반대파는 물론이고 지지 세력인 보수파 관료와 군부까지 그의 계획에 대한 반대 입장을 표명했다. 원래 그를 지원하고 있던 서구 열강들은 세계대전을 치르고 있는 상태라 위안스카이의 원조 요청을 들어줄 수 없었다. 1916년 3월 22일, 위안스카이는 결국 군주제를 철회했다. 일본이 점점 더 적대적인 태도를 보이고 있었음은 물론이고, 민중들의 반대가 점점 거세져 중국 남서부지역에서는 위안스카이의 지배를 전면 거부하는 등, 위안스카이의 최측근 관료들조차 이대로는 평화를 보장할 수 없다고 충고하는 지경에 이르게 된 것이다. 위안스카이가 공화제로 복귀했으나, 그의 반대 세력들은 위안스카이가 총통직에서도 물러나야 한다고 계속 압력을 가했다.

군부 지도자와 성의 독립을 요구하는 군벌이 합류하면서 반란은 더욱 확대되었다. 이 와중에 위안스카이는 위중한 병에 걸려 그해 6월 6일에 사망했다.

위안스카이가 권력을 잡았던 4년은 심각한 결과를 낳았다. 국가의 해외 부채가 크게 늘어났고 정치적 목적으로 차관을 들여오는 전례가 자리 잡았다. 위안스카이가 헌법 절차에 도전하고 의회를 해산한 것도 전례가 되어 후에 비슷한 사례가 발생했다. 많은 사람이 공화제에 대한 환멸을 갖게 되었다. 그들은 중국이 명목상으로는 공화국이지만 군사력에 의존한 독단이 정치 현실이라고 생각하게 되었다. 또한 강력한 군부들이 서로 경쟁하며 분열하게 되었는데 이것이 바로 군벌시대의 시작이었다.

아주 먼 나라에서 일어나는 사건들도 중국에 영향을 미쳤다. 1917년 2월 미국 정부는 독일과의 외교 관계를 끊고, 중국을 포함한 중립국들에게도 같은 조치를 취하라고 요구했다. 이 사건은 중국 정부 입장에서는 위기였고 의회 내부는 물론 대중도 의견이 갈라져 심각한 대립이 시작되었다. 이 시기에 상하이에 있던 쑨원은 중국이 참전하게 되면 이로울 것이 없으며 일본으로부터 더 큰 위협을 받게 될 뿐이라고 주장했다. 이런 상황에서 의회는 투표를 통해 독일과 외교 관계를 단절하기로 결정했다. 그후 중국은 1917년 8월 14일 전쟁에 직접 참여하게 되기까지 여러 난관에 부딪혀야 했다.

그 사이 7월 쑨원은 중국 해군의 부분적인 지지와 의회 내의 100여 명의 지지를 받아 베이징 정부에 맞서는 정부를 광저우에 세우려고 시도했다. 헌법수호운동이라고 명명된 이 계획에 필요한 초기 비용은 상하이에 위치한 독일 영사관이 지원했던 것으로 보인다. 9월 1일 광저우 의회는 쑨원을 총통으로 선출하고 정부를 수립했다. 그러나 실제 권력은 형식적으로만 쑨원을 지지하고 있는 군벌에게 있었다. 쑨원의 남부 정부는 9월 26일 독일에 대한 전쟁을 선포했지만 연합국으로부터 적법 정부로 인정받지는 못했다.

중국은 전면적으로 참전하지 않고도 독일과 오스트리아가 점유하고 있던 조차지를 돌려받게 되었다. 또한 전후 평화회담에도 참여할 수 있게 되었다. 그러나 일본 역시 중국 내에서 많은 이권을 얻었다. 베이징 정부는 일본이 산둥 성, 만주, 내몽골 등지에 철도를 놓을 수 있도록 승인해주었다. 일본은 이 대가로 9,000만 달러라는 거금을 빌려주었는데 이 돈은 주로 안후이 성의 재정과 무기 비축에 쓰여 안후이 성 군벌을 강화하는 결과를 낳았다. 또한 일본은 기존의 중국 내 독일의 특권을 이양받는다는 내용의 비밀 조약을 연합국과 맺고 베이징 정부에게 동의를 요구했다. 1917년 11월 미국은 "지역적 근접성으로 인해 일본이 중국에서 특권을 갖는다"고 공식 인정했다. 이 조약은 일본이 전쟁을 통해 얻을 수 있는 이익을 보장해주었다.

공화국 초기, 여러 가지의 중요한 경제적·사회적 변화들이 일어났다. 전쟁이 발발하면서 국내 기업들과 경쟁해오던 해외 기업들이 주춤하게 되어 중국 내 경공업계가 눈에 띄게 발전하게 되었다.

한편 새로운 지식계급이 등장했다. 교육개혁과 청말에 시작된 정부의 실험적 체계가 막을 내리면서 수천 명의 젊은이가 일본으로 건너가 과학, 기계, 의학, 법, 경제, 교육, 군사학을 배웠다. 유럽이나 미국으로 간 사람들도 있었다. 이런 젊은이들이 돌아와 중요한 위치에서 사회를 현대화했다.

이 지식혁명을 신문화운동이라고 부른다. 이 운동은 중국 문화와 전통 윤리관의 거의 모든 영역을 비판적으로 바라보는 새로운 지식계급이 주도했다. 이들은 개인의 자유와 평등의식을 기본 정신으로 삼고, 국가 문제에 과학적인 탐구 방법을 도입해 실질적으로 접근함으로써 구조적인 부분에서부터 중국을 심층적으로 개혁하려고 했다.

일본과 프랑스에서 공부를 한 천두슈[陳獨秀]는 1915년 9월《신청년(新青年)》이라는 잡지를 창간해, 황제를 꿈꾸는 위안스카이의 야욕을 비판하고 중국의 젊은 세대를 각성시켰다.《신청년》은 빠른 속도로 가장 대중적인 혁명 잡지가 되었고, 1917년에는 천두슈가 문과대학 학장으로 있는 베이징 대학의 교수들이 인습 타파를 주장하는 기고글을 싣기 시작했다.

중국의 가장 권위 있는 교육기관인 베이징 대학은 독일에서 공부한 차이위안페이[蔡元培]가 새 총장이 되면서 변혁을 겪게 된다. 그는 대학을 학문 연구의 중심지로 만들고 교육을 장려했다. 학생들은 빠른 속도로 신문화운동에 휩쓸렸다.

미국 철학자 존 듀이(John Dewey)의 제자였던 후스[胡適]는 문학작품은 현재 사용하는 언어(백화)로 씌어야 한다고 주장했고, 이 주장은 이내 여러 사람들의 지지를 받게 되었다. 1918년이 되자 사람들이 대부분 백화로 된 작품을《신청년》에 기고했고 다른 잡지와 신문도 이 흐름에 합류했다. 베이징 대학의 학생들은《신조(新潮)》라는 잡지를 창간했다. 당시 서구 문학의 영향을 받은 실험 문학이 인기를 얻었고 수십 종의 새로운 문학잡지가 창간되었다.

이 새로운 문학적 각성은 조직화된 정치적 저항으로 발전했다. 1919년 5월 4일 베이징의 민족주의 학생들은 전쟁에서 패한 독일이 소유했던 산둥 성에 대한 권리가 일본에게 이관된다고 한 파리평화회의의 결정에 거세게 반대했다. 이 과정에서 많은 학생들이 체포됐지만 항의의 물결은 전국의 대도시들로 퍼져갔다. 상점과 은행이 문을 닫고 노동자들도 파업을 통해 정부를 압박했다. 결국 정부는 체포된 학생들을 석방하고 친일파 관리를 해임하고 베르사유 조약을 거부했다. 인습 타파와 지식운동이라는 혁명사상이 확산되는 결과를 가져온 이 저항운동은 후에 5·4운동으로 불리게 되었다. 1920년대 초 중국에는 새로운 혁명 물결이 흐르기 시작했다.

이 흐름은 국민당과 공산당이 주도했다. 국민당의 전신은 쑨원이 이끌었던 동맹회라는 비밀결사 단체다. 동맹회는 중화민국이 탄생한 1912년에 공개 정당인 국민당으로 개편되었지만, 1919년 당시에는 많이 쇠퇴한 상태였다. 5·4운동을 통해 애국심이 고조되자 쑨원과 옛 동지들은 국민당 세력을 부활시키기로 결정했다. 국민당의 당 선전지는 '중국을 구하려면 무엇이 필요한가'라는 논쟁에 합류함으로써 주목을 받기 시작했다. 그러나 효율적인 당 체계를 갖추기까지는 몇 년의 시간이 더 필요했다. 1922년 봄, 쑨원은 만주 군벌 장쭤린〔張作霖〕과 연합해 베이징 정부에 대항하는 북방정벌을 시도한다.

공산당이 발아하게 된 것 역시 5·4운동을 통해서였다. 초기 지도부와 주요 활동가들은 대부분 교수와 학생 들이었는데 그들은 중국에 사회개혁이 필요하다고 믿었고 소련을 그 모델로 삼았다. 유학을 다녀온 많은 이들이 이미 일본과 서구에서 사회주의와 마르크스 사상을 공부한 사람들이었고, 1917년 러시아 혁명의 성공은 급진적인 이데올로기가 필요했던 이들의 폭발적인 관심을 불러일으켰다.

베이징 대학 도서관장이었던 리다자오〔李大釗〕, 베이징 대학 문과대학 학장이었던 천두슈가 공동으로 중국공산당을 창당했다. 1917년 러시아 혁명이 성공하자 리다자오는 마르크스주의를 가르치기 시작했고 그의 가르침을 받았던 많은 학생이 훗날 중요한 공산당 지도자가 되었는데, 그 중에는 도서관 사서로 일했던 가난한 고학생 마오쩌둥〔毛澤東〕도 포함되어 있다. 천두슈는 1915년부터 상하이에서 청년들을 대상으로 하는 잡지를 발행했는데 이 잡지가 바로 《신청년》이다. 천두슈는 이 잡지를 통해 중국을 살리려면 청년들이 거대한 지적·문학적·문화적 개혁을 시작해야 한다고 촉구했다. 이 잡지에 정기적으로 기고했던 젊은이들이 나중에 중요한 지적·정치적 지도자가 된다.

1920년 3월, 소련은 차르 정부가 중국으로부터 빼앗은 모든 특권을 포기해야 하며 제정 러시아가 소유했던 만주지역의 중국 동부 철도를 아무런 배상 요구 없이 중국 정부에 반환해야 한다는 내용의 카라한 선언(karakhan Manifesto)을 중국에 전달했다. 소련의 이 약속과 일본의 특권을 인정해 1919년의 대중 시위를 불러일으키게 만든 베르사유 조약 간의 차이는 놀랄 만큼 컸다. 물론 훗날 소련 정부가 이 약속을 부정하고 철도권을 다시 가져가려고 시도하긴 했지만, 어쨌든 성명이 처음 발표되었을 때 준 인상과 성명에 담긴 관대한 태도로 중국 민족주의 진영에는 대소련 정책에 대한 호의적인 분위기가 조성되었다.

같은 해 소련은 코민테른의 극동부장인 그리고리 N. 보이틴스키 (Grigory N. Voytinsky)를 중국에 보내 중국공산당에 대한 지지를 표명했다. 보이틴스키는 베이징에서 리다자오를, 상하이에서는 천두슈를 만나 이들과 함께 공산주의청년단을 창단하고 공산당 창당에 대한 계획을 세운 뒤 젊은 지식인들을 모으기 시작했다. 1921년 중국 전역과 일본에 50여 명의 중국공산당원이 있었는데, 대부분 5·4운동에 참여했던 사람이었다. 리다자오로부터 마르크스주의를 학습받았던 마오쩌둥은 창사(長沙)에서 공산당 조직 활동을 시작했다.

중국공산당은 1921년 7월, 상하이에서 첫 대표회의를 열었는데 참석한 인원은 13명이었다. 그 자리에는 네덜란드 공산주의자인 마링(헨드뤼퀴스 스네블리에트(Hendricus Sneevliet)가 본명이다)과 또 다른 러시아인이 고문으로 함께했다. 마링은 훗날 중국 코민테른의 사무국장이 되었다. 이 대표회의를 통해 천두슈가 총서기로 선출됐다.

그후 두 해 동안은 대중을 조직하고, 마르크스주의를 선전하고, 제국주의와 중국 군벌주의에 대항하는 국가적 개혁의 필요성을 알리고, 철도 노동자들을 중심으로 하여 노동조합을 만드는 데 집중했다. 1923년, 중국공산당의 당원은 300명이 되었고 공산주의청년단의 규모는 3,000~4,000명 정도로 성장했다.

그러나 중국공산당이 직면한 심각한 문제가 있었다. 철도 노동조합이 심한 탄압을 받았고, 대부분의 지역에서는 공산당이라는 신분이 밝혀지면 안전에 위협을 받아야 했다. 1923년 6월 중국공산당 제3차 대표회의가 광저우에서 열렸는데 쑨원이 은신처를 제공했다. 오랜 논쟁 끝에 대표단은 마링이 제안한 코민테른의 전략을 받아들여 국민당과 연합해 전국적인 혁명운동을 전개하기로 결정했다.

쑨원은 당 차원에서의 연합은 거부했지만 천두슈와 리다자오를 포함해서 이미 국민당에 소속되어 있던 공산주의자들을 받아들이기로 했다. 공산주의자들이 개별적으로 국민당에 가입하기는 했지만, 공산당은 정체성을 잃지 않고 독립적으로 유지하며 노동조합운동을 계속해나가기로 결의했다.

1923년 중반, 소련은 광저우의 쑨원을 경제적으로 지원하기로 결정하고 미하일 보로딘(Mikhail M. Borodin)을 쑨원의 고문 자격으로 파견한다. 상하이에 본부를 두었던 중국공산당의 고문으로는 마링 대신 보이틴스키를 임명하기로 결정했다. 그후로 베이징의 카라한(Lev Mikhailovich Karakhan), 광저우의 보로딘, 상하이의 보이틴스키는 '세계 혁명'을 위한 반제국주의의 중심지로 중국을 활용하려는 소련의 계획을 현지에서 조정하는 역할을 맡게 되었다. 공격의 목표는 중국 내의 영국과 일본, 그리고 미국이었다.

서구 열강국들 역시 전후 중국과 새로운 관계를 맺기 위해 움직이고 있었다. 1921년 11월부터 다음 해 2월까지 열린 워싱턴 군축회의에서 중국은 10개 조항을 담은 제안서를 발표했는데 후에 협상을 거쳐 4개 조항으로 줄어들었다. 그 내용은 중국의 주권·독립·영토·행정권 보전을 존중할 것, 중국이 안정적인 정부를 구성할 기회를 줄것, 중국이 다른 모든 나라와 교역하고 산업을 발전시킬 수 있는 기회를 줄 것, 우방에게 해를 주는 독점적 권리를 얻기 위해 중국의 조건을 이용하는 것을 중단할 것 등이다. 이 조약은 2월 6일 9대국 조약이라는 이름으로 체결되었다. 그러는 사이 중국과 일본 사이에 개별 협상이 이루어졌고, 일본은 독일에게서 넘겨받은 산둥지역의 이권 중 중요한 부분을 제외한 나머지를 중국에 반납하기로 했다.

그후 수년 동안 영국, 일본, 미국, 프랑스는 중국에서 더 많은 이권을 챙기려 서로 경쟁을 벌이느라 베이징 정부에 협조적인 태도를 취하면서도, 끊임없이 이어지는 중국 내 권력 싸움에는 휘말리지 않으려는 모습을 보였다. 이런 상황인 한편 지역마다 군벌이 난립하는 등 중국의 정치 지형은 몹시 위태로웠다.

이런 불안한 상황에서 민족주의 정당인 국민당이 다시 고개를 들고 1924년 1월 20일부터 30일까지 광저우에서 제1차 전국대회를 열었다. 1923년 10월부터 광저우에 머물고 있던 보로딘은 당 조직을 재편성하라고 조언했다. 폭넓은 사회개혁과 국제적 지위에 대한 근본적인 재조정이 필요하다는 것이었다. 보로딘이 제안한 조직 구조는 소련공산당을 모델로 한 것으로, 중앙위원회로 선출된 소수의 권력자가 내린 명령이 집행위원회를 통해 지역별 하부 조직으로 전달되는 것이었다. 조직은 엄격한 규율을 따르도록 구성되었다.

쑨원은 다시 한 번 당 대표로 임명되었고 당의 결정에 대한 거부권을 갖게 되었다. 회의를 통해 당의 업무를 처리할 중앙집행위원과 감독위원이 선출되었고, 공산주의자의 입당을 허락하겠다는 쑨원의 결정이 다시 한 번 확인되었다. 물론 이 결정은 국민당이 공산당에게 넘어갈 것을 두려워한 수많은 사람의 반대를 받았다.

1924년 2월부터 11월까지 쑨원과 그의 동지들은 국민당의 영향력을 전국적으로 확산시키는 데 성공했다. 또한 광저우 군사기지도 세웠는데 초기에는 용병 비율이 높았다. 군사학교가 광저우 남쪽의 섬인 황푸[黃浦]에 세워졌으며 500명의 생도가 훈련을 받았다. 9월에 쑨원은 장쭤린과 손을 잡고 군벌인 차오쿤[曹錕]과 우페이푸[吳佩孚]가 지배하고 있던 베이징 정벌 계획을 시작했다. 그런데 10월 23일 우페이푸의 부하인 펑위샹[馮玉祥]이 우페이푸가 장쭤린과 대치하는 틈을 타 그를 배신하고 베이징을 장악했다. 펑위샹의 음모에 가담했던 한 무리는 정부 업무 정리에 참여해달라고 쑨원을 베이징으로 초청했고, 펑위샹과 장쭤린은 돤치루이[段祺瑞]에게 새 정부의 수반이 되어 자신들 사이의 중재역을 맡아달라고 요청했다. 쑨원은 이 제안을 받아들여 11월 13일 베이징으로 향한다. 그러나 베이징에 도착하기 전 불치의 간암이 발견되었고, 1925년 3월 12일 베이징에서 생을 마감한다.

1926년 1월이 되자 국민당원 수는 20만 명으로 늘어난다. 공산당은 1925년 5월에는 1,000명이 안 됐는데 그해 말에는 1만 명으로 증가했다.

두 당은 국가 정책의 방향이나 대중 조직의 통제, 당원 수의 증가 등을 놓고 경쟁하게 되었다. 코민테른의 지도를 받는 공산당의 전략은 국민당 내의 보수적인 당원을 쫓아내고 당의 분위기를 좀더 급진적으로 만드는 것이었다. 1925년 8월 광저우의 국민당 보수파는 좌파 성향이 확산되는 것을 막으려 했다. 국민당 내의 좌파 지도자 중 한 명이었던 랴오중카이〔廖仲愷〕가 암살되었다. 이 사건에 대한 보복으로 보로딘, 장제스〔蔣介石〕, 왕징웨이〔汪精衛〕는 다수의 보수파를 쫓아냈다. 그러자 북부지역의 국민당 초기 멤버들이 보로딘과 공산주의자의 탈당과 왕징웨이의 직무 정지를 요구했고, 이들은 국민당에 대항하는 본부를 상하이에 세웠다.

이 사건을 통해 중화민국사의 다음 무대를 주도하는 한 인물인 장제스가 출현하게 된다. 장제스는 해안지역인 저장 성에서 상업과 농업에 종사하는 비교적 부유한 가문의 자제로 태어났다. 1909년부터 1911년까지 일본 군대에서 군 복무를 했던 그는 그곳에서 접한 스파르타식 훈련을 좋아하게 되었다. 또한 도쿄에서 만난 젊은 동료들에게도 큰 영향을 받았다. 중국에서 청 왕조를 몰아낼 계획을 가지고 있었던 그들은 장제스를 공화주의 혁명가로 바꾸어놓았다.

1911년 중국에서 혁명이 일어났다는 소식을 들은 장제스는 고국으로 돌아가 만주지역에서 일어나는 산발적인 전투에 힘을 보탰다. 그런 뒤 공화주의 혁명 세력과 손잡고 중국의 새 총통으로 선출되었다가 나중에는 황제를 선포한 위안스카이에 맞섰다. 이렇게 공적인 활동을 하고 있던 그는 돌연 모습을 감추었다. 쑨원이 소련의 지도에 따라 국민당을 재조직하기 시작하자 소련으로 가 소비에트제도, 특히 적군(Red Army, 1917년 볼셰비키 혁명 이후 공산당 정부가 만든 소련군)에 대해서 공부한 것이다. 중국으로 돌아온 장제스는 소비에트를 모델로 삼아 광저우 근처 황푸에 세운 군사학교의 교장이 된다. 1925년 쑨원이 사망한 뒤 장제스는 황푸 출신 군대의 도움을 받아 쑨원의 가장 강력한 후계자가 되어 다가오는 위협에 빈틈없이 대처했다.

국민혁명군의 지도자가 된 장제스는 3월에 공산주의자들에게 고삐를 채우고, 자신에 대항하여 음모를 꾸미고 있다고 여겨지는 여러 명의 소비에트 관리자들을 내쫓았다. 공산주의자는 더 이상 권력 중심부에 들어갈 수 없게 되었다. 그러면서도 장제스는 코민테른에게 군사 북벌에 필요한 지원을 요구했다.

혁명군은 북벌을 시작한 지 두 달 만에 후난 성과 후베이 성을 장악했고 그해 말에는 장시 성과 푸젠 성도 함락시켰다. 1927년 초봄 혁명 세력은 난징과 상하이 점령을 준비했는데 당시 정치 상황은 무척 불안했다. 후난과 후베이 성에서는 지주와 지역 유지에게 대항하는 무장 농민 봉기가 끊이지 않았다. 양쯔 강 중류의 산업과 상업 중심지인 우한 주변은 계속되는 파업으로 마비 상태였다. 공산주의자와 국민당 좌파가 이 혁명을 이끌었다. 1월, 영국의 조차지였던 한커우[漢口]와 주장이 중국 민중에게 점령당했다. 외국인과 상류계층의 중국인은 국민당의 통제를 받게 된 이 지역을 떠났다. 북부 군대는 남부 정부에 대항하는 연합전선을 구축했다.

상하이에 있는 보수파 국민당 지도 세력이 우한 정부에 대항하는 동안 혁명 본부 내부에서도 불화가 심해졌다. 3월 국민당 군대가 상하이와 난징을 점령했을 때, 갈등이 최고조에 달했다. 난징은 3월 23일에 점령되었는데 그 다음 날 아침 일부 국민혁명군이 외국인의 재산을 약탈하고, 영국, 미국, 일본 영사관을 습격해서 외국인을 학살했다. 양쯔 강에 정박하고 있던 영국과 미국 군함이 그날 오후 조계지(19세기 후반에 영국, 미국, 일본 등 8개국이 중국을 침략하는 근거지로 삼았던 개항 도시의 외국인 거주지-옮긴이)를 향해 발포했고, 외국인과 상류층 중국인 들은 부랴부랴 안전한 곳을 찾아 대피했다.

상하이에서 공산주의자들이 주도한 파업의 여파로 당시 대규모 국제 파견군이 주둔하고 있던 지역과 프랑스 조계지가 중국인의 손에 들어올지도 모른다는 소문이 떠돌았다. 상하이에 있던 국민당 지도부와 군부, 기업은 장제스를 설득해 공산주의자들을 내쫓고 상하이노동연맹을 탄압했다. 4월 12~13일, 폭력조직과 군대가 노동자들의 파업을 유혈 진압했고 다수의 공산주의자를 사로잡아 처형했다. 장제스의 지시를 받은 군대가 광저우, 난징, 난창〔南昌〕, 푸저우 등 다른 지역에서도 노동연맹을 진압했다. 국민당 보수파는 난징에 정부를 세워 우한 정부와 대립했다.

왕징웨이가 소련을 거쳐 귀국했다. 상하이에 도착한 그는 추방령을 받아들이지 않고 비밀스럽게 우한으로 가서 다시 정부를 이끌었다. 7월, 우한에 근거지를 둔 좌파 국민당 지도부는 소련의 최고지도자 스탈린이 우한 정부를 차지하려고 보로딘을 시켜 급진주의자들을 모으고 있다는 사실을 알게 되고 소련의 정치 고문을 추방한다. 그로써 국민당 좌파 지도부는 소련이라는 중요한 지지 세력을 잃게 되었다. 우한 정부는 적대 세력에 둘러싸인 채 외국과의 관계도 단절되자 이내 붕괴되고 말았다.

한편 공산당은 계속해서 반란을 일으켰다. 광둥 군대의 지지를 받아 8월 1일 난창에서 봉기를 일으켰고 10월에는 여러 지방에서 추수 봉기를 일으켰다. 두 봉기 모두 실패로 끝이 났다. 12월 광저우에 근거지를 둔 공산당 지도부는 반란을 일으켜 유혈 사태와 방화, 약탈을 통해 도시를 점령하려고 했지만 막대한 피해만 입고 진압되었다. 1927년 4월에서 12월 사이에 학살과 배신으로 공산당원의 수가 현저히 감소했다. 소수의 지도부와 분산된 군대 조직은 국민당이 차지하고 있는 곳에서 멀리 떨어진 중국 중부의 산지와 평야에서 군대를 정비하기 시작했다.

이런 과정을 겪으면서 더욱 보수적인 입장을 취하게 된 국민당은 1928년 봄, 재조직된 국민혁명군을 이끌고 북벌을 시작했다. 그리고 베이징으로 향하는 길에 인민군과 합류하게 되고, 6월 초에는 베이징을 함락시킨다. 북벌이 거의 끝나갈 무렵 중국 동부의 도시와 철도를 점령한 혁명군은 주요한 군벌과 맞서 승리를 거둔다. 중국 공화국 정부는 그대로 난징을 수도로 두고 베이징을 북쪽의 평화라는 뜻의 베이핑〔北平〕으로 바꾸어 부르게 된다.

새 정부가 맞닥뜨린 가장 심각한 문제는 바로 끊이지 않는 군부 분열이었다. 정부는 광활한 중국 서부를 통제할 수 없었을뿐더러 동부지역도 최근에야 국민당과 연합하기로 한 독립 정권의 통제 아래에 있었다. 외국 정부의 승인을 받은 국민당 정부는 효율적인 전시체제 국세청을 운영해 세금을 확보하게 되었다. 중국 정부 스스로 세금 계획을 세우고 조정할 수 있도록 열강들의 승인을 얻은 정부는 더 많은 세금을 걷을 수 있었다.

합법적으로 대표성을 갖는 정부를 세웠지만 난징의 국민당 정부는 실질적으로 장제스의 지배를 받았다. 군부와 관료는 서로 대립하며 분열했는데 장제스는 이 상황을 잘 이용해서 최종 결정권을 자신이 갖도록 했다. 국민당이 모든 정부 체계를 세우고 리더십을 발휘해야 함에도 군부가 가장 큰 중심 역할을 하게 되었다. 장제스 정권은 계속해서 성장하는 군부 세력이 그 특징이었고 이는 외부 상황으로 인해 더욱 강화되었다.

한편 국민당은 정부를 현대적으로 운영하고 일관성 있는 화폐제도와 은행제도를 통해 세수입을 늘리려는 노력을 하지 않았다. 그

대신 대중 교육을 강화하고 운송체계와 통신장비를 개발하는 동시에 산업과 교역을 장려했다. 물론 이번에도 혜택은 여전히 도시지역으로 국한되었고 농업 근대화, 질병 퇴치와 문맹률 개선, 마을과 촌락·부락 발전 등은 거의 이루어지지 않았다. 내전으로 인한 징병과, 곡물 교역이 이루어지는 해외 시장 개척을 위한 막중한 세금 부담으로 인해 국민당 시기 농촌지역의 경제 상황은 악화되었다.

정권을 잡은 후 초기 몇 년 동안 국민당 정부가 가장 중요하게 생각한 것은 중국의 자주권 문제였다. 나라 전체가 민족주의적 정서로 뒤덮였고 모두 함께 외국의 경제적·정치적 침투를 물리치자는 결의가 드높아졌다. 여러 조차지가 중국 정부에게 반환되었고 서구 강대국들은 중국에 조세권을 되돌려줄 것을 약속했다. 그러나 이는 상징적인 승리에 불과했다. 중국에서도 거대하고 자원이 풍부한 곳인 만주지역에서 일본은 여전히 막대한 경제적 특권을 누리고 있었고 랴오둥 반도의 일부를 임차 받았으며 남만주 철도를 통해 남만주 경제의 대부분을 통제하고 있었다. 중국은 랴오둥 반도의 후루다오〔葫蘆島〕를 다롄〔大連〕에 맞서는 항구로 개발하기 시작했고, 일본 철도에 대항할 수 있는 철도를 건설하려는 계획을 세웠다.

일본군 지도부는 만주가 전략상 매우 중요한 지역이라고 평가하고 있었다. 당시 많은 일본인은 일본이 아시아를 이끌어 서구에 맞서야 된다고 생각했다. 그런 상황에서 경제대공황이 일본 산업에 타격을 입혔고 사회는 심각하게 불안해졌다. 1931년 9월 한 무리의 중국 관리들은 만주에서 세력을 확장하고 있는 일본 정부에 대항하기 위한 계획을 세우고 있었다. 한편 일본 정부는 만주지역을 정복해 만주국으로 알려진 정권을 세우려는 계획을 한 단계씩 실행해나가고 있었다. 중국은 일본이 만주를 집어삼키는 것을 막을 수 없었다.

국민당 정부의 정책은 군사력을 기르고 전국을 연합시킬 시간을 벌기 위해 영토를 포기하는 것이었다. 당시 국민당의 슬로건은 '외세에 대항하기 전에 먼저 단결하자'였고 이는 공산당이 취한 정책과는 근본적으로 달랐다.

1932년 일본의 만주 점령과 상하이 주변에서 산발적으로 발생한 분쟁으로 인해 국민당의 관심은 분산되었고, 그 결과 공산주의자들은 세력을 확장하고 규합할 수 있는 짧은 기회를 얻게 되었다. 중국 중부 15개 지역에 거점을 세운 공산당은 1931년 11월 7일 장시〔江西〕 소비에트라는 정부를 세웠다. 이 소비에트지역에서 공산당 지도부는 토지를 몰수해 재분배했고 무산계급 중에서 지원병을 모집했다.

1930~4년 장제스는 중국 동남부 장시-푸젠 성 변경지역에 위치한 공산당 본부를 초토화시키고자 다섯 차례의 포위 공격을 시도했다. 공산당 진영은 마오쩌둥이 개발한 이동침입과 유격전 전술로 처음 네 번의 포위 공격을 성공적으로 막아낸다. 그러나 마지막 공격에서는 약 70만 명 규모의 군대를 이끈 장제스가 공산당 진영 주변에 시멘트로 참호를 구축했다. 공산당 진영은 큰 손실을 입고 거의 궤멸하게 되었다.

1934년 10월 15일 남은 8만 5,000명의 군인과 1만 5,000명의 후방요원, 35명의 여성은 국민당 포위망 중에 가장 취약한 곳을 뚫고 탈출해 서쪽으로 도피했다. 이 장정을 주도한 것은 마오쩌둥이 아니었다. 당시 주더〔朱德〕가 군사령관이었고 저우언라이〔周恩來〕가 정치위원이었다. 장정 초기 3개월 동안 공산당은 험난한 시간을 보냈다. 장제스의 공군이 끊임없이 폭격을 했고 육군의 공격도 계속되어 장정 동안 절반 이상이 사망했다. 구이저우 성의 서남부에 위치한 쭌이〔遵義〕에 도착할 무렵 군대의 사기는 극도로 저하되어 있었다.

장정은 구이저우부터 방향을 북으로 바꾸게 되었는데 북으로 가면 소련 접경지역과 가까워 안전할 뿐 아니라 일본이 점령하고 있는 영토와도 가까워지는 것이었기 때문이다. 1935년 6월 오랫동안 공산당을 지도했던 장궈타오[張國燾]가 이끄는 군대가 합류했지만, 쓰촨 성 서부의 마오얼가이[毛兒蓋]에서 마오쩌둥과 장궈타오가 진행 방향을 놓고 의견 대립을 하게 되었다. 장궈타오의 부대는 주더와 함께 남서부 접경지대로 향했고, 마오쩌둥 휘하의 주력군은 가오강[高崗]과 류즈단[劉志丹]이 이미 근거지를 구축해놓은 서북의 산시 성[陝西省]으로 향했다.

1935년 10월 마오쩌둥의 부대가 목적지에 도착했을 때는 불과 8,000명 정도만 생존해 있었다. 장정 도중 농민들을 조직하기 위해 각 지방에 일부러 남겨진 사람들도 있었지만 대부분은 전투, 질병, 굶주림 등으로 죽었다. 사망자들 중에는 마오쩌둥의 어린 두 자녀와 동생 마오쩌탄[毛澤覃]도 포함되었다.

1936년 말 마오쩌둥의 부대는 산시 근거지에 있던 7,000명 정도의 지방 홍군과 1년 후에 도착한 주더·장궈타오의 부대가 더해져 약 3만 명의 병력으로 늘어났다. 1936년 12월 공산당은 산시 성의 옌안[延安]으로 본부를 옮겨 중일전쟁이 치러지는 동안 계속 그곳에 머물렀다.

장정은 마오쩌둥이 공산당에서 지도력을 확립하는 계기가 되었다. 1930년대 초반 그는 다른 당 지도자와 권력투쟁을 벌였고 그 결과 장정 초반에는 영향력이 비교적 약했는데, 1935년 1월 공산당 중앙정치국 확대회의를 통해 새로 생긴 의장이라는 직책을 맡게 된다.

장정 동안 공산당은 연합전선을 구축해 일본군에 맞선다는 새로운 정치 전략도 발전시켰다. 처음에는 민족주의 단체가 연합해 일본과 국민당 정권에 대항한다는 내용이었지만, 중국에 대한 일본의 압력이 거세지고 약화된 홍군에 대한 국민혁명군의 공격이 거세지자 공산당 지도부는 모든 중국인이 힘을 합쳐 일본에 대항해야 한다고 목소리를 높였다. 실제로 모든 계급과 지방 정권이 항일전쟁을 지지했고, 공산당은 혁명 전술을 온건화하고 계급투쟁을 순화시켜 일본에 대한 연합전선을 구축하려고 애썼다.

그러나 장제스는 공산주의자에 대한 공격을 멈추지 않았다. 그는 만주군과 북서군에게 명령을 내려 산시 성 북부에 있는 공산군을 공격하도록 했다. 이 공격에 참여한 군부는 공산당이 내건 '중국인끼리는 싸우지 않는다'는 표어에 공감했다. 그들은 동포가 아닌 일본군과 싸우고 싶어했고 특히 이런 감정은 일본에게 고향을 빼앗긴 만주군 사이에서 더욱 강했다. 군사령관 장쉐량〔張學良〕은 공산주의 진영과 비밀 협상을 진행하면서 내전을 중단시켰다. 1936년 12월 장제스가 새로운 반공작전을 명령하러 시안에 도착했다. 12월 12일 장쉐량은 장제스를 감금했고 이 일은 훗날 '시안 사건'이라고 불리게 된다.

장제스의 사망으로 중국이 새로운 무질서에 빠지게 될 것을 두려워한 정부는 그를 석방하라고 요구했다. 소련은 감금을 주도한 사람들을 재빠르게 비난하고 장제스를 풀어주라고 주장했다(소련은 자신에게 정치적으로 대적할 가능성이 있는 일본에 대항해 전 중국이 연합해서 싸워주기를 원했다). 공산당 지도부 역시 장제스가 공산당의 항일정책을 수락한다면 그를 풀어주는 것이 자신들과 중국에 이익이 될 것이라고 결론지었다. 장제스는 내전을 멈추고 침략국 일본에 힘을 모아 대항하기로 약속하고 12월 25일에 풀려났다.

두 당은 연합과 양보 사이에서 비밀스러운 협상을 진행하며 시간을 끌기 시작했다. 하지만 1937년 9월 중일전쟁이 발발하자 국민당 정부는 공산당의 연합 전술에 정식으로 동의했다. 이 협상에서 공산당은 공식적으로 쑨원이 제안한 삼민주의를 실현시킬 것을 확실히 했다. 국민당에 대한 무장 대립과 지주의 재산을 강제 몰수하던 것을 멈추고, 소비에트 정부를 민주제로 대체하기로 했으며 홍군이 국민군의 조직이 되어 중앙 정부의 통제를 받기로 협정을 맺었다.

1937년 7월 7일 베이핑 근처에서 일본군과 중국군의 작은 충돌로 일어난 루거우차오 사건(蘆溝橋事件, 7·7 사변)을 계기로 양국의 전쟁이 시작되었다. 일본군은 빠른 속도로 베이핑과 톈진을 점령했다. 8월 13일 상하이도 맹렬한 공격을 받았다.

근대사에서 처음으로 중국인 스스로 연합하여 외국 군대와 전쟁을 벌인 것이다. 1937년 중국의 상비군 규모는 170만 명이었고 50만의 예비군이 있었다. 당시 일본은 의심할 여지가 없는 막강한 해군과 공군을 소유했지만 실제로 중국과의 전쟁에 모든 힘을 쏟을 수는 없었다.

정식 선전포고조차 없었던 전쟁 발발 첫해, 일본은 완강하게 저항하는 중국인과 싸워 승리를 거듭했다. 12월 말 상하이와 난징이 함락되었는데 일본군은 난징에서 악명 높은 난징대학살을 일으켜 1937년 12월부터 1938년 1월 사이에 약 10만 명에서 30만 명에 이르는 중국인을 학살했다. 그러나 중국은 침략국에 맞서 계속 저항하겠다는 의지를 전세계에 보여주었다. 이 기회를 이용해 정부는 외국의 원조를 구할 수 있었다. 중국은 주로 소련에서 도움을 받았다. 1937년 8월 21일 소련과 중국은 불가침 조약을 맺고 소련은 곧바로 군수품, 군사 고문, 수백 대의 항공기를 보내주었다. 그러나 일본군은 결정적인 승전보를 올리고 있었다. 1938년 중반까지 일본군은 중국 북부의 철도와 주요 도시를 통제하고 있었다. 10월 12일에 광저우를 함락시키고, 당시 임시 수도였던 우한까지의 철도 공급을 중단시킨 뒤 10월 25일과 26일에는 한커우, 한양〔漢陽〕, 우창〔武昌〕을 차례대로 점령했다. 중국 정부와 군사령부는 양쯔 강 상류를 거슬러 올라가 산으로 둘러싸인 쓰촨 성의 충칭〔重慶〕으로 이동했다.

전쟁의 첫 시기가 지나고 나자 국민당 정부의 가장 우수한 부대와 공군, 군수품이 사라졌고 세금을 걷는 수단인 근대 산업 기지와 철도의 대부분, 군수품과 민간용품이 수입되는 모든 항구를 빼앗겼다. 그러나 아직 개발되지 않은 광활한 영토와 무궁무진한 인력은 여전히 중국의 손에 있었다. 중국의 저항은 계속되었고 동부 점령지에 대한 일본군의 통제는 더욱 힘들어졌다.

1939~43년에 진행된 두 번째 시기 동안 소규모 전투가 산발적으로 일어났지만 전선의 변화는 거의 일어나지 않았다. 일본은 자유 중국에 폭탄을 떨어뜨려 항복을 받아내려고 했다. 끊임없는 공습을 받은 충칭에서는 수천 명의 민간인이 사망했다. 그렇지만 중국인은 굴복하지 않았다. 수십만 명이 중국 서부로 이주해 전투를 계속했다. 동부지역 대학의 학생과 교수는 육로를 통해 내륙 마을로 이동했다. 공장들과 기술자들이 서부에 자리잡았다. 정부는 흩어진 군사력을 정비하고 외국으로부터 필요한 물품을 구입하려고 애썼다.

1938~40년 소련은 2억 5,000만 달러를 대출해주었고 미국과 영국, 프랑스는 민간용품 구매와 통화 안정을 위해 약 2억 6,350만 달러의 금액을 차용해주었다. 자유 중국이 가진 공급선은 거리가 먼데다 불안정했다. 1940년 독일이 프랑스를 침공하자 영국은 일본의 요구를 들어주고 미얀마의 수도 양곤을 폐쇄해 7월부터 9월까지 중국으로의 공급선을 끊었다. 1940년 9월 일본은 인도차이나 북부를 점

령하고 쿤밍(昆明)으로의 공급선을 절단했다. 소련으로부터 대부분의 군사적 도움을 받았지만 독일이 1941년 6월 소련을 공격하자 이 도움도 실질적으로는 중단되고 말았다. 그러나 미국은 중국에게 100대의 전투기를 판매했고 이때부터 미국이 항공방어를 지원하게 되었다.

자유 중국의 민간인이 견뎌야 했던 어려움은 공습이 전부가 아니었다. 물자가 희박해지자 물가가 엄청나게 상승했다. 정부에서 일하는 사람은 양식을 얻을 수 있었지만 전체적인 양식 공급과 물가 조정을 할 수 있는 수단은 없었다. 정부 세입은 제한되었고 그마저 관료와 300만이 넘는 군대를 먹여 살리는 데 우선적으로 사용되었다. 정부는 부족한 세입을 메우려고 화폐를 계속 발행했고 물가상승이 계속되어 통제 불가능한 지경에 이르게 되었다. 1939~43년, 관료와 군부의 사기가 계속해서 저하되었다. 중국 정치의 고질병이 다시 등장했는데, 특히 당파 정치와 부패가 심했다. 전쟁이 장기화되자 국민당 정권은 계속 약화되었다.

그러나 공산당이 전쟁으로 인해 얻은 결과는 사뭇 달랐다. 10년간의 내전에서 살아남은 지도부는 동지애와 사명감으로 똘똘뭉쳤다. 또한 전쟁을 겪으며 농민을 조직하는 법과 유격전에 대해 배우게 되었다. 1937년 공산당은 4만 명의 당원과 군장비도 제대로 갖추지 못한 10만 명의 홍군으로 이루어져 있었다. 국민당 정부와 협력하면서 홍군은 팔로군(八路軍)으로 이름을 바꾸고 주더와 펑더화이(彭德懷)를 각각 총사령관과 부사령관으로 임명하고, 린뱌오(林彪), 허룽(賀龍), 류보청(劉伯承)이 세 개로 나누어진 부대를 이끌게 했다. 서북부에 위치한 공산당 기지는 경제발전이 안 된 세 개의 성에 부분적으로 걸쳐 있었다. 연합전선을 구축해 일본에 맞선다는 큰 틀 안에서 팔로

군 지도부는 유격전의 경험을 이용한 전략을 채택했다. 일본군이 이미 점령했지만 통제할 인력이 부족한 중국 북부지역으로 작은 규모의 중대를 보냈다. 그 지역에 도착한 중대는 잔류 부대와 합류하고 현지 주민을 조직해 필요한 음식과 보충병, 은신처를 제공받아 그곳의 일본 잔류군을 공격했다.

연합전선을 구축했던 초기 국민당 정부는 장정 당시 장시 성과 푸젠 성에 잔류한 공산당 부대를 신사군(新四軍)으로 편성했다. 공산주의자인 예팅〔葉挺〕과 샹잉〔項英〕의 지휘를 받는 이 부대는 1만 2,000명의 규모였는데 상하이 근처에서 일본군 배후를 공격해서 여러 차례 승리를 거두었다. 이 부대 역시 저항 기지를 조직하고 보충병을 모집하는 유격전 방식을 전술로 삼았다. 1940년 이 부대는 10만 명이 넘게 되었고 양쯔 강 하류 양변의 넓은 지역에서 활약했다. 이렇게 공산당은 지역 활동가와 애국심으로 가득한 청년을 현지에서 모집하여 지속적으로 교화하고, 반대 인사나 무능한 당원은 축출하여 내부 구조를 강화시켜 새로이 활기를 찾게 되었다.

일본군의 공격을 받는 상황에서도 공산당과 국민당은 끊임없이 충돌했는데 함락시킨 적군의 영토를 누가 통제할 것인지를 놓고 일어난 군사 경쟁과 공산주의자들이 국민당 영토에서 정치세력을 확장하기 위해 벌이는 선전 활동과 비밀결사 등이 주원인이었다. 비록 양 진영 모두 항일 전쟁을 계속했지만 궁극적으로는 자신에게 유리하도록 싸웠다. 국민당 내의 반공 세력은 1941년 1월에 일어난 신사군 사건을 통해 격렬하게 그 감정을 드러냈다.

국민당 정부는 신사군에게 황허의 북부로 이동하라는 지시를 내리며 지휘관에게 그 지역이 작전상 중요한 곳이라고 당부했다. 그러나 대부분의 신사군은 장쑤 성의 북쪽, 즉 황허의 남쪽으로 이동해,

팔로군과 함께 그 지역과 산둥 성 남부의 장악권을 놓고 국민군에 대항하기 시작했다. 예팅과 샹잉은 양쯔 강의 남쪽 본부에 머무르고 있었다. 국민당 정부는 예팅이 북진을 하지 않을 것이라고 판단하고 1941년 1월 6일 신사군 부대를 공격했다. 수적으로 열세인 신사군은 패배했고 예팅과 2,000명 가량의 군인이 사로잡혔으며 샹잉은 전투 중 사망했다. 양 진영에서 많은 사상자가 발생했다. 신사군을 해산시키라는 장제스의 명령을 무시한 공산당은 천이〔陳毅〕를 새 사령관으로, 류사오치〔劉少奇〕를 정치위원으로 삼았다.

새로운 내전이 시작될 위험을 느낀 중국의 민간 지도자들은 반대 의사를 표명했다. 1938년 두 당의 연합전선이 구축되었을 때 세워진 군사 고문기관인 인민정치위원회는 이 문제에 관한 토의를 거쳐 중재에 나섰다. 대립이 이어져 내전으로 확산되는 것은 공산당이나 국민당 모두 바라지 않는 일이었다. 국민당 정부는 우수한 부대를 배치해 공산주의가 자신의 영토에서 영향력을 확장하는 것을 막고 엄격한 경제 봉쇄로 공산당을 약화시켰다. 그러나 실질적인 위협이 되는 쪽은 여전히 일본군이었다.

1941년 7월 미국은 일본이 중국과의 전쟁을 끝내고 싶어하며 영국령인 말레이시아와 네덜란드령인 동인도로 진군할 준비를 하고 있다는 것을 알게 되었다. 일본은 영국, 미국과 전쟁을 해야 할지도 모르는 위험을 감수하면서까지 인도차이나 남부와 태국을 점령할 계획을 세웠다. 그에 대해 미국이 보인 반응 중 하나는 대량의 무기와 장비를 중국에 제공하고 그것을 사용해 펼칠 수 있는 군사 작전을 알려주는 것이었다. 여기에는 중국의 군사력을 정비해 남부에서 활약하는 일본의 육군과 해군 부대를 방해하는 것도 포함되었다. 1941년 12월 미국은 군사 사절단을 중국에 파견했고 근대적인 중국

공군을 창설하는 것과 미국과 중국 간 효율적인 통신망을 구축하는 것, 30개의 부대를 무장하는 것에 암묵적으로 동의했다.

일본이 하와이 진주만에 가한 폭격으로 미국은 중국과 연합하게 되었고 영국도 자국의 식민지 영토가 공격당하자 태평양전쟁에 참가했다. 중일전쟁이 확대되자 중국인의 사기는 고조되었지만 한편에서는 다른 문제들이 발생하고 있었다. 12월 25일 일본이 홍콩을 점령하는 바람에 중국은 외부세계와 소통할 수 없었고 홍콩을 통해 이루어지던 밀수도 중단되었다. 1942년 5월 일본은 영국군, 인도군, 미얀마군, 중국군을 차례대로 무너뜨리고 미얀마를 점령했다. 중국은 완전히 고립되었다. 이 상황에서 중국의 우방국이 할 수 있는 일이라고는 중국을 기꺼이 지원하겠다는 성명을 발표하는 것뿐이었다.

이 사태를 해결하게 된 것은 인도의 아삼(assam)에서 쿤밍으로 이어지는 위험한 항로였는데, 쿤밍은 중국 남서부지역의 히말라야 남부에 위치했다. 1942년 3월 중국항공공사는 히말라야 산맥을 넘어 화물 운송을 시작했고 그 다음 달 미국은 운송 작전을 시작했다. 하지만 2년 전 미얀마의 육로를 통해 운반되던 양만큼의 물건이 운반되기 시작한 1943년 12월 전까지 중국은 석유, 군사 장비, 생활 물자가 충분히 공급되지 못하는 어려움을 겪어야 했다.

미국, 영국과의 연합에도 심각한 갈등이 있었다. 영국은 주요 적국인 독일을 패배시키는 것에 우선순위를 두었고 미국은 일본의 진주만 습격으로 태평양의 해군력이 크게 약화되어 다시 복구하는 데 수개월이 필요했다. 1941년부터 다음해 겨울까지 미국과 영국의 주요 전략은 먼저 독일을 물리친 뒤 태평양을 건너가 일본을 무너뜨리는 것이었다. 중국은 미국의 전략에서 비교적 덜 중요한 위치에 머물게 되었다. 미국은 대륙에서 일본을 최종적으로 패배시키는 데 자신이 결정적인 역할을 할 수 있도록 중국을 전시 상황으로 두고 싶어했다.

반면 장제스는 미국, 영국 연방, 중국이 연합하고 그 중에서도 중국이 중요한 역할을 맡아 전체 태평양지역에서 작전을 수행하기를 원했다. 그는 연합 전쟁에서 동등한 위치를 요구했지만 관대한 태도를 취해왔던 미국 대통령 프랭클린 D. 루스벨트는 그 요구를 거절했다. 루스벨트 대통령이나 영국의 윈스턴 처칠 수상은 장제스와는 근본적으로 다른 관점을 가지고 있었고 세 나라가 생각하는 국가적 이익 또한 달랐기 때문이다. 이로 인해 생겨난 여러 대립이 중국에 큰 영향을 준 것은 물론, 중국으로 하여금 나머지 두 국가에 대한 좌절과 의심을 갖게 만들었다.

미얀마가 일본에게 점령당하자 중국과 미국은 전력을 중국에 주둔한 미군 공군력을 강화하는 데 집중해야 하는지, 또는 중국군을 재편성하고 훈련하며 전술에 필요한 장비를 준비하는 데 집중해야 하는지에 대한 논쟁을 시작했다. 장제스는 일본군을 물리치는 데 주로 미국 공군력에 의존하고 있었다. 그러나 미국의 고위급 장군은 중국의 육군을 현대화해 비행장을 보호함으로써 미얀마 북부를 통과해서 오는 육로 수송을 시작해야 한다고 주장했다. 미국은 이미 미얀마 작전에 남아 있던 두 중국군 부대를 인도에서 훈련시키고 포병대와 기계 연대도 합류시킨 상태였다. 이 부대는 나중에 X부대로 알려지게 된다. 인도에서 훈련받은 요원은 대륙 내의 다른 부대를 재교육하는 것을 돕게 되었다. 공군을 개발하고 군대를 근대화하는 작업은 1943년에 가속화되었다. 훈련장은 쿤밍 근처에 세워졌고 Y부대라고 불리는 부대에는 새로운 장비가 갖춰지는 등 재정비가 활발히 일어났고, 남부에는 비행 통신망이 건설되었다. 그러나 이 두 가지 전략을 실행하면서도 부족한 항공 보급품을 어떻게 배분해야 하는가를 놓고 끊임없는 논쟁이 일어났다.

1943년 말, 중국에 근거지를 둔 미국 제14 항공대는 중국 중부지역에서 일본과 전략적으로 동등한 힘을 얻게 되었고 양쯔 강을 오가는 선박을 공격하고 타이완에 있는 일본 비행장을 성공적으로 공습했다. 두 번째 훈련 센터는 구이린(桂林)에 세워져 30개가 넘는 중국 부대가 훈련받았는데 이들은 Z부대라고 불리게 되었다. 그러나 미얀마 북부를 통과하는 육로를 개척하는 작전은 심각한 어려움에 봉착하게 된다.

11월에 열린 카이로 회담에서 장제스는 처음으로 처칠 수상과 루스벨트 대통령을 만나게 된다. 카이로 선언의 내용은 전쟁이 끝나면 만주지역과 타이완 그리고 펑후 군도(澎湖群島, 페스카도레스 군도라고도 한다)는 중국에게 반환되고 한국은 독립을 얻는다는 것이었다. 미국, 영국, 중국은 "일본의 조건 없는 항복을 얻기 위해 필요한 어떤 장기적인 전략도 불사한다"고 다짐했다. 그러나 이 선언은 세계 전략에 대한 각국의 큰 차이점을 숨기고 있었다. 미국의 전략 기획자는 태평양 남부와 중부를 가로지르면 일본에 쉽게 접근할 수 있다는 것과 독일이 패배하고 나면 소련이 대일전쟁을 시작할 거라는 걸 알고 있었다. 미국의 전략상 중국의 중요성은 감소하게 되었다.

처칠 수상은 중국으로 향하는 미얀마의 물자 수송로를 재개하는 데 필요한 해군력을 동원하는 것을 꺼려했는데, 그러기 위해서는 유럽 침공 계획을 축소시켜야 했기 때문이다. 그러나 장제스는 Y부대가 수송로를 여는 것을 보조한다는 조건하에 미얀마에 대한 해상 침공을 요구했고 카이로 회담이 끝난 후 처칠 수상과 루스벨트 대통령은 이 요구를 거절했다. 이 소식을 들은 장제스는 대량의 재정과 군수물자, 공군력 지원을 요구하며 지원이 이뤄지지 않을 경우 중국은 일본에게 패배하게 될 것이라고 단언했다. 그러나 미국은 그 요구를 거절했고 양국의 관계는 급속도로 냉각되었다.

1944년 중국은 위기 상황을 맞이했다. 일본은 태평양에서 더 많은 압박을 받게 되었고 중국 내의 보급 기지와 통신망 그리고 여러 항구에 끊임없이 공격을 받았다. 일본이 취한 대책은 두 가지였는데 우선 미얀마에서 아삼 쪽을 공격해 보급선을 끊거나 히말라야 산 서쪽 경계에 있는 비행장들을 알아내 공격하는 것이었고, 다른 하나는 북쪽에서 남쪽으로 달리는 철도를 공격하고 미군이 주둔하는 중국 동부 비행장을 공격하는 것이었다.

영국군과 인도군은 1944년 3월부터 7월까지 히말라야 산맥 비행장에서 파견된 수송 비행기의 도움으로 아삼에 대한 일본군의 공격을 막아냈다. 그러나 일본군은 이치고(Ichigo)라고 알려진 대규모 공격전을 중국 대륙 내에서 강행해 중국군의 약점과 비효율성, 수준 낮은 지휘력이 드러나게 했다. 당시 중국군은 70만 규모의 군단이 있었는데도 저항을 효과적으로 이어나가지 못했다. 오히려 허난 성에서는 소농민들이 자신들을 박해하던 중국 부대가 무너져가자 그들을 공격하기도 했다.

이치고 작전의 두 번째 시기, 일본군은 구이린을 차지하고 인도-중국 국경지대에 통신망을 세우려고 한커우에서 남쪽으로, 광저우에서 북서쪽으로 이동하기 시작했다. 11월에 중국은 구이린, 류저우 〔柳州〕, 난닝〔南寧〕을 잃었고 일본군은 충칭과 쿤밍을 향하는 길목에 있는 구이양〔貴陽〕에 접근하고 있었다. 이때가 일본의 중국 침략에서 최고조에 다다른 시기였다. 그런 뒤 일본군은 정예부대를 후방으로 빼서 거대하게 확장된 영토를 수비했다. 그리고 중국은 드디어 쿤밍을 방어하기 위해 미얀마에서 도착한 X부대의 도움을 받을 수 있게 되었다.

그 사이 중국 정부의 대미 관계는 더욱 악화되었다. 미국은 중국 정부가 특히 명령 체계 영역을 개혁해야 하며 차용한 물품과 자금을 더욱 효과적으로 사용해야 한다고 강력하게 주장했다. 그 밖에도 여러 부차적인 문제가 나타났다. 조셉 스틸웰(Joseph W. Stilwell) 장군은 중국 내에서 미국 정책을 실행하는 참모로 파견되어 명목상 장제스를 총사령관으로 인정해야 했지만, 그에 대한 노골적인 반감을 드러내며 무시하기 일쑤였다. 루스벨트 대통령 또한 스틸웰에게 전 중국군의 지휘를 맡겨야 한다고 장제스에게 요구했다. 부대의 지휘권이 곧 권력이었던 당시 중국의 정치 상황에서 장제스가 이 요구를 수락한다는 것은 상상도 못할 일이었다. 장제스는 미국 정부의 요구를 거절하고 스틸웰의 해임을 요구했다. 루스벨트 대통령은 이 요구를 수락했으나 그 뒤로 중국과 미국의 관계는 더 이상 진심에서 우러난 모습을 보여주지 못했다. 스틸웰 장군의 자리는 웨드마이어(Albert C. Wedemeyer) 장군으로 대체되었다.

1944년, 군사력의 약화는 중화민국 상황이 전반적으로 악화되고 있다는 사실을 입증하고 있었다. 정부가 부족한 국고를 채우기 위해 대량의 화폐를 발행하는 바람에 물가가 위험한 수준으로 인상되었다. 관료, 군부, 교사 등의 월급은 물가 인상 속도를 따라가지 못했다. 오랜 전쟁으로 지친 사람들이 대부분 가난으로 고생하게 되었다.

지식 계급 사이에 정부에 대한 불만이 퍼져갔다. 물가상승으로 필수품의 가격이 상승하자 고가품의 밀거래, 화폐 암거래, 부패 등으로 이윤을 챙기려는 사람들이 생겨났다. 전쟁이 계속되자 국내의 분열 상황을 통제하는 국가권력 수단이 억압적으로 바뀌었다. 사상 통제를 위해 비밀경찰 활동이 강화되었고, 공산주의자뿐 아니라 정부와 국민당을 비판하는 모든 사람들이 공격 대상이 되었다.

1943년과 1944년, 중국 인민해방군은 급속도로 성장했다. 1944년 5월 옌안을 방문한 미국의 한 전쟁특파원과 7월의 또 다른 방문자들에 따르면 공산주의자는 민주주의 방식을 도입하고 국민당 정부와 계속 연합해서 전쟁에 임하겠다고 공언했다. 공산당의 통제지역은 일본군 점령지 북부와 중부 전선에서 몇백 킬로미터 떨어진 곳까지 점차 확장되어갔다.

이는 여러 요인이 어우러진 결과였다. 일본군 점령지역 후방에 있던 공산당 군사령부와 정치 지도자들은 모든 인원을 동원해 일본군과 맞서 싸웠다. 당원들은 마을 공동체가 더 큰 지역 정부에 통합될 수 있도록 이끌었다. 또한 농민 연합, 노동조합, 청년회, 여성 단체 등을 조직하고 관리했다. 많은 지역 정부와 단체를 연결하고 그들의 정책을 결정해주기도 했다. 일본에 대항하기 위해선 통합이 중요하다고 생각한 공산당 조직원들은 개혁적인 경제 정책을 통해 인민들의 지지를 이끌어내려 노력했다.

당은 생산을 늘리기 위해 다양한 형태의 경제 협동을 실험했다. 이 중 하나가 호조(互助)라는 것으로 농부들이 일시적으로 개인 소유의 도구와 가축을 동원해 집단으로 경작하는 조직이었다. 일본군 전선 후방에서 호조는 젊은 농부로 이루어진 노동–전투 조로 발전했다. 위험이 닥치면 지역 공산당 부대의 지휘를 받아 유격전을 벌이고, 상황이 안정되면 다시 밭으로 돌아갔다. 이런 대중 활동에서 두각을 드러낸 젊은이는 공산당원으로 영입되기도 했다.

이런 식으로 공산당은 일본군 후방에 있는 다수의 마을에 스며들어 통제력을 발휘했다. 일본군의 통제력이 약화되면서 경험이 많은 공산당 부대와 정치위원들은 자신들의 정부 체계를 더욱 넓은 지역으로 확대했다. 1945년 4월부터 5월까지 옌안에서 열린 공산당 제7회 대표회의에서 당은 군부대의 규모가 90만 명의 정규군과 200만 명의 민병대로 이루어져 있다고 발표했다. 또한 공산당이 통제하는 지역의 인구가 9,000만 명에 이른다고 발표했다. 이 주장의 진위 여부는 가려지지 않았지만, 공산당이 통제 지역을 넓혔으며 거대한 힘을 갖게 되었다는 것은 틀림없는 사실이었다.

태평양전쟁은 1945년 8월 15일에 끝났고 일본의 정식 항복은 9월 2일에 발표되었다. 전 중국은 기쁨에 들떴다. 그러나 중국은 이내 재연합과 재건이라는 어려운 문제에 직면하게 되었고 내전의 어두운 구름이 몰려들었다.

일본이 항복한 뒤 약 4년 정도의 시간 안에 공산당과 인민해방군은 중국 대륙을 정복했고 1949년 10월 1일 베이징을 수도로 하는 중화인민공화국이 성립되었다. 이런 결과를 얻을 수 있었던 원인에는 많고도 복잡하며 다양한 해석이 뒤따를 수도 있지만 기본적인 것은 근본적이고 대중적인 개혁을 추구한 데서 얻은 공산당의 승리라고 할 수 있다. 중화인민공화국이 성립되기까지의 과정은 크게 세 단계로 나눌 수 있다. (1) 1945년 8월~1946년 말, 국민당과 공산당은 평화 회담을 진행하는 동시에 일본이 점령했던 영토를 차지하기 위해 경쟁하며 군대를 정비하고 수차례 무력 충돌을 일으켰다. (2) 1947년~1948년 상반기, 초기에는 국민당이 승리를 거두었지만 정세는 차츰 공산당에게 유리하게 바뀌었다. (3) 공산당은 1948년 후반 일련의 큰 승리를 거두고 중화인민공화국을 세우게 되었다.

공산당이 승리를 거둔 한 가지 이유는 농촌지역에서 실행했던 사회개혁 때문이다. 공산당은 이제 연합전선에 얽매이지 않아도 되었다. 1946년 중반, 내전이 일어날 것임이 확실해지자 당 지도부는 다시 토지개혁을 시작했다. 지도부는 토지 재분배를 더 큰 투쟁의 핵심 요소로 보았다. 농민을 격려해 지주의 토지와 재산을 빼앗으면 국민당 정부의 농촌 지주계급은 약화될 것이며 가난한 사람들은 공산당을 지지하게 될 것이라고 판단했다. 이 정책은 전통적인 농촌 사회 구조에 대한 결정적인 공격을 요구했다. 당 지도부는 농민들이 갖고 있던 지역 지식인에 대한 두려움과 토지 소유권에 대한 전통적인 존경심을 타파하려면 억압받는 자의 분노를 이용해야 한다고 확신했다. 당원들은 팀을 이루어 마을로 침투했다. 가난한 사람들을 조직해 '공개 비판' 모임을 만들어 지주와 국민당 지지자를 상대로 투쟁하고 그들을 처벌하거나 죽인 뒤 그들이 소유했던 땅과 재산을 분배했다. 당은 이 정책으로 인해 농민과 중산계급 사이에 갈등이 생기지 않도록 통제하려고 노력했지만 토지개혁은 스스로 탄력을 받아 추진되기 시작했고 중국 농촌은 공포의 시간을 겪게 되었다. 어쨌거나 공산당의 입장에서는 개혁이 가져온 활력으로 확실히 많은 소득을 얻었는데 토지 분배로 혜택을 받은 사람들이 든든한 지지 세력으로 자리 잡아 공산당 내부의 사기가 높아진 것이다.

내전은 1948년에 전환점을 맞이했다. 50만 명에 이르는 중국 인민 해방군은 중부지역 평야에서 벌어진 전투를 통해 우수한 전투 능력을 증명했고, 뤄양[洛陽]이나 카이펑[開封] 같은 중요한 도시들을 점령했다. 북부에서는 산시[山西省]의 성도인 타이위안[太原]을 포위했고, 만주의 서쪽 경계지역인 차하얼 성[察哈爾省]와 러허 성[熱河省]의 대부분을 차지했고 1947년 3월에 빼앗긴 옌안을 되찾았다. 결정적인 전투는 산둥 성과 만주지역에서 벌어졌는데 천이와 류보청 그리고 린뱌오의 부대는 국민당 정부의 정예군을 공격했다. 정부의 입장으로서는 군사적으로나 경제적으로 대재앙의 한 해가 아닐 수 없었다.

천이 장군의 부대가 산둥 성에서 떠났지만 공산당 유격대는 칭다오[青島]에서 지난[濟南]에 이르는 정부 소유 철도를 계속해서 점거했다. 당시 중요한 철도 길목이었던 지난은 6만 명에 이르는 국민당 군이 수비하고 있었다. 정부는 정치적인 이유로 수비대를 남쪽인 쑤저우[蘇州]로 이동시키지 않고 남아서 싸우게 했다. 그때 천이의 부대가 산둥 성으로 돌아왔고 9월 24일, 사기가 떨어질 때로 떨어진 지난의 수비대를 격파했다. 이 전투를 계기로 공산당은 난징의 북쪽 방위선이자 중요한 철도 중심지인 쑤저우에 대한 공격을 시작했다.

1947년 12월을 시작으로 공산당은 만주지역의 랴오둥 성의 성도인 선양으로 이어지는 철도 교차지점을 막고 그 지역 내의 국민당 수비군을 고립시켰다. 정부 군대는 사기가 떨어진 부대가 전투에 나갔다가 참패할 것이 두려워 포위당한 채 방어에만 집중했다. 정부는 만주지역에 있는 군대에게 철수하지 않고 버틸 것을 강요했고 비행기로 물자를 실어 날랐다. 지난을 함락시킨 린뱌오는 마지막 공격을 개시했다. 그가 지휘하는 군대의 규모는 60만 명에 달했고 이는 만주지역에 있는 국민당 부대 규모의 두 배 가까이 되는 수치였다.

그는 우선 지난과 선양 중간쯤에 위치한 정부의 철도 보급지인 진저우[錦州]를 공격했다. 그곳은 10월 17일에 함락되고 3일 뒤 창춘[長春]도 함락되었다. 선양의 대규모 수비군은 진저우와 창춘을 되찾고 랴오둥 만의 잉커우[營口] 항구로 연결되는 철도를 개통하려고 노력했다. 린뱌오의 군대는 계속되는 전투를 통해 허약한 정부군을 패퇴시켰다. 11월 초 정부군은 사상, 포로, 배반으로 40만 명에 가까운 병사를 잃었다.

1948년 초반 정부의 군부는 세금의 감소, 교통과 산업 시설의 혼란, 전쟁 예산의 증가 등으로 엄청난 규모의 재정적자를 냈으며 물가상승을 통제하지 못했다. 8월, 정부는 300만 위안의 가치를 갖는 금위안(gold yuan)이라고 하는 새로운 화폐를 도입하며 지출은 줄이고 세수는 늘리는 과감한 개혁을 하겠다고 약속했다. 국내 물가와 환율을 억제하고 암시장 거래는 엄격하게 처벌하겠다는 발표와 함께 말이다. 사람들은 금, 은, 외국 화폐를 정해진 가격으로 정부에 팔아야 했다. 많은 사람들이 물가상승을 막아볼 수 있을까 하는 기대감을 가지고 가진 것을 모두 내놓았다. 하지만 정부의 지출은 통제되지 않았고 화폐 발행은 멈추지 않았다. 게다가 식품과 생필품의 가격을 고정시키려는 정부의 정책 때문에 경제 활동은 침체되었고 정가보다 더 높은 가격에 거래되는 불법 매매만 성행하게 되었다. 일부 군부와 관료는 밀수, 투기 등의 부패에 관련되었다. 그 시기에 지난이 공산당 손에 넘어갔고 만주지역에 대한 위협이 시작되었다. 10월, 물가상승을 억제하려던 최후의 노력마저 실패로 돌아가고 도시지역 국민당의 사기가 크게 저하되었다. 물가는 다시 한 번 크게 상승했다.

1948년 11월 초에서 1949년 1월 초 사이에 양 진영은 쑤저우지역을 놓고 전투를 벌였다. 주더는 천이, 류보청 등과 함께 전략지 근처에 60만 군대를 주둔시켰는데 그 지역은 작은 규모의 국민군 부대가 수비하고 있는 곳이었다. 양 진영 모두 최신식 무기로 무장하고 있었지만, 국민군의 장비가 더 우수했고 공군도 갖추고 있었다. 하지만 사기 저하와 미숙한 지휘, 심리적 위축으로 인해 국민당 정부는 열세에 놓였다. 전투에 나갈 때마다 국민군은 포위당하고 패배했다. 65일간 이어진 전투가 1월 10일에 끝났는데 국민당은 50만 명에 달하는 군과 장비를 잃었다. 수도 난징은 곧 공격받을 위험에 처했다.

만주지역과 양쯔 강에 이르는 동부지역이 대부분 공산당의 점령지가 되었고 톈진과 베이핑(베이징)의 운명은 불 보듯 뻔했다. 톈진과 장자커우(張家口)를 잇는 철도는 고립되었다. 1월 15일 톈진이 간단한 포위 공격으로 함락당했고, 베이핑은 1월 23일 항복함으로써 중국의 역사적·문화적 중심지는 평화롭게 새 주인을 맞이했다.

1948년 하반기에 이르자 국민당의 남은 저항세력은 아주 미미한 수준이 되었다. 공산당은 다수의 지역을 손에 넣은 상태였고 다량의 총, 포 등 전쟁 물자를 얻게 되어 국민당 군대보다 더 뛰어난 장비를 갖추게 되었다.

1949년, 대규모의 정치적 변동이 일어났다. 장제스는 1월에 임시 은퇴를 하고 자신의 권한을 부총통인 리쭝런(李宗仁)에게 위임했는데 리쭝런은 정부를 다스리는 한편 마오쩌둥과의 평화 협상을 성사시키려고 노력했다. 2월부터 4월까지 진행된 리쭝런의 평화 협상은 별 소득이 없었다. 국민당은 항복할 준비가 되어 있지 않았다. 그들은 여전히 중국의 절반 이상을 다스리고 싶어했고 거대한 규모의 군대를 원했다. 리쭝런은 미국에게 공산당과의 협상을 중재해줄 것과 중국 남부의 수비를 도와달라고 요청했으나 미국 정부는 무너져가는 국민당 정부와 얽히고 싶지 않았기 때문에 무간섭 정책을 택했다.

평화 협상이 실패하자 중국 인민해방군은 어떤 저항도 받지 않고 양쯔 강을 건넜다. 국민당 정부는 4월 23일 수도를 포기하고 광저우로 이동했다. 공산당은 난징(4월 24일), 한커우(5월 16~17일), 상하이(5월 25일)를 차례로 함락했다. 국민당은 마지막 희망을 남서부지역에 두고 버텼지만, 오랫동안 국민당의 요새였으며 서부로 가는 관문이었던 시안을 포기할 수밖에 없었고 시안은 5월 20일 펑더화이 장군의 손에 함락되었다. 1949년 후반, 강력한 중국 인민해방군은 남부와 서부의 성을 계속해서 함락했다. 그해 말 국민당의 점령지는 하이난과 타이완 그리고 일부 해안지역밖에 남지 않았고 대륙에서는 미약한 저항만이 산발적으로 일어났을 뿐이었다. 패배한 국민당 정부는 장제스가 이미 정부의 거의 모든 자금을 들고 공군, 해군과 함께 가 있었던 타이완에서 다시 정부를 수립했다. 인민해방군이 대륙 대부분을 장악한 10월 1일, 마오쩌둥은 베이징에서 중화인민공화국의 수립을 선언했다.

03
인민공화국(1949~2007)

1949년 공산당의 승리는 농촌지역에서 통치 기법을 익혔으되 마르크스의 이데올로기를 채택하고 계급투쟁과 빠른 산업 발전을 신뢰했던 농민 정당에게 권력을 가져다주었다. 내전 기간 동안 주둔지 관리와 계속되는 전투를 경험한 공산당은 철저히 전술에 따라 행동하는 기질을 갖게 되었다. 새 국가를 탄생시킨 긴 내전은 부유한 도시민에게 대항해 농민이 거둔 승리이자 낡은 지배 계급의 파괴를 의미했다.

공산당이 인민공화국의 성립을 선포했을 때 대부분의 중국인은 새 지도부가 산업화에 집중할 것이라고 예상했다. 공산당의 정치적 선행 목표는 중국을 강대국으로 만드는 것이었다. 이 목표를 추구하는 과정에서 공산주의 정책의 '중심점'은 농촌에서 도시로 전환되었지만 마오쩌둥 주석은 농촌 투쟁을 통해 서서히 태동한 개혁적인 사고가 당 전체를 인도할 것이라고 주장했다.

1949년 마오쩌둥 주석은 일련의 성명을 통해 자신의 목표는 사회주의 사회를 건설하는 것이며, 종국에는 공산주의로 발전하는 것이라고 밝혔다. 그는 이 목표를 이루려면 소비도시를 생산도시로 전환시켜야만 그것을 기반으로 삼아 "인민의 정치력이 굳건하게 통합"될 수 있다고 설명했다. 그는 공산당의 지도력 아래에서 도시의 중간계급인 프티부르주아와 민족자본가가 노동자, 농민과 함께 4계급 연대를 이루어야 한다고 주장했다. 인민의 국가는 정권을 반대하는 사람들로 이루어진 '적대 계급의 압박'에 맞서 싸우기 위해 독재 권력을 실행할 계획이었다.

이 '인민 민주 독재'에 관한 당국의 성명서는 전국인민정치협상회의(중국의 국회 격인 전국인민대표대회의 자문기구)에 관한 법안에서 등장했고, 이 회의는 국가권력 조직을 인가하는 정책을 채택했다.

승리를 거둔 공산당은 국가를 정상화하는 데 전국적인 지지를 받으며 경제를 회복시키는 일에 열중하게 되었다. 각 지역의 경찰과 당 지도부는 경제 침체를 발생시키는 범죄행위를 엄중하게 다스렸다.

국가질서를 회복하고 모든 영역에서 통합된 정치제도를 세우는 초기 몇십 년 동안 중국은 커다란 대가를 치렀다.

혁명의 우선 과제는 다른 요구들과 일치를 이루어야 했다. 토지개혁은 농촌지역에서 진행되었다. 지주 계급은 숙청되었고 토지는 재분배되었다. 몇 번의 시행착오를 거쳐 중국의 농촌은 집단농장화되었다. 그러나 도시에는 비공산주의적인 요소가 남아 있었다. 인민공화국 성립 이전의 관료와 자본가는 공장, 사업계, 정부 조직 등에서 여전히 권력을 유지할 수 있었다.

권력을 잡은 공산당은 예전에 묵과했던 것들을 더 이상 용납해선 안 된다고 판단하여, 더 엄격하고 관료적인 태도로 대중에게 다가갔다. 그러나 다수의 공산주의자가 이런 변화를 혁명에 대한 배신이라고 생각했고, 이런 반응은 점점 더 강해져서 한동안 단결했던 혁명

세력은 분열하기 시작했다. 1949년 이후 중국 정치사에서 이 흐름은 더욱 분명해졌다.

초기 공산당은 세 가지 중요한 변환을 일으키기 위해 많은 노력을 기울였다. 경제적 빈곤에서 경제성장으로, 정치적 분열에서 정치적 단결로, 군사적 통치에서 일반인의 통치로 전환하는 것이 바로 그 세 가지 목표였다. 초기에 공산당이 보여준 이런 결정과 능력은 대중의 지지를 받았는데 이는 그후로도 오랫동안 공산당의 중요한 정치적 원동력이 되었다.

혁명이 이루어진 지 얼마 지나지 않은 1950년 10월, 인민해방군은 유엔에 대항해 한국전쟁에 참전했다. 당시 베이징은 북쪽에 가해지는 연합군의 공격에 위협감을 느끼던 와중이라 참전을 통해 이 공격을 중단시키려고 했다. 그러나 더글러스 맥아더 유엔군 사령관은 이러한 군사적 계획을 무시했다. 중국은 연합국 군대가 국경지대에 나타날 때마다 반격을 가했다. 1953년 7월 전쟁이 끝날 무렵 중국 전투부대의 약 3분의 2는 한국전에서 복무한 경력을 갖게 되었다.

3년의 참전 기간 중 중국이 내세운 "미제에 대항하고 조선을 돕자"라는 구호는 외세의 위협에 의한 사회적 공포 분위기를 그에 대항하는 희생정신으로 바꾸어놓았고, 애국심을 고취시켰다. 반혁명분자처단법(1951년)은 반체제 인사나 의심스러운 단체에 대한 경찰력을 정당화시켰다. 또한 반공산주의 단체나 정치적 적수에 대항하는 선전도 강화되었다.

끊임없는 국내의 정세 변화는 전쟁으로 가려졌다. 1950년 토지개혁법으로 농촌 지주의 재산은 몰수당하고 재분배되었는데, 이는 농민에게 했던 약속을 지키는 것이자 봉건 또는 반(半)봉건으로 분류되는 계급을 격파하는 것이었다. 반역자, 특히 국민당의 쿵[孔] 가문,

쑹〔宋〕 가문, 장(張) 가문, 천(陳) 가문 등으로 이루어진 '관료 자본 가'나 외국인의 재산도 몰수해 그들이 가진 권력을 종식시키고 산업화에 필요한 재정을 충당했다. 또한 생산량을 높이고 장기적으로 사회주의화의 기초를 놓는 정책을 시행했다.

이 정책들은 정부에 대한 대중적 지지를 끌어내기 위한 노력들과 맞물려 진행되었다. 결혼법(1950년 5월), 노동조합법(같은 해 6월)은 낡은 사회와의 단절을 상징화하는 동시에 새로운 사회상을 펼쳐 보이고자 하는 대중조직과 정부의 '대중 선전전'의 일환이었다.

1949~50년의 도시 정책은 질서를 회복하고 경제를 재건하는 데 초점이 맞추어졌다. 이 과업을 이루려고 공산당은 노동력을 육성하고, 자본가의 신뢰를 얻고, 물가상승을 억제할 수 있는 과감한 세금 정책을 실시하려고 노력했다. 이런 정책은 큰 성공을 거두었고 1950년 후반 많은 수의 도시민들은 공산당 지도부를 꼭 필요한 개혁세력으로 인식하게 되었다. 게다가 다수의 자본가는 공산당이 '사업을 도와주는 존재'라고 믿게 되었다.

1951년부터 공산당의 혁명 과업이 도시에서도 부각되기 시작했다. 반혁명분자 금지운동이라는 이름하에 비밀결사, 종교단체, 국민당의 전직 지도자들은 폭력적인 처벌을 받게 되었다. 1951년 후반과 1952년 초, 공산당의 혁명 정신을 더욱 공고히 하기 위해 핵심 도시 세력을 타깃으로 하는 세 가지 중요한 정치 개혁운동이 전개되었다. 첫 번째, 삼반운동(三反運動)은 중국 자본가 세력과 밀접하게 가까워진 공산주의 지도부를 그 대상으로 한 것이었다. 두 번째, 오반운동 (五反運動)은 뇌물, 탈세, 국가재산과 경제정보의 유출, 정부계약에 대한 속임수를 반대하는 것으로, 자본가가 공격 대상이었다. 마지막으로 사상개혁운동은 대학 교수들을 주된 비판 대상으로 삼았는데,

중국 대학의 커리큘럼이 서구식에서 벗어나 소련의 영향을 받게 되는 계기가 되었다.

국가적 합병과 한국전 참전 비용에 대한 압박은 중요한 결과를 낳았다. 동북지역에는 산업단지와 군사지역이 늘어났고 소련의 경제 고문단도 많이 늘어났다.

당시 가오강은 만주를 책임지고 있었는데 자기가 맡은 지역뿐만 아니라 베이징에서 내리는 결정에도 영향력을 행사했다. 그는 삼반운동을 계획하고 중국 공장 관리와 계획경제에 필요한 소련의 기술을 도입하는 일을 맡았다.

가오강은 1952년 말 베이징에서 국가발전계획위원회(國家發展計劃委員會)를 추진하였으며, 소련의 기술을 중국 토대에 맞게 발전시켰다. 중앙조직위원회의 수장을 비롯한 다른 고위 관료들과 밀접하게 일하면서 가오강은 자신의 경쟁자가 될 가능성을 가진 권력자를 제거하려고 노력했던 것 같다. 그가 특히 신경을 썼던 사람은 류사오치〔劉少奇〕와 저우언라이로, 둘 다 당과 국가기관의 핵심 인물이었다. 권력투쟁은 1년 이상 지속되었는데, 이는 당시 중국공산당의 내부 분열 현상을 단적으로 보여주는 일례였다.

이 기간 동안 중국에 대한 소련의 영향력에는 큰 변화가 생겼다. 1949년 12월 마오쩌둥이 모스크바를 방문하면서 소련의 영향을 공식적으로 인정하게 되었고 1950년 2월 14일에는 평화·동맹·상호지원 조약이 체결되었다. 하지만 소련이 중국을 기꺼이 도와주려고 하는지에 관한 의심이 생겨나기 시작했다. 또한 소련이라는 모델을 중국에 적용시킬 수 있는지, 그리고 소련이 중국을 조정하는 데 소련식 모델이라는 것이 어느 정도까지 구실이 될지에 관한 의문이 제기되었다.

이처럼 소련의 영향력이 점차적으로 줄어든 것에 반해 다른 영역에서 소련이 벌인 활동은 증가했다. 중국 군대는 중장비와 기동성을 더 중시하는 소련식으로 재조직되었다. 소련의 출판물과 선전 도구가 중국 전역에서 넘쳐났다. 중국은 소련이 차관해준 3억 달러를 1953년까지 사용했고 뒤이어 1954년에도 그보다 더 적은 규모의 액수였지만 소련으로부터 발전 기금을 빌렸다. 이런 원조 프로그램을 통해 소련은 다수의 산업정책에 필요한 장비와 기술을 제공했다. 소련은 또한 중국 대외 정책에 있어 중요한 자문 역할을 했기에 국제 공산당운동에서 중국은 모스크바의 지시를 따랐다. 소련과 연합한 베이징 정부는 아시아에서의 혁명 활동을 지원했다.

1953~57년에 진행된 제1차 5개년계획은 철저히 소련의 경험을 모델로 삼은 것으로, 소련은 이 계획과 실행에 관해 물질적 원조와 폭넓은 기술 자문을 제공했다. 이 계획은 스탈린 식 경제를 우선적으로 채택했다. 인구의 5분의 4 이상이 농촌지역에 거주하는 나라에서 정부 투자금의 5분의 4가 도시 경제로 유입되었다. 투자금의 대부분은 중공업 산업에 집중되었고 이와 대조적으로 농업 분야는 재정 지원이 아주 빈약했다.

이런 변화는 외곽지역에서 더욱 극명하게 나타났다. 토지개혁이 실행된 뒤 호조제도를 통해 공산당은 자발적인 형태의 농업집단화를 실험할 수 있었다. 평균 20~30개 가구로 이루어진 하위 단위 농업생산조합을 기초로 조직하기 시작했다.

공산당 내부에서는 농촌의 협동생산체제를 더 높은 단계로 빠르게 전파할 수 있는 방법에 대한 논쟁이 벌어졌다. 이 논쟁은 도시와 농촌 발전을 둘러싼 당 내부의 더 큰 긴장 관계를 보여주는 징후였다. 마오쩌둥의 강점은 농촌지역에서의 정책, 사회변화, 대외 관계 영역에 관한 것이었는데 1950년 중반 그는 자신이 특기를 발휘할 수 있는 영역으로 국가적인 의제를 옮기기 시작했다.

1955년 2월 마오쩌둥은 대다수 공산당 지도부의 반대를 무릅쓰고 농촌지역에서의 농업생산조합을 낮은 단계에서 먼저 가속화시킨 뒤 높은 단계로 발전시켜야 한다고 주장했다. 이 두 형태의 차이점은 농민의 중간계급이 자신의 토지를 통해 자급자족할 수 있는지의 여부와 관련이 있었다. 임금은 분배된 토지가 아니라 농민 각자의 노동량을 기준으로 주어졌다. 중간계급 농민은 새로운 조합에 영입된 무토지 농민에 대해 분개심을 가지게 되었다.

많은 중간층 농민들은 이런 변화에 대항했고 곡물 배급, 의무 구매 할당량, 저축과 임금에 대한 보다 엄격한 규제 등에 반발했다. 그럼에도 중국 농업 조직은 1956년 소련과 비슷한 수준의 집단화를 달성했다. 소작농까지도 집, 가축, 텃밭, 개인 저축액 등을 갖게 되었다. 1956년 말 중국 농가의 8분의 7 정도가 더 발전된 조합으로 조직되었다.

마오쩌둥은 농업 분야에서 시행한 거대한 변환을 산업과 상업 영역의 '사회주의적 변환'에 대한 요구와 결합시켰고, 그 과정에서 정부는 중요한 역할을 맡게 되었다. 중국공산당의 방식은 단순히 명령을 내리는 것이 아닌 개별 상인과 자본가가 자발적으로 자신의 기업을 '민간-정부 합작' 회사로 전환하도록 압력을 가하는 것이었다. 1955년 말부터 나타난 현상이었다. 이런 방식은 때로 특이한 결과를 가져왔다. 예를 들어 섬유업계 같은 경우 대부분의 자본가가 징을 울리고 폭죽을 터뜨리며 공산당 중앙당사를 향해 함께 가두 행진을 벌이기도 했다. 그곳에서 그들은 자신들이 소유한 회사의 주식 대부분을 구매해달라는 탄원서를 정부에 제출했다. 물론 정부 입장에서 상당히 유리한 가격이었고 정부는 우아한 태도로 그 요구사항을 받아들였다.

오반운동이 시작된 후 정부는 노동조합이 사기업의 경영에 더 많이 참여하게 했고, '노동경영' 위원회를 정부의 영향력 아래 놓아 예전에는 자본가들이 행사하던 많은 권력을 정부에 귀속시켰다. 그럼에도 대부분의 중국 자본가들은 1955~56년에 진행된 사회주의 개혁을 발전이라고 여기고 환영했는데, 이는 정부 내에서 자신의 지위를 지키는 데 돈과 힘이 거의 들지 않는다고 생각했기 때문이다.

농업, 산업, 상업 분야의 사회주의적 개혁은 비교적 부드럽게 진행되었다. 그렇지만 주목할 만한 긴장 관계가 전혀 없었던 것은 아니다. 1956~7년 많은 수의 농민은 새로운 협동조합에서 이탈해 도시로 몰려와 급속도로 성장하는 국영기업에서 일자리를 찾으려고 했다. 중국 도시 인구는 1953년 7,700만 명에서 1957년 9,950만 명으로 증가했다.

문제점들이 계속해서 늘어났다. 우선 공산당 지도부는 농촌 발전과 도시 근로자 지원에 필요한 추가 예산을 제공할 만큼 농업 생산의 증가 속도가 빠르지 않다는 사실을 발견했다. 그때까지의 농업정책은 적은 자본 투자만으로 조직과 토지 소유권의 변화를 통해 대량 생산을 시도하는 것이었는데, 1956~7년 그 정책이 충분하지 않다는 것이 드러났다. 둘째, 소련이 중국에게 준 원조는 갚아야 할 빚으로 남아 있었다. 1956년 이후 중국은 빌렸던 것보다 더 많은 금액을 소련에게 되돌려주어야 했다. 셋째, 도시의 기업과 상업 경영에 정부가 책임을 지는 비율이 확대되면서 더 많은 전문가가 필요하게 되었다.

이제까지 지식인 계급에 대한 지도부의 정책은 서로 모순되는 모습을 보였다. 지식인 계급의 도움과 세력이 필요했지만 도시 출신이며 부유한데다 국민당과 혈연적·개인적 관계를 가지고 있다는 이유로 다수가 의심의 대상이 되었다. 1949년 이후 그리고 특히 한국전쟁 초기 중앙위원회는 교사와 과학자를 재교육시키며 서양에서 받은 학위를 불신하는 분위기를 조성했다.

1951년에는 대중적인 선전보다 개인적인 혁명이 더욱 강조되었다. 그리고 1955년 후펑이 숙청된 뒤 다시 한 번 광범위한 사상 혁명 운동이 전개되었는데 후펑은 당시 당내에서 예술과 문학을 선도하는 지도자였다. 이 운동 기간 동안 『홍루몽(紅樓夢)』에 관한 학문적 연구도 중단되었는데 18세기 소설인 이 작품은 한 중국 가문에서 벌어진 비극적 사랑과 기울어가는 가문을 다룬 것이었다. 명확한 계급 도덕이 포함되지 않은 문학은 신랄한 비평을 받았고 당이 예술과 문학에 대한 명령을 내려서는 안 된다는 주장 역시 비난의 대상이 되었다.

1956년 초 당 지도부는 국가 건설이라는 새로운 국면에서 지식인 계급이 맡아야 할 역할에 관해 공개적으로 논의하고 '백화제방, 백가쟁명'(百花齊放, 百家爭鳴, 온갖 꽃이 같이 피고 많은 사람들이 각기 주장을 편다는 뜻)이라는 노선을 구축했다. '백화' 노선은 노골적으로 방목적인 토론과 연구를 장려했는데, 이는 마르크스-레닌주의의 우월성이 다른 사상과의 경쟁 속에서 증명될 것이 확실하고 그러면 지식인 계급을 공산주의자로 빠르게 바꿀 수 있다는 생각에서 비롯된 것이었다.

자유로운 토론과 비판을 지지하는 공산당의 흐름에 대한 반응은 점진적이었고 조심스러웠다. 게다가 다수가 마르크스주의 대신 서구의 연구자료와 사상을 연구하고 '반동적인' 사상에 관해 즐겁게 토론했는데 이는 헝가리 지식인 계급이 부다페스트에서 반공산주의 정서를 일으켰던 바로 그 순간에도 변함이 없었다.

백화운동이 시작된 지 얼마 안 되어 마오쩌둥은 1949년 이후 가장 유명한 연설로 꼽히는 「인민 내부에서 발생하는 모순을 정확하게 처리하는 법」(1957년 2월 27일)을 발표했다. 중심 주제는 모호하다. 그는 "적대적이지 않은 모순"을 설득을 통해 해결하는 방법을 강조했지만 "민주주의적"인 해결방법은 중앙집권제와 교육이 병행되어야 한다고 설명했다.

그러나 그는 모순이 "적대적인" 투쟁으로 발전했을 때 어떻게 할 것인지는 확실하게 설명하지 않았다. 어떤 말이나 행동이 옳은지에 대해서는 그것이 대중을 연합시키는지, 사회주의에 유익한지, 독재 체제를 견고하게 하는지, 조직(특히 당)을 굳건하게 하는지, 국제 공산주의를 강화시키는지에 따라 이후에 당이 판단할 것이라고 결론 맺었다.

6월, 대담하게 행동했던 사람들은 극우파의 반대 선전이라는 낙인과 함께 보복을 당했다. 마오쩌둥이 제안한 공개 비판에 처음으로 반응을 보인 지식인들이 첫 희생양이 되었다. 그리고 뒤이어 정부 관료와 국영기업에서 일하는 많은 전문 인력이 희생되었다. 가을이 되자 이 불길은 농촌으로 번져갔다.

1955~7년 소련과 미국 정책의 변화로 중국 지도부는 신중하고 회유적인 대외 정책이 합당한지를 의심하게 되었다. 1956년 소련공산당의 제20차 전당대회에서 제1서기 니키타 흐루시초프(Nikita Khrushchev)는 스탈린의 정책을 규탄했다. 마오쩌둥은 두 가지 이유로 이 발언에 화를 냈다. 우선 이 발언이 소련의 권위를 깎아먹을 것이며 동부유럽에 위험한 결과를 가져올 여지를 남겼다고 생각했는

데 이 생각은 옳았다. 또한 스스로의 결정을 숙고하지 않는 고집불통 지도자를 조심하라는 흐루시초프의 경고를 마오쩌둥은 비웃었다.

마오쩌둥을 중심으로 한 중국 지도부는 이제 소련이라는 모델을 지향하는 것이 과연 옳은 일인가를 의심하게 되었다. 이 모델을 포기하자는 목소리가 내놓는 가장 중요한 이유는 경제적인 어려움이었다. 계속 쌓이는 상호 불신이 이 상황을 부채질했다. 그럼에도 1957년 말 소련은 중국이 핵폭탄을 만드는 데 필요한 기술을 지원하겠다고 약속했고, 1958년 소련은 이 원조의 강도를 높였다. 그러나 중국-소련의 관계는 이미 되돌릴 수 없을 만큼 악화된 상태였기에 중국은 새롭고 더 투쟁적인 대외 정책을 채택하게 되었다.

이후 마오쩌둥은 소련과의 연맹 관계를 불편하게 생각했고 소련의 발전 모델을 사회와 정치 영역에 세분화해서 적용하는 것은 더욱 못마땅해 했다. 그는 거대한 정부 조직과 심각한 사회적 계층화, 그리고 도시 편향적 발전에 의해 중앙통제되는 소련의 체제를 좋아하지 않았다. 게다가 소련 모델은 잉여 농산물을 정부가 흡수해서 도시 발전에만 사용하도록 되어 있었다. 이 모델이 개발되었던 1920년대 말 소련 실정에는 맞았지만 중국의 상황은 그때와 사뭇 달랐다.

그래서 마오쩌둥은 소련의 군대제도를 그대로 베낀 중국 정부를 비판했고 이는 급진적인 대약진운동에서 그 절정을 맞이했다. 사회주의 건설과 대약진운동의 대략적인 노선은 1958년 5월 제8차 공산당 전당대회 두 번째 개회에서 발표되었다. 이 대회에서는 기술혁신과 경제 생산에서 "대약진"을 이룰 수 있는 사상적 지도력이 요구되었다.

기본적인 내용은 농촌 생산을 급진적으로 재조직함으로써 중국 내륙지역에서 발생하는 많은 수의 잉여 노동력을 생산원동력으로 바꾸는 것이었다. 이 결과를 얻을 수 있는 가장 효과적인 조직도를 조사한 정부는 1958년 8월 다양한 지역에서부터 모인 수만 명의 사람들로 구성된 '인민공사'라는 조직을 만들자는 결론을 내리게 되었다. 인민공사의 목표는 농업 생산량을 증가시키고 지역 산업 생산에 참여하고 농촌 교육의 질을 높이고 지역 군사력으로 조직되는 것이었다.

대약진운동

공동체체제에서는 농업과 정치적 판단이 분리되었고 사상의 순수성이 전문 기술보다 강조되었다. 농민은 여단으로 조직되고 공동 주방이 세워져 여성도 가사에서 해방되어 노동에 참여하게 되었다. 마오쩌둥은 이런 급진적 조직 변화에 적당한 정치 선동 기술이 더해진다면 농촌의 생산성이 높아져서 농촌 자체 발전에 필요한 자원뿐 아니라 도시지역의 중공업 발달에 필요한 자원도 충당할 수 있을 것이라고 믿었다. 이 '두 발로 걷기' 전략을 통해 당시 중국은 산업과 농업을 동시에 발전시킬 수 있다고 전망했다. 만약 이 전략이 제대로 진행된다면 1957년에 나타났던 농업 병목현상이라는 딜레마도 해결할 수 있을 터였다. 그러나 이 전략을 실행하기 위해서는 소련식 모델로부터 이탈해야 했고 이는 베이징과 모스크바의 긴장 관계가 고조된다는 것을 의미했다.

1958년은 이례적으로 풍성한 수확을 거둔 해로 기록되는데 주된 이유는 기후가 예외적으로 좋았기 때문이다. 그런데 같은 해 말 공산당 최고 지도부의 관심을 집중시킨 중대한 문제 몇 가지가 나타났다. 지나친 열정을 가지고 두 발로 걷기 정책을 실행하려고 했던 몇

몇 지도자들이 농기구를 녹여 강철을 만들었고, 이 정책에 불만을 품은 농민이 가축을 도살하는 일이 발생했다. 게다가 넓은 면적의 숲이 연료 공급을 위해 파괴되었다. 이런 실행상의 오류는 이후의 자연재해와 소련 기술진의 철수와 맞물려 심각한 결과를 초래했다.

이 정책이 처음 시행됐을 때만 해도 대부분의 농민은 예전보다 더 풍족하게 먹을 수 있을 것이라고 기대했다. 그러나 그해 말 확인 결과, 겨울과 봄을 나는 데 필요한 식량 비축량이 위험할 정도로 적다는 사실이 드러났다. 산발적으로 일어나는 농민 소동 역시 지도부가 통계 수치만 믿고 내놓은 희망적인 미래에 불안한 그림자를 드리웠다. 1958년 가을 추수량은 예상했던 양에 미치지 못했다. 인민공사의 비효율성과 대규모 농촌 인구를 작은 규모의 산업으로 재배치한 이 정책은 중국 농업을 심각하게 붕괴시켰고 1958년부터 62년 사이 2,000만 명이 기아로 사망했다.

1959년 2월과 3월, 마오쩌둥은 대약진운동을 완전히 포기하지는 않지만 좀더 실질적인 정책을 만드는 데 필요한 조정을 하자고 요구했다. 마오쩌둥은 더 큰 재앙을 막기 위해 대약진운동의 규모를 축소하자고 주장하는 측의 대표적인 인물이었다. 그는 대약진운동으로 더 큰 힘을 가지게 된 지방 공산당 당권파들의 저항에 부딪히게 되었다.

1959년 루산[盧山]에서 열린 회의를 통해 예상치 못했던 아주 좋지 않은 결론이 도출되었다. 당시 국방장관이었던 펑더화이가 개인적으로 진행한 조사 결과를 바탕으로 대약진운동에 대한 비판을 제기했다. 그는 정리한 결과를 회의 기간 동안 마오쩌둥에게 전달했다. 마오쩌둥은 이 편지에 대한 답장을 8일 동안 미루고는 "우익 일탈주의"라는 이유로 펑더화이를 비난하고 그를 포함한 무리를 축출할 것을 주장했다.

루산 회의를 통해 결정된 내용은 마오쩌둥의 뒤를 이을 후계자로 거론되는 린뱌오가 펑더화이의 자리를 대신하는 것과 대약진운동의 규모를 축소하는 것, 모든 "우익세력"을 색출하여 제거하는 정치 선전을 시작할 것 등이었다. 마지막 결정에 당 관료들은 "우익세력"으로 낙인이 찍힐 것을 두려워해 두 번째 결정인 대약진운동의 규모를 축소하자는 것에 반대했다. 이로 인해 '제2의 대약진운동' 이라는 새로운 급진적 정책이 시작되었고 이 정책은 아주 끔찍한 결과로 나타나 사람들이 공산당체제에 대한 의심을 가지게 되는 순간까지 수정 없이 시행되었다.

1959년 10월 공산당은 도취감에 젖어 국가 승리의 열 번째 기념일을 축하했다. 그러나 뒤이은 2년 동안 홍수와 가뭄으로 중국의 분위기는 완전히 바뀌었다. 1961년 농촌지역의 재앙이 도시에도 영향을 미치기 시작해 도시 산업의 생산량이 25퍼센트 감소했다. 먹을 것이 떨어져가자 비상조치로 약 3,000만 명의 도시 거주자들이 농촌으로 보내졌다. 대약진운동은 계속 진행되고 있었고 체제는 위기를 맞았다.

1962년 1월 마오쩌둥은 "당과 국가의 방향, 정책, 노선에 관한 문제"에 집중한다는 이유를 들어 '제2선' 으로 물러났다. 행정을 처리하고 일상의 결정을 내려야 하는 '제1선' 은 1959년 국가 주석이 된 류사오치(劉少奇)가 맡았다(물론 마오쩌둥은 당서기라는 지위를 계속 유지했다). 덩샤오핑[登小平]도 제1선에서 일하게 되었는데 그 역시 심지가 강한 사람으로 당시 공산당 총서기를 맡고 있었다. 1962년이 되자 마오쩌둥은 제1선에서 일하는 동지들이 사용하는 전술이 혁명 전통의 기본적인 신념에 위배될 뿐 아니라 자신이 판단하기에 소련의 "현대 수정주의"가 가진 오류를 답습하고 있다는 결론을 내리게 되었다.

류사오치와 덩샤오핑의 지휘 아래 공산당은 계속해서 커져가는 위기에서 벗어나는 데 필요한 주요 정책을 발표했다. 이 정책 초안은 대부분 대약진운동 기간 동안 비판받았던 전문가들의 도움을 받아 작성되었다. 이 정책들은 당시의 급진주의 경향에 크게 반하는 것이었다. 인민공사는 농민의 노력과 보상이 더 확실하게 연결될 수 있을 정도로 작은 규모로 축소되었다. 1962년 중국 농촌의 많은 지역에서는 집단농업체제가 붕괴되고 개인농업이 다시 생겨났다. 문학, 미술, 영화 등이 더 넓은 주제를 다룰 수 있도록 허락되었고 혁명 전의 예술 형태가 많이 부활했다. 산업 분야에서의 새 정책은 경영자의 소유를 인정해주었고 노동자가 일을 많이 할수록 더 많은 보상을 얻을 수 있게 해주었다. 비슷한 정책이 다른 영역에도 차례대로 도입되었다.

이 정책들은 미래의 혁명 방향에 대한 기본적인 의문을 유발했다. 대부분의 공산당 지도부는 대약진운동을 지지했지만 그 운동의 실패에서 얻어야 하는 교훈에 대해서는 합의하지 못했다. 대약진운동은 경제발전을 가속화하는 수단인 동시에 대중 사상 혁명을 성취하는 도구 역할로 시작되었다. 대약진운동의 결과를 목격한 당의 모든 지도층들은 선전운동과 경제발전을 함께 묶는 것은 중국 상황에 맞지 않는다는 것에 동의했다. 그리고 다수는 대중정치 선전을 사상개조 도구로 사용하는 것은 과거의 유물이라고 결론 내렸다.

그러나 마오쩌둥과 그의 지지자들은 여전히 계급투쟁이 가장 근본적인 것이라고 생각했다. 1961~5년, 마오쩌둥은 당시의 중국 상황을 놓고 마음속 깊이 고민을 했다. 그는 스탈린이 사망한 뒤의 소련처럼 중국도 수정주의를 향해 가게 될 것이라고 확신했다. 그는 다양한 영역에서의 구체적인 정책뿐 아니라 계급투쟁과 사상선전을 이용해 중국 정치가 수정주의로 흘러가지 않게 하기 위해 노력했다. 수정주의에 대한 마오쩌둥의 두려움은 1960년대 중반 국가 정책을 수립할 때에도 주요하게 작용했다.

이런 불안을 가진 것은 마오쩌둥만이 아니었다. 비슷한 생각을 가진 사람들이 마오쩌둥 주변으로 몰려들었고 마오쩌둥과의 친밀함을 이용해 정치권력을 더 많이 얻으려고 했다. 수년간 마오쩌둥을 보좌해온 천보다[陳伯達]는 마오쩌둥의 정치 사상을 해석하고 발표했고, 마오쩌둥의 아내인 장칭[江靑]은 문화영역에 관해 강력한 정치적 견해를 가지고 있었다. 캉성[康生]은 소련 이데올로기를 잘 이해하고 소련 스타일로 비밀 정치를 운용할 수 있는 사람이었다. 군부를 이끄는 린뱌오는 마오쩌둥 조직이 이상적이라고 생각하는 인재인 실력과 사상적 순수함을 겸비한 인물이 되고자 노력했다. 이들은 서로 개인적으로 연락하며 연합했다. 그들의 목표와 관심이 모두 같은 것은 아니었지만 마오쩌둥의 권력을 확대하는 동시에 당시 후계자로 지목되던 류사오치와 덩샤오핑 그리고 다른 당 지도부와 마오쩌둥의 사이를 벌려놓으려는 목적은 같았다.

마오쩌둥은 이 기간 동안 국내와 대외 정책 결정에 있어 큰 영향력을 행사했다. 그 가운데 가장 중요한 것은 인민해방군에 관한 일련의 정책으로, 마오쩌둥과 린뱌오는 인민해방군을 모델이 되는 조직으로 만들려고 했다. 두 사람은 군인-공산주의자가 다음 세대 지도자로 가장 적합한 후보라고 생각했다. 군대식 통일성과 훈련은 분열된 계급을 초월할 수 있다고 보았고 군인들은 마오쩌둥의 정치 리더십이 요구하는 엄격한 기준을 따를 수 있으리라고 생각했던 것이다.

린뱌오는 마오쩌둥의 사상을 정리해 핵심이 되는 내용을 정리했다. 이것은 후에 『마오쩌둥 어록〔毛主席語錄〕』이라는 책으로 출판되었는데 이 책은 상대적으로 교육 수준이 낮은 군인에게 마오쩌둥의 사상을 전파하려는 목적을 가지고 있었다. 마오쩌둥은 인민해방군의 정치적 역할을 확장하려고 노력했다. 1963년 마오쩌둥은 전 중국을 향해 "인민해방군으로부터 배우자"고 촉구했다. 그 뒤 1964년부터 마오쩌둥은 인민해방군을 모델로 삼은 정치부서가 모든 주요 정부 기관에 자리 잡아야 한다고 주장했다. 많은 경우 인민해방군 출신의 정치 공작원이 새로운 기관의 직원으로 일하게 되었고 이로 인해 여러 기관에 효과적으로 침투할 수 있게 되었다. 1962년 사고로 순직한 뒤 모범 군인의 상징이 된 레이펑〔雷鋒〕에게서 배우자는 국가 선전운동 같은 노력으로 인해 인민해방군의 명망은 더욱 높아졌다.

마오쩌둥의 '혁명화'는 더 큰 차원의 국가적인 영역이 필요했고 인민해방군은 중국 정치에서 더 큰 역할을 차지하게 되었다. 1963년 말 마오쩌둥은 지식계급에게 중국의 새로운 국제적 역할을 지원할 수 있도록 학문 체계를 재조정하라고 요구했다. 이 흐름으로 '새로운 세력'이 등장했고 1964년 도시의 젊은 지식인계급은 이 새로운 세력을 당과 동맹에 합류시키려는 중앙위원회의 노력에 휩쓸리게 되었다. 그러는 사이 농촌 사람들은 '노동조'라고 불리는 당 조직의 통제 아래에서 사회주의 교육 선전과 간부 교정운동에 동원되었다.

문화대혁명

1964년 여름 마오쩌둥은 "흐루시초프의 거짓 공산주의와 그것이 세계에 남기는 역사적 교훈"이라는 제목의 글을 발표했는데 이 글에는 계급투쟁, 정치 구조와 조직에 대한 그의 사상적 원리가 정리되어 있다. 이 글은 혁명운동을 성공시키고 싶어하는 젊은이들에게 재교육(혁명화)이 무엇인지에 대한 기초 지식을 제공했다. 혁명화라는 높은 물결은 미국 공군이 중국 남부 국경지역과 마주한 북베트남을 공격해 전쟁이 시작된 8월 초까지 지속되었다.

사상 논쟁이 불붙기 시작한 1965년 가을, 군부에서 먼저 마찰이 시작되었다. 정책 방향, 조직과의 연관 정도, 고급 장교에 대한 자격 부여 등이 주된 논쟁 주제였다. 대부분의 몸싸움은 비밀리에 진행되었고 공개적으로 드러난 것은 개인 간에 오고가는 욕설이나 의례적인 폭로였다. 마오쩌둥과 린뱌오를 지지하는 조직의 근거지는 중국 동부의 도시인 상하이에 있었는데, 서로가 서로를 헐뜯는 몇 달 동안 상하이에서 발행되는 신문들은 대상을 선별해 공개적인 공격을 퍼부었고 이 중 특히 《해방군보(解放軍報)》가 주도적이었다.

문화대혁명의 주요한 목적은 다음 세대인 중국 젊은이들이 혁명적 가치에 새로운 활기를 가지고 참여하도록 하는 것이었다. 첫 대상은 역사학자인 우한[吳晗]으로 당시 베이징 시 부시장직도 맡고 있었다. 우한은 그가 쓴 역사극에서 우화 기법을 사용해 마오쩌둥을 풍자하고 해임된 전직 국방장관 펑더화이를 칭송했다는 비판을 받게 되었다. 1965년 11월 우한과 그의 작품에 대한 탄핵은 문화인들과 그들의 사상에 대한 총공격의 포문을 여는 사건이 되었다.

마오쩌둥은 1966년 8월 제8회 11차 중앙위원회 총회에서 문화대혁명의 시작을 정식으로 알렸다. 그는 모든 학교의 문을 닫고 홍위병(紅衛兵)을 조직해 전통적인 사고와 '부르주아'적인 것을 공격하도록 했으며 공개 비판을 통해 당원들을 시험했다. 마오쩌둥은 이 방법이 젊은이들에게뿐 아니라 비판의 대상인 당의 관리들에게도 유익하다고 믿었다.

이 운동은 점점 가속도가 붙었다. 많은 노인들과 지식계급은 언어 공격뿐 아니라 육체 공격도 받았고 그 와중에 다수가 목숨을 잃었다. 홍위군은 분열되어 열성적인 당파를 형성해 자신들이야말로 마오쩌둥 사상의 진정한 대표라고 주장했다. 마오쩌둥에 대한 개인숭배는 문화대혁명을 고무하기 위해 시작되었는데 나중에는 종교적인 수준에까지 이르게 되었다. 이로써 초래된 무정부 상태와 테러, 사회적인 마비현상은 도시경제를 와해시켜 1968년의 산업생산량은 1966년에 비해 12퍼센트나 하락했다.

문화대혁명이 탄력을 받자 마오쩌둥은 군부뿐 아니라 젊은이들에 대한 지원을 늘렸다. 도시와 농촌, 노동자와 농민, 지식노동자와 육체노동자 사이의 차이를 제거할 수 있는 교육체계를 구축하기 위해 마오쩌둥은 젊은층과 공감을 이루어냈다. 이 젊은이들이 훗날 그의 가장 우수한 특공대가 된다. 1966년 봄, 작가와 학자, 사상가에게 가해졌던 공격은 문화대혁명의 문화적인 범위를 보여준다. 혁명의 방향은 점차 눈에 보이는 목표 뒤에 보이지 않는 배후가 교육계와 사상계 그리고 당 안에 있다는 의혹으로 나아가게 된다. 펑전[彭眞]과 루딩이[陸定一]를 제거하고 그후에 저우양[周揚] 등 예술계와 문화계의 대표 주자들을 제거한 일련의 행동은 문화대혁명이 완전한 제거 작업이었다는 사실을 보여준다. 문화대혁명의 두 번째 목적은 마오쩌둥이 보기에 과거의 판단 오류와 사상적 죄로 책임을 물어야 할 당의 대표 관리들을 제거하는 것이었다.

혁명의 분위기가 당의 최고위층까지 올라가도록 조장한 것은 마오쩌둥, 린뱌오, 장칭, 캉성, 천보다 등을 중심으로 한 무리였다. 1966년 5월 마오쩌둥은 문화와 교육에 관련된 일을 비밀리에 군부에 위임했다.

5월, 지시에 따라 교육체제는 우선적인 관심 대상이 되었다. 베이징의 주요 대학 곳곳에 대자보가 붙었다. 대학의 관료들과 교수들은 무작위로 뽑혀 비판받았고 학생들은 중앙기관의 지원을 받아 대중 집회를 열고 조직을 만들어갔다. 6월이 되자 정부는 대학 입학시험을 중단하고 입학 절차에 대한 개혁을 요구하며 개학을 연기했다. 당 관료들과 그 아내들은 대중의 호의를 얻고 적수를 방해하려고 캠퍼스를 순회했다. 정치적 노선이 분명하게 드러나 있는 것도 아니고 사람들이 확실하게 이해하고 있는 상황도 아니었건만, 음모와 정치 공방이 만연했다. 이런 활동의 중심에는 베이징의 학교들과 중앙위원회의 내부 회의가 있었다. 학생들은 자신들이 완전히 이해하지 못한 경기에 적극적으로 참가했다.

문화대혁명의 이런 국면은 1966년 8월 중앙위원회의 총회가 소집되면서 막을 내렸다. 마오쩌둥은 '사령부에 폭격을 퍼부어라'라는 제목의 대자보를 발표했는데 이는 고위 관료를 비난하고 제거하는 것을 촉구하는 내용이었다. 16개의 항목으로 이루어진 중앙위원회의 결정이 발표되어 문화대혁명의 폭넓은 개요가 설명되었고 지지자들은 혁명이라는 깃발을 향해 모여들었다. 가장 급한 목표는 '부르주아'로부터 권력을 빼앗는 것이었다. 투쟁 본부는 부르주아들이 살고 있는 도시지역이었다. 이 시기 마오쩌둥 사상은 그 어느 때보다도 확실하게 '행동 지침' 그 자체로 작용했다.

중국이 소련 식 사회주의 건설노선을 따라 수정주의로 나아갈지도 모른다는 두려움과 자신의 역사적 위치에 대한 걱정 때문에 마오쩌둥은 역사의 흐름을 뒤바꾸려고 유례없는 노력을 기울여 중국의 여러 도시를 혼란 상태로 몰아넣었다. 마오쩌둥은 결국 실패하고 말

앉다. 그가 혁명을 달성하기 위해 기울였던 노력은 되려 많은 문제들을 발생시켰고 그를 이은 후계자들은 몇십 년 동안 이 문제들을 해결하기 위해 투쟁해야 했다.

마오쩌둥은 문화대혁명을 위한 다음 네 가지 목표를 채택했다. (1) 이미 지명된 마오쩌둥의 후계자들을 그의 사상에 보다 충실한 지도자들로 교체한다. (2) 중국공산당을 바로잡는다. (3) 중국의 청년들에게 혁명의 경험을 제공한다. (4) 교육·위생·문화 조직이 엘리트주의에서 벗어날 수 있도록 정책을 바꾼다. 마오쩌둥은 이 목표들을 달성하기 위해 도시 청년들을 대거 동원해 홍위병이라는 집단을 조직했고, 당과 군대로 하여금 이들을 막지 못하게 했다.

1967년 2월, 전국적으로 정치적 폭동이 일어나자 당의 권력핵심에 남아 있던 많은 당 지도자들이 문화혁명의 중단을 촉구했다. 많은 도시에서 보수주의 세력이 급진주의를 배격하기 위해 홍위병과 맞섰다. "2월 반대 흐름"이라고 불렸던 이 운동은 급속히 좌절되고 새로운 급진 물결이 시작되었다. 게다가 1967년 여름경에는 무질서가 광범위하게 퍼지고, 홍위병 간의 대규모 무력충돌이 전국적으로 발생했다.

1967년 마오쩌둥은 린뱌오가 지휘하는 인민해방군에게 홍위병 대신 문화대혁명에 참가할 것을 명령했다. 그러나 홍위병에게서 통일된 지지를 얻어내는 대신에 취해진 이러한 정치·군사적 조치는 군부 내에 더욱 심각한 분열을 초래했다. 잠재해 있던 군부 내의 긴장은 1967년 여름에 우한 군구(武漢軍區) 사령원이었던 천짜이다오[陳再道]가 급진적인 당 지도자 두 명을 체포하면서 표면화되었다. 나라 전체가 급진주의와 비교적 온건한 경향의 반복적 엇갈림을 경험한 뒤, 마오쩌둥은 새로운 규칙을 세우는 쪽으로 방향을 잡았다.

1968년 마오쩌둥은 자신이 당에 더 큰 통제력을 행사할 수 있도록 하기 위해 공산당 조직을 재정비하기로 결정했다. 군 장병들이 파견되어 학교와 공장, 정부기관 등을 접수했다. 동시에 군대는 수백만 명의 도시 홍위병을 깊은 산골로 쫓아 그들의 힘을 분산시키고 어느 정도의 도시 질서를 회복했다. 그 결과 예전 같지는 않았지만 사회는 그럭저럭 제구실을 하기 시작했다. 1968년 10월 전국대표대회를 소집하고 당 기구를 재건하기로 했다. 이 시점부터 문화대혁명이 수그러들었고, 그에 따라 누가 권력을 계승할 것인가 하는 문제가 정치의 핵심이 되었다.

1970년이 되자 문화대혁명의 목표는 지식인 노동자와 육체노동자, 노동자와 농민, 도시와 농촌을 분리하는 내용으로 전환되었다. 교육체계가 엘리트주의에 빠지지 않도록 많은 수단이 취해졌다. 각 학교에서 학생들이 받는 학습 기간을 줄이고 대학 입학 때는 입학시험 대신 학생이 속한 노동조에서 받은 추천서로 심사를 했다. 모든 젊은이들은 대학에 입학하기 전 몇 년 동안의 육체노동 기간을 거쳐야 했다.

학교에서는 정규 교육 대신 정치교육과 직업훈련이 더 많이 이루어졌다. 전통적인 방식의 시험은 폐지되었고 집단교육이 더욱 강조되었다. 교실 내에서의 교사의 권위는 완전히 무너졌다. 이 흐름이 최고조에 달했던 것은 동북지역의 한 학생이 수업 첫 시간에 시험을 치르도록 한 교사를 비난하며 백지 시험지를 제출해서 급진주의자들에 의해 영웅화되는 사건이 일어났을 때였다.

많은 관료들은 비교적 안락했던 일자리에서 쫓겨나 '5·7 간부학교'에서 할당된 노동을 하게 되었는데 주로 도시 조합이 운영하는 농장 일이었다. 도시 조합 사람들은 농사를 해서 먹고 살아야 했고 대개는 환경이 매우 낙후했는데 운영되는 기간은 다양했다. 1973년에는 평균 6~12개월간 운영되었다고 한다. 농장에서 일하는 동안 도시 출신 관료들은 엄격한 육체노동과 함께 집중적인 사상교육을 받아 관료적인 분위기를 털어내야 했다.

이 시기에 수백만의 중국 젊은이들이 농촌으로 보내졌다. 처음에는 주로 홍위병들이었지만 곧 일반인들도 그 행렬에 동참하게 되었고 중·고등학생들까지 농촌으로 가게 되었다. 농촌으로 간 젊은이들은 "가난한 농민으로부터 배우자"는 교육을 받았다. 자신의 고향과 가까운 곳으로 보내진 젊은이들은 많지 않았고 대부분 아주 먼 곳으로 보내졌다. 예를 들어 상하이의 젊은이들은 동북지역에서도 가장 북쪽인 헤이룽장 성이나 서북지역인 신장에 배치되었다.

의료체제도 바뀌었다. 도시에서 일하던 의료진이 농촌의 필요에 부응할 수 있도록 했다. 이는 의료진을 농촌으로 재임명하는 방식을 통해서도 이루어졌지만, 주로 농촌에 있는 의료 보조원에게 단기 교육을 제공하는 방식으로 이루어졌다. 후자의 방법을 통해 많은 농촌 지역에 최소한의 의료 혜택이 주어지게 되었고 심각한 치료는 더 수준 높은 지역으로 보내어졌다.

의료 영역에서 시행된 또 하나의 정책은 지역에서 자라는 약재나 비교적 저렴한 침술에 의존하는 중국 전통 의학에 더욱 중점을 두는 것이었다. 양약은 너무 비싸서 농촌에서 효과적으로 사용될 수 없었기 때문이다.

마오쩌둥의 쇠퇴

문화대혁명의 구체적인 강령이 전달되어 자리를 잡고 질서가 잡히면서 누가 최고 권력을 물려받을 것인지에 관한 논쟁이 계속해서 심각해졌다. 이러한 긴장이 처음으로 표면화된 것은 1970년 여름에 개최된 당 중앙위원회에서였는데 천보다와 린뱌오를 위시한 지지 세력이 보여준 일련의 행동이 마오쩌둥을 분노케 했다. 마오쩌둥은 린뱌오에게 경고를 하려고 천보다를 숙청했다. 1970년 말 마오쩌둥은 린뱌오를 지지하는 군부 세력이 거만하며 상부의 지시를 따르지 않는다고 비난했다. 이런 긴장 관계는 1971년 봄 린뱌오의 아들인 린리궈〔林立果〕가 아버지의 지위를 유지할 수 있는 유일한 방법이라고 생각해 군사 쿠데타를 일으키면서 최고조에 달했다.

이 기간 동안 저우언라이는 미국과 매우 세심하고 비밀스러운 외교 관계를 이어갔고, 1971년 7월 마오쩌둥은 미국 안보 전문가인 헨리 키신저(Henry A. Kissinger)의 비공개 중국 방문에 동의했다. 이 방문은 냉전시대에 일어난 가장 극적인 사건 중 하나로, 이를 계기로 다음 해 2월에는 미국 대통령 리처드 M. 닉슨이 중국을 방문하게 된다. 베트남 전쟁이 한창 계속되고 있을 때 중국과 미국은 소련의 위협으로 인한 서로에 대한 적대감을 해소하는 방향으로 중요한 한 걸음을 내딛었다. 린뱌오는 미국과의 교류에 강하게 반대하고 나섰는데 그 이유는 중국 정치문제의 열쇠를 저우언라이가 쥐게 될까 봐 걱정해서였다. 키신저의 방문은 린뱌오에게 있어 큰 패배였다.

1971년 9월 린뱌오는 의문스러운 비행기 사고로 사망했는데, 중국 정부는 린뱌오가 마오쩌둥을 암살하려다 실패하자 소련으로 탈출하려다가 비행기 추락사고로 사망했다고 주장했다. 린뱌오가 죽은 지 몇 주 만에 고위 군사령관들이 모두 숙청되었다. 린뱌오의 사망으로 처음에는 저우언라이가 가장 큰 이득을 보았다. 그는 1971년 후반부터 1973년 중반까지 중국을 다시 안정된 상태로 되돌려놓기 위해 노력했다. 1972년 내내 마오쩌둥은 심한 뇌출혈로 고생했고, 저우언라이는 자신이 불치의 암에 걸렸다는 사실을 알았다. 이러한 상황은 아직 결정되지 않은 후계자 문제를 부각시켰다. 1973년 초 저우언라이와 마오쩌둥은 덩샤오핑을 복귀시켰고 저우언라이는 덩샤오핑이 마오쩌둥의 후계자가 될 수 있을 것이라고 생각했다. 덩샤오핑은 문화혁명 기간에 급진파의 손에 숙청된 인물들 가운데 두 번째로 고위직에 있던 희생자였다. 그가 다시 등장함으로써 장칭과 그의 추종자들은 필사적으로 더욱 급진적인 노선을 확립하려고 했다.

1973년 중반부터 1976년 9월 마오쩌둥이 죽을 때까지 장칭을 비롯한 그녀의 지지자들(장칭과 함께 훗날 4인방으로 불리게 된 왕훙원〔王洪文〕, 장춘차오〔張春橋〕, 야오원위안〔姚文元〕))과 저우언라이·덩샤오핑 집단 사이에서 중국의 정치권력을 둘러싼 숨가쁜 투쟁이 전개되었다. 전자는 이데올로기, 정치 동원, 계급투쟁, 반지성주의, 평등주의, 배외주의(排外主義)를 선호한 반면 후자는 경제성장, 교육개혁, 실용주의적 외교정책을 지지했다. 마오쩌둥은 양자 사이에서 균형을 유지하면서 양자를 절충한 후계자를 물색하려 애썼으나 실패했다. 양 진영 사이에서 무게의 추는 이리 갔다 저리 갔다를 반복했다.

1973년 중반부터 1974년 중반까지는 급진주의자들이 우세했다. 그들은 저우언라이와 그의 정책을 비판할 목적으로 비림비공운동(批林批孔運動, 린뱌오를 비판하고 공자를 비판하는 운동)을 전개했다. 그러나 1974년 7월이 되면서 경제가 침체되고 사회 혼란이 증대되자 마오쩌둥은 다시 저우언라이와 덩샤오핑을 지지했다. 저우언라이의 병세가 악화됨에 따라 1974년 여름부터 1975년 늦가을까지 덩샤오핑의 권력이 더욱 커졌다. 이 기간에 덩샤오핑은 저우언라이의 절대적인 지지를 받고 농업, 산업, 과학기술, 국방 등 네 분야의 현대화를 국가의 최대 사업으로 삼았다. 이 노력을 위해 덩샤오핑은 1960~2년에 작성해 발표한 문서를 통해 문화대혁명으로 희생된 사람들을 복귀시켰다. 복귀된 사람들은 당, 산업, 과학기술에 관한 기초적인 원리를 세웠다. 이런 흐름은 급진주의 진영의 심기를 불편하게 했고 그들은 대중매체와 선전운동을 통해 덩샤오핑을 공격했다.

1975년 늦가을, 급진파는 덩샤오핑의 정책이 결국은 문화혁명과 마오쩌둥 자신에 대한 거부로 이어지게 될 것이라는 믿음을 마오쩌둥에게 심어주었다. 마오쩌둥은 대자보를 통해 덩샤오핑 일파의 정책을 비판할 수 있도록 허락했다. 1976년 1월에 저우언라이가 죽자 덩샤오핑은 마오쩌둥의 승인하에 4월에 공식적으로 숙청되었다. 저우언라이를 추모하는 시위가 중국 전통 명절인 청명제를 통해 베이징 등 도시에서 거대하게 열렸는데 급진파는 이 일을 자신에 대한 도전이라고 생각했고, 이는 덩샤오핑이 몰락하는 직접적인 계기가 되었다.

덩샤오핑이 숙청되자 그를 지지했던 많은 사람들도 권력을 잃었고 "덩샤오핑을 비롯해 문화대혁명 기간에 내려진 옳은 평결을 뒤집으려고 했던 우파를 비난하자"는 정치운동이 시작되었다. 덩샤오핑은 1976년 9월 마오쩌둥이 죽고 그해 10월에 행정·경찰·군부 지도자의 연합에 의해 4인방이 숙청된 후 1977년이 되어서야 비로소 복권할 수 있었다. 문화대혁명은 공식적으로 1977년 8월에 개최된 제11기 전국인민대표대회에서 종결되었으나 실제적으로는 마오쩌둥의 죽음과 1976년 가을 4인방의 숙청과 함께 끝났다고 할 수 있다.

마오쩌둥 사후

마오쩌둥이 덩샤오핑을 숙청한 뒤 국무원 총리가 된 타협적인 인물 화궈펑〔華國鋒〕은 마오쩌둥이 사망하자 공산당 주석이 되어 중국의 공식적인 최고 권력자 자리에 오르게 되었다. 화궈펑은 마오쩌둥과 친밀하게 지냈던 사실과 마오쩌둥의 근본 사상에 대한 충성도 등을 강조해서 자신의 지위를 공고히 하려고 했지만 최고 지도부의 대부분은 그의 그런 특성을 그다지 선호하지 않았기에 화궈펑의 입지는 점점 좁아져갔다. 1977년, 확실한 과정은 알려지지 않았지만 덩샤오핑이 복권되어 원래의 위치로 돌아오게 되었다.

경제에 대한 세세한 정보가 부족했던 지도부는 1978년 야심찬 10년 경제 계획에 착수했는데 투자액을 늘려 빠른 경제성장을 하기 위해 정부의 재정을 모두 사용했다. 성장의 성사 여부는 정치부패로 제대로 돌아가지 않았던 국가 기능을 다시 살리는 데 있었다. 미래의 성장은 기대하기 어려워졌고 투자금 대비 결과를 보니 낡은 제도가 효율성이 떨어진다는 것이 더욱 명확하게 드러났다.

1978년에 일어난 주요한 변화 중 한 가지는 중국이 급격하게 세계 경제에 참가하게 되었다는 것이다. 1960대 말에 중단되었던 대외무역이 1970년대에 그 전 수준으로 회복되었는데 이 당시 대외무역은 그 이전 시기와 비교해 더욱 적극적으로 바뀌었으며 서구 지향적인 외교 관계에 집중했다. 중국 지도부는 해외에서 막대한 자본을 얻을 수 있고 그 자본으로 조국의 현대화를 가속화할 수 있다는 확신을 가지게 되었는데, 이런 사고의 변화는 해외 은행가와 기업가로부터 열렬한 호응을 얻었다. 이런 변화들에 부응해 1978년 말 공산당 지도부의 중요한 회의가 주최되었는데 바로 중국이 공식적으로 미국과 전면적인 외교 관계를 수립하기로 동의한 것이었다.

지도부는 경제발전을 이루는 데 동반되는 세부 정책을 포함한 4대 현대화 정책을 국가 제일 추진 과제로 공식 채택했다. 여기서 나타나는 지도부의 중점 목표는 문화대혁명 기간에 추구했던 것과는 근본적으로 다른 것으로, 미래에 수립될 정책과 전 인민의 다양한 영역의 이익 관계에 대한 깊은 함축이 담긴 것이었다.

중국의 경제개방은 빠르게 진행되었다. 1970년대 말에 해외 자본이 들어올 수 있는 환경을 조성하기 위해 합작법을 채택했고 이어서 수많은 관련 법이 만들어졌다. 1970년대 말 남부 해안을 따라 세워진 '경제특구'는 1984년 국제경제와 더 긴밀한 관련을 맺을 수 있도록 14개의 도시를 개방하는 결과를 가져왔다. 장기적인 계획은 더 넓은 지역을 무역과 투자에 개방하는 것이었다.

중국 내 산업에 있어서도 금융, 은행, 도시 계획, 도시경제 관리, 농촌정책 등 여러 분야에서 다양한 실험이 시도되었다. 이 중 가장 중요한 것은 당시 농촌에서 살던 인민의 5분의 4에 해당하는 인구에 대해 이루어진 일련의 조치였다. 1979년 정부는 농산품 가격이 급격하게 상승하자 주요 자원을 농촌에 쏟기 시작했다. 인민공사제도는 점점 개인농업체제로 바뀌었다. 처음에 몇몇 가족은 인민공사에 속한 토지의 일부를 일정 기간 경작하도록 계약을 맺을 수 있었다. 차츰 이 계약 기간이 연장되었고 부속적인 계약이 추가되어 결국 가족 단위로 넓은 면적의 땅을 얻을 수 있게 되었다.

농부 역시 어떤 작물을 심을지에 관해 더 넓은 선택권을 가질 수 있게 되었고, 많은 수의 농부가 소규모의 산업이나 수송업 등 다른 일을 하려고 공동 경작을 그만두게 되었다. 이로 인해 1978년 이후에는 농촌의 작업 형태, 토지 대여, 부에 관한 여러 모습이 급격하게 변화했다. 1980년대 초반 유난히 기후가 좋았던 몇 년간 풍작을 거둘 수 있었다.

도시경제 개혁은 더욱 복잡한 결과를 가져왔는데 도시에서의 경제 시스템이 더 복잡하다는 것이 주원인이었다. 이 개혁은 더 많은 효율을 얻기 위해 물질적인 혜택을 제공하거나 자원 분배를 시장 원리에 의존하는 것이었다. 여러 어려움이 존재했지만 그 가운데에서도 비교적 불합리한 가격 체계, 계속되는 관리 미비, 경제를 살리는 데 앞장서야 할 관리들이 권력에 집착하는 것 등으로 인한 문제점이 가장 두드러졌다. 농촌경제와 마찬가지로 도시경제 개혁 과정에서 개혁가들은 1950년대에 도입된 견고한 소련의 체제를 근본적으로 무너뜨리는 데 노력을 기울였다.

농촌과 도시에서 개혁이 계속되었다. 농촌에서 경제활동을 하는 사람들은 자신의 소득을 어떻게 쓸지 비교적 자유롭게 결정할 수 있었다. 도시에서는 개인 기업가의 등장과 사유화가 빨라졌고 어떤 경우에는 국영기업의 해체 움직임 등이 가속화되기도 했다. 한편 중앙정부는 실업률 증가가 가져온 사회불안을 일시적으로라도 해소하고 실업자들을 위한 사회적 구제 장치를 마련하고자 변화의 속도를 조절하기 시작했다.

1978년 이후 덩샤오핑이 이끄는 개혁세력은 중국 사회에 존재하는 정치 강압의 수위를 줄이려고 노력했다. 과거 정치 선전에 희생되었던 수백만 명이 노동캠프에서 풀려났고 '불량 계급'이라는 딱지가 붙었던 사람들도 오명에서 벗어났다. 이로 인해 기존의 정치적 최하층민이었던 수백만 명의 직업적·사회적 환경이 크게 개선되었다. 정치적이라고 간주되었던 행위의 범위도 눈에 띄게 축소되어서 옷 입는 스타일, 차림새, 선호하는 음악, 취미 등 평범한 것들이 더 이상 정치적인 의미를 가진 것으로 간주되지 않았다. 가장 중요한 변화는 정부 정책을 비판했다는 이유로 정치적 보복을 당하지 않게 된 것이다. 전체적으로 공안(경찰)의 역할이 대폭 감소했다고 할 수 있다.

이런 상황에서 개혁세력은 자신들의 정치 계승을 위한 준비에 착수했다. 덩샤오핑은 최고 지도부의 다양한 세력과 견고한 연합체를 유지하는 데 탁월한 능력을 보여주었다. 1981년 말 그는 화궈펑을 비롯해 마오쩌둥 사상에 매우 엄격한 다른 고위층 인사들에게 가까이 다가가는 데 성공했다. 그 스스로 최고 자리에 오르지는 않았지만 그의 지지세력인 자오쯔양〔趙紫陽〕과 리펑〔李鵬〕이 총리가 되었고 후야오방〔胡耀邦〕, 자오쯔양, 장쩌민〔江澤民〕은 차례로 공산당 총서기 자리에 올랐다. 이들의 지지를 받은 덩샤오핑은 그들이 잡은 권력을 모으고 유지하는 데 더 많은 노력을 기울였다.

1982년 초 공산당 지도부는 정부와 당의 주요 핵심 부처를 재조직하는 데 합의했고 많은 부서를 재편성하면서 새로운 관리를 등용했다. 이 과정에서 오만한 군부 조직에 대한 재편성도 시도했지만 초기 조직 개혁의 열정이 사그라들면서 그 속도는 눈에 띄게 떨어졌다.

1982~5년, 공산당은 당원의 도덕성을 회복하고 개혁을 지지하지 않는 세력을 가려내려는 '교정' 운동을 시작한다. 이 운동은 물질적 가치가 빠르게 확산돼가는 급변의 시기에 규율을 지키고 부패를 종식시키는 것이 더욱 어렵다는 사실을 드러냈다.

1980년대 중반, 기존 체제의 핵심 요소에 대한 의문이 제기되었지만 누구도 그에 대한 해답을 내리지 못한 채 중국의 변화는 계속되었다. 1985년, 개혁운동은 흔들리기 시작했다. 재정 분권과 이중가격제가 다른 요인과 맞물려 물가상승을 불러일으키고 부패를 촉진

했다. 외국 사상과 외국식의 편리한 생활을 맛본 중국 대중은 변화의 속력을 높이라고 정부에 압력을 가했다.

이 결과 1986년 말 국내 정세가 불안해졌고 1989년 봄 이 불안은 더욱 크고 가시적인 상황으로 나타났다. 공산당과 정부에 대한 불만이 전국에 만연했다. 4월부터 6월까지 여러 도시의 거리로 학생들이 쏟아져 나와 더 많은 자유와 변화를 요구했고 후에는 일반인도 이 행렬에 합류했다. 정부 지도부는 초기에 잠시 주저하다가 6월 초에 결국 군사력으로 이 시위들을 진압했는데, 특히 톈안먼 광장에서 상당한 수의 사상자가 발생했다. 그 일로 인해 기존의 개혁세력은 국가를 강력하게 통제하기 위해 경제, 정치, 문화 정책에 있어 보수적인 방향으로 돌아섰다. 그러나 1992년 덩샤오핑은 국내에서 계속되는 "좌익주의"를 공식적으로 비난하는 한편 경제개혁을 계속하려는 노력을 시작했다. 사기업이 가장 많이 밀집되어 있는 중국 남부지역의 경제가 가파르게 성장했다. 1990년대 중반 이래 공산당은 은행, 세금, 무역, 투자 등의 시장 개혁을 과감하게 진행했다. 이런 개혁은 계속해서 진행되었고 정부는 열정적으로 반부패운동을 벌여 대중의 지지를 얻으려고 했는데 그 중에는 부정부패를 저지른 고위 관리를 공개처형하는 등 대중의 이목을 끄는 방식도 있었다.

장쩌민은 덩샤오핑의 유능한 후계자로 드러났다. 그는 톈안먼 사태 이후 자오쯔양의 뒤를 이어 총서기가 되었고 1989년 중앙군사위원회 위원장, 1993년에는 국가 주석이 되었다. 그는 당이 강력하게 정부를 통제해야 한다고 주장하는 동시에 실용적이고 개혁적인 경제 정책을 펼쳤다. 1997년 덩샤오핑이 죽은 후 장쩌민은 자신의 권력을 결합시켜 중국 최고의 통치자가 되었지만 2002년에서 2004년에 이르는 기간 동안 자신의 자리를 서서히 후진타오[胡錦濤]에게 양도했다.

교육 분야에서의 개혁은 기술·과학·학문 분야의 우수한 인재들에게 세계적인 수준의 교육을 제공하는 것을 최우선 목표로 삼았다. 이를 위해서 선별된 사람만이 고등교육을 받을 수 있는 경쟁적인 대학 입시제도가 부활하게 되었다. 또한 대학원제도가 도입되고 수만 명의 중국인이 더 높은 수준의 교육을 받기 위해 해외로 나갔다. 해외의 많은 학자들이 중국의 교육체계를 개선하는 데 참여하게 되었다. 아이러니컬하다고 할 수 있는 것은 개혁세력이 돈 버는 것에 부여한 가치로 인해 유능한 많은 인재들이 수입이 더 높은 직업을 갖기 위해 지적 노동을 포기하는 결과가 생겨났다는 것이다. 문화적 비용의 가능 범위가 확장되었고 새로운 제한선이 시험대에 올랐다. 중국의 작가와 예술가만큼 고통을 당한 사람들은 없었는데 1980년대 이후로 세워진 정책들은 문화적 자유주의 세력과 전통적인 관료 사이에 계속해서 일어났던 논란을 보여준다.

중화인민공화국이 세계 공동체에 재통합되기 시작한 것은 유엔에서 중국의 대표자로 중화인민공화국이 타이완(중화민국)을 대체하게 되었던 1971년이라고 할 수 있다. 그때를 기점으로 중화민국을 공식적으로 인정했던 다수의 국가가 중화인민공화국과 외교 관계를 맺기 시작했다. 1973년에 시작된 미국과의 외교 관계 정상화는 1979년 최절정에 이르렀다.

1970년대 중반 이후 중국의 대외정책은 국내경제 발전에 대한 국가적 집착과 이런 국내적 목표를 이룰 수 있는 평화롭고 안정된 환경을 조성하고 싶어하는 정부의 열망을 반영하는 것이었다. 베트남이 1978년 캄보디아를 침공했던 경우를 제외하면 중국은 대개 분쟁을 피하고 평화로운 외교를 장려했다. 중국은 1997년 영국으로부터 홍콩과 주변 지역을 반환받을 때나 1999년 포르투갈로부터 마카오를 반환받을 때 성공적인 교섭을 할 수 있는 발판을 마련하기 위해 '한 국가, 두 체제'라는 정책을 선택했고 홍콩이나 마카오 모두 특별한 관리를 받게 되었다. 중국은 군비 관리의 옹호자가 되었고, 많은 국제단체에서 분쟁을 일으키지 않고 건설적인 입장을 견지하려는 태도를 취했다.

그러나 1989년의 시위 진압으로 중국의 외교 관계는 후퇴했다. 미국, 유럽공동체, 일본이 중국에 제재를 가했지만 1992년 중국은 미국을 제외한 대부분의 국가들과의 관계를 회복했다. 1990년대 중반에는 중미 양국이 관계 개선에 힘쓰게 되었고 2000년 미국 의회의 연간 보고에 따르면 중국은 미국 무역에서 가장 우호적인 국가로 자리매김하게 됐다.

홍콩 반환

1997년 7월 1일 0시, 156년간 영국법을 따르던 직할 식민지 홍콩은 공식적으로 중국에 속하게 되었다. 공식적인 반환식이 끝난 뒤 이곳은 중화인민공화국의 홍콩특별행정구가 되었다. 이 행사는 1984년 12월 양국 정부가 체결했던 홍콩 반환 협정의 대미를 장식하는 것이었다.

이 협정에 의해 중국에 속하게 된 홍콩특별행정구는 1997년 이후 50년간 대외 관계와 국방을 제외한 사회·경제 체계, 생활방식을 지킬 수 있게 보장받아 높은 수준의 자주권을 갖게 되었다. 그러나 많은 전문가들은 협정서에 "한 국가, 두 체제"라고 표현된 중국의 맹세가 잘 지켜질지에 관해서는 상당히 회의적인 견해를 보였다. 그들은 중국 정부가 홍콩 주민들의 권리와 자유를 축소시킬지도 모른다고 우려했다.

대영제국은 제1차 아편전쟁(1839~42년) 후 체결된 난징 조약을 통해 홍콩 섬을 점령하게 되었다. 그래도 홍콩 항구를 완벽히 통제할 수 없다는 것이 불만스러웠던 영국은 20년이 채 지나지 않은 시점에 제2차 아편전쟁(1856~60년)을 일으켜 주룽 반도〔九龍半島〕 남부지역인 지금의 바운더리 가(街)와 스톤커터스 섬을 중국으로부터 강제로 이양받았다. 또한 1898년 조약에 따라 235개의 섬을 포함한 신계(新界)지역이 1898년 7월 1일부터 99년간 영국에 추가로 조차되었다. 1949년 중국에 공산당 정부가 세워지자 그 통치를 피해 나라를 떠난 수십만의 주민들에게 홍콩은 좋은 은신처가 되었다. 그후 몇십 년간 중국 정부는 영국에게 홍콩 통치권을 넘긴 조약이 무효라고 주장했다.

1984년 영국과 중국은 홍콩 반환 조건에 합의했다. 그러나 1992년 홍콩의 마지막 식민지 총독으로 크리스 패튼(Chris Patten)이 임명된 후 중-영 관계는 악화되었다. 패튼 총독은 과거의 관행을 깨고 일련의 정치개혁을 단행함으로써, 홍콩 주민이 입법국의 민주적 선거를 통해 정부 내에서 더 큰 목소리를 낼 수 있도록 했다. 1989년 학생 주도의 민주주의 시위에 대한 중국 정부의 진압 방식 때문에 홍콩에서는 반환에 대한 불안감이 생겨나기 시작했고 과거에는 정치에 무관심했던 주민들도 정치적으로 각성하게 되었다.

그러자 중국 정부는 패튼의 개혁을 방해하려고 애를 쓰면서 홍콩이 독립적인 목소리를 낼 수 없도록 이행기를 관리하겠다던 영국 정부의 처음 약속이 지켜지지 않고 있다고 비난했다. 홍콩 변호사 마틴 리(Martin Lee)가 이끄는 민주당이 1995년 입법국 선거에서 친중국 정치인들을 누르고 승리하자 중국 정부는 패튼을 비난하고 자신의 영향력을 다지기 위한 강력한 조치들을 실행하기 시작했다. 홍콩 인수 인계 감독을 위한 150명의 중국 측 준비위원회는 1996년 3월 24일, 홍콩이 중국에 반환된 뒤 입법국을 해체하고 임시입법회를 구성할 것을 가결했다.

1996년 12월, 중국 정부가 지원하는 특별선거위원회는 임시기구의 위원 60명을 선출했고 며칠 뒤 59세의 선박 재벌 퉁치화〔董建華〕가 홍콩특별행정구의 첫 수반이 되었다. 일찍이 1980년대에 자신의 기업이 어려움을 겪을 때 중국 정부 지원 자본이 대량 유입된 덕분에 회생할 수 있었던 그는 즉시 패튼의 개혁 조치를 무효화하려는 의도를 드러냈다. 퉁치화는 1997년 4월, 홍콩 반환 후 정치 단체나 시위를 제한하는 법안을 발표했다. 요약하자면 마틴 리가 경계했던 홍콩의 '싱가포르화'(전체주의적 통제를 실시한다는 뜻)는 영국 국기가 식민지에서 내려지기도 전에 이미 시작된 것이라고 할 수 있다.

반환식은 화려하고 성대하게 치러졌다. 장쩌민 주석과 리펑 총리, 영국의 토니 블레어 총리, 찰스 왕태자, 미국 국무장관 매들린 올브라이트 등 세계 각국의 주요 명사들이 반환식에 참석했다. 찰스 왕태자는 짧은 연설을 통해 자신의 국가가 다스렸던 식민지의 정치적, 경제적, 사회적 성공을 치하한 뒤 홍콩 주민들에게 다음과 같이 말했다. "우리는 여러분을 잊지 않을 것이며, 여러분이 새로운 시대를 맞아 여러분 스스로 확고한 역사를 열어가는 것을 깊은 관심으로써 지켜볼 것입니다."

중국 대륙의 국가수반으로 1842년 이래 홍콩을 처음 방문한 장쩌민 주석은 중국의 최고 지도자 덩샤오핑이 약속했던 '한 국가, 두 체제'라는 계획을 지킬 것임을 다시 한 번 강조했다. 덩샤오핑은 직접

보고 싶어했던 홍콩 반환을 겨우 4개월 반 남겨둔 2월 19일에 사망했다. 장쩌민 주석은 "홍콩이 모국에 반환된 것"은 타이완도 결국 대륙으로 통일될 것을 예고하는 위대한 역사적 사건이라며 만세를 외쳤다.

반환식 날 아침, 특수훈련을 받은 수천 명의 인민해방군이 중국 주권을 확인하는 상징으로서 홍콩에 배치되었다. 중국 당국은 6월 30일과 7월 1일에 입법국의 의사당 밖에서 일어난 몇 건의 시위들을 진압하려 하지 않았다. 또한 입법국이 공식적으로 해산된 뒤 마틴 리가 2층 발코니에 서서 수천 명의 시위자들에게 연설을 할 때도 특별한 반응을 보이지 않았고, 시위는 평화적으로 진행되었다.

미국은 중국이 홍콩의 정치적·경제적 자주권을 존중하겠다는 약속을 지키는지에 영국보다도 더 많은 관심을 보였다. 미국 대통령 빌 클린턴과 국무장관 매들린 올브라이트는 홍콩에 대한 중국 정부의 태도가 중-미 관계의 시금석이 될 것이라고 베이징 당국에 통보했으며, 미국 의회 지도부에서도 그 조치에 지지를 보냈다. 한편 중국 지도부는 중국 주민들이 홍콩으로 가는 것을 엄격하게 통제했다. 2만 4,000달러를 상회하는 홍콩의 1인당 국내총생산은 무려 중국의 40배에 달했고 자유로운 의사 표명과 정치적 참여에서도 상호간 큰 차이를 보이고 있는 실정에서, 중국 정부는 본토 주민이 홍콩 문화 풍토에 동화되기를 바라지 않고 있는 것이다.

21세기의 중국

1999년 10월 1일 장쩌민 주석과 공산당 지도부는 베이징 도심에서 건국 50주년을 축하하는 대규모 군사 시가행진을 벌였다. 1977년부터 1990년 후반까지 중국을 통치했던 덩샤오핑은 마오쩌둥 사상을 거부하고 빠른 경제발전, 사회개혁, 정치안정을 추구하면서 중국 공산당을 성공적으로 이끌었다. 마오쩌둥이나 덩샤오핑에 비해 비중이 약했던 장쩌민은 스스로를 중국공산정권 계보에서 서열 3위로 평가한다. 1999년, 그는 50년 전보다는 더 부유해지고 강력해진 국가를 다스리게 되었지만 여전히 해결하기 어려운 문제들에 직면해 있었다.

1989년 6월 4일에 일어난 톈안먼 사건 10주년을 앞두고 학생 주도의 민주화운동을 기념하려는 움직임이 있었다. 정부는 개축을 이유로 톈안먼 광장을 폐쇄해 어떠한 기념행사도 하지 못하도록 막았고 그로 인해 중국 내에서 톈안먼 사건 10주년 기념일은 아주 조용히 지나갔다. 그러나 본토 밖은 달랐는데 홍콩에서는 7만 명이 모여 톈안먼 사건 10주년을 기념했다.

중국의 21세기는 안정적으로 시작되었다. 장쩌민 주석, 전인대 상무위원장 리펑, 총리 주룽지〔朱鎔基〕의 3인체제가 그대로 유지되었다. 2002년 공산당 총서기 자리에서 은퇴하게 되어 있는 장쩌민을 기다리는 사람 중에는 장쩌민이 자신의 후계자로 지목한 후진타오가 있었다. 1942년생인 그는 정치국 상무위원으로 권력 서열 5위의 인물이었다. 그는 1965년 베이징 칭화대학교에서 기계공학을 공부한 뒤 전형적인 당원의 길을 성공적으로 밟았고, 1980년대 말에는 구이저우와 티베트에서 당서기로 일했다. 1982년에 공산당 중앙위원이 된 그는 10년 만에 정치국 상무위원이 된다.

19세기식 이데올로기와 20세기 중반 수준의 산업시설이라는 방해에도 불구하고 중국은 21세기에 세계의 지도적인 국가로 발돋움하겠다는 결심을 했다. 처음에는 그런 야심찬 계획이 실현될 것이라고 굳게 믿었다. 그러나 2000년이 되자 중국 정부는 수많은 문제들과 씨름해야 한다는 사실을 알게 되었다. 그 중에는 고도로 복잡해지는 경제, 부패 방지, 국내 질서 유지, 타이완에 대한 압력행사, 대미 관계 악화 방지 등이 포함되어 있었다.

중국의 정치적·종교적 불관용 대응은 계속되었다. 오랫동안 불안이 계속되어온 지역 중에는 신장 성이 있는데 900만 명의 위구르족 중 터키어를 사용하는 소수 무슬림은 중국의 통치에서 벗어나기 위해 계속해서 분란을 일으켰다. 신장지역에서 폭동이 계속되자 정부는 2000년 신장 성뿐 아니라 티베트, 쓰촨 성 등 광활한 서부지역의 경제발전을 가속화하는 계획에 착수했다. 서부 개발 계획은 정부의 투자 우선순위를 비교적 번화한 연안 도시로부터 가난이 주요한 문제로 남아 있는 뒤떨어진 내륙으로 옮기게 했다.

그러는 사이 티베트 불교와 문화에 대한 제재는 더욱 강화되었다. 달라이 라마는 중국 정부가 문화학살정책을 사용하고 있다고 비난했다. 2000년 중국 정부는 자신들의 반대에도 불구하고 젊은 카르마파 라마(Karmapa Lama)가 달라이 라마의 요청으로 인도로 망명하는 모습을 지켜보는 굴욕을 겪어야 했다. 중국 정부는 비교적 온순했던 카르마파 라마를 통해 티베트 정책을 실행하려고 계산하고 있었는데 말이다.

불교와 도교의 명상과 수행을 섞어놓은 영적운동인 파룬궁〔法輪功〕에 대한 정부 탄압도 계속되고 있다. 체포에 용감히 맞서려고 하는 일부 수련자들은 때로 베이징의 톈안먼 광장에서 수련을 해보려고 하지만 곧 구금되고 만다. 인권단체는 수천 명의 파룬궁 수련자들이 감옥에서 죽었다고 추산한다. 정부는 유사한 단체들을 금지했는데 그 가운데에는 중궁〔中功〕이라는 단체도 포함되어 있다. 단체의 지도자는 장훙바오[張宏寶]로 미국 영토인 괌으로 정치 망명을 한 상태다.

개신교와 천주교 역시 정부의 탄압 대상이다. 바티칸이 1648년에서 1930년 사이에 죽은 중국 천주교도 130명을 신성화하려고 하자 중국 정부는 그들 중 대부분이 제국주의자였고 사형당할 만한 사람들이었다고 반응했다.

요약해서 말하자면 꽤 많은 인구가 영적인 만족감을 얻기 위해 국내 종교나 현지화된 외국 종교에 의존하고 있으며, 이러한 흐름이 공산당 통치의 토대 주변에서 퍼져가고 있는 것이다.

2002년에는 6,000만이었던 인터넷 사용자가 2007년 초에는 1억 5,000만으로 늘어나면서 중국 당국은 정보고속도로에서 어떻게 교통 통제를 해야 하는가 하는 문제로 고심하게 되었다.

매년 천만 명씩 증가하는 중국 인구가 13억을 넘어서자 중국 당국은 한 자녀 정책을 다시 한 번 공고히 했는데 그들의 주장에 따르면 이 정책을 통해 지난 20년간 최소 2억 5,000만의 인구 증가를 억제할 수 있었다고 한다. 도시에서는 아니지만 농촌에서는 아직도 이 정책이 제대로 실행되지 않는다. 또한 어마어마하게 넓은 중국의 농촌지역에서 치안을 유지하기란 매우 어려운 일이다. 이로 인해 농촌의 여성과 소녀가 매춘부로 팔려가는 일이 비일비재하다. 불행하게도 매년 수만 명의 여성이 납치되거나 거짓 약속에 속아 도시 공장 근로자로 팔려간다. 수천 명의 남아도 비슷한 방식으로 유괴되어 범죄집단의 가혹한 통제를 받으며 소매치기 등으로 전락한다.

중국 내 전문가에 의하면 중국은 성행위를 통해 전염되는 병이 증가하는 문제에 빠르게 대처하지 못해서 몇 년간 에이즈가 해마다 30퍼센트씩 증가하는 현상을 보였다. 지금도 성교육이 여전히 부족하고 안전한 성행위 방법을 알려주는 자료도 거의 찾아볼 수 없다. 수혈 과정에 대한 관리가 느슨한 것도 에이즈 전염의 주원인이다. 아편 중독이 만연하여 약물 중독자들이 바늘을 돌려 사용하게 되면서 에이즈 감염은 더 늘어나게 되었다.

당연한 말이지만 환경 문제는 21세기 중국 사회에서 중요한 이슈가 될 것이라고 오랫동안 이야기되어왔다. 중국의 발전을 방해하는 장·단기 문제 중에는 수자원 위기도 포함되어 있다. 중국은 1인당 수자원 보유량이 세계 평균 수준의 4분의 1밖에 되지 않는데 농업과 산업, 증가하는 도시 인구가 필요로 하는 물 사용량으로 인해 지하수는 이미 심각한 고갈 위기에 처해 있다. 그로 인해 상류지역과 하류지역 간의 마찰도 심해지고 절망에 빠진 농부들이 물을 훔치는 일도 일어난다. 국가 물 공급량의 5분의 1 이상은 비효율적인 관개 시설, 뒤떨어진 배수 체계, 현실적인 가격 체계의 부재 등으로 유실된다고 한다.

중국은 유례없이 빠른 속도로 새로운 화력발전소와 기타 다른 시설들을 세우면서도 탄산가스, 일산화탄소, 아산화질소 등의 배출량을 감소시켰다. 석탄 대신 천연가스를 사용하고 베이징의 버스나 택시가 휘발유 대신 액화 석유를 쓰게 하면서 수도의 공기 질은 많이 개선되었다. 중국 정부는 중국 북부지역이 물 부족 문제로 얼마나 고통을 겪는지를 알리며 물 집약도가 낮은 농법을 장려하고, 지하수를 오염시키는 공장을 폐쇄하고, 새로운 하수 처리 시설을 짓는 등의 정책을 시행했다.

정부 차원에서 베이징의 환경을 개선하기로 한 결정은 일정 정도 세계인에게 도시의 가장 좋은 모습을 보여주고 싶은 바람에서 비롯된 것이기도 했다. 국제올림픽위원회가 베이징을 2008년 하계 올림픽 주최도시로 결정했을 때 중국 당국은 이 바람을 실현시킬 기회가 왔다고 확신했다. 이 소식에 시민뿐 아니라 공산당과 정부 관리들은 모두 즐거워하며 톈안먼 광장에서 이래적인 대규모 축하행사를 조직했다. 올림픽과 관련해 정부는 새로운 경기장, 공원, 교통 체계, 주택, 오염 감소 대책 등에 340억 달러를 투자한다는 계획을 발표했다.

2003년, 중국의 정치체제와 경제발전의 새로운 시대가 시작되었다. 제10회 전국인민대표대회에서 전임 공산당 총서기인 장쩌민은 주석의 자리를 공산당 총서기인 후진타오에게 물려주었다. 하지만 후진타오가 자신의 입지를 강화한 2004년까지는 최고 군부 지도자의 자리를 지켰다.

후진타오 주석이 가장 신경 써야 할 분야가 바로 경제였는데, 그를 위해 후진타오는 특히 미국과의 관계와 세계무역기구(WTO)와의 관계에 집중했다. 후진타오와 미국 조지 W. 부시 대통령은 프랑스와 태국의 국제회의에서 만났고 동북아시아 안보, 대테러 전쟁, 양국의 무역, 타이완 문제 등에 관한 의견을 교환했다. 중국으로서는 무척 만족스럽게도 부시 대통령은 2003년 두 번의 회의 자리에서 미국 정부가 타이완을 보호하겠다고 한 약속은 유효하지만 '하나의 중국' 정책에도 동의한다고 밝혔다. 중국 본토가 미사일로 시위를 하자 타이완이 '방어를 위한 국민 투표'를 실시했던 2003년 12월, 원자바오 총리가 미국을 방문한 일은 중국을 지지하는 부시의 입장을 재확인시켜주었다. 양국 정부는 양국 정치 관계가 지난 30년 동안 그랬듯이 우호적임에 만족한 것처럼 보였다.

그러나 중국과 미국의 무역 관계는 그다지 우호적이지만은 않았다. 중국은 미국으로부터 엄격한 외환정책이라는 전면 공격을 받아야 했는데 미국은 중국의 환율정책이 무역 거래에 불공평한 것이라고 생각했다. 처음에 미국 정부는 중국 정부가 변동환율제를 도입해야 한다고 주장했지만 나중에는 그 요구수위를 낮췄는데, 이는 미국 재무부와 은행계가 중국에 많은 부채를 지게 되었기 때문이다. 모든 미국 기업계가 미국 정부의 융통성 없는 대중 무역 정책을 지지하는 것은 아니라는 조짐이 있었다. 세계무역기구 규정에 따라 중국은 미국 자동차와 자동차 부품에 대한 교역 장벽을 철폐하고 1만 5,000대의 승용차와 트럭 그리고 미국 3대 자동차 회사에서 생산하는 10억 달러 규모의 부품을 수입했다.

중국의 세계시장 진출 정책은 강력한 효과를 발휘했다. 덩샤오핑이 주도한 4대 현대화 경제개혁이 시작된 지 사반세기 정도 지나자 상당한 규모의 중산층 계급이 생겨났다. 2004년 중국 사회과학학회 보고에 따르면 19퍼센트에 해당하는 인구가 중산층에 포진되어 있는데, 이들의 연수입은 15만~30만 위안(1만 8,000~3만 6,000달러)에 달한다. 이 중산층의 규모는 최근 매년 1퍼센트씩 성장하고 있다. 이들은 대부분 기술 분야에서 일하는 사업가, 법률·금융·보안·보험·회계 분야의 전문가, 국제기업의 경영인이다. 노동사회보장부는 증가하는 제조업과 서비스 분야의 수요에 맞추기 위해 50만 명의 '하이테크 전문 기술자'를 훈련시키는 새로운 계획을 시작했다. 이 사람들 역시 가까운 미래에 중산층에 합류하게 될 것이다.

그럼에도 노동시장은 고용불안과 국가경제의 쇠퇴라는 계속되는 도전에 직면하게 되었다. 국영기업의 개혁은 잉여인력을 양산했다. 1998년에 3.1퍼센트였던 실업률은 2003년에는 4.2퍼센트로 늘어났다. 이 기간 중에 2,780만 명의 노동자 중 1,850만 명만이 새로운 직업을 구했다. 세계무역기구의 규정에 따라 저렴한 농산품이 수입되자 농부의 소득도 감소하고 농촌의 일자리도 줄어들었다. 추산에 따르면 1억 5,000만 명의 농촌 인구가 무직이며, 이들은 경기가 좀더 좋은 도시나 남부로 끊임없이 이동하고 있다.

2006년 천량위[陳良宇]가 부패 문제로 인해 상하이 당서기와 공산당 정치국에서 축출되면서 지도부가 다시 개편되었다. 후진타오 주석의 사람들이 빈자리를 채우면서 일부 고위 관료들이 일자리를 잃기도 했다. 개혁 프로그램에 대한 1년간의 비판에서 비롯된 정치 논쟁은 결국 3월의 전인대회에서 사회주의와 자본주의에 대한 사상적 논쟁으로 발전되었다.

일부 그룹은 개혁으로 인해 사회적 불평등, 관료의 부패, 소득 격차, 사회불안 등의 문제가 생겨났고 안정적인 발전은커녕 대중 자원만 고갈되었다고 주장했다. 예를 들어 정부 보고에 따르면 토지 거래의 60퍼센트 이상이 불법이었다. 반면 다른 그룹은 그런 문제들은 개혁이 계속되면서 사라질 것이라고 주장했다. 지도부가 개혁에 열중한다는 입장을 표명했음에도 이런 논쟁은 사유재산권을 보호할 수 있는 법령 제정에 장애가 되었다.

두 가지의 사상이 나타나기 시작했다. 정당 내부의 민주화와 사법제도의 독립이다. 역사상 최초로 세 명의 학자가 최고인민검찰원의 고위직에 임명되었다. 당 내부의 학자와 조언자 들은 당 내부에서 인민정치협상회의로 가기 위한 직위나 임명권을 놓고 투표를 하는 등의 어느 정도 민주적인 방식을 도입하기 시작했다. 당 서기를 투표로 선출하는 것은 마을 단위에서 실험적으로 시행되었다. 쓰촨 성은 6명의 고위 관리를 8개월간 미국으로 보내 유사 기관의 업무 방식을 관찰하도록 했다.

다른 영역에서도 변화는 일어났다. 2005년 동북지역의 화학 공장이 폭발해서 쑹화 강으로 독물질이 유입되어 수백만 명이 마시는 식수가 오염되자 정부는 33억 달러의 예산을 책정해 2010년까지 수질을 개선하도록 했다. 중국의 환경보호부는 2006년부터 2010년까지 환경보호 분야에 175억 달러의 예산을 집행할 것이라고 발표했다. 이는 급속한 산업화의 결과로 발생한 삼림 감소, 토지 황폐, 오염 등에 대해 최초로 이루어지는 진지한 대응이었다.

중국은 상표, 저작권, 특허, 관세 등에 관한 17개의 새로운 법령을 제정했다. 2006년 초반 관세국은 1,076건의 지적재산법 위반 사항을 처리했다. 중국 법정에서 국제적인 상표인 모에 헤네시 루이뷔통, 샤넬, 버버리, 구찌, 프라다, 아디다스가 상표 위반 소송에서 승소했다. 루이뷔통은 베이징 법정에서 위조에 관한 까르푸와의 소송에서 승소했다. 그러나 정부가 가라오케에 대한 규제를 강화하자 정부가 보호하는 것이 지적재산권인지 독점권인지에 대한 많은 의문이 제기되었다.

2006년에는 싼샤 댐이 완공되었고, 태아 성별을 선별한 뒤 유산하는 것에 대한 처벌법은 통과되지 못했으며, 15만 개의 일자리를 창출할 수 있는 거대기업 월마트가 중국에 들어왔고, 중국이 2015년으로 예정된 유니세프의 아동 건강 개선 조건을 이미 달성했다는 발표가 이루어졌다.

금융개혁을 통해 막대한 양의 국제투자가 시작되었다. 2005년에만 중국 은행감독관리위원회는 9개의 국제 금융기관의 투자를 승인했는데 16개의 중국 본토 은행의 20퍼센트에 해당하는 금액이었다. 중국은행은 4개의 해외 은행에 16.85퍼센트의 주식을 30억 달러에 양도했고 홍콩에는 11억 2,000만 달러의 주식을 풀었다. 오스트레일리아와 뉴질랜드 은행 그룹은 톈진상업은행에 1,100만 달러를 투자해 중국 금융 시장에 접근할 수 있게 되었다. BP(영국 석유회사)는 중국의 주요 비행기 연료 수입사인 중국항유의 20퍼센트의 주식을 4,400만 달러를 주고 구입했다. 프랑스의 SEB는 중국에서 가장 규모가 큰 주방용품 업체인 저장 성의 수퍼전자의 지분 61퍼센트를 얻었다. 한국의 통신사는 세계의 가장 큰 무선통신 시장에 들어오기 위해 차이나유니콤의 채권 10억 달러치와 6.7퍼센트의 주식을 샀다.

2006년 모건스탠리와 골드만삭스의 목표는 중국 부동산 시장에 대한 투자를 두 배로 늘려 70억 달러까지 만드는 것이었고 같은 해 6월에 시티그룹은 추후 3년간 중국 부동산에 8억 달러를 투자하고 싶다고 밝혔다. 국제호텔그룹은 한 달 사이에 4개의 호텔을 열어 중국 내에서 57개의 호텔을 소유하게 되었다.

선례가 없는 이런 식의 경제개방은 중국 내부에서 일어난 사회주의와 자본주의에 관한 논쟁에 포함되어 비판을 받았는데 논쟁은 때로 민족주의적인 색채를 나타내기도 했다. 이러한 추세에 대한 많은 중국인의 염려는 특히 골드만삭스가 중국의 중요한 한 회사의 주식 60.72퍼센트를 사들인 직후에 더욱 커졌다. 중국인들이 보기에 외국 자본은 값싼 노동력과 자원 사용에 대한 정부 규제의 완화를 통해 이득을 보며 중국의 자산을 헐값으로 사들이는 것처럼 보였다. 중국의 관련 기관은 해외의 투자를 도입하는 법률이 엄격하다는 사실과 해외투자가 시행되면 재정 분야의 구조개혁이 수월해진다는 이유를 들어 맞섰다. 그후 모건스탠리와 골드만삭스는 3억 5,000만 달러의 추가 투자를 허가받았다.

그렇지만 수확도 있었다. 현재 중국은 전세계 에너지의 8퍼센트를 소비하기 때문에 경제 생산에 필요한 에너지 자원 안보가 중국 정부 외교의 핵심 과제가 되었다. 후진타오 주석은 사우디아라비아, 모로

코, 나이지리아, 케냐 등지를 차례로 방문했다. 그후 원자바오 총리는 앙골라를 포함한 7개의 아프리카 국가를 탐방했는데 앙골라는 아프리카 제2의 규모의 석유 생산 국가다. 중국해양석유총공사는 나이지리아 니제르 삼각주 근처 130개의 원유채취권 중 45퍼센트의 지분을 갖게 되었다.

후진타오는 러시아를 방문해 푸틴 대통령을 만나 러시아에서 중국에 이르는 가스 수송관을 건설하는 조약에 서명했고, 중국 제일의 석유회사인 중국석유공사는 러시아의 신생 석유 대기업인 로스네프트의 주식 5억 달러어치를 구입했다. 2006년 중국이 러시아에서 수입한 석유의 양은 2005년에 비해 두 배로 증가했다.

또한 중국은 이란의 석유와 오스트레일리아의 우라늄에 관심을 갖고 미얀마를 통과하는 900킬로미터 길이의 수송관을 짓기 시작했다. 세계에서 가장 인구가 많은 두 국가인 중국과 인도가 급속한 성장을 계속하면서 전략적 경제 파트너로 부상하고 있는 친디아(Chindia, China와 India를 함께 일컫는 말)에게 전세계의 관심이 집중되고 있다.

덩샤오핑의 시대 이래로 중국 지도부와 인민은 한결같이 자신의 국가가 경제적으로나 정치적으로 전세계를 누비는 강대국이 될 운명이라고 주장해왔다. 21세기 초인 지금, 그 소망은 자리를 아주 잘 잡은 것으로 보이며, 북부 아프리카 사막에서 런던과 뉴욕의 중역 회의실에 이르는, 예상하지 못했던 영역에서도 중국의 영향력은 커져가고 있다.

Part

3

오늘날의 중국

04
정부와 사회

오늘날의 중국 정부

중화인민공화국은 광대한 영토를 갖고 있음에도 불구하고 연방제가 아닌 단일정부체제를 따르고 있다. 정부와 공산당 모두 '위로부터 아래로' 운영되고, 권력을 아래로 위임하는 대신 중앙으로 집중시킨다. 정부와 공산당은 나라를 운영하기 위해 베이징에서부터 지역 단위로 퍼져가는 국가 관료조직들을 만들었다.

이 관료조직들은 다양한 대중단체, 예를 들어 노동조합, 청년연맹, 여성연합, 수많은 전문가 협회 등의 도움을 받는다. 대단히 많은 수의 회원을 보유하고 있는 이 단체들은 대개 의사소통의 통로 역할을 하거나 회원들에게 영향을 주는 정책을 통일성 있게 시행하는 역할을 한다. 하지만 공산당과 정부의 지도부로부터 완전히 독립되어 기능하도록 허가 받은 자발적인 단체는 없다.

공산당과 정부 관료조직은 지역적·기능적 분류에 따라 구성된다. 지역 조직은 여러 행정 부서로 이루어져 있는데, 공산당 위원회와 인민 정부의 책임하에 있다. 지역 조직에는 베이징에 있는 전국적 차원의 중앙조직뿐 아니라 33개의 성급(省級) 조직(4개의 직할시, 5개의 자치구, 홍콩과 마카오 특별행정구와 22개의 성을 포함한 것이다), 330개 가량의 지급(地級) 조직, 2,850개 이상이 되는 현급(縣級) 조직 그리고 무수한 시, 진(鎭), 향(鄕) 들이 있다. 일부 대도시는 여러 구와 군으로 나뉘어진다. 이 조직들은 중앙 정부로부터 내려오는 수많은 정책에 협력하고 긴밀하게 교류해야 한다.

기능 위주의 정치 조직은 국무원(國務院)의 부처와 위원회로 조직되어 중앙 정부에 연결이 되고, 중앙위원회로 조직되어 공산당과 연결된다. 이런 중앙급 기능 조직은 현안을 다루는 책임을 맡은 하위 기관의 조직도에서 가장 윗자리를 차지하고 있다. 하위 기능 조직은 일반적으로 지역 조직과 연결되어 있다.

조직이 이토록 복잡하게 설계된 것은 모든 조직이 국가 정책에 협력하고, 상부로부터 지역적 현안에 관한 지시를 받고, 공산당이 국가 관료 조직의 모든 영역을 통제할 수 있도록 하기 위해서다. 이런 식으로 조직을 설계하다 보니 중국의 공무원은 천만 명으로 세계 어떤 국가보다 그 수가 많다.

다양한 목표를 이루는 과정에서 긴장이 발생했고, 1949년 이후로 많은 변화가 이루어졌다. 1950년 초반과 중반에 중앙 정부의 행정부처와 위원회는 특히 큰 권력을 갖게 되었다. 1958년에 시작된 대약진운동은 주도권을 지역 공산당과 하위 조직으로 분산시켰다. 1966년에 시작된 문화대혁명 기간에는 정치제도가 심하게 붕괴되어서 인민해방군이 소집되어 통제를 하게 되었다. 인민해방군이 정치권에 개입하자 1970년대의 상황은 혼란스러워졌다.

그후로 이러한 상황은 정부에 대한 공산당의 통제와 정부 권한의 보다 강화된 분권화를 통해 안정화되는 듯했다. 그러나 1980년대 말에 일어난 중앙화를 위한 시위나 1990년대에 끊임없이 일어난 분권화에 대한 노력으로 공산당과 정부, 지역적 조직과 기능적 조직 간의 권한 분리는 유동적인 상태로 남아 있다. 중국공산당 정치체계는 중요한 부서끼리 그 역할이 아직 충분히 조직적으로 분리되지 않았기 때문에 고정될 수도, 예측할 수도 없다.

헌법 체계

중화인민공화국의 네 번째 헌법안이 1982년에 채택되었다. 헌법은 모든 국가 입법권을 전국인민대표대회와 상무위원회에게 위임했다. 국무원과 산하 위원회는 이와는 대조적으로 법을 제정하는 것보다는 집행하는 책임을 맡도록 만들어진 기관이다. 이러한 권력 분배 방식은 각 지역 조직(성급, 현급 등)에 일일이 명시되어 있고, 특정 경우에 어디까지 권한을 허용할 수 있는지도 법에 명시되어 있다.

18세 이상의 인민이 정치적 권리를 박탈당하지 않았다면 투표를 할 수 있는데, 직접투표로 현급 단위의 전인대 위원을 뽑는다. 현급 이상으로 올라가면 각 급의 대표들이 그 윗단계의 전인대 위원을 선출한다. 만약 실제로도 이와 같이 정확하게 이루어진다면 전인대와 거기에 속한 다양한 위원회들은 중국의 정치 체계에서 비판적인 역할을 하게 될 것이다. 그러나 현실은 그렇지 않다.

실제로 국가의 의사결정권은 행정부와 공산당이 쥐고 있다. 최고 국가 행정기관은 총리가 수반으로 있는 국무원이다. 헌법은 부총리, 총서기, 그리고 다수의 국무위원들과 각 부처와 위원회의 주임들을 선출할 수 있다. 총리, 부총리, 국무위원, 총서기는 상무위원회를 조직해서 정기적으로 모임을 갖고, 최종 의사결정권은 총리가 갖는다. 국무원의 상무위원회는 매일 내려지는 의사결정권을 행사하고 그 결정이 사실상 법 역할을 한다.

헌법에 규정되지는 않지만 각 부총리와 국무위원은 교육, 에너지 정책, 외교 관계 등 국가 업무에 관한 분야를 한 개 이상 책임지고 있다. 관련 수장들은 국무원 내에서 정책을 실행하는 부처와 위원회와 긴밀한 관계를 유지한다. 이렇게 책임을 분류하다 보니 20여 명으로 이루어진 국무원 상무위원회 같은 작은 규모의 조직이 만들어져 주요 국가 업무에 관한 진행을 관리하고 지도하게 되었다. 물론 필요한 경우 상무위원회는 심의 대상에 대한 부가적인 전문적 감사를 요구할 수도 있다. 전국인민대표대회는 대개 연간 모임을 갖고, 상무위원회가 만든 결정을 비준하는 역할 정도만 한다.

국무원과 동급에 있는 것이 바로 공산당의 중앙위원회다. 공산당 최고위급 지도부는 정치국 상무위원회, 정치국, 사무국 등 다양한 조직으로 그 권력이 분산되어 있으며 사무국은 1966년부터 1970년대까지 아무 기능을 하지 않았다. 공산당 최고위급 지도부와 국무원의 국무위원은 부분적으로 겹치는 경우가 있다. 게다가 공식적으로는 당에서 은퇴한 노년의 당무위원들이 종종 공산당 의사결정 과정에서 결정적인 영향력을 행사하기도 한다.

공산당의 역할

1982년에 채택된 공산당 헌법에 의하면 전국대표대회는 국가 최고의 의사결정 기구다. 전국대표대회는 5년에 한 번 소집되기 때문에 대회 기간이 아닌 경우 중앙위원회가 위임을 받는다. 그리고 중앙위원회 기간이 아닌 경우 정치국이 중앙위원회의 이름으로 국가를 이끌 수 있는데 정치국은 정치국 상무위원회의 지도를 받는다. 중앙서기처는 중앙위원회와 정치국의 일상 업무를 처리한다. 당의 총서기는 중앙서기처보다 위에 있으며, 정치국과 상무위원회 회의를 소집할 책임이 있다. 중앙서기처는 중앙위원회 아래에서 여러 분야로 나뉘어 필요한 업무를 수행한다.

1982년까지 중국공산당에는 여러 국가의 공산당 가운데에서도 독특하다고 할 수 있는 당 주석 개념이 있었다. 마오쩌둥은 1976년 사망할 때까지 자리를 지키고 있었고, 화궈펑 역시 1981년에 축출될 때까지 당 주석이었다. 후야오방은 당 주석이라는 직책이 폐지된 1982년까지 그 자리를 지켰다. 당 주석 지위에 대한 재정의를 내리기로 한 것은 마오쩌둥의 경우처럼 한 지도자가 당보다 위에 있게 되는 경우를 없애려는 노력에서 나온 것이었다. 중국 정부는 여전히 주석이라는 지위를 인정하지만 주석에게는 제한된 권력이 주어질 뿐이고 대개는 의전용이다.

공산당 지도 기구들 간, 그리고 그것들과 국무원 사이의 권력 분배는 끊임없이 변한다. 종합적으로 말하자면 정치국 상무위원회와 정치국은 그들이 추진하고 싶은 어떤 주제라도 결정할 수 있는 권리를 가지고 있다. 중앙서기처는 때로 무척 강력하고 역동적인 역할을 하는데 정치국이나 상무위원회보다도 더 자주 모여서 자신이 맡은 분야에 대한 중요한 결정을 내린다. 국무원도 비슷하게 여러 가지 중요한 결정을 내리지만 대개 당 지도부의 비위를 맞추는 데 집중한다.

1970년대 후반부터 중국은 제도적인 체계를 갖출 수 있도록 여러 가지 정책을 실행했는데, 그 전까지는 실무자가 결정을 내리지 못하는 경우가 종종 있었기 때문이다. 예를 들자면 1982년 헌법 개정 때 처음으로 정치국 상무위원회의 상무위원 직위들이 명문화되었다. 그 직위들은 중앙군사위원회 주석, 공산당 총서기, 중앙자문위원회 서기, 중앙기율검사위원회 서기 등이다. 총리, 부총리, 장관 등의 연임을 두 번까지만 허용한다는 내용도 처음으로 헌법에 명기되었다. 그 전까지 공산당 지위를 종신적으로 갖는 것에 대한 헌법적 제한은 존재하지 않았다.

이론적으로 공산당은 중요한 정책 방향을 결정하고, 당의 정책이 정부나 군부의 방해를 받지 않도록 전반적인 관리, 감독을 한다. 또한 대중에게 올바른 가치를 전달하는 중요한 책임도 맡고 있다. 이론적으로 정부는 공산당이 세운 정책을 실행하고 문제가 발생할 경우 필요한 조치를 취하는 역할을 맡는다. 물론 이 명확한 업무 분담 구분은 여러 가지 이유로 그 경계선이 불분명해지고 말았다. 예를 들어 1970년대 이후에서야 공산당과 정부의 주요 요직에 서로 다른 사람을 임명하려는 공동의 노력이 시작되었다. 그 전에는 동일한 사람이 특정한 부문에서 공산당 위원회와 정부 조직 업무를 수행했다. 정부의 총리가 당의 주석이 되어 공산당 정치국의 대표 자리에 앉게 되는 식이었다.

더 근본적인 이유는 다양한 업무가 뒤섞여 있는 복잡하고 거대한 조직에서는 정책 형성과 그 실행을 명확하게 구분하는 것이 불가능하기 때문이다. 공산당 핵심 지도부가 정부의 일상 업무에 관여하게 되는 관행이 계속되었고, 이 현상은 최고위급 국가 지도부가 중요한 전환을 하기 전까지 계속되었다. 그러므로 공산당과 정부 사이에 차이점은 확실히 존재하지만 중국의 지배 구조는 앞에서 언급한 기능적인 기준을 가지고 나눠볼 수 있다. 개인 관리의 업무도 당과 정부에서 차지하는 위치에 따라 달라지지만 대부분의 관리는 경제, 조직,

인사, 보안, 선전, 문화 등과 같은 영역의 업무를 맡고 있다.

행정

사실상 모든 조직과 인사는 공산당과 정부 기구와 깊은 관련을 맺고 있다. 정부 쪽일지라도 인사부의 모든 관리는 공산당원이고 그들은 공식적으로 속해 있는 특정한 부서의 통제와는 별개인 규칙과 체제를 따른다. 이런 체제는 공산당의 모든 주요직, 정부·대학과 기업 같은 주요 조직보다도 공산당이 더 위에 있다는 것을 확실히 하기 위해 취해진 것이다.

1958년부터 1978년까지 인사부는 관리를 임명하는 정치 업무를 거의 도맡았다. 그들은 지식인, 전문가, 해외 체류 경험이 있는 인물들을 차별했다. 그러나 1978년 이후부터 1989년까지 관리를 등용하는 정책이 관대해졌고, '개방 정책'에 부응해 해외 체류 경험이 있는 인사가 중요하게 평가되었다. 정치 활동을 했던 것은 승진에 도움이 안 되거나 방해거리가 된 반면 좋은 교육을 받은 이력은 승진에 중요한 자산이 되었다. 두 진영 사이에서 논쟁이 수차례 일어난 뒤인 1989년, 1978년 이전으로 부분적으로 회귀하자는 법령이 포고되었다.

인사부 관료의 범위를 축소할 수 있는 두 가지 중요한 정책이 세워졌다. 우선 1984년에 공산당과 정부 기구의 주요한 지도자들은 자신들의 부하를 임명하거나 승진시킬 수 있는 권리를 갖게 되었다. 지도부 스스로는 인사 체계를 통해 임명되어야 했지만 다른 대부분의 사람들은 이 지시에 반드시 따라야 할 필요가 없었다. 둘째, 지식인과 전문 기술을 가진 개인을 장려하는 자유노동 시장이 형성되었는데 이 정책으로 인해 인사부의 권력이 크게 축소되었다.

문화대혁명 전에 존재했던 법률기관이 1980년에 부활했다. 국무원에는 다시 법무부가 생겼고 소송 대리인 기관, 법정 등이 다시 세워졌다. 이 체계에 관한 법안은 다양한 법과 법규를 채택해 만들었다. 중요한 차이점은 처음으로 피고를 그 계급에 따라 차별을 하면 안 된다는 것을 법에 명시했다는 것이다. 변호사 체계 또한 새로 정비되었다.

그러나 법률적 자격이 검증된 인원의 부족과 법보다 정치 지도자의 의견이 더 중요하다는 뿌리 깊은 시각은 법기관의 실제적인 기능에 부정적인 영향을 끼쳤다. 예를 들어 1983년 공산당 최고 지도자가 범죄 활동에 대한 엄중한 단속을 명하자 그 당시에 통과된 범죄에 관한 새로운 법안의 세부 사항과는 상관 없이 수천 명의 사람들이 체포되고 처벌받았다. 그 법안은 단속 기간이 끝난 후 실질적인 상황이 반영될 수 있도록 다시 수정 과정을 거쳤다. 그후에도 범죄 행위에 대한 비슷한 정책은 또 시행되었다.

인민해방군은 중국의 육군, 해군, 공군이 모두 합쳐진 조직이다. 공식적인 인민해방군의 역사는 1927년 8월 1일 난창 봉기로 거슬러 올라가는데 이날은 지금까지도 인민해방군 창군 기념일로 기려지고 있다. 인민해방군은 세계에서 가장 큰 규모로 225만 명의 군인이 있다. 군복무는 18세 이상 남성의 의무이며, 여성은 의료·수의·기타 전문 영역에 복무할 수 있다. 소집 해제된 군인은 예비군이 되며, 이외에도 긴급대기예비군과 상비군이 있다.

인민해방군은 공식적으로 공산당 중앙군사위원회의 지휘를 받는다. 정부에도 같은 위원회가 있지만 독립적으로 기능하지는 않는다. 공산당 중앙위원회는 국무원의 국방부보다 더 강력한 권력을 행사하고, 이로 인해 모든 군력은 공산당의 통제 아래에 있다. 정치 지도부는 전문적으로 국방을 담당하고 국내 경제 건설과 구조 업무에 동원할 군력을 정비하는 데 노력을 집중해왔다. 인민해방군의 역할을 이렇게 정의하자 현대식 무기를 이해하고 여러 무기를 응용할 수 있는 전문적인 군인이 필요하게 되었다. 전국의 군대는 7군구(軍區)와 20개 이상의 성군구(省軍區)에 배치되어 있다. 인민해방군을 현대화하려는 노력에도 불구하고 제한된 군 예산 등의 여러 제약들로 인해 군장비와 병술은 구식이고 명령 통제체제는 다른 군사 강대국에 비해 많이 뒤처져 있다.

중국 공안은 1970년대 후반부터 변화하기 시작했다. 사회에 위협이 되는 행위에 대한 정의와 지시의 폭이 줄어들었고, 공안의 활동 범위도 축소되었다. 수천만 명에 달했던 정치범의 규모도 작아졌고, 1970년대 후반에는 공안이 통제하는 노동수용소에서 많은 사람들이 풀려났다. 또한 1980년대에 개방정책이 시작되면서 중국에서 활동하는 외국인에 대한 통제와 제한에 관한 공안의 태도도 더욱 부드러워졌다. 1990년부터 이러한 경향은 보다 명확한 정책과 통제하에 더욱 뚜렷해졌다.

특정한 조직적·정책적 변화 역시 공안의 역할에 영향을 미쳤다. 법제화된 사법기관을 만들고 법에 따라 조직을 이끌어가려는 분위기가 형성되자 예전에는 막무가내로 권력을 휘둘렀던 공안력이 많이 줄어들게 되었다(1970년대까지만 해도 공안은 어떤 방해도 받지 않고 체포, 구금, 선고, 유치를 할 권리를 가지고 있었다). 공안은 스파이 활동이나 경제 범죄에 대한 감시도 중단하게 되었고, 이 임무는 국가안전부에서 맡게 되었다.

변화하는 사회

이론의 여지는 있지만 중국은 지구에서 제일 오래된 문명을 가지고 있고, 중국인은 조상이 물려준 관습과 전통을 중요시하고 선조를 존경하며 타인과 국가에 대한 의무를 존중하라는 공자의 가르침을 따른다. 그런데 마오쩌둥 시대가 끝난 뒤로 급격한 변화가 일어났다. 지금까지 30년이 흐르는 동안 중국의 인구는 급격하게 증가했고 빠른 도시화를 경험했으며 계획경제에서 시장경제로 변화하면서 세계 경제에 통합되었다. 덩샤오핑 전 주석은 "검은 고양이든 흰 고양이든 쥐만 잘 잡으면 된다"로 요약할 수 있는 자신의 사상, 즉 사회주의와 자본주의가 서로 배격되는 것이 아니라는 주장으로 시장 개혁을 주도하는 동시에 유교 사상도 포기하지 않았다. 마오쩌둥 사상에 젖어서 살아온 사람들로서는 덩샤오핑의 선언을 쉽게 받아들일 수 없었다. 그런 사람들 중에는 지금까지도 중국의 준자본주의를 거부하고 있는 사람들도 있다. 물론 기업가와 부자는 덩샤오핑의 정책을 두 팔 벌려 환영했지만 말이다.

새 중국은 옛 중국과는 많이 달라졌다. 상하이와 베이징 같은 도시들은 고급 외제차에서부터 화려한 의상, 비싼 별장식 주택단지 등이 눈에 띄는 거대한 부의 중심지가 되었다. 이 도시들은 발전 계획에서 배제된 농촌과 비교해보면 굉장히 많은 부를 누리고 있다 할수 있다. 그 결과 농사짓는 것이 싫어 땅과 농촌을 떠난 수백만 명의 농촌 사람들이 도시로 몰려들게 되었다. 계급이 없어야 하는 사회에서 부자와 가난한 사람 사이의 격차는 줄어들 줄 모르고, 사회가 분열되고 있음을 보여주는 여러 현상이 계속해서 증가하고 있다.

중국의 불균형한 발전상을 보여주는 한 가지 예는 비만한 사람이 갑자기 눈에 띄게 많아졌다는 점이다. 중국은 식량 부족, 고된 노동, 규칙적인 운동, 자동차와 같은 개인 운송수단의 부족 등으로 인해 뚱뚱한 사람을 거의 찾아볼 수 없는 나라였다. 그러나 20세기에 들어서자 전세계 10억 과체중·비만 인구의 5분의 1을 중국인이 차지하게 되었다. 2002년에 전세계인을 대상으로 하여 조사한 건강 보고서에 따르면, 중국인의 14.7퍼센트가 과체중이고 2.6퍼센트는 비만이며 이로 인한 고혈압, 심장병, 당뇨병이 계속해서 증가 추세를 보이고 있다고 한다. 특별히 주목해야 하는 부분은 7~18세 연령에서 비만이 많이 나타난다는 점이다. 1985년 이후 2000년이 될 때까지 과체중 인구는 28배, 비만 인구는 4배로 늘었다. 그러자 아이들의 식단을 관리하는 기관이 등장했고, 식이요법을 다룬 책과 제품도 심심치 않게 찾아볼 수 있게 되었다.

이런 변화의 이유로는 중국인 일상생활의 특징이었던 육체 활동량이 서서히 줄어들고 있다는 것을 들 수 있다. 어떤 이는 식단 변화에서 그 이유를 찾기도 하는데, 경제가 발전하고 부유해지면서 고열량의 염분이 많이 든 패스트푸드가 환영을 받고 고기와 유제품을 많이 섭취하는 대신 야채 섭취량이 줄어들고 있다는 것이다. 또한 1979년 중국 정부가 실행한 '한 자녀 정책'의 결과로 이른바 소황제라는 존재가 나타났기 때문이라고 보는 견해도 있다. 급속하게 증가하는 인구를 억제하기 위해 만들어진 이 정책은 예상치 못한 결과를 낳았는데 바로 부모와 조부모의 온갖 귀여움을 받으며 자란 외동 자녀가 자신을 떠받드는 어른들 사이에서 자라게 되면서 마오쩌둥 시대의 이상이었던 공산주의, 비개인화, 자기희생 같은 가치가 무너지게 되었다는 것이다.

현대 중국에서 가족 구성원들이 일자리를 찾으러 이 도시, 저 도시로 흩어지면서 서구에서처럼 아이가 편부모나 편조부모의 손에서 다른 사촌과 함께 자라나는 경우가 많아졌다. 중국 핵가족은 양부모 중 한쪽이 없는 경우도 많은데, 1978년 결혼제도를 관리하는 엄격한 국가제도가 느슨해지면서 이혼이 급격하게 증가했기 때문이다(예를 들어 2004년에 이혼한 부부는 2003년보다 30만 쌍이 많은 160만 쌍에 이르렀다). 정부 보고서에 따르면 성격 차이, 외도, 경제적 어려움이 이혼의 가장 큰 원인이며, 이혼 소송의 70퍼센트는 여성이 기소한 것이다. 이혼율은 상하이나 광저우 같은 대도시에서 높은 비율을 보이지만 신장이나 랴오닝 같은 시골지역에서도 꽤 높게 나타난다.

다가오는 시대에는 기후 변화, 자원 고갈, 경제발전, 인구 노령화 등 여러 이유로 인해 중국인들과 그 통치자들이 더 큰 도전에 직면하게 될 것이다.

05
경제

개요

중국 영토의 크기나 그 안에 보유된 풍부한 천연자원, 그리고 전 세계 인구의 5분의 1에 해당하는 인구가 그 영토에 살고 있다는 점을 고려해본다면, 20세기까지 중국이 세계 경제에서 맡았던 역할은 미미했다고 할 수 있다. 중국은 1970년대 말부터 세계 경제 무대에서 활발하게 활동하기 시작했으며 무역에 있어서도 눈에 띄는 존재가 되었다. 중국의 대외무역과 국민총생산은 지속적으로 가파르게 상승했는데, 특히 외국 회사가 중국에서 제조된 상품의 수출 거점으로 중국을 활용하면서 이 성장은 더욱 두드러졌다.

1970년대 말 중국은 소련식 경제체제에서 탈피하면서 본격적으로 변화의 시기로 접어들게 된다. 농업은 집단경제가 해체되어가는 경향을 보이고 있고, 소규모 비농업 사영(私營)이 급속히 성장하고 있으며, 정부 시책도 중공업에서 경공업과 기술산업으로 중심을 옮기고 있다. 그렇지만 지속적인 경제성장을 방해하는 중요한 요인들도 있다. 중국 전역의 산업단지를 가동하는 데 필요한 에너지가 충분하지 않고, 석탄과 같은 중요한 소비재를 운송할 수 있는 교통 기반이 부족하며, 중국처럼 복잡하고 큰 나라를 중앙에서 계획하고 관리하는 데 필요한 통신 체계가 정비되지 않았다.

천연 자원이나 인력 자원 그리고 산업 기본 시설은 지역적으로 다양하게 분포되어 있는데 운송 체계가 제대로 갖추어져 있지 않다 보니 지역 경제발전에도 큰 차이가 생겼다. 중국에서 제일 부유한 세 지역은 동부 해안을 따라 주장 삼각지대를 중심으로 한 지역과 동해안을 따라 양쯔 강 하류를 중심으로 한 지역 그리고 보하이〔渤海〕 만 근처 베이징-톈진-랴오닝지역이다. 이 세 지역의 급속한 발전은 아시아 지역 경제에 아주 막대한 영향을 미치고 있으며, 중국 정부의 정책 또한 이 지역들의 발전을 가로막는 장애물을 제거하는 데 초점이 맞추어진다. 정부는 한편으로 중국 내륙지역 경제가 해안지역을 따라잡을 수 있도록 경제발전 정책을 통해 많은 노력을 한다.

중국은 세계 최대의 쌀 생산국이며 밀, 옥수수, 담배, 콩, 땅콩, 면화 등의 주생산지이기도 하다. 또한 무명, 텅스텐, 안티몬 등 수많은 종류의 산업과 광물 생산 규모가 세계 제일이며 방적사, 석탄, 원유의 중요 생산국이기도 하다. 광물 자원의 양은 세계에서 제일 많은 것으로 추정되는데 그 중 일부만이 개발되었을 뿐이다. 중국은 외국 자본의 도입과 외국 회사와의 합작을 통해 고도로 복잡한 생산 설비를 갖추게 되었다. 그 결과 생산품의 질과 기술 수준이 최근 급속도로 향상했다.

노동력과 가격 체계는 여전히 염려스러운 부분이다. 비정규직 문제는 도시나 농촌지역에서 흔히 볼 수 있는데 불안정한 고용이 만연할 경우 발생할 문제에 대한 강한 우려가 나타나고 있다. 산업 원료와 주요 산업 제품과 같은 필수품이 국가 통제를 받는 비율이 점점 낮아지고 있는데도 그 가격은 여전히 국가에 의해 결정되는 상황이다. 물론 에너지 역시 국가 관리 대상이다.

세계 경제와의 관련도가 더욱 높아지고 국내에서의 상품 분배를 통제하는 데 시장 원리를 적용하다 보니 이 문제는 더욱 심각해졌다. 수년간 넓은 영역에 특별 징수세가 부과되었고 이 특별 징수세는 1970년대 말부터 1990년 초까지 계속해서 증가하다가 그후로 감소하기 시작했다. 중국이 2001년 WTO에 가입하게 되면서 경제 자유와 정부의 규제 완화라는 조항에 따르게 되었기 때문이다.

중국은 1949년 이래로 사회주의 국가체제를 유지했고 정부가 국가 경제를 통제했다. 예를 들어 산업 분야에서 중국의 제조품을 생산하는 대부분의 회사는 국가 소유였다. 정부가 통제하는 산업 분야의 범위는 점차 줄어들고 있지만 중공업은 여전히 국영 기업으로 남아 있는 비율이 높다. 도시지역에서 정부는 필수품의 가격을 책정하고 투자액의 수준과 분배를 결정하며 주요 대기업 생산 목표를 규정하고 에너지 자원을 분배하며 임금 수준과 고용 대상을 결정하고 도소매 판매망을 운영하며 재정 정책과 은행계를 통제한다. 대외무역은 1950년대 초기 이미 정부의 독점 분야가 되었다. 1950년대 중반 정부는 농촌의 곡물 재배 계획을 세우고 가격을 책정하고 주요 곡물의 생산량을 정했다.

그러나 20세기 초 경제 관리 영역에서의 중앙 정부 역할이 축소되고 개인 기업과 시장 원리의 역할이 늘어나면서 이런 체계에 많은 변화가 생겨났다. 그럼에도 불구하고 정부는 도시 경제에서 주도적인 역할을 행사하고 농산품 조달과 같은 국가 정책은 농촌지역에서 중요한 영향을 미친다.

경제에 관해 효과적인 통제력을 발휘하려면 수많은 관료뿐 아니라 정부에서부터 개별 기업까지 이르는 복잡한 명령 체계가 존재해야 한다. 공산당은 경제 정책과 우선순위에 관한 결정권을 행사하는 것은 유보했지만 국무원이 수장으로 있는 정부기관은 경제를 운영하는 막중한 부담을 스스로 지겠다고 나섰다. 국가계획위원회와 재정부는 실질적으로 국가 전체 경제를 움직이는 부서라고 할 수 있다.

이 기관들은 수많은 회의와 협상을 거쳐 국가 경제를 계획한다. 연간 계획을 세우면 자원, 노동력, 재정, 시장 등이 법적 구속력이 있는 지시를 확실하게 따르도록 할 수 있다는 장점이 있다. 그러나 실제로 많은 경제 활동이 세부 계획을 벗어난 범위에서 진행되고 있으며 정부 계획을 확대하는 대신 축소시키려는 움직임이 계속해서 나타나고 있다.

중국에는 세 종류의 경제 활동이 있다. 정부 계획에 따라 움직이는 것, 정부 계획이 간접적으로 실행되는 계획에 따라 움직이는 것 그리고 시장 원리에 따라 움직이는 것이다. 두 번째와 세 번째는 첫 번째를 희생시키며 발전해왔지만 국가적으로 중요한 상품이나 대부분의 큰 규모를 가진 경제 활동은 상부의 계획 체계의 통제를 받고 있다. 시장 원리에 따르는 분야는 일반적으로 소규모이거나 지역적 시장에서 판매되는 소모품에 한정돼 있다. 이 세 종류에 해당하는 상품의 목록은 매년 조금씩 변화를 보인다.

경제 사업에 대한 조직적인 감독 체계는 주로 지방의 농촌 정부를 대상으로 개발되었다. 게다가 기업들도 다양한 활동에 대한 독립성을 얻어갔다. 그래서 전체적으로 말한다면 중국 산업 체계는 여러 관계가 복잡하게 얽혀 있다. 국무원은 전체 경제 활동에 있어 핵심 요소가 될 자원들을 엄격하게 관리한다. 그보다 중요도가 좀 떨어지는 영역에 대한 세부적인 결정과 관리는 하급 단위에 맡겨진다. 대부분의 영역에서 다양한 관료 조직이 연합을 해야 할 필요성이 있기 때문에 비공식적인 거래와 교감이 많이 이루어진다.

1950년대와 1960년대에는 국가가 농업을 통제했지만 1970년대 말부터는 조금씩 달라졌다. 국가적 우선순위를 전달하는 매개체 역할을 했던 호조조합 등이 폐지되거나 약화되었다. 농산품을 국가가 수매해주므로 가격이 안정된데다 잉여 농산품은 자유 시장에서 거래할 수 있게 되자 농민들의 사기가 높아졌다. 어떤 곡물을 재배할지를 결정하는 것도 보다 자유로워졌고, 집단으로 일하지 않고 자신이 일할 곳을 스스로 결정할 수 있게 되었다. 여전히 국가가 농산품을 수매하고 시장을 움직이기 위해 잉여물량을 통제하기는 했지만 재배량을 할당하는 시스템은 사라졌다.

1950년대의 경제 정책

제1차 5개년 계획(1953~1957년)은 급속한 산업 발달을 강조해서 경제의 다른 영역의 발전을 방해하기도 했다. 국가의 거대한 투자금은 산업 분야에 집중되었고 전체 인구의 5분의 4가 종사하는 농업에 조달되는 자본은 상대적으로 부족했다. 산업 중에서도 철강, 전기, 석탄, 중장비, 건축 재료, 화학제품 등이 우선시 되었다. 소련이 실행했던 것과 같은 이런 경제발전의 목표는 크고 복잡하며 고도로 자본이 집약된 공장을 세우는 것이었다. 소련으로부터 기술적·재정적 도움을 받아 많은 공장이 세워졌고 중공업이 급속도로 발전했다.

1958년 제2차 5개년 계획이 1차 때와 비슷한 양상으로 시작되었을 때 대약진운동이 발표되었다. 농업 분야에서 대약진운동은 개인 사유지를 없애고 공동 농장을 짓고 육체 노동량을 증가시켜 더 많은 생산을 해내는 방향으로 진행되었다. 산업 분야에서는 큰 공장을 세우는 한편 지역적으로 운영될 수 있는 작고 단순한 공장을 통해 소규모 산업을 발전시키려 했다. 그러나 결과적으로 농업 생산량은 오히려 눈에 띄게 줄어들었으며, 소규모 생산도 원하는 결과를 얻지 못하고 대량으로 생산된 획일화된 제품에 밀렸다. 소련의 원조와 기술 지원이 중단되자 어려움은 더욱 커졌다. 1960년대 말 중국은 경제적 위기에 직면하게 되었다.

정부 당국은 정책 방향을 완전히 바꾸었다. 사유지제도가 회복되고 공동 농장의 크기가 줄어들었으며 생산조에게 더 많은 결정권이 주어졌다. 일자리가 없는 공장 근로자들이 대량으로 농촌으로 이주했고 산업 부문에 대한 투자액은 농산품 생산을 위한 재원 확보를 위해 일시적으로 삭감되었다. 농촌의 상황은 이내 개선되었고 1963년 일부 자원은 자본 상품 산업부문에 다시 투자되기 시작했다.

문화대혁명이 1966년 시작되었지만 대약진운동과는 달리 뚜렷한 경제적 철학관을 드러내지는 않았다. 그럼에도 불구하고 혼란과 투쟁의 시간이 길어지자 산업 생산은 악영향을 받았고 그로 인해 중국 경제는 오랫동안 어려움을 겪게 되었다. 산업 부문에서 임금이 동결되고 상여금이 취소되었다. 고용 문제를 해결하기 위해 필요 이상의 근로자를 고용하고 한번 채용한 사람을 해고하지 못하게 하는 정책이 시행되어 노동자들에게선 열심히 일하려는 의욕이 사라지게 되었다. 게다가 기술자와 관리자들은 권한을 잃고 효과적인 생산 주체로서의 역할을 하지 못하게 되었다. 전체적으로 생산량은 증가했지만 투자금 대비 생산량은 감소했다. 1977년 농업 분야의 일인당 생산량은 1957년보다 더 낮았다.

1979년 마오쩌둥의 사망 이후 시작된 농촌 경제개혁은 농산물의 가격을 조정하는 것을 중심으로 하여 시작되었다. 1981년에는 공동으로 경작하던 밭을 개별 가정이 재배하는 방향으로 흐름이 바뀌었다. 그러면서 개인 소유지의 크기가 계속해서 증가했고 자유 시장에서 농산품을 팔 때 영향을 주었던 제약 조건이 대부분 철폐되었다.

1984년 원래 15년 정도였던 토지 임대 계약 기간이 좀더 늘어나게 되었고 여러 땅을 합치거나 땅을 부분적으로 임대해주는 것도 합법화되었다. 1985년에는 정부 차원에서 농산물 생산량을 할당하는 정책을 폐지한다고 발표했다. 농부들은 개인의 의지에 따라 농업을 그만두고 다른 일을 찾을 수 있게 되었다. 그러나 대도시로 이주할 수는 없었다.

도시 경제개혁의 주요 방향은 중국을 세계 경제와 좀더 효율적으로 연합할 수 있게 하는 것이었다. 기업이 이익과 손해를 책임지는 대신, 정부는 지시를 내리는 영역과 자원 분배제도를 축소했다. 또한 야금술이나 기계 생산 산업에서 경공업, 기술 산업 쪽으로 방향을 전환하면서 에너지, 운송, 통신 등의 문제점을 해결하고 사람들이 더 열심히 일할 수 있도록 개인의 노력과 소비자 도덕에 물질적인 보상을 해주고 가격 체계를 합리화하며 개인의 교육 수준, 기술, 재능을 잘 살릴 수 있는 직업을 찾을 수 있도록 했다. 동시에 국가는 개인 분야를 발전시킬 수 있도록 허가해주었고 많은 영역, 특히 건축과 같이 규모가 큰 산업에서 국영 기업과 경쟁할 수 있도록 개인 기업을 격려했다.

회사 관리자들이 회사의 효율성을 증가시킬 수 있는 제도를 만들 수 있게 하기 위한 관련 법안들이 많이 만들어졌다. 세금과 계약서체제를 이윤 면세체제로 바꾸어 생산 증가량을 회사가 계속해서 보유할 수 있도록 했다. 회사가 관리 부분에서 행사할 수 있는 결정권이 강화되었으며 특별 상여금제도가 다시 부활하고 기준선도 많이 상향되었다. 회사 책임자에게는 근로자를 고용·해고·승진시킬 수 있는 더 많은 권한이 주어졌다.

중앙 정부 계획이 축소되자 각 기업은 자유롭게 시장을 통해 잉여 상품을 거래할 수 있게 되었고 할당량에 맞춰 생산했을 때와 비교해 더 높은 가격으로 물건을 팔 수 있게 되었다. 정부는 계획에 따라 자원이 경공업 분야로 흘러갈 수 있게 했다. 예를 들어 고도의 기술을 가지고 제품을 생산하는 경공업 회사에게 에너지 소비에 관한 우선권을 주는 식이었다.

명령식의 계획이 줄어들 수 있었던 원인은 시장을 통하면 많은 자원이 더 효과적으로 분배될 수 있다는 믿음 때문이었다. 이런 믿음은 남아 있는 모든 자원과 부족품을 모두 고려할 수 있는 합리적인 가격 체계를 필요로 했다. 그러나 대부분 특별 징수세가 부과되었기 때문에 가격 개혁은 아주 민감한 문제였다. 물가상승에 대한 두려움도 이 개혁을 방해하는 한 요인이었다. 그럼에도 불구하고 대부분의 경우 계획을 초과하여 생산된 제품은 전과는 달리 경제가 행정적으로 고정된 가격으로부터 분리되는 두 종류의 가격체제를 만들어냈다.

자유 노동 시장을 형성하려는 노력 역시 더 많은 효율성을 얻기 위한 중점 목표 중 하나였다. 가격 개혁처럼 많은 시민을 더 편안하고 안전하게 살 수 있도록 하는 체제에 함부로 손을 대는 것은 대중과의 관계에 심각한 영향을 줄 수도 있는 위험을 감수해야 하는 것이었다. 이 민감한 영역의 변화는 아주 천천히 진행되었다.

1978년, 해안을 따라 선정된 '특별경제구역'에 직접적인 해외 투자가 이루어질 수 있게 되었다. 이 특별경제구역은 나중에 14개의 해안 도시와 3개의 해안지역으로 확대되게 된다. 이 지역에 투자하는 해외 투자자들은 계약과 특허 그리고 외국 기업에 관한 법령이 통과되어 중국 발전을 도울 수 있는 세계 자금이 중국으로 유입되기 시작했다. 그러나 중국 사회 전체에 팽배해 있는 관료주의 때문에 중국 내에서 활동하는 외국 기업들이 겪어야 하는 애로점이 있었고, 중국은 이들의 비위를 맞추고 더 많은 해외 자본을 끌어들이기 위해 여러 우대 정책을 제공하게 되었다.

1978년 이래로 나타난 경제적 사고와 전략의 변화는 너무 거대했고 잠재적 영향력도 컸기 때문에 이것이 실제로 실행되기까지는 정책이 발표된 후 꽤 오랜 시간을 기다려야 했다. 이 시기에 주목해야 하는 사실은 시장 중심 개혁을 강조하는 측과 중앙 경제에 조금이라도 의존해야 한다고 주장하는 측 사이에 논쟁이 계속되었다는 것이다.

농업

경작이 가능한 토지의 넓이는 전체 토지의 10퍼센트 정도로, 지형적, 기후적 요인이 어우러져 그다지 크지 않다. 이 가운데에서도 절반을 조금 넘는 지역에는 관개시설이 되어 있지 않고, 나머지는 대체로 논과 관개답으로 나뉜다. 물 관리를 개선하는 데 발전이 있었다. 게다가 경작지 토질이 전국적으로 다양한 양상을 보이고 홍수, 가뭄, 침식 등의 원인도 많은 지역에서 심각한 위협이 되고 있다.

중국 인구의 3분의 2는 농촌에서 살고 있다. 1980년대까지는 이들 중 대다수가 농업으로 생계를 유지했으나, 이후로는 수공업, 상업, 공장 근로, 운송 등 다른 산업 활동에 참여하도록 정책적으로 장려되어 많은 이가 농촌을 떠났다. 1980년대 중반, 농업은 농촌지역 경제 생산량의 절반 이하를 차지하는 비율로까지 감소되었다. 농기계의 사용이 증가해가고 있지만 대부분의 농민은 여전히 기계가 아닌 농기구에 의존해 농사를 짓는다.

티베트, 신장 성, 칭하이 성으로 이루어진 중국 서부는 오아시스 농업과 목축을 하는 지역을 제외하고는 농업의 비중이 낮은 편이다. 중국의 가장 중요한 작물인 쌀은 남부지역에서 재배되는데, 이 지역은 이모작이 가능하다. 북부지역에서는 주로 밀이 생산되고 중부지역에서는 밀과 쌀이 최대 생산량을 놓고 우열을 다툰다. 기장과 고량은 주로 동북지역과 일부 중부지대에서 생산되는데 중부지대는 또한 상당한 양의 보리 생산지이기도 하다. 콩 재배는 대부분 북부와 동북지역을 중심으로 이루어지고 옥수수는 중부와 북부에서 자란다. 차 재배는 남동부 구릉지가 주를 이룬다. 면은 중부지역에서 넓게 재배되는데 남동부와 북부에서도 적은 양이지만 재배된다. 담배는 중부지역과 남부 일부에서 재배된다. 다른 중요한 농산물로는 감자, 사탕수수, 지방종자 등이 있다.

축산업은 농업 생산의 두 번째로 중요한 요소다. 중국은 돼지·닭·달걀의 주요 생산국이며, 상당량의 양과 소를 기른다. 1970년대 중반부터 가축 생산량을 증가시키는 데 초점이 맞추어져왔다.

삼림의 무차별적 파괴를 우려하여 삼림 재조성 정책이 적극 추진되었지만 그것만으로는 불충분하여 여전히 삼림자원은 빈약한 실정이다. 주요 삼림지대는 친링 산맥과 중부지대의 산, 쓰촨 성, 윈난 성의 고산지대다. 친링 산맥은 접근성이 떨어져 중국에서 사용되는 목재는 대부분 헤이룽장 성, 지린 성, 쓰촨 성, 윈난 성에서 생산된다.

자원과 에너지

중국은 광물 자원이 풍부하며, 경제적으로 중요한 자원으로 분류되는 광물만 수십 종이 넘는 것으로 알려져 있다. 전체적으로 에너지 잠재력이 풍부한데 대부분이 아직 개발을 기다리고 있는 상태다. 주요 에너지 자원들이 주로 분포된 지역과 에너지 주요 사용 지역은 멀리 떨어져 있다. 기본적으로 동북지역은 석탄과 석유가 풍부하고, 북부의 중앙지대에는 많은 양의 석탄이 매장되어 있으며, 남서부는 수력 발전 잠재력이 풍부하다. 광저우와 양쯔 강 하류지역의 산업이 발달된 곳에는 에너지가 부족한 반면 남부와 동북지역처럼 에너지 자원이 풍부한 곳에는 산업이 발달되어 있지 않다. 그래서 에너지 생산이 급속하게 증가하고 있음에도 불구하고 수요를 채우지 못해 중국은 해외에서 매년 많은 양의 석유와 천연가스를 수입하고 있다.

중국의 가장 중요한 광물은 탄화수소가 주성분인 석탄이다. 매장지가 전국적으로 흩어져 있고 일부 석탄은 모든 성에서 발견되기도 하지만 대부분은 북부지역에서 채굴된다. 산시〔山西〕 성에는 전체 매장량의 절반이 분포되어 있다고 추정되고, 헤이룽장 성, 랴오닝 성, 지린 성, 허베이 성, 산둥 성에도 분포되어 있다. 이 북부지역을 제외하면 쓰촨 성에도 상당한 양의 석탄이 매장되어 있고 광둥 성, 광시 성, 윈난 성, 구이저우 성에도 일부 매장되어 있다. 대부분이 질 좋은 역청탄이지만 갈탄도 많다. 무연탄은 랴오닝 성, 구이저우 성, 허난 성 등에서 발견되지만 전국적으로 봤을 때 많은 양은 아니다.

중국의 에너지 생산은 1980년 이후로 급속하게 증가했지만 수요를 따라잡은 적은 한 번도 없다. 이 원인 중에는 에너지 가격이 너무 낮게 책정되어 관련 사업체가 계속 생산에 참여할 의욕을 갖지 못했다는 것도 있다. 그렇게 계속해서 수요는 공급량을 넘어섰다. 게다가 석탄 같은 연료를 생산지에서 멀리 떨어져 있는 소비지까지 운송해야 할 경우가 많았다. 석탄은 그 보유량이 계속해서 줄어드는 상황인데도 중국 에너지 소비의 3분의 2를 차지하고 있다. 석유 생산은 1960년대에는 기반이 무척 약했지만 1980년부터는 점차 발전해서 빠른 속도로 에너지 사용 점유율을 확장시키고 있는 추세다. 천연가스 생산량은 증가하고 있지만 여전히 전체 에너지 생산량에서 작은 비율을 차지하고 있다. 그러나 대도시에서는 천연가스가 석탄의 자리를 대신하고 있다.

중국의 전기 생산력은 1980년대 이후 급속도로 팽창하고 있고 국내 소비에 배분되는 비율도 눈에 띄게 증가했다. 전력의 5분의 4 중에서 대부분은 수력 발전소를 통해, 일부는 화력 발전소를 통해 생산되며, 극히 일부의 전력이 상하이와 광저우에 위치한 핵발전소에서 생산된다.

그러나 중국의 현대화 과정이 대체로 그렇듯 에너지 소비의 증가는 막대한 대가를 치르게 되었다. 중국의 공장과 전력 발전소는 매년 600톤의 수은 성분을 대기에 방출하고 2,250만 톤의 유황과 약 34억 톤의 이산화탄소를 방출한다. 이 수치로 본다면 중국은 지구 주위를 둘러싸고 있는 미립자, 가스, 연기로 이루어진 막에 상당한 양의 오염물질을 보태는 가장 큰 오염물질 배출국가라고 할 수 있다. 자연적으로 발생하는 먼지와 재뿐 아니라 산업단지와 자동차에서 배출되는 물질로 이루어진 이 막은 지구 온난화의 속도를 높이는 주범이다.

역설적으로 그 오염 대기층에 포함된 많은 양의 유황 때문에 초기 몇 년간은 기온이 약간 내려갔는데 왜냐하면 대기 중의 미세한 입자들이 태양광선을 반사시켜 열을 우주로 돌려보내기 때문이다. 그러나 온도를 하강시키는 효과는 곧 온도가 누적되는 결과로 바뀐다. 대기층에 오염물질이 계속해서 쌓이게 되자 지구 온난화를 피할 수 없었고 원래 우주로 방출되던 지상의 열이 대기층 안에 갇히게 되는 '온실 효과'가 시작되었다. 온도가 눈에 띄게 상승하고 사막화가 진행되었으며 극지방의 빙하가 녹아 해수의 수위가 높아지고 식물과 동물이 대량으로 멸종하는 결과가 나타났다. 중국은 지구 온난화의 또 다른 결과인 기아를 오랫동안 경험했기 때문에 어느 나라 사람들보다 더 생생하게 지구 온난화의 심각성을 피부로 느끼고 있다.

세계은행 자료에 의하면 오염이 가장 심한 20개의 도시 중 16곳이 중국에 분포되어 있다. 중국의 온도가 상승해서 기후 체계에 영향을 주고 강수량을 감소시켰다. 전국 주요 강의 연간 강우량은 눈에 띄게 감소하고 있다. 동시에 중국 고산지대의 빙하가 급속도로 녹아 환경적으로 불안정한 고지대에서 침식과 예기치 못한 홍수를 유발했다.

더 놀라운 사실은 오염과 관련된 사망자 수의 증가다. 2010년이 되면 매년 60만 명 정도의 중국인이 호흡기 질병으로 사망하게 될 것이다. 기도에 만성적인 염증이 생기게 되는 천식은 중국에서는 드문 질병이었지만 산업화된 현대 국가에서 그랬듯이 중국에서도 수백만 명의 환자가 생겨나고 있다. 이 질병을 겪는 사람 가운데 매년 수십만 명이 더운 여름 열기로 인해 천식이 악화되어 사망할 것이다. 기후 변화가 사스, 조류독감 같은 새로운 전염병의 원인이 된다는 주장도 제기되고 있고, 대기 중의 수은과 다른 독성물질 수치가 높아지면서 수많은 의문사, 선천성 결함 등이 발생하고 있다.

금융과 무역

금융기구는 국가가 소유하고 있다. 주요한 재정 및 금융 통제기구는 국무원이 통제하는 중국 런민은행(人民銀行)과 재정부다. 런민은행은 1950년 중국 중앙은행 대신 세워져서 차츰 개인 은행을 인수하고 서구식 중앙은행의 역할을 담당해갔다. 런민은행은 인민폐(중국 화폐)를 발행하고 화폐 유통을 조절하며 예산 지출을 분배한다. 그리고 정부 조직과 기구의 회계·지불·영수증 관리도 하고 있다. 정부 조직과 기구는 런민은행이 국가 경제계획에 맞춰서 실행하고 있는지 꼼꼼하게 감독한다.

런민은행은 대외무역과 기타 해외업무들에 대해 책임을 지고 있지만 이런 기능들을 실제로 담당하고 있는 곳은 유럽과 아시아에 많은 해외지사를 두고 있는 중궈은행(中國銀行)이다.

중국 건설 은행도 중요한 경제 기구로 이 은행은 특정한 산업이나 건축 기업에 필요한 자금을 대거나 투자금을 자본화하는 역할을 맡는다. 중국 상업은행은 일반적인 상거래를 처리하고 일반 시민의 저축 업무도 처리한다. 중국 농업 은행은 농업 분야에 관련된 일을 한다. 중국투자은행은 해외 투자금을 관리한다. 많은 해외 은행은 중국 대도시와 특별경제구역에 여러 지점을 운영한다.

중국 경제개혁은 은행 체계의 경제적 역할을 증대시켰다. 실질적으로 모든 투자금을 국가 계획에 따라 양도받는 체제였다가 다양한 기관을 통해 대출을 받는 것으로 정책이 바뀌었다. 더 일반적인 변화는 경제적인 목적으로 은행을 통해 기금이 조성되는 경우가 많아졌다는 것이다. 기업과 개인은 은행에 가서 국가 계획과 상관 없이 대출을 받을 수 있는데, 이를 통해서 새로운 기업은 자금을 얻을 수 있게 되었고 기존의 기업도 사세 확장과 시설 현대화에 필요한 자금을 확보할 수 있게 되었다.

해외 자본 출처 역시 더욱 중요해져갔다. 중국은 세계은행과 다양한 유엔 프로그램으로부터 자금을 지원받았다. 또한 일본 등 여러 나라의 상업 은행에서 자금을 빌렸다. 홍콩과 타이완은 투자 대상지이자 투자금이 흘러오는 중요한 통로이기도 하다. 주식 거래는 1990년부터 상하이와 선전에서 시작되었으며 정부는 2003년 처음으로 해외 업체가 국내 시장에서 거래할 수 있도록 허가했다.

무역은 중국 전체 경제에서 큰 역할을 차지하며 경제 현대화의 중요한 도구가 되어왔다. 중국 해외무역의 흐름은 1950년대 초반 이래로 중요한 변화를 겪어왔다. 1950년 전체 무역 거래의 4분의 3이 비공산 국가를 대상으로 한 것이었지만 1년 뒤인 1954년 한국전쟁 기간 동안 적대적인 분위기를 경험하고 상황이 완전히 역전되어 공산 국가와의 거래가 전체의 4분의 3을 차지하게 되었다. 그 다음 몇 해 동안 공산 사회가 몰락하면서 1960년 중-소 연합이 중단되고 소련 자본과 기술자들이 다시 소련으로 돌아가게 되자 비공산권 국가의 중국 내 지위가 급격하게 개선되었다. 1965년 중국과 다른 사회주의 국가와의 교류는 전체의 3분의 1을 차지하게 되었다.

개발도상국가와 중국 간의 관계에서 중요한 부분은 대출금, 양도금, 그리고 다른 종류의 지원금을 통해 이루어졌다. 초기 1953년에서 1955년 사이 중국은 북한과 북베트남 그리고 다른 사회주의 국가를 집중적으로 원조했다. 하지만 1950년대 중반부터는 정치적으로 중립인 개발도상국들에게도 주로 양도성의 장기 무이자 형태로 대출을 해줬다. 이러한 형태의 차관은 초기에는 아시아지역, 특히 인도네시아, 미얀마, 파키스탄, 스리랑카 등에 집중되었지만 아프리카의 가나, 알제리아, 탄자니아 같은 국가와 중동의 이집트도 그 수혜를 받았다. 그러나 1976년 마오쩌둥이 사망한 후로는 외국에 차관을 해주는 일이 줄어들었다.

1980년대와 1990년대에 중국의 해외무역은 충분히 활발한 움직임을 보였다. 공산국가들과의 무역은 공산국가들의 붕괴와 함께 그 비중이 현저하게 줄어들었다. 이와 대조적으로 비공산국가와의 무역은 발전했고 그 중에서도 개발도상국과의 거래가 주를 이루었다. 일반적으로 중국은 1990년 이후로 무역 대상국과 긍정적인 균형을 이루고 있었다. 중국으로 귀속되기 전까지 주요 무역 파트너였던 홍콩은 여전히 국내 교역에서 중요한 역할을 담당하고 있으며 식량 수급을 본토에 크게 의존하고 있다. 타이완도 중요한 교역국이 되었으며 타이완 투자가들은 중국 경제의 여러 분야, 특히 남부 해안지역을 중심으로 하는 제조 산업에 깊이 연관되어 있다. 2005년 기준으로 이 정도의 발전을 이루었기 때문에 타이완에서 온 800,000명의 사업가가 대륙에 거주하게 되었고 타이완의 해외 투자 기업의 35퍼센트는 중국에 집중되어 있다. 그러나 중국의 인건비가 증가하면 그 투자액은 감소될 전망인데 이는 해외 투자가들이 베트남 같은 저렴한 노동력 시장으로 몰려가기 때문이다.

중국이 수입하는 물품은 주로 반도체, 컴퓨터, 사무용 장비 등을 포함하는 기계류, 화학품, 연료 등으로 구성되어 있다. 주 수입 대상국은 일본, 타이완, 남한, 유럽 연합(EU)의 여러 나라, 미국 등이다. 지역적으로 중국이 물자를 수입하는 대상국은 동아시아와 남동아시아에 모여 있는데, 중국이 수출하는 물품의 4분의 1에 해당하는 양이 같은 국가로 간다.

중국이 수출하는 품목은 주로 제조품으로 이루어져 있는데 전기·

전자류, 장비, 의류, 섬유, 신발 등이 현재까지는 중요한 수출 품목이다. 농산품, 화학물질, 연료 역시 중요한 수출 품목이다. 미국, 일본, 유럽의 여러 나라, 남한은 주요 수출 대상국이다.

운송과 통신

중국 정부는 국가의 운송 체계를 발전시키는 일을 늘 중요하게 여겨왔는데, 왜냐하면 운송 체계가 확립되어야 국가 경제도 발전하고 방어 체계도 정리되며 통일성도 강해지기 때문이다. 그런데도 중국의 운송 체계는 줄곧 재화와 사람의 효율적인 이동과 경제성장의 장애 요소로 남아 있었다. 아직도 여러 곳에서 증기기관차로 운행되는 철도가 화물 운송의 주요 수단이 되고 있는데 석탄이나 다른 상품의 운송량을 만족시키기에는 역부족이다. 게다가 차도와 수로가 중국 전체 운송에서 더 많은 비율을 차지하고 있다.

1949년부터 중국의 운송과 통신 정책은 정치·군사·경제의 영향을 받아서 시기마다 변화를 겪었다. 1949년 직후 중요한 과제는 기존 통신 시설을 수리하는 것과 군사 운송 수요를 만족시키는 것 그리고 정치 통제를 강화하는 것 등이었다. 1950년대에는 새로운 시설이 생기고 기존 시설이 개선되었다. 대약진운동 기간 동안 지역 운송 시설을 정비하고 개선하는 것은 지역 주민의 몫이었고 이때 작은 철도들이 아주 많이 건설되었다. 1963년 농촌, 산악지대, 삼림에 운송 시설을 개발하는 목표가 세워졌는데 농업 생산량을 증가시키기 위해서였다. 동시에 국제적인 연합도 열정적으로 추진되었고 해상 운송의 규모가 눈에 띄게 늘어났다.

초기 중국 철도와 고속도로가 연안지역에 주로 분포되어 있을 때 내륙으로의 접근이 무척 어려웠다. 이런 상황은 서북지역과 남서지역까지 이르는 긴 철도와 고속도로망이 건설되면서 많이 좋아졌다. 티베트지역같이 아주 먼 지역을 제외한 중국 전역은 철도, 도로, 수로, 항로를 통해서 모두 접근이 가능해졌다. 게다가 2006년 세계에서 가장 긴 칭하이-티베트 철도선 공사가 완공되어 점점 늘어나는 관광객뿐 아니라 중국 이주민도 그 고산지대에 용이하게 접근할 수 있게 되었다.

우편 운송과 통신망은 1950년대와 1960년대 급속하게 재정비되었다. 1952년이 되자 주요 우편 운송망과 통신망이 베이징을 중심으로 각 성의 대도시로 연결되었다. 1차 5개년 계획이 진행되면서 우편 서비스를 개선하는 데 많은 노력이 기울여졌다. 농촌에서도 우편 서비스가 시작되었다. 농촌 우편 배달망을 확장하는 것 외에 농촌급 이하의 지역으로 편지를 배달하는 문제는 도움을 줄 사람들을 등록시키는 방법을 통해 해결되었다. 1954년부터 낙후지역의 우편배달 체계는 농업 호조 안에서 진행되었고 1956년이 되자 전국적으로 이 체계가 자리를 잡았다. 1959년 국가 우편망이 완성되었다.

1949년 인민공화국이 성립되었을 때 중국은 아주 낙후된 통신망만을 보유하고 있었고 그것마저도 난징과 같은 동부 연안 도시에 집중되어 내륙에는 몇 안 되는 곳에 통신망이 존재했다. 통신망을 수리하고 확장하려는 작업이 급속히 시작되었고 1956년부터 통신망은 빠른 속도로 확장되었다. 통신 체계의 효율성을 높이기 위해 전신과 전화는 같은 선을 사용했고 거기에 송신기와 텔레비전 수신기도 추가되었다. 1963년에 베이징과 대도시 그리고 각 성과 자치구의 성도(省都) 사이에 전화선이 연결되었고, 각 성도는 교외와 농촌의 행정

기구와 규모가 큰 시장과 전화선을 연결했다.

1970년대에는 무선통신의 사용이 증가했으며 극초단파나 위성통신이 도입되었다. 중국은 1986년 텔레비전 위성을 처음으로 발사했다. 통신망의 성장과 기술 발전의 속도는 1990년 이후로 광학과 디지털 기술이 정착되면서 눈부시게 빨라졌다. 중국의 통신 서비스는 1997년 홍콩의 발전된 기술이 들어오면서 부쩍 향상되었다. 1990년대 말 외국 회사가 국내 통신 영역에 투자할 수 있게 되었고 더 많은 발전이 이루어졌다. 특별히 주목할 만한 증가는 바로 핸드폰 분야에서 일어났다. 핸드폰 사용자의 숫자를 기준으로 봤을 때 중국은 21세기 초에 이미 세계 1위 국가가 되었다.

이런 발전에도 불구하고 중국의 통신망 시설은 그 수요를 따라잡지 못했다. 기본적인 통신 서비스를 받지 못하는 인구 비율이 여전히 높다. 핸드폰 숫자는 엄청나게 증가해서 2003년에는 가정 전화의 규모를 넘어섰다. 인터넷 사용 역시 급속도로 늘어났는데 후진타오의 정부(情婦) 이름 같은 것은 검색되지 않도록 중국어로 된 자료에 대해 정부가 엄격한 규제를 가한다는 사실을 고려해본다면 정말 대단한 속도라고 할 수 있다. 중국 내에서는 접속되지 않는 BBC 홈페이지를 제외하면 영어로 된 사이트 중에 검열을 받는 것은 많지 않다.

인터넷

중국 내 발전된 지역에서 인터넷은 보편적인 도구가 되었고 현대적인 카페에서는 고속인터넷을 제공한다. 새로 지어지는 건물은 고속무선인터넷을 제공하는 경우가 많다. 이는 위성 시스템 연결로 가능해진 일이다. 2005년 차세대IP 백본네트워크(China Net Next Carrying Network(CN2))는 중국 전역의 인터넷 설비에 중요한 발전을 가져왔다. 다른 선진국들과 마찬가지로 중국에서도 인터넷은 경제발전의 중요한 도구이자 무역 대상국이나 외국과의 교류 채널이 되었다.

중국 정부는 이런 상황에서 국민이 봐야 할 것과 보지 말아야 할 것을 엄격히 통제하려는 태도를 취했다. 정부는 복잡한 여과기를 사용해 타이완의 주권, 티베트의 인권 유린 등과 같은 내용을 싣는 웹 페이지에 접근이 불가능하도록 막는다. 이런 통제가 만연해 있기 때문에 인터넷을 통해 보는 세계는 정부에 유리한 모습일 수밖에 없다. 중국인 가운데에는 인터넷 창에 '민주주의', '자유', '인권' 같은 단어를 입력했다가 '글쓰기가 금지된 언어입니다'라는 안내 문구를 맞닥뜨려본 경험이 있는 사람들이 많을 것이다. 베이징 정부는 자신들에게 그럴 권리가 있다고 주장하며 표현의 자유를 허용할 기미를 조금도 보이지 않고 있다.

언론

중국에는 수십 종의 신문이 매일 발행되고 있고 주요 신문은 베이징에서 발행된다. 중요한 정부지는 《런민르바오〔人民日報〕》로, 공산당 공식 신문이다. 구독자 수가 많은 신문 중에는 《광밍르바오〔光明日報〕》와 《공런르바오〔工人日報〕》 등이 있다. 《차이나데일리(China Daily)》는 구독자가 많은 영어 신문이다. 중요한 뉴스 전달 매체는 정부가 운영하는 신화사(新華社)다. 베이징은 중국 출판산업의 중심지 역할을 한다.

신화사는 1931년 공산당의 공영 방송국으로 설립되었다. 처음에는 홍군이 통제하는 장시 성에 설립되었다가 1930년대 중반에 옌안으로 옮겨졌다. 베이징에 본부가 있는 신화사는 전세계에 지부를 두고 있다. 신화사는 중국어·비중국어 방송을 국내외로 송출한다. 중국 대부분의 뉴스기관과 마찬가지로 신화사는 정부의 통제를 받기 때문에 방송 내용은 정부 정책이 반영된 것이고 정부 운영 프로그램을 지지하는 내용으로 이루어져 있다. 문화대혁명이 일어났던 1960년대에 이런 제한은 더욱 엄격해져서 많은 수의 중국 언론인이 감옥에 갇혔다. 이런 규제가 완화된 것은 10년 후 4인방이 권력을 잃고 나서다.

《런민르바오》에는 무거운 내용의 정치 기사, 정부나 당 지도부가 한 연설이나 보고서 등이 실린다. 항상 이 신문의 첫 페이지를 장식하는 것은 국가 지도자에 관한 기사다. 뉴스의 내용은 당의 정책을 반영하는 것으로 전국적으로 많이 읽는다. 이 신문의 발행부수는 20세기가 끝날 무렵에 300만 부였다. 1980년대 전에는 신문의 복사본을 교차로 진열대에 진열하여 시민들이 지나다니면서 신문을 볼 수 있게 했다. 기사 중에는 지역 당 모임에서 자주 읽히거나 지방 신문에 다시 실리고 라디오 베이징 프로그램에 인용되는 것들도 있었다. 마을 학교에서는 신문에서 기사를 인용해 학교 칠판에 적어두곤 했다.

《런민르바오》의 편집장들은 정치, 문화, 공산당 이론, 철학, 마르크스 경제학 같은 주제를 다룬다. 문화대혁명 기간 당시 그들은 반지식주의 풍토를 반영했다. 마오쩌둥이 사망한 뒤 편집장들은 4인방의 활동을 신문에 실었고 마오쩌둥의 계승자들이 마땅히 해야 하는 실질적인 정책을 제시하기도 했다. 경제 기사와 사회 기사가 보다 많이 실리기 시작한 것도 이때부터였다. 각 지방의 소식이 담긴 지역판은 1990년대 이후부터 발행되었다. 해외판은 1985년부터 발행되었고 인터넷 신문은 1997년에 만들어져 러시아어, 프랑스어, 영어, 아라비아어로 제공되고 있다.

Part **4**

문화

06
종교

    중국은 세계의 여러 종교 사상이 모여 있는 곳이다. 특히 종교 철학인 유교학과 도교학이 시작된 곳이기도 한데, 이 두 사상은 수세기 동안 중국 사회와 통치체제의 기초 사상이 되어왔다. 불교가 중국에 들어온 것은 서기 3세기경의 일로 알려져 있는데 기록으로 정확하게 남겨진 것은 서기 1세기부터다. 중국에 불교가 도입된 이래 여러 가지 불교 종파가 만들어져 지금까지 이어져오는데 그 중에는 선종(禪宗), 정토종(淨土宗)이 있고 티베트까지 확장되어서 티베트 불교가 생겨나기도 했다. 게다가 수백 종의 정령 신앙, 민간 신앙, 그리고 혼합 신앙이 생겨났는데 그 중에는 19세기 중반에 일어난 태평천국운동을 일으킨 것도 포함되어 있다.

    20세기 전반기에 중국에서 일어난 정치적·사회적 봉기는 유교, 도교, 불교(티베트지역을 제외한)를 붕괴시킬 만한 영향을 주었고 전통적으로 준수해왔던 종교적 관습도 크게 약화되었다. 1949년부터 중국은 공식적으로 무신론 국가임을 선포했다. 일부 종교는 박해를 받게 되었는데 특히 중국 군대가 1959년부터 티베트에 거주하게 된

후로 티베트 불교는 혹독한 탄압을 받아야 했다. 중국 정부는 종교 단체와 관습에 대한 여러 규제 사항을 풀어주고 있지만, 여전히 사회와 정치 질서에 위협이 된다고 판단되는 것들에 대해서는 단호한 태도를 보인다. 그 중 한 예로 파룬궁[法輪功] 또는 파룬다파[法輪大法]라 불리는 영성 수련 단체가 있다.

중국인 중 40퍼센트 정도는 자신이 무교이거나 무신론자라고 주장한다. 25퍼센트는 다양한 민속 종교를 믿으며, 소수민족들은 주로 불교와 이슬람교를 믿는다. 기독교는 교도의 수는 적지만 계속해서 그 수가 증가하고 있는 중요한 소수 종교이며, 최근 많은 사람이 개신교로 개종을 했다.

유교

기원전 6세기에 공자에 의해 널리 퍼진 유교는 그후 2,000년이 넘는 시간 동안 중국인들의 학문, 가치 기준, 사회 행동 원리의 기준으로 구실했다.

유교를 뜻하는 'Confucianism'이라는 영어 단어는 중국어로 그에 상응하는 단어가 없는 서양 용어로, 세계관, 사회 윤리, 정치사상, 학문적 전통, 삶의 방식을 나타낸다. 어떤 경우에는 철학으로, 또 어떤 경우에는 종교로 볼 수 있는 유교는 하늘의 뜻을 무시하거나 부정하지 않으며 동시에 모든 것을 아우르는 인본주의로 이해할 수도 있다. 동아시아인은 도교나 불교를 믿는 사람이든, 기독교 신자든, 어떤 종교를 갖고 있느냐와 상관 없이 유교의 법칙을 따르지 않는 사람은 거의 없다.

유교의 사상과 관습은 중국의 정치·사회·교육·가정의 영역에서 지울 수 없는 흔적을 남겼다. 전통적인 중국 생활과 문화를 유교라고 단정 짓는 것은 과장된 것이지만 분명한 것은 유교적 윤리 체계가 지난 2,000년 넘는 시간 동안 중국 세계에서 개인, 단체, 국가 사이의 상호작용에 관한 기본 원칙이 되어주었을 뿐 아니라 영감의 원천도 되어왔다는 사실이다.

유교는 공자로부터 비롯된 것이 아니다. 부처는 불교의 창시자이고 예수는 그리스도교의 창시자이지만 공자는 엄밀히 말해 유교의 창시자가 아니다. 공자는 자기 자신을 '옛것을 살려 새로운 것을 알게 하는' 전수자로 여겼다. 공자는 제사, 천제, 장례 등의 의식이 수세기 동안 존속해온 이유를 알아내고자 하다가 옛것에 대한 애착을 느끼게 되었다. 그가 한 과거로의 여행은 근원에 대한 탐구로, 공자는 그 근원이 소속감과 일체감에 대한 인간의 절실한 필요에 바탕을 두고 있다고 생각했다. 그는 문화의 축적된 힘을 믿었고, 전통적 방식이 활력을 잃었다고 해서 장래에 다시 되살아날 수 있는 잠재력마저 없어졌다고 보지는 않았다. 실제로 그의 역사관은 너무나 투철해서 스스로를 주나라 때 꽃피운 문화적 가치와 사회적 규범을 전수해야 할 의무가 있는 사람이라고 생각했다.

공자가 주장한 학자적 전통은 고대의 성군에게까지 거슬러 올라간다. 고고학에 의해 공식적으로 확인된 것은 은(殷) 왕조지만 공자는 그보다 훨씬 전의 시대를 유교 전통의 시작으로 잡고 있다. 공자가 유교가 종교 사상으로 자리 잡는 데 주도적인 역할을 한 것은 사실이지만, 공자와 그의 제자들은 자기 자신들을 전통의 한 부분으로 여겼다. 나중에 중국 역사가들은 이 전통을 유가(儒家)라고 불렀다. 그리고 이 전통은 전설상의 두 성군인 요(堯)와 순(舜)이 도덕정치를 펴던 2,000년 전에 그 기원을 두고 있다.

공자가 숭배했던 인물은 주공(周公)으로 주공은 '봉건적' 의례제도를 확충하고 완성한 인물이라 할 수 있다. 이 의례제도는 혈연과 결혼으로 맺어진 인척관계, 새로 맺어진 계약 및 오래된 협약에 바탕을 둔 것으로 상호의존을 강조하는 정교한 제도였다. 국가가 문화 가치와 사회 규범을 통해 국내 질서뿐 아니라 제후국들과의 연합관계를 유지하려면 많은 사람들이 호응하는 정치이상에 통치의 바탕을 두어야 한다. 그 정치 이상이란 바로 천명에 의해 윤리적·종교적 권한을 갖춘 보편적 왕권을 확립하는 것과 법적 구속이 아닌 예의범절에 의해서 사회적 유대를 이루어내는 것을 의미한다. 주나라는 이 같은 정치이상을 실현했기 때문에 500년 이상 평화와 번영을 누릴 수 있었다.

주공의 정치철학에 영향을 받은 공자는 고대의 성현들로부터 배운 정치이상을 실현해 주공에게 뒤지지 않는 사람이 되겠다는 평생의 꿈을 가지게 되었다. 공자는 자신의 정치이상을 직접 실현하지는 못했지만, 정치는 곧 도덕이라는 그의 철학은 후세에 큰 영향을 미치게 되었다.

주(周)대의 우주론에서 독특한 개념이었던 하늘은 은(殷)대의 상제와 유사한 개념이다. 은대의 왕들이 자신들을 상제의 후예라고 주장했던 것은 그들의 왕권이 신으로부터 부여받은 신성한 것임을 주장하기 위해서였다. 그에 비해 주대의 왕들에게 하늘은 보다 의인화된 신을 의미했다. 주의 왕들은 천명이 늘 똑같은 것이 아니기 때문에 주 왕가의 후예들이 언제나 왕이 되리라는 보장이 없다고 믿었다. 그 이유는 '민심이 천심'이기 때문이었다. 따라서 왕권을 유지하려면 필수적으로 덕을 갖추어야 했다. 주대에 인자한 도덕정치를 강조했다는 사실은 청동기에 새겨진 수많은 명문에도 잘 나타나 있다.

이는 은나라의 붕괴에 대한 반작용과 도덕정치라는 뿌리 깊은 세계관을 확인시켜주는 것이기도 하다.

봉건적 의례제도의 생명력과 주 왕가의 도덕적 통치 때문에 주왕들은 여러 세기에 걸쳐 그들의 왕국을 장악할 수 있었다. 그러다 기원전 771년, 중앙아시아로부터 공격해오는 이민족을 피해 도읍을 옮겨 현재의 뤄양으로 동진하게 되었다. 그 뒤로 봉건영주들이 실권을 쥐게 되었고, 주 왕가의 후손들은 명목상으로 왕의 지위를 유지하며 상징적인 통치권만을 행사했다. 그러나 공자의 시대에 이르러 봉건적인 의례제도는 근본적으로 붕괴되었고 정치적 위기로 인해 도덕적 타락에 대한 우려가 매우 높아졌다. 상징적 통치의 중심이었던 주의 왕들은 왕국이 완전히 붕괴되는 것을 막을 수 없었다.

이에 대한 공자의 대응책은 먼저 인간이 되기 위한 학문에 힘쓴다는 것이었다. 그렇게 해서 수세기 동안 정치안정과 사회질서에 기여해온 사회제도, 즉 가정, 학교, 향리, 제후국, 종주국 등을 활성화시키려고 했다. 공자는 금권과 권력이 최우선시되는 당시의 상황을 용납하지 않았다. 그는 개인의 존엄성, 사회 연대, 정치질서를 위해서는 개인의 인품과 지도자적 자질의 밑바탕이 되는 도덕심을 강조해야 한다고 느꼈다.

유교전통에서 가장 성스러운 문헌으로 존경받는 『논어(論語)』는 공자의 제자들 가운데 제2세대가 편집했을 것으로 여겨진다. 구전과 문서로 보존된 공자의 말씀을 바탕으로 편찬된 이 책은 플라톤의 대화가 소크라테스의 가르침을 구체화했던 것과 마찬가지로 그 형식과 내용에 있어서 공자의 정신을 그대로 드러낸다.

현대의 독자들은 논어가 서로 관련이 없는 대화들을 되는 대로 모아놓은 책이라고 비판적으로 말하기도 한다. 이 같은 인상을 받게 되는 것은 공자가 일상생활에서 제자들에게 충고를 해주는 상식적인 도덕가에 지나지 않았다는 그릇된 생각 때문이다. 논어는 여러 사람의 공동 기억을 기록한 것으로, 자신을 유생이라고 생각하는 사람들이 공자에 대한 기억을 계승하고 공자의 생활양식을 현재에도 살아있는 전통으로 전수하기 위한 문서로서 수세기 동안 숭배해왔다. 논어 속의 대화는 생각하고 움직이는 공자의 모습을 보여주는데, 이때 공자는 혼자 동떨어져 있는 개인이 아니라 인간관계의 중심으로 그 모습을 드러낸다. 실제로 논어는 공자의 인품, 즉 야망, 공포, 환희, 신념, 자기발견을 그대로 보여준다.

공자와 그의 제자들이 나눈 대화를 책으로 엮은 것은 논증이나 사건의 기록을 위한 것이 아니라, 독자들이 계속하여 그 대화에 참여할 수 있게 하기 위한 것이다. 논어를 통해 유생들은 공자와의 대화에 직접 참여하는 장엄한 의식을 재현하게 되는 것이다.

논어에 나오는 다음 문장은 공자의 정신사에 대한 짧은 자서전적 기술로, 가장 중요한 신상발언 가운데 하나다. "나는 15세가 되어서 학문에 뜻을 두었고, 30세가 되어서 학문의 기초를 확립했고, 40세가 되어서는 판단에 혼돈을 일으키지 않았고, 50세가 되어서는 천명을 알았고, 60세가 되어서 귀로 들으면 그 뜻을 알았고, 70세가 되어서는 마음이 하고자 하는 것대로 하여도 법도에 벗어나지 않았다." (2:4)

제자로서 그리고 스승으로서 공자의 일생은 교육이 끊임없는 자기실현의 과정이라는 그의 이상을 구체적으로 보여주었다. 전하는 말에 따르면, 제자가 공자의 인물됨을 잘 표현할 수 없었을 때 공자는 그를 이렇게 도와주었다고 한다. "너는 왜 '그분(공자)의 사람됨이 학문에 발분하면 식사를 잊고 그러한 것을 즐거워하여 근심을 잊

어, 늙음이 닥쳐오리라는 것조차 모르고 계십니다' 라고 말하지 않았느냐?" (7:18)

공자는 그가 숭상하는 문(文)이 잘 전수되지 않고 그가 주창하는 학(學)이 잘 가르쳐지지 않는 데 대해 깊은 우려를 나타냈다. 그러나 이런 근심 걱정 속에서도 배운 것을 기억해내는 능력, 끊임없는 학문 연구, 지칠 줄 모르는 가르침 등은 조금도 변함이 없었다. 그는 그 자신에게도 매우 엄격했다. "덕(德)이 닦아지지 아니하는 것과 학문이 익혀지지 아니하는 것과 정의임을 알고도 그곳으로 옮겨가지 못하는 것과 선하지 않은 것을 고치지 못하는 것이 내 근심이다." (7:3)

그가 제자들에게 바랐던 것은 자발적인 향학열이었다. "알려고 답답해 하지 않으면 지도하지 않고 표현하지 못해 괴로워하지 않으면 일깨우지 않는다." (7:8)

공자의 문하생들은 다른 나이, 다른 배경, 다른 나라 출신으로 구성되어 있었으나, 모두 같은 마음을 가진 학자 지망생들이었다. 그들은 공자의 이상에 동의했고, 점점 더 분열되어가는 사회에서 도덕심을 회복시키겠다는 공자의 사명의식을 공유했기 때문에 공자의 문하로 들어온 사람들이었다. 공자의 사명의식을 행동으로 옮기는 것은 어렵고 때로는 위험한 일이었다. 공자 자신도 실직, 고향에 대한 향수병, 기아, 생명을 위협하는 폭력에 시달려야 했다. 그러나 그가 숭상하는 문화의 생명성과 그가 주창하는 학문적 태도의 실현 가능성에 대한 신념은 확고했다. 그는 하늘이 자신을 도우리라 확신했고, 이를 자신의 제자들에게도 믿으라 했다. 광(匡)에서 자신의 생명이 위험해졌을 때 공자는 이렇게 말했다. "문왕(文王, 주나라의 창시자)이 돌아가 버리고 나서는 그가 이룩한 문화가 나한테 전하여져 있지 않으냐? 하늘이 이 문화를 없애버리려 했다면, 뒤에 죽을 사람들이 이 문화에 관계를 갖지 못했을 것이다. 하늘이 이 문화를 없애버리려고 하지 않는다면, 광의 사람들이 나를 어쩌겠느냐?"(9:5)

강렬한 사명의식에 불탄 나머지 이 같은 자신감을 드러낸 것을 보고 공자의 인물됨이 교만한 것이 아닌가 하는 인상을 받을 수도 있다. 그러나 공자는 자신은 절대로 성현이 아니며, 자신이 남보다 나은 것이 있다면 배우기를 좋아하는 것뿐(5:27)이라고 말했다. 그에게 있어서 학문은 지식을 넓히고 자의식을 깊게 해줄 뿐만 아니라, 자신이 어떤 사람인가도 알게 해주는 것이었다. 그는 자신이 타고난 지식인도 아니고, 지식의 도움 없이 사회를 변모시킬 수 있는 사람도 아니라고 솔직히 시인했다. 그저 자신은 귀를 활짝 열어놓고 남의 말을 귀담아 듣고 그 중에서 선한 것을 애써 행하며, 눈으로 두루 살펴 자신이 본 것을 마음속에 남겨놓는 사람이라고 말했다. 공자의 학문은 "비교적 낮은 수준의 지식"(7:27)으로 대부분의 사람들도 도달할 수 있는 수준이었다. 이런 의미로 볼 때 공자는 신에게 호소할 수 있는 특권을 가진 선지자도, 진리를 훤히 꿰뚫는 철학자도 아니었다. 단지 인(仁)을 가르치는 스승으로서, 자기실현이라는 길에 나선 여행자들 가운데 다소 앞선 지점에 있는 여행자일 뿐이었다.

인을 가르쳤던 공자는 인간을 위한 자신의 포부를 이렇게 말했다. "늙은이들은 편안하게 하여주고, 벗들은 신용 있게 대하도록 하여주고, 젊은이들은 따르게 하여주는 것이다."(5:25) 도덕사회를 세우기 위한 공자의 이상은 인간조건에 대한 전체론적 사상에서 출발한다. 자연 속에서의 인간조건 같은 추상적 이론을 펼쳐나가기보다는 어떤 특정한 때 주어진 구체적인 상황을 이해하고자 노력하고 그 이해를 사상 전개의 출발점으로 삼았다. 공자의 목표는 정부에 대한 신뢰를 회복시키고 정치체제와 사회 내에서 인을 배양하여 사회를 도덕적 공동체로 개조하는 것이었다. 이 같은 목표를 달성하기 위해서는 학자들의 공동체, 즉 군자(君子)의 모임이 필수적이었다. 공자의 제자인 증자(曾子)는 군자에 대해 이렇게 말했다. "군자는 도량이 넓고 꿋꿋하지 않으면 안될 것이, 소임은 중대하고 갈 길은 멀다. 인을 이룩하는 것을 자기의 소임으로 하니 또한 중대하지 아니한가? 죽은 후에라야 끝나니 또한 갈 길이 멀지 아니한가?"(8:7)

사회의 도덕적 선봉으로 군자를 내세운 것이 아주 다른 사회계급을 만들겠다는 의도는 아니었다. 군자의 소임은 수세기 동안 사회적 유대를 유지하고 백성들이 평화와 번영 속에 살 수 있게 만들었던 사회제도들을 재검토하여 활성화하는 것이다. 이 같은 사회제도 가운데 대표적인 것이 가정이다.

공자는 논어 2:21에서 왜 정치에 참여하지 않느냐는 질문에 옛 경전의 한 구절을 인용하여 대답했다. "서경에 '효도하라, 오직 효도하라, 그리고 형제에게 우애 있게 하라'고 했거니와, 이것을 행하는 데에 정치하는 도리가 들어 있으니 이 역시 정치하는 것이라, 일부러 정치한다고 나서서 무엇 하겠소?" 이 같은 격언은 자기수양이 사회질서의 바탕이며 사회질서는 정치적 안정과 국가적 평화의 기반이 된다는 유교적 확신에 바탕을 둔 것이다.

가정 내의 윤리가 정치에 효력을 미친다는 주장은 정치는 곧 '바르게 하는 것'이라는 유교철학의 맥락 속에서 이해되어야 한다. 통치자는 먼저 자기 자신의 행동을 바르게 해야 한다. 그렇게 함으로써 무력보다는 도덕적 지도력과 모범적 가르침으로 통치하는 본보기가 된다는 것이다. 정부가 책임져야 할 것 중에는 백성들에게 식량과 신변의 안전을 제공하는 것만이 아니라 백성을 교육하는 것까지도 포함된다. 법과 형벌은 치안유지를 위한 최소한의 것이어야 한다. 사회의 조화라는 보다 높은 목표는 의례를 통한 덕치에 의해 성취된다. 의례란 상호간의 이해를 증진시키기 위한 공동체 행동에 참여하는 것을 말한다.

의례의 완전성을 보장하는 기본적 유교 가치 가운데 하나가 효(孝)다. 실제로 공자는 효가 도덕의 완성으로 향하는 첫걸음이라고 보았고, 최대의 덕목인 인(仁)도 효를 통해서 얻어진다고 보았다. 가문을 늘 염두에 두도록 배운다는 것은 자기중심주의를 초월하는 것이고, 현대 심리학을 원용하여 말하자면 폐쇄된 개인의 자아를 개방된 자아로 변모시키는 것을 의미한다. 효는 부모의 권위에 무조건 복종하는 것이 아니라, 부모를 생명의 원천으로 인식하고 공경해야 한다는 것을 의미한다. 효도의 목적은 부모와 자식을 모두 번영하게 하는 것이다. 유교에서는 효도가 인간이 되는 데 꼭 필요한 길이라고 보고 있다.

더욱이 유생들은 가정이라는 비유를 사회, 국가, 세계로 확대 적용하기를 좋아한다. 그들은 황제를 천자(天子, 하늘의 아들), 왕을 부왕(父王, 아버지되는 왕), 지방행정관을 친관(親官, 아버지와 어머니 같은 관리)으로 부르기를 좋아했다. 이 같은 명명법은 유교의 정치이상을 잘 보여준다. 공자는 '가사를 돌보는 것'이 그 자체로 정치에 직접 참여하는 것이라고 말했다. 이것은 가정윤리가 단지 개인의 일에 그치지 않으며, 공동의 선은 가정을 통해, 그리고 가정에 의해 실현된다는 것을 분명하게 나타낸 것이다.

공자는 인을 성취하는 과정이 "자기를 극복하는 예(禮)로 돌아가는 것"(12:1)이라고 정의했다. 공자는 자기변모와 사회참여라는 두 가지 사항을 강조했기 때문에 자기 자신에게는 충(忠)으로, 남에게는 서(恕)로 대할 수 있었다(4:15). 실제로 공자는 억측하거나, 장담하거나, 고집을 부리거나, 이기적으로 행동하는 네 가지 일은 전혀 하지 않았다고 한다(9:4). 이렇게 볼 때 유교의 황금률이 왜 "자기가 원하지 않는 것을 남에게 베풀지 말라"(15:23)인지 쉽게 이해할 수 있다. 심원한 윤리적 교훈이 들어 있는 공자의 유업은 인을 얻기 위한 배움이 공동체적 노력이 되어야 한다는 '평범하고 실제적인' 인식에 잘 나타나 있다. "자애로운 사람은 자기 자신뿐 아니라 다른 사람도 세워주려고 하고 자기 자신뿐 아니라 다른 사람도 발전시키려고 한다. 주변에 있는 것에서 유사점을 찾을 수 있는 능력을 자애(慈愛)라고 부른다."(6:30)

중국에서 유교의 발전은 만주족이 중국을 정복하여 세운 청(淸) 왕조(1644년~1911년 12월) 시기에 절정에 달했다. 청 왕조의 황제들은 명(明) 왕조 때보다도 더 강력한 유교 신봉자의 모습을 보여주었다. 청의 황제들은 유교의 가르침을 정치적인 이데올로기, 말 그대로 통치의 수단으로 바꾸었다. 유교적 가르침을 절대적으로 해석하는 사람의 역할을 자처하며 황제의 자리를 지켰던 그들은 학자들에게 가혹한 방법을 동원해 연구를 시켜서 유교적 방식을 해석하도록 했다.

1차 아편전쟁(1839~42년)이 일어났을 무렵 동아시아 사회는 이미 몇백 년간 유교화된 상태였다. 아시아 전역에서 대승 불교가 성장하고 중국에서 도교가, 한국에서는 샤머니즘이, 일본에서는 신도가 등장했지만 정부, 교육, 가정 의례, 사회윤리 영역에 만연한 유교의 영향력을 제거할 수는 없었다. 불교 승려는 실질적으로 유교적 가치를 전달하는 역할을 맡았고 유교와 도교, 샤머니즘, 신도가 통합된 모습이 동아시아 종교 생활의 특징이 되었다. 그러나 서구의 영향은 동아시아의 유교적 기반을 근본적으로 흔들어놓았고 유교가 현대에서도 적합한 전통으로 남아 있을 수 있는지 폭넓게 논의되었다.

19세기 초 이후 서양으로부터의 충격을 유교 문화가 막아줄 것이라는 중국 지식인들의 신념이 점차 흔들리기 시작했다. 이런 상황에서 중국 지도자들의 입장도 다양하게 변화했는데, 임칙서(林則徐, 1785~850년)는 영국의 비도덕성을 규탄했고 그 뒤를 이은 증국번(曾國藩, 1811~72년)은 우수한 서구 기술을 실용적으로 받아들이고자 했으며 캉유웨이(康有爲, 1858~927년)는 정치개혁을 부르짖고 장지동(張之洞, 1837~909년)은 유학의 본질을 필사적으로 지키려고 했다. 그러다 결국 1919년에 구습타파운동인 5·4운동이 일어났다. 1949년 중화인민공화국의 수립으로 마르크스-레닌주의가 공식적인 이념이 되었고, 유교는 역사의 뒤안길로 사라졌다. 그러나 현대 중국 지식인들이 받아들이려고 하지 않는다고 해도 유교의 전통은 중국의 모든 생활양식, 즉 행동과 태도, 말과 믿음에서 아직도 사라지지 않고 있으며, 중국인들의 문화적·심리적 구조에서 통합적 기능을 수행하고 있다.

제2차 세계대전 이후 일본과 남한, 싱가포르, 타이완 같은 산업화된 아시아 국가들이 역동적인 경제발전을 보여주자 가부장적인 정부, 경쟁적인 입시제도를 채택한 교육제도, 충성과 협동을 강조하는 가족, 여론에 따라가는 지역 조직 등을 가진 동아시아 국가들이 어떻게 해서 현대화의 강령에 적응할 수 있었는지에 대한 의문이 제기되었다.

지금도 가장 창의적이며 영향력이 큰 중국 지식인은 여전히 유교적 기반 위에서 사고하는 이들이다. 슝스리(熊十力)의 존재론적 사고, 량수밍(梁漱溟)의 문화 분석, 펑유란(馮友蘭)의 신이학, 허린(賀麟)의 신심학, 탕쥔이[唐君毅]의 문화철학, 쉬푸관[徐復觀]의 사회 비판, 머우쭝산[牟宗三]의 도덕형이상학 등이 그 대표적인 사상이다. 중국의 학자들은 유교의 유산을 전제주의, 관료주의, 친족주의, 보수주의, 남성우월주의의 온상으로 비판하지만, 타이완, 홍콩, 북아메리카 등지의 일부 학자들은 유교의 인본주의와 중국 근대화 사이의 상관성을 주장하기도 한다. 일본의 유교학이 가장 많이 발달한 상황이기는 하지만 남한, 타이완, 홍콩, 싱가포르에서는 한 세기 넘는 시간 동안 유교학의 부활이 연구되고 있다. 서구의 유교 사상가들은 종교적 다원론과 자유민주주의 사상에 영감을 받아 유교적 인문주의의 제3 전성기가 일어날 가능성에 대해서 탐색하기 시작했다. 그들은 서구의 도전에 대해 창의적으로 맞서려면 전통적인 형태와 노력을 계속해서 이어야 한다고 주장한다. 현재 중국의 학자들은 사회주의적 맥락 속에서 유교의 인본주의와 민주적 자유주의 사이의 긍정적인 상호 작용의 가능성에 대해서 탐색을 시도하고 있다.

도교

도교는 2,000년 넘는 시간 동안 중국인의 삶과 생각을 결정지어왔다. 넓은 의미에서 보면 삶에 대한 도교적 태도는 수용과 양보인데 이는 유쾌하고 근심하지 않는 중국인의 특성과 일맥상통하는 것으로 도덕적이고 의무적인 양심을 보충하는 태도라고 할 수 있다. 이와 상반되는 엄격함과 과단성이라는 특징은 유교의 영향을 받은 것이다. 도교의 특징은 현실세계에 대한 신비주의적이고 형이상학적인 이론인데 이는 실용주의적인 유교에서는 큰 중점을 두지 않는 주제다.

도교는 중국 문화에 서서히 배어들었는데 여기에는 도교적인 것으로 보이지 않는 여러 분야도 포함된다. 중국 종교에서 도교적 전통은 유교적 전통과 민간신앙을 잇는 다리 역할을 맡아 공식 종교인 유교 사상보다 더 많은 인기를 얻고 꾸준히 발전해왔으며, 민간 종교보다는 덜 알려졌지만 그보다 모양을 제대로 갖추게 되었다.

도교적 철학과 종교는 중국의 영향을 받은 아시아 문화권에서 다양하게 찾아볼 수 있으며 그 가운데에서도 베트남, 일본, 한국에서 더욱 두드러진다.

도교가 어떤 형태로 발견되든 그 뒤에는 노자(老子)가 있다. 그는 도덕경(道德經, '세상을 다스리는 이치'라는 뜻)이라고 불리는 고전『노자(老子)』를 집필한 사람으로 알려져 있다. 노자에 관한 언급은 도가 사상에 관한 다른 초기 저서이자 역시 지은이의 이름을 따라 책 이름을 붙인『장자(莊子)』에서 찾아볼 수 있다.『장자』에서 노자는 장자를 가르친 선생 가운데 한 사람으로 등장한다. 이 책에는 노자의 많은 대화가 실려 있는데 대화는 대부분 노자가 제자에게 던지는 질문으로 시작한다. 장자는 노자와 공자를 만난 경험을 여러 차례 기록했다. 노자는 장자에게 질문을 던짐으로써 도교적 가르침을 전하고 있다. 장자는 또한 노자의 죽음에 대한 유일한 기록을 남겼다. 이런 초기 기록에는 노자가 공자(기원전 5~6세기)와 동시대 인물로 공자보다 나이가 더 많으며, 도교를 전파하는 유명한 스승이었고, 주 왕조(기원전 약 1066~221년)의 사관(史官)을 지내기도 했던 것으로 나타나 있다.

노자에 관한 첫 기록은 사마천(司馬遷)이 기원전 2세기에 기록한 중국의 역사책『사기(史記)』에 남아 있다. 이 간결한 자료가 노자라는 철학자의 생애에 관한 주요 정보다. 노자의 성은 리(李)이고 이름은

얼(耳)로, 주 왕조의 왕실사관으로 일했다. 그는 공자에게 의례에 관하여 가르쳤다고 전해진다. 주가 쇠망해가는 것을 본 노자는 주를 떠나 서쪽으로 향했다. 변방의 관문지기 윤희(尹喜)의 요청으로 노자는 도교에 관한 글을 두 개의 두루마리에 적어준 뒤 중국을 떠났다. 그후 그가 어떻게 되었는지는 알려진 바 없다. 사마천은 노자에 관해 다양한 설명을 인용해놓았는데 그 가운데에는 그가 아주 긴 시간 동안 장수했다는 이야기도 있다. 이 설명은 노자의 8대 후손으로 추측되는 사람들의 계보를 보여주며 끝난다. 다른 초기 저서에 스쳐지나가듯이 언급되는 것을 종합하면 노자가 기원전 2세기까지 살았다고도 추정할 수 있지만 이를 전설이라고 주장하는 사람들도 있다.

『도덕경』은 기원전 3세기경이 되어서야 완성본의 모습을 갖추게 되었는데 많은 학자들은 『도덕경』이 한 사람의 글이 아니라 여러 사람의 글을 모은 모음집이라고 추정한다. 많은 수수께끼와 매력이 담긴 이 책은 철학과 종교 양 분야에서 필수 도서로 자리 잡았다. 현대 학계에서는 『사기』나 『도덕경』에 더 이상의 내용을 추가하지 않았다.

81개 부분으로 나누어진 『도덕경』은 모두 5,000자로 이루어져 있기 때문에 '노자오천언(老子五千言)'이라는 제목으로 불리기도 한다. 책 자체는 깊은 평화주의와 국가에 대한 시각 모두를 동일하게 다루고 있다. 결과적으로 이 책은 중도적 고찰과 정치적 응용이라는 두 가지 극단적인 내용을 같이 담게 되었고 그래서 아주 다양한 해석을 불러일으켰다.

『도덕경』은 군주를 위한 지침서다. 군주란 주목받는 행동을 하지 않아서 그 존재가 드러나지 않는 현자의 삶을 살아야 한다. 군주는 신하에게 어떤 제한이나 금지를 해서도 안 된다. "군주가 고요함을 즐기면 백성 스스로 옳은 길을 가게 될 것이다. 군주가 개입하지 않으면 백성이 스스로 번영할 것이다." 군주는 백성에게 분별, 도덕, 욕심 등을 가르치지 않는데 왜냐하면 "지성이 드러나면 큰 책략이 시작되고, 가족 내에서 불일치가 생기면 '도리를 다하는 자녀'가 나타나고 국가가 혼란스러워지면 '충성스러운 신하'가 등장하기 마련"이기 때문이다. 그렇기 때문에 지혜, 의로움, 창의력 같은 것이 배제되면 사람들은 더 많은 유익을 얻게 된다.

성인(聖人)은 사람을 다스릴 때 마음을 비우고 배를 채우게 하고, 의지는 약하게 하고 몸은 강하게 하며, 지식과 욕망을 없애려고 한다. 전쟁은 비난받아야 할 것이지만 완전히 배제되지는 않는다. "무력은 저주받은 도구다"라는 말처럼 현자는 다른 방법이 없을 때에만 무력을 사용한다. 현자는 승리를 거두었다고 해서 영화를 누리지 않는다. 대신 "전투에서 승리한 사람은 통곡의 행렬을 맞이하게 될 것이다."

『도덕경』은 전통적인 중국 사상을 담고 있긴 하지만 그것을 도교만의 언어를 통해 보여준다. 왕의 권위를 둘러싸고 있는 신성한 기운은 여기에서 '무위(無爲)'로 표현된다. 이 무위는 우주론적 방향을 지향하는 것, 즉 부자연스런 행위를 조금도 하지 않는 것을 의미한다. 이러한 의미에서 강경함을 제압하는 정치의 한 방법으로 여성적인 유약함이나 수동성이 찬양되는 것이다.

'도(道)'라는 용어는 모든 철학 학파에서 사용되었다. 우주에는 도가 있고 군주도 그가 지켜야 할 도가 있으며 사람의 도는 번식을 통한 영속성으로 이루어진다. 각 학파에도 그들만의 도라고 할 수 있는 방식이나 교리가 있다. 그러나 『도덕경』에서 말하는 우주적 도의 궁극적인 조화는 사회적 이상으로 제시된다. 후대의 역사가들이나 서지학자들 또는 후대 도가들이 정의한 도교라는 용어는 이 이상과 관련된 특성인 것으로 보인다.

문학작품으로서『도덕경』을 평가해보면, 고도로 압축된 문체가 그 특징이라고 할 수 있다. 다른 동시대 작품에서 등장하는 대화법이나 일화식 구성과는 다르게『도덕경』은 간결하고 명료한 문장으로 신비한 주제를 담아낸다. 절반 이상이 시의 형태를 가지고 있고 전반적으로 대구법도 많이 사용되었다. 고유명사는 어디에도 등장하지 않는다. 역사적인 의문이 여전히 해결되지 않은 상태지만『도덕경』이 아주 초기부터 놀라울 정도로 다양한 사회 현상에 영향을 주었다는 근거를 많이 찾아볼 수 있다. 철학의 영역에서 고전의 자리를 차지하고 있는『도덕경』은 종교적으로는 도교운동의 경전으로 사용되었다는 특징을 가지고 있다. 도교운동이 진행되면서 난해한 부분의 해석을 시도하는 주석이 많이 씌었고『도덕경』은 경전으로 점점 더 많이 알려졌다.

현인(賢人) 장자에 대한 정보는 노자보다 더 적다. 사마천이 장자에 대해 간단하게 묘사한 내용이 있기는 하지만, 대부분『장자』에 나오는 내용을 그대로 인용한 것이고 거기에는 필요한 사실적 기초가 결여되어 있다. 그러나『장자』는 중국문학에서 가치 있는 기념비적 위치에 있으며 전국시대(기원전 475년~221년)의 수많은 사상적 동향과 종교적 실태를 설명하는 기록을 담고 있다는 점에서도 중요한 자료다.

『도덕경』이 현자와 왕을 위한 내용을 담고 있다면『장자』는 개인을 위한 철학과 지혜를 담고 있는 가장 오래된 책이다. 장자는 노자의 가르침을 다른 어떤 사상보다 더 좋아했던 것으로 알려져 있다. 장자의 저서를 읽는 독자들은 노자가 간결한 문체로 표현한 내용을 장자가 은유를 통해 다시 풀어냈다는 느낌을 받게 된다.

책이나 전해 내려오는 이야기를 통해 보면 노자는 도교 교의에 신경 썼던 것으로 보이나, 노자보다 몇 세대 후에 태어난 장자는 사회 참여를 일체 거부했다. 그는 국가의 신하란 희생 제물이 되어 신전으로 가는 잘 치장된 살찐 소에 불과하며, 자신은 누구의 돌봄도 받지 않고 진흙에서 행복하게 장난치는 돼지와 같다고 비유했다.

『도덕경』의 특징이 압축인 데 반해 『장자』는 압축을 전혀 하지 않는다. 그래서 산만하다고도 느껴질 수 있는 『장자』는 작은 물새가 거대한 새의 위엄있고 빛나는 모습을 이해하지 못한다는 우화로 시작된다. 황허의 왕과 동해의 신 사이에 오고가는 대화 형식의 글을 통해 작은 정신세계를 가진 사람이 느끼는 자기 만족감은 상상할 수도 없는 거대함과 조우했을 때 흔들릴 수 있다는 것을 설명했다. 완벽한 공예품을 만들어 내는 겸손한 장인이 사회적으로 더 높은 사람들에게 도리어 좋은 본보기가 된다. 삶과 죽음은 동등한 것이기 때문에 죽음은 도교와 융합하는 점진적인 변화로 환영받는다. 『장자』의 마지막 장은 당시 우수한 사상가에 대한 설명과 좀더 공적이고 엄격한 이데올로기에서 장자가 차지하는 위치에 대한 거짓으로 절망하는 모습을 보여준다.

『장자』의 많은 부분을 차지하는 기인(畸人) 중에는 영적인 존재라는 특별한 부류가 있었다. 소란한 인간 세상에서 멀리 떨어져 살면서 공기를 마시고 이슬을 먹으며 살아가는 그들은 평범한 인간의 걱정에 휘말리지 않고 매끄럽고 흐트러지지 않은 아이의 얼굴을 하고 있다. 이런 '현인' 또는 '신선' 이라고 불리는 이들은 자연력의 영향을 받지 않고 더위나 추위를 타지도 않는다. 그들은 또한 공중을 날 수도 있고 팔을 퍼덕이며 위로 올라갈 수도 있다. 최대의 자유를 누리며 힘들이지 않고 살아가는 그들은 장자가 끊임없이 칭송하는 자연적 존재다. 실제로 존재하는지 아닌지와 상관 없이 이 불사의 존재들은 높은 관심을 받았다. 무엇에도 거칠 것 없이 자유롭게 행동하며, 깜짝 놀랄 만한 공간적·시간적 이동을 하고, 나이를 먹으면 오히려 젊어지는 이들은 시간이 흐르면서 점점 정말로 존재하는 인물인 것처럼 인식되게 되었다. 사람들은 수많은 노력을 통해 이런 능력을 얻으려 했고『장자』가 묘사한 자유로운 존재들은 천상위계질서를 따라 구분되었다.

노자가 말하는 "영원불변의 도"는 무명의 것이다. 고대 중국에서 이름은 위계적인 우주에서 그 지위를 평가하는 것을 의미했다. 도는 이런 분류체계 밖에 존재했다. "그것은 형태가 없는 것이며 하늘과 땅이 존재하기 전부터 존재했다. …… 그 이름을 우리는 알 수 없다. 도는 우리가 이름을 붙인 것이다. 그것이 어디에 속한 것인지 말해야 한다면 거대함이라고 말해야 할 것이다."

도는 "지각할 수 없고 분별할 수 없는 것"으로, 어떤 방법으로도 예측할 수 없고 형태, 실재, 모든 특정한 현상과 관련된 힘이 그 안에 숨어 있을 뿐이다. "하늘과 땅은 무명에서 비롯되었다. 유명은 만물의 어머니다." 무명(無名)과 유명(有名), 무(無)와 유(有)는 서로 의존하는 것이며 "상대방으로부터 생겨나는 것"이다.

모든 중국 철학에서 공통적으로 발견되는 우주에 대한 개념은 위계질서를 가진 체계로 각 부분이 전체를 재생하는 역할을 맡는다. 인간은 대우주에 정확하게 대응하는 소우주로, 인간의 신체는 우주 계획을 재생한다. 인간과 우주 사이에 존재하는 대응점이나 연관성은 주술자, 철학자, 연금술사, 의사들이 묘사하지만 그들이 창조한 것은 아니다. 인간과 자연 질서의 핵심적인 부분을 차지하는 이 마술적인 감정은 중국인의 정신세계의 특징으로 규정되었는데 도교는 이 부분을 더욱 정교하게 만들었다. 인간 신체의 오관과 구멍, 배열, 특징, 인간의 욕망이 다섯 가지 방향, 다섯 개의 신성한 산, 하늘의 구역, 계절, 원소 등과 대응한다는 것으로 중국에서 이 개념은 물질적인 것이 아니라 시간과 공간에서 일어나는 임의적 과정의 근본이 되는 다섯 단계로 받아들여진다. 인간을 이해하는 사람은 우주를 이해할 수 있다. 도교의 종교적 측면에서 볼 때 인체의 내부에는 우주를 다스리는 신과 동일한 존재한다.

자연법칙으로서의 도가는 모든 것을 끊임없이 그 시작점으로 돌려놓는다. 어떤 것이 되었든 한쪽 끝까지 가게 된 것은 변함없이 반대쪽 끝으로 오게 되어 있다. "되돌아오는 것은 도의 움직임이다"라는 노자의 말처럼 모든 것은 도에서 시작되고, 결국 도로 돌아가게 된다.

사회개혁 역시 결국 먼 과거로 돌아가는 일이다. 도가는 문명을 자연법칙이 퇴보한 것으로 간주했고, 이상적인 목표를 원래의 순수함으로 돌아가는 것으로 삼았다. 개인에게 있어 지혜란 우주의 질서를 따르는 것이다. 그러나 도교 신비주의자는 의식을 통해서든 생리적으로든 자연의 반복에 순응하는 것 말고도 자신의 내부에 자연으로 돌아갈 수 있게 하는 공간을 만들어둔다. 노자는 혼수상태에서 "모든 존재의 기원으로 돌아가 자유롭게 노닐었다." 이런 상태에서 그는 우주의 반복을 숙고하면서 삶과 죽음이라는 법칙에서 벗어났다. "완벽하게 자신을 비워내고 고요함을 누리면서 나는 만물이 활발하게 돌아오는 것을 볼 수 있었다." 만물의 숫자 '만(萬)'은 전체를 의미한다.

우주의 모든 부분은 규칙적인 박자에 맞춰 움직인다. 멈추어 있는 것은 아무것도 없다. 창조에 대한 중국의 관점에 의하면 각 존재는 주기적인 변화와 변형을 경험한다. 변화에 관한 고전이라고 할 수 있는 책 『역경(易經)』에 나오는 오행(行)과 64괘(卦)에 의해 변화 자체가 체계적으로 정리되어 이해할 수 있게 되었는데 오행과 64괘는 일반적인 흐름에서 반복적으로 나타나는 규칙과 같은 것이다. 변함없는 통일체이며 영원한 도는 변화무쌍한 현상의 이면에 숨어 있는 것으로 인식된다.

창조에 대한 장자의 생각은 도공과 장인의 활동, 즉 '형성시키고 변화시키는 것(造化)'과 같은 것이었다. 이것은 동일한 과정의 두 국면이다. 이를 자세히 들여다보면 다음과 같다. 미지의 도가 태초의 혼돈으로부터 계속적으로 우주를 형성시킨다. 그리고 음과 양의 반복에 따른 밤과 낮, 겨울과 여름 같은 우주의 영원한 변화는 동일한 도의 바깥 면에 지나지 않는다. 만물이 최고의 조화를 이루며 형성되고 음양으로 변화를 만들어가는 것은 동시에 일어나는 일이자 끊임없이 발생하는 현상이다. 그렇기 때문에 성인의 황홀한 연합은 "도와 함께 움직이면서 흩어지고 집중하는 그 모습은 규칙이 없다." 영속적인 도와 연합한 성인의 외모는 따라잡을 수 없는 변화를 겪는다. 신들은 이 변화하는 세계에 적응하면서 지각되기 때문에 그들의 출현 자체는 변화라고 할 수 있고, 화인은 무에서 요술을 부려서 튀어나온 존재라기보다는 변신한 존재로 인식된다.

도교 신자가 획득한 힘은 존재의 영역에 포함된 도의 효능을 나타내는데, 이를 덕(德)이라고 한다. 그러나 노자가 가진 덕에 관한 관점은 유교적인 것과는 다르다. "최고의 덕을 가진 사람은 의식적으로 덕을 가지려고 애쓰지 않기 때문에 덕스럽다. (유교의) 수준 낮은 덕을 가진 사람은 덕을 가지려고 의식적으로 애를 쓰지만 그는 덕을 얻지 못한다."

도교의 '최고의 덕' 이란 무엇인가를 이루었다는 것을 절대 주장하지 않는, 보이지 않는 힘이다. 그것은 현자의 마음에 나타나는 도의 "신비로운 힘"인데 현자란 절대 행동을 하지 않는 '무위'라는 덕을 갖추고 있는 존재로, 아무것도 하지 않지만 모든 것을 이루어낸다."

무위(無爲)는 아무것도 하지 않는 것을 의미하지는 않는다. 그것은 사람이 일을 하면서 뛰어나게 조화를 이루어 어떠한 흔적도 남기지 않는 것을 말한다. 무위를 수행한 현자는 지식의 쓸데없는 참견을 받거나 도덕성에 구애 받지 않고 원래의 천성대로 살아간다. 그는 갓 태어났을 때의 활기가 조금도 훼손되지 않은 상태로 돌아간다. 즉 "조각되지 않은 덩어리의 상태로 돌아가는 것"이다. 이 덩어리는 잘리지도 않고 색이 칠해지지도 않은 나무와 같은 단순함을 가지고 있다. 하지만 사회가 그 나무를 용도에 따라 특정한 모양으로 조각하면서 나무가 가진 원래의 전체성으로부터 개별적인 부분을 훼손시킨다. 도가에서는 인간이 제멋대로 개입하는 것은 자연스러운 변화 과정의 조화를 깨뜨린다고 믿었다.

이상적인 사회에는 책이 존재하지 않는다. 『도덕경』도 원래는 '대가'에게 그 사상을 알려달라고 요청했던 관문지기 윤희의 간청으로 작성된 것이었다. 과거에서나 미래에서나 황금기는 다음과 같은 기록으로 매듭지어졌다. 이 시대의 사람들은 "둔하고 무지해서 욕망이 없었다. 이는 바로 조각되지 않은 단순함이다. 이 단순함을 통해 사람들은 진정한 자연스러움을 얻을 수 있다."

도교적 관점에서 모든 인간과 만물은 근본적으로 하나다. 사람들이 전체라는 관점을 잃어버리고 개개인의 부분적인 진리를 절대적으로 인식하기 시작하는 순간 서로 대립하는 의견이 발생한다. 이런 사람들은 우물 밑바닥에서 크고 넓은 하늘 대신 우물 크기의 밝은 빛을 보는 개구리와 같다.

그래서 장자가 말하는 성인은 선과 악, 진실과 거짓의 관계를 충분히 인식하는 존재다. 이 성인은 중립적이며, 한계에 맞닥뜨려도 열린 마음을 갖고 행동하며, 적이 될 가능성이 있는 사람이나 사상에 대해 적극적인 저항을 하지 않는다. "논쟁을 시작하면 네가 보지 못하는 것들이 생길 것이다. 가장 위대한 도(導)에서 이름을 가진 것은 아무것도 없다. 가장 위대한 논쟁에서는 어떤 것도 말로 표현되지 않는다." 도를 알고 싶어하는 사람은 "명상하지 말고 생각하지 말라. 학교를 가지도 말고 어떤 학문을 따르지도 말라. 그러면 도를 얻게 될 것이다." 지식을 버리고, 명성을 잊고, 무지로 돌아가라. 통일을 말하는 순간 말하는 사람과 그 확언 사이에 이중성이 생겨 통일성이 파괴되기 때문에 신비주의자는 말하지 않는다. 도에 대해서 말하는 사람은 "완전히 틀렸다. 무엇인가를 아는 사람은 말을 하지 않고, 말을 하는 사람은 아무것도 알지 못하기 때문이다."

묘사할 수 없는 도를 설명한 장자의 설명은 도와 합일을 이룬 사람들과 마찬가지로 시적이다. 도교 신자는 자신들의 신비로운 통찰력을 이미지와 우화를 통해 전달했다. 도는 골짜기와 같이 낮으며 수동적이고, 물과 같이 유연하며 생명력을 주는 것이다. 도는 모든 생명의 근원이요, 만물의 어머니이며, 신비로운 여성과 같은 것이다. 인간은 모든 단단한 것과 강한 것을 이기고 늘 낮은 곳으로 흐르는 물과 같이 약하고 양보하는 존재가 되어야 한다. 인간은 남성적인 면과 여성적인 면을 개발해야 하지만 "여성성을 추구"하고 "모성애를 갈구"해야 하며 결코 마르지 않는 샘을 내부에서 발견해야 한다. 도는 수레의 축이며, 들보이고, 바퀴의 비어 있는 중심이다.

도가는 고대 중국 신화의 많은 부분을 보존해왔는데 자신들의 가치관을 설명하기 위해 신화를 사용했다. 혼돈 신화는 차이가 생기지 않은 초기 통일성을 설명하는 비유로 기록되었다. 전설 속의 황제들은 도를 지혜롭게 응용해 통치를 폈을 때 칭찬을 받고 해로운 것을 소개했을 때 비난 받았다. 신비로운 천국이나 구름 위의 여행, 날아다니는 용들은 영혼의 산책, 도의 달성, 꿈과 현실의 정체성 등을 설명하는 비유로 사용되었다.

도가는 일부 고대신화를 변형하거나 각색해 자신들의 신앙을 설명했다. 이런 이유로 악하고 잔인한 산신령이었던 서왕모(西王母)가 신선 중에서도 불사의 여왕이 되었다.

도교는 중국 문화에 많은 영향을 주었는데 특히 의학과 예술 분야에서 두드러진다. 현존하는 가장 오래된 의학서적『황제내경(黃帝內經)』은 기원전 3세기경의 책으로 전설상의 인물인 선사가 황제에게 설명하는 형식으로 이루어져 있다. 도가의 영양학에서 영감을 받아 만병통치약을 찾으려고 광물, 식물, 동물을 가지고 한 방대한 실험은 16세기에 이르러『본초강목(本草綱目)』이라는 이름을 가진 52장짜리 약학서로 정리되었다.

과학 분야에서 볼 수 있는 이런 관심은 전통이라는 권위에 의존하는 유교적 방식보다는 자연을 직접 관찰하고 경험하는 것을 강조하는 도교적 정신이 반영된 것이라고 할 수 있다. 사물의 본질을 따라가려는 것이 도교적 접근방식이기 때문이다. 도교적 접근방식은 과학적인 실험이 아닌 '모든 종류의 자연물에 흐르는 도에 세밀하게 집중' 해서 얻은 민감함과 기술을 의미한다. 이런 기술은 전수되지 않고 그 기술을 가진 사람이 죽을 때 같이 사라진다. 도가에서 사용한 수많은 예화에 등장해 극찬을 받는 수레바퀴 제조인, 고기 써는 사람, 칼 만드는 사람, 조각가, 동물 길들이는 사람, 음악가 등이 바로 이런 기술을 가진 사람들을 나타낸 것이라고 할 수 있다.

사물을 직관적으로 이해하고 능숙하게 다루는 것을 극찬하면서도 도가는 서구의 시각으로 자연을 바라보지 않았고, 인공적인 기술을 거부했다. 중국에 등장하는 새로운 사상이나 발견에는 "옛 장인들이 원래 의도했던 것"이라는 문구가 붙었다. 옛것을 재발견하는 것에 최고의 가치를 부여하는 태도는 과학사상의 발전을 더디게 하는 요인이 됐다. 연금술과 같은 몇몇 분야는 시간이 흐르면서 발전하기도 했지만 중국 과학 분야에서 도교는 부정적인 역할을 했다고도 볼 수 있다.

도교주의 문학은 풍부하고 다양해서 학자들은 자연스럽게 역사적인 다양성 가운데에서도 통일성을 나타내는 상징적 표현을 하려는 경향을 보인다. 아이의 이미지가 도교 전체 분야의 기본이 된다.『도덕경』은 외부의 영향에 구속받지 않는 아이가 도에 가장 근접해 있다고 설명하고,『장자』는 중요한 물질과 공기, 이슬을 먹고 사는 영적 존재가 어린아이의 얼굴을 가지고 있다고 묘사한다. 이 세계나 천상의 세계에서 신비주의 체계에 속한 많은 영혼이 갓 태어난 아이의 얼굴을 닮았다고 묘사되며, 사람 앞에 나타나는 불사의 존재는 수백 년의 시간을 보냈음에도 불구하고 청소년 정도의 외모를 보여준다.

이 밖에도 산과 동굴의 이미지가 끊임없이 등장한다. 고전에 등장한 이 두 이미지는 특별한 함축을 담고 있어 후대의 작품세계에도 영향을 주었다. 산은 하늘과 땅, 신과 인간, 스승과 제자들이 만나는 장소로, 아래 방향으로 거대하게 확장된다. 산 아래에는 신선이 사는 '동천(洞天)'이 있는데 수많은 불사신들이 계급을 이루고 있다. 그래서 예를 들면 마오산[茅山]은 범인의 눈에는 겨우 400미터 높이의 산일 뿐이지만 도를 전수받은 사람은 그 빛나는 동굴이 땅 아래로 수천 미터 이상 파고 들었다는 것을 알 수 있다고 소개된다. 빛 또한 도교문학에서 빈번하게 등장하는 이미지로, 영혼과 천상은 인간세상에서 모두 빛으로 나타난다.

전국시대와 전한시대부터 도교에 대한 내용은 이미 다른 학파의 저술 속에서 나타난다. 직접적인 인용과 분명한 모방이 자주 발견되며 『도덕경』과 『장자』로부터의 인용은 이후 모든 시대의 중국문학에서 풍부하게 이루어지고 있다. 그들의 문체와 내용을 모방한 것으로 보이는 것도 많다. 신선술에 대한 관심도 매우 높았다. 많은 시에서 신선과 불로초를 찾아다닌 경험을 직접 또는 은유적으로 쓰고 있으며 불로장생약을 지으려고 했던 사실을 묘사했다. 일정 수의 전문용어들이 시어의 기본이 되었다. 마오산파의 저술들은 중국문학에 가장 큰 영향을 미쳤다.

문학적으로 세련된 스타일을 보여주는 작품인 『한무제내전(漢武帝內傳)』(6세기 말)은 신선의 삶에 관한 도교적 사상으로부터 직접적인 영향을 받았는데 이 책은 서왕모라고 하는 여신이 황제를 방문하는 내용을 고도로 다듬어진 언어로 묘사하고 있다. 이 작품은 당(唐) 왕조 로맨스 소설 발달에 결정적인 영향을 주었다.

신비로운 일들을 문학적으로 서술한 책도 마오산파가 기록한 성인전이나 지형도에서 비롯된 것이 많다. 마오산파는 당시에 부인할 수 없는 영향을 주었다. 특히 마오산파의 문헌을 그대로 언급한 것이 많다. 이백(李白)과 같은 위대한 시인도 마오산파에 정식으로 입문했다. 도교의 이런 지대한 영향력을 인식한 학자들은 '중국문학의 모든 장르의 종교적 기원이 존재하는가' 라는 흥미로운 질문을 던지게 되었다.

영적인 것을 다룬 초기 중국 책 가운데 많은 부분이 사원의 벽에 그려진 그림에서 영감을 받은 것으로 알려져 있다. 『신선의 생활』이라는 책 역시 신선도라는 그림을 보고 지은 것으로 전해진다. 앞에서 언급했던 것처럼 신선은 한대(漢代)의 거울에 그려져 있다. 신선을 묘사한 다른 재료는 초기 도교의 비밀 문학과 밀접한 관련이 있다. 신령한 광물, 식물, 특히 버섯을 구별하는 것을 돕는 그림책이 초기부터 존재해왔다. 이런 작품이 현대 도교 경전에서 발견된다.

도교가 가져온 이런 실제적인 영향은 특히 식물학과 광물학 분야에서 중국이 높은 수준에 이를 수 있도록 해주었다. 서예학에서도 도가는 높은 기준을 세웠다. 유명한 서예가 가운데 한 사람인 왕희지(王羲之, 303~61년)는 오두미도(五斗米道, 천사도(天師道)라고도 한다)를 고수했고 그의 유명한 업적 가운데는 『황정경(黃庭經)』이 있다. 특히 부적의 효능은 글씨를 쓸 때 획을 얼마나 정확하게 쓰느냐에 달려 있다.

인물화 역시 도가가 탁월한 재능을 발휘한 분야다. 도가를 수행했던 고개지(顧愷之)는 첫 교주인 장도릉(張道陵)의 삶에서 한 장면을 그리는 방법이 담긴 책을 남겼다. 도교를 소재로 그린 작품 가운데 당시에 유명했지만 현재는 거의 소실된 것들이 많은데, 대부분 초기 대가의 작품들이다. 이 가운데에는 종교의식을 위해 그려진 것도 있는데 도교 신전을 그린 그림은 오늘날에도 볼 수 있다. 의복이나 장비에 관한 설명이 포함된 '천상 위계질서'를 시각화한 도교 경전은 여전히 기성제품으로 판매되고 있다.

마지막으로 명상적 도교 용어는 중국 미학의 기본용어로 자리 잡고 있다. 결과적으로 많은 속세 예술가들은 자신들이 가진 개념을

『장자』의 "자연적 자발성"이나 『노자』의 "생각의 계곡"이라는 말로 표현하기도 한다. 도교는 이 밖에도 더 넓은 영향을 주어서 이런 화가들의 노력은 중국을 가장 특색 있게 표현했다고 평가되는 웅장한 풍경화로 구체화된다.

20세기 도교의 중심지는 타이완이다. 타이완의 도교는 17~18세기에 푸젠 성에서 이주해 온 사람들에 의해 시작되었으며, 1949년 제63대 선사(仙師) 장언푸〔張恩溥〕가 피난을 온 후 새로이 발전이 이루어졌다. 타이완의 도교는 주변 지역과는 달리 여전히 전통적 형태를 띠고 있다. 세습하는 도교 승려들은 착용한 모자 때문에 '검은 머리'라고 불리는데 확실히 법사(法師)의 '붉은 머리'와는 구분된다.

도교의 긴 의식도 여전히 존재하는데 은둔이나 묵상보다는 헌납이 중요한 비중을 차지한다. 오늘날 선가(仙歌)의 음송은 장도릉 시대까지 거슬러 올라간다. 1960년대에 타이완에서는 사원 건축과 재보수가 활발히 진행되었으며 이와 함께 도교도 부흥기를 맞았다.

그러나 지난 수세기를 지나면서 가장 중요한 사건은 아마도 1964년 타이완에서 네덜란드 학자인 K. M. 스히퍼(K. M. Schipper)가 도교 승려로 임명을 받은 일일 것이다. 그가 도교의식을 체계적이고 직접적으로 조사한 덕분에 도교에 관한 학문분야에 혁명이 일어났고 이로 인해 서구와 미래가 예상하지 못했던 역사적 확대가 일어날 수 있게 되었다.

불교

중국에서 불교가 처음 언급된 것은 서기 65년의 일로 도교경전을 통해서였는데, 이는 당시 황로사상(黃老思想)에 심취했던 것으로 알려진 황실 가문의 한 일원과 관련이 있었던 것으로 알려져 있다. 인도에서 생겨난 종교인 불교를 처음에는 도교가 외국으로 건너가 변한 것으로 생각하는 사람들이 많았다. 한(漢) 왕조 때 번역된 특정 불교 경전에는 행동법칙이나 명상 기술에 관한 도교적 편향이 많이 나타난다. 초기 번역가들은 도교에서 사용되는 언어를 사용해서 불교 용어를 번역하기도 했다.

그런 이유로 부처가 깨달음을 얻었다는 것이 "득도했다"고 표현되었다. 불교 성인들은 진인(眞人)으로, 도교의 '무위'라는 용어는 열반(涅槃, 산스크리트어 니르바나(nirvana)를 음역한 것)을 나타내는 단어로 사용되었다. 서기 155년 황제는 노자와 부처에게 함께 제사를 드렸다. 이 시기에 서쪽으로 사라진 노자가 후에 부처가 되었다는 언급이 처음으로 등장하기도 한다. 이 이론은 오랜 세월 사라지지 않고 다양한 내용으로 변형되었다. 불교는 노자가 서양 이민족의 사악한 특성과 습관에 맞게 도교를 조금 변형시켜 낮은 수준으로 만든 종교로 중국인에게는 전혀 맞지 않는다는 주장도 있었다.

노자가 외국인을 멸종시키려고 불교 승려에게 금욕을 시켰다는 이야기도 있었다. 300년경 도교 학자인 왕푸(王浮)가 『노자화호경(老子化胡經)』을 썼는데 그후로 수세기 동안 내용이 수정되고 확장되면서 계속되는 논쟁에 새로운 발전 방향을 제시했다. 초기 도교의 조직, 문학, 의식 등에 불교의 영향이 있었다는 증거는 없지만 4세기에 이르러 불교가 도교 경전의 문학형태나 도가의 저명한 철학적 표현 방식에 영향을 주었다는 것이 뚜렷하게 드러난다.

불교는 부처(산스크리트어로 깨달음을 얻은 자라는 뜻)의 가르침에서 시작된 종교로 그는 기원전 6세기 중반부터 4세기 중반까지 북부 인도에 살았던 성인이다. 인도에서 중앙아시아, 동남아시아, 중국, 한국, 일본 등지로 확장된 불교는 아시아의 정신, 문화, 사회생활에 있어 핵심적인 역할을 했다.

부처의 탄생과 죽음에 관해 학자들은 서로 다른 의견을 가지고 있다. 현대의 여러 학자들은 부처가 기원전 563년에 태어나 483년경까지 살았을 것이라고 믿는다. 이 시기보다 100년 더 늦은 시기, 즉 기원전 448년부터 368년까지 살았을 것이라고 추정하는 학자들도 있다. 당시 인도에는 브라만(Brahmanism)교와 의식에 대한 커다란 불만이 존재했다. 인도 북서부에는 힌두교의 경전인 『베다(Veda)』보다 개인적이고 영적인 종교 경험을 더 우선시하는 수행자 무리가 있었다. 이 운동에서 발생한 책인 『우파니샤드(Upanishads)』는 재통합과 난해한 지식을 강조했다. 당시 종교는 의심과 혼란, 실험의 연속이었다.

인도 동북지역에서 발전했던 다른 교파들과 마찬가지로 불교 역시 통솔력을 가진 지도자, 이 지도자가 퍼뜨리는 가르침, 고행자와 평신도가 모인 지지세력 등으로 이루어질 수 있었다. 불교의 경우 이 셋을 가리키는 '삼보(三寶)'라는 단어가 있는데 가르치는 역할을 맡은 부처와 가르치는 내용인 법, 그리고 승보라고 하는 신도를 가리킨다.

부처의 삶은 주로 전설을 통해 많이 알려져 있다. 부처라고 알려진 역사적 인물은 갠지스 강 유역 북쪽에서 태어났는데 당시 이 지역은 고대 북인도 문명의 변두리로 현재 네팔 남부에 해당한다. 그는 80년을 살았다고 한다. 그의 성은 산스크리트어로 가우타마, 팔리어로는 고타마라고 하고 그의 이름은 싯다르타로 '목적을 이룬 사람'이라는 뜻이 담겨 있다. 흔히 석가모니라고 불리는데 "석가족 출신의 성자"라는 뜻이다. 불교 경전에서는 그를 세존(世尊)이라고 부르고 석가모니는 자신을 여래(如來)라고 칭했는데 여래는 '그렇게 도달한 사람' 또는 '그렇게 간 사람' 이라는 뜻으로 해석할 수 있다.

그의 사망 시기, 불교 용어로 말하면 "완전한 열반에 든" 시기는 기원전 2420년부터 290년까지 다양하게 기록되어 있다.

창시자가 사망한 후 불교는 두 무리에 의해 두 흐름으로 발전했다. 하나는 산스크리트어로 '작은 수레' 라는 의미가 담긴 소승불교(小乘佛敎)로, 이 이름은 불교 내에서 반대파가 경멸하는 의미로 부르기 시작한 것이다. 좀더 보수적인 색채를 가진 소승불교에는 현재의 상좌부(上座部)라고 알려진 종파가 포함되어 있는데 이들은 부처의 가르침을 모아 『경장(經藏)』과 『율장(律藏)』이라는 책으로 정리한 뒤 이 책을 표준으로 삼았다.

다른 또 하나의 흐름은 산스크리트어로 '큰 수레' 라는 의미를 가진 대승불교(大乘佛敎)로, 이들은 더 많은 중생을 구제할 수 있도록 다른 가르침의 권위를 인정했다. 좀더 개혁적이라고 볼 수 있는 이 사상은 부처가 뛰어난 제자들만 볼 수 있도록 남겨주었다는 경전의 영향을 받은 것으로 보인다. 그후 불교는 전파되면서 새로운 사상이나 종교의 흐름과 만나게 되었다.

부처의 가르침은 제자들을 통해 구전되었는데 제자들은 "이렇게 들었다"라는 문장으로 말을 시작했다. 그렇기 때문에 부처가 실제로 말한 내용 그대로 전달되었는지, 아니면 어느 정도까지 변형이 일어났는지는 분간하기 어렵다. 제자들은 청중들에게 이야기를 하면서 자신이 그 이야기를 들은 시간과 장소를 언급하곤 했다. 부처가 사망한 후 첫 세기 동안 불교계는 부처가 남겼다는 가르침 가운데 어떤 것이 진짜인지를 명확하게 가려내기 위해 회의를 열기도 했다.

부처가 사망하고 나서 몇백 년이 흐르는 동안 그의 삶에 관련된 일화는 윤색되며 전해졌고 그의 가르침 역시 발전해갔으며 그가 세운 공동체는 중요한 종교 세력이 되었다. 부처를 따랐던 많은 고행자들이 수도원 시설에 정착해서 계율을 세웠다. 그리고 경제계와 정치계의 고위 인사들 중에 불교 신도가 생기기 시작했다.

불교가 생기고 나서 100년이 지나는 동안 불교는 기원지인 마가다(Magadha)와 코살라(Kosala)에서부터 북부 인도 전체로 퍼져나갔는데 그 가운데에는 서쪽의 마투라(Mathura)와 우자인(Ujjain)도 포함되었다. 서기 3세기 중반경 불교는 북쪽으로는 히말라야 산맥까지, 남쪽으로는 스리랑카까지 영토를 확장시켰던 마우리아 왕조의 아소카(Asoka) 왕의 후원을 받게 되었다.

기원전 3세기경 중국에 불교 신자가 있었다는 기록이 있기는 하지만, 중국에 불교가 활발하게 보급된 것은 서기 1세기의 일이다. 전해지는 이야기에 의하면 한 왕조의 황제인 명제(57/58~75/76년 재위)가 꿈에서 하늘을 나는 황금빛 신을 보고 난 뒤 중국에 불교가 소개되었다고 한다. 그 꿈을 부처의 뜻으로 해석한 황제는 인도로 밀사를 보냈다. 밀사는 42부로 이루어진 불교 경전을 가지고 중국으로 돌아왔는데 이 경전은 당시 수도였던 뤄양 외곽의 절에 보관되었다. 이 이야기가 사실인지는 알 수 없지만, 불교가 초기에는 주로 중앙아시아를 통해서, 나중에는 무역로와 동남아시아를 통해서 중국에 들어왔던 것으로 보인다.

서기 400년에서 700년 사이 중국 순례자들이 인도를 방문하기 시작했다. 이 가운데 한 사람인 법현(法顯)은 399년에 중국을 떠나 고비 사막을 지나 인도의 여러 성지를 방문한 뒤 수많은 불교 경전과 불상을 가지고 중국으로 돌아왔다.

그러나 가장 유명한 순례자는 7세기의 중국 승려인 현장(玄奘)이다. 그는 인도 서북부에 도착해서 "수백만 개의 수도원"을 보았다. 인도 동북부에서는 많은 성지를 방문하고 날란다(Nalanda) 사원에서는 유가 철학을 연구했다. 아쌈(assam)과 인도 남부를 방문한 그는 600권이 넘는 많은 양의 불교 경전을 가지고 중국으로 돌아왔다.

한 왕조에 이르러 불교는 마술적인 색채를 띠게 되었는데 이로 인해 당대 민속신앙의 핵심이었던 도교와 조화를 이루게 되었다. 초기 중국 불가는 무아(無我) 교리 대신 영혼의 불멸성을 가르쳤던 것 같다. 열반이라는 개념이 일종의 불멸성으로 이해되었다. 또한 당시 불가는 업보 교리, 자비와 연민, 욕구 억제 등을 가르쳤다.

한 왕조가 끝날 무렵 도교와 불교 사이에 공통적인 요소가 생겨났는데 두 종교 모두 불멸성을 획득하기 위한 방법으로 금욕 억제 훈련을 지지했다는 점이었다. 도교의 창시자인 노자가 인도에서 부처로 태어났다는 이야기가 사람들 사이에서 신뢰를 얻기 시작한 것도 이 무렵이다. 여러 중국 황제는 같은 사원에서 노자와 부처에게 제사를 드렸다. 불교 경전 가운데 처음 중국어로 번역된 책은 호흡 조절이나 신비스런 묵상과 같은 주제를 다뤘으며, 주로 도교 용어를 사용해서 중국 독자에게 불교 개념을 이해시켰다.

한 왕조의 멸망 후 중국 북부의 이민족 황제들은 불교 승려를 초빙해 정치·군사 고문으로 임명하고 주술을 부리게 했다. 동시에 남부 불교는 지식계급의 철학과 문학에 침투했다. 이 시기 불교의 발전에 큰 공헌을 한 것은 번역 작업이었다. 초기 번역가 가운데 가장 유명한 사람은 학식 있는 승려 쿠마라지바(kumarajiva)로, 중국 황실로 초빙된 서기 401년 이전에 힌두교의 베다, 밀교, 천문학 그리고 소승불교와 대승불교 경전 등을 연구했었다.

서기 5세기와 6세기 사이에 인도에서 들어온 불교 종파가 중국에 자리 잡으면서 새롭고 독특한 중국식 종파가 형성되었다. 불교는 중국에서 강력한 지식계급 역할을 했다. 수도원이 번성했고 농민계급 사이에서도 불교가 정착되었다. 그렇기 때문에 수(隨) 왕조(581~618년)로 중국이 재통일된 뒤 불교가 국가 종교로서 크게 번영한 사실은 전혀 놀라운 일이 아니다.

중국 불교의 황금시대는 당 왕조(618~907년)였다. 당 황제들은 도교를 믿었지만 백성들 사이에서 큰 인기를 누리고 있는 불교에도 호의적이었다. 당 황실은 승려 임명권을 손에 넣었으며, 승려의 법적 지위에 대한 통제력도 확장시켰다. 이 시기부터 중국 승려들은 자신을 왕과 국가의 '신하'라고 인식하게 되었다.

이 시기를 거치면서 여러 중국 불교 종파들은 심오한 불교 경전과 가르침을 자신만의 방법으로 해석하고 체계화시켰다. 불교 사원의 수와 사원지의 크기가 모두 증가했다. 또한 이 시기에 많은 학자들이 인도로 가서 자료를 가져오고 영적, 지적인 영감을 얻어 중국의 불교를 크게 발전시켰다.

그러나 불교가 도교나 유교를 대신할 수 있었던 적은 한 번도 없었고 845년에는 무종(武宗)이 큰 박해를 가했다. 기록에 따르면 당시 4,600개의 절과 4만개의 사원이 파괴되고 260,500명의 승려와 비구니가 생명을 보존하기 위해 몸을 피해야 했다고 한다.

중국 불교는 845년의 대규모 박해 이후 예전의 세력을 완전히 회복하지 못했다. 그러나 원래 유산의 많은 부분을 유지하면서 중국인의 신앙생활에 중요한 역할을 계속해오고 있다. 한편으로 불교는 원래의 정체성을 유지하면서 새로운 표현 방식을 만들어냈다. 여기에는 유명한 스승의 어록이 있는데 어록은 원래 승려를 위해 만들어진 것이었다. 이 밖에도『서유기』나『홍루몽』과 같은 문학작품 형태를 가진 것도 있다. 또 다른 형태로 불교는 유교와 합체되어 신유학을, 도교 전통과 합체되어 다종교 기풍을 만들었는데, 세 종교는 다소 용이하게 이런 분위기에 합류할 수 있게 되었다.

다양한 종파 가운데 현재 중국 사회에서 가장 활발한 활동을 하며 남아 있는 것은 명상을 강조하는 선종과 부처와 같은 헌신을 강조하는 정토종이다. 선종은 지배계급과 예술 분야에 큰 영향력을 행사했다. 송(960~1279년) 왕조 시기에 선종의 영향을 받은 화가들은 중국 풍경화에 결정적인 영향을 주었다. 화가들은 꽃, 강, 나무를 그리면서 급격하고 교묘한 필치를 사용했는데 이는 현실의 불안과 공허함에 대한 통찰력을 불러일으키기 위함이었다.

역사적으로 정토종은 대중적으로 가장 영향력 있는 종파였으며, 비밀 조직이나 농민 봉기와 연관되기도 했다. 겉으로 보기에 큰 차이가 있는 두 종파들은 아주 밀접하게 관련될 때가 많았다. 게다가 "죽은 자를 위한 무리"같이 원래는 밀교에서 유행하던 개념이 불교 원리와 혼합되기도 했다.

중국 불교 전통을 되살리고 가르침과 조직을 현대 상황에 적응시키자는 개혁운동이 20세기 초에 형태를 갖추기 시작했다. 하지만 중일전쟁(1937~45년)이 가져온 혼란과 뒤이어 중국에 공산당 정부가 들어선 상황은 불교계에 그리 도움이 되지 못했다. 문화대혁명 기간, 특히 1966~9년에 불교 사원과 수도원은 대규모로 파괴당했고 불교계는 혹독한 탄압의 대상이 되었다. 1976년 중국 정부가 좀더 관대한 정책을 펴면서 불교는 다시 활기를 띠게 되었다. 그러나 이 활기가 얼마나 오래 갈지는 장담할 수 없는 일이다.

정토종의 핵심 경전은 『정토경』이다. 서기 2세기가 되기 전 인도

서북지역에서 씌어진 것으로 추정되는『정토경』은 두 종류로, 길이가 긴『무량수경(無量壽經)』은 좋은 행위를 강조하고 길이가 짧은『아미타경(阿彌陀經)』은 신앙과 헌신을 강조한다.『정토경』은 아미타불(阿彌陀佛)의 이야기를 해주는데 그는 억겁 전에 세자재왕 부처의 말씀을 듣고 부처가 되기로 결심한다. 수백만 년 동안 연구를 한 법장비구는 자신이 부처가 되면 정토를 세우겠다고 서원을 한다.

행복한 나라인 정토에는 어떤 악도 존재하지 않고 사람들은 오래 살면서 원하는 것을 얻고 그곳에서 열반에 이른다. 법장비구는 정토에 갈 수 있는 방법인 48가지의 서원을 설명해준다. 그 가운데 몇몇 서원은 명상을 하고 좋은 일을 하는 것인데, 가장 유명한 18번째 서원의 내용은 죽는 순간 부처의 이름을 여러 번 부르면 정토에서 다시 태어날 수 있다는 것이었다.

3세기경『아미타경』이 중국에 소개되었고,『아미타경』을 기반으로 삼은 종파가 중국 불교의 핵심 종파가 되었다. 정토종의 기본 교리는 헌신의 중요성을 강조하는 것이다. 정토종 스승들은 개인적인 노력을 많이 하거나 장점이 많다고 해서 구제받는 것이 아니라 아미타불의 은혜를 믿어서 구제를 받을 수 있다고 가르친다. 정토종 교리를 따르는 사람들은 경전을 연구하거나 부처에 관해 명상을 하는 것이 아니라 아미타불의 이름을 부르며 끊임없이 기도를 한다. 게다가 정토종 불교에서는 열반에 들어가는 것이 아니라 아마타불의 정토에서 다시 태어나는 것이 더 큰 목표이다.

선종은 궁극적인 진리를 깨닫는 방법으로 명상을 강조한다. 인도의 영향을 받았지만 선종은 중국만의 독특한 불교로 인식되는데 이는 선종이 중국에 들어오기 전인 4~5세기경 중국 승려인 혜원(慧遠)이나 승조(僧肇)가 이미 선종과 유사한 신앙과 수행을 가르쳤다는 기록 때문이다.

대부분의 중국 경전에는 인도 남부 승려인 보리달마(Bodhi-dharma)의 기록이 나온다. 보리달마는 520년경에 중국으로 와 선종을 창시한 것으로 알려져 있다. 보리달마는 선종의 초대 선조이자 불교의 28대 조사다. 불교의 초조는 석가모니에게 직접 가르침을 받은 카시아파(Kashyapa)다.

경전에서는 선종의 '공(空)'과 동일시되곤 하는 부처의 본성을 모든 존재가 가지고 있으며 이 사실을 깨닫는 것이 '오(悟)'라고 가르친다. 진정으로 깨달음을 얻은 사람은 이 궁극적인 진리를 설명할 수 없고 이 궁극적인 진리는 책이나 말, 개념이나 교사를 통해서 설명될 수 있는 것도 아닌데 왜냐하면 이는 주체와 객체의 일반적인 이원성을 넘어서는 행위이며 직접적인 개인의 경험으로 인식되어야만 하는 것이기 때문이다.

자연성에 대한 강조는 선종 미학의 발전을 가져왔고 이는 훗날 중국 회화와 문학에 커다란 영향을 미쳤다. 중국 역사에서 선종이 비교적 성공을 거두었다는 사실은 중국 승려들 대부분이 선종의 두 계보 중 하나에 속해 있다는 사실을 통해 확인할 수 있다.

티베트 불교

티베트 전설에 의하면 불교가 티베트에 들어온 것은 손챈감포(Srong-brtsan-sgam-po) 왕의 통치 시기인 서기 627~50년의 일이다. 그의 두 아내는 종교를 열성적으로 후원했는데, 나중에는 불교의 여신인 타라가 환생한 것이라는 전설이 퍼지게 되었다. 불교는 티송데첸(Khri-srong-lde-btsan) 왕의 재임 기간인 755~97년에 크게 장려되는데 이 시기 첫 불교 수도원이 삼예(Bsam-yas)에 세워지고 처음으로 일곱 명의 승려가 임명되었으며 탄트라 불교의 대가인 파드마삼바바(padmasambhava)가 인도에서 초빙되어 왔다.

놀라운 힘을 가진 파드마삼바바에 관한 전설이 아직도 많이 남아 있다. 그가 티베트지역의 정령과 악마와 싸워 이기고 그들이 불교를 믿도록 만들었다는 이야기가 대표적이다. 그 당시 중국 불교의 영향력이 강력하긴 했지만 792~4년 삼예 수도원에서 열린 회의에서 인도 전통이 더욱 널리 보급되어야 한다는 결정을 내렸다는 기록이 남아 있다.

티베트와 주변 지역에서 활동하는 금강승 불교 가운데에서 닝마파(Rnying-ma-pa)가 파드마삼바바의 가르침을 가장 순수하게 보존하고 있다는 주장이 있다. 닝마파는 다른 어떤 파보다 파드마삼바바의 경전을 많이 사용하고 있다. 이 경전들은 티베트에 대한 박해가 시작된 9세기 초기 이래로 감추어졌으며 11세기에 발견되기 시작해서 20세기 말까지 보존되었다. 닝마파에게 있어 이 경전이 가지는 의미는 "숨겨진 보물"이 강한 영적·역사적 함축을 가지고 있다는 그들의 주장에 의해 더욱 강조된다.

닝마파는 불교의 가르침을 9단계로 나누고 탄트라(Tantra) 경전을 또 다른 종파인 바즈라야나파와는 다른 방법으로 세분한다. 탄트라 경전은 다음과 같이 여섯 종류로 나뉜다. 종교의례와 관련된 크리야(kriya), 두 진리와 다섯 부처에 관한 명상을 포함한 우파요가(upayoga), 신을 불러내고 자아와 신을 동일시하며 만다라를 명상하는 요가(yoga), 성스러운 형태로 여겨지는 인간 의식의 요인들에 관한 명상이 포함된 마하요가(Mahayoga), 신의 존재에 대한 비밀을 전수해주고 사물의 헛된 본질을 없애기 위해 "공"을 명상하는 아누요가(anuyoga), 그리고 신과 배우자와의 연합에 관한 명상을 통해 축복을 경험하도록 하는 아티요가(atiyoga)등이 있다. 전통적 관념을 가진 사람들은 크리야로 시작하면 일곱 번, 우파요가에서는 다섯 번, 요가에서는 세 번, 마하요가에서는 그 다음 생에서 바로 깨달음을 얻을 수 있다고 믿는다. 또한 아누요가는 사망하면서, 아티요가는 현생에서 바로 깨달음을 얻을 수 있다고 설명한다.

800년대 초기부터 1000년대까지 200년간 억압의 시기를 지낸 불교는 티베트에서 다시 부흥을 경험한다. 11세기와 12세기에 많은 티베트인은 인도로 가 불교 경전을 구해 번역하고 수행을 했다. 1042년, 티베트에 도착한 위대한 인도 스승 아티샤(atisa)의 도움으로 불교는 지역 종교로 자리 잡았다. 이때부터 불교는 티베트인의 삶에 떼어낼 수 없을 정도로 파고들어 지식계급의 중요한 문화가 되었고, 나라에서 일어나는 일에 강력한 영향력을 미치게 되었다.

티베트 불교계에서 이루어낸 가장 큰 성과 가운데 하나는 카규르(Bka-'gyur, 말씀의 번역)와 텐규르(Bstan-'gyur, 가르침의 번역)를 포함한 거대한 양의 불교문학 자료를 티베트어로 번역한 것이다. 카규르는 (1) 탄트라 (2) 반야심경 (3) 대승불교 문서 모음집인 범어 (4) 화엄경 (5) 수트라 (대부분 대승불교 수트라지만 일부 소승불교 수트라도 포함되어 있음) (6) 율장 등 여섯 종류로 나누어진다. 텐규르는 3,626편의 글로 이루어진 224권으로 되어 있는데 (1) 스토트라라고 하는 찬가 64편 (2) 86권으로 구성된 탄트라에 대한 주석 3,055편 (3) 137권으로 구성된 수트라 주석 567편 등 세 가지로 분류할 수 있다.

티베트 불교는 14세기 후반부터 15세기 초반까지 크게 발전했는데 총카파(Tsong-kha-pa)가 황모파(黃帽派)로 더 잘 알려진 게룩파(Dge-lugs-pa)를 창시하면서 대대적인 번영을 맞았다. 1578년 게룩파의 대표단은 몽골의 알탄 칸(Altan Khan)을 개종시켰고 당시 지도자였던 3대 달라이 라마는 칸의 보호 아래에서 큰 권력을 갖게 되었다.

17세기 중반, 몽골 왕은 제5대 달라이 라마를 티베트의 신성 지도자로 임명했다. 보살과 관세음이 계속해서 환생해서 태어나는 것으로 믿어지는 후대 달라이 라마는 전근대 시기의 위치를 여전히 가지고 있으며 수도인 라싸(Lasa)에서 통치한다.

제5대 달라이 라마는 라싸의 서쪽에 위치한 타쉬륀포 사원의 대수도원장으로 판첸 라마(Panchen Lamas)를 세웠다. 달라이 라마와는 달리 판첸 라마는 종교 지도자 역할만 맡는다.

티베트 역사를 통틀어 위대한 수도원은 결혼을 하고 자식들에게 수도원장 자리를 물려줄 수 있는 대수도원장이 차지했다. 승려들은 대부분 전사로 훈련받았고 수도원은 요새 역할을 했다. 18세기 만주족과 그 뒤의 영국, 중국 국민당, 공산당은 계속해서 판첸 라마와 달라이 라마의 권력분리를 이용하려고 노력해왔다.

1950년 10월 중국 군대가 티베트 동쪽으로 들어와서 무장이 제대로 안 된 티베트 부대를 함락시켰다. 달라이 라마가 유엔에 보낸 호소문은 거절당했고 인도와 영국의 지원군도 협력적이지 않았다. 1951년, 티베트 대사는 중국 정부에 불려가 그들이 불러주는 내용이 적힌 조약에 서명해야 했다. 조약서는 티베트의 자치권과 종교를 인정하지만 라싸에 중국 정부기관과 군부대를 주둔시켜야 한다는 내용이었다. 1959년에 달라이 라마는 인도로 망명했다.

그때 이후로 망명한 티베트인은 인도 북부 다름살라(dharmsala)를 중심으로 여러 지역에 흩어져 살아오고 있다. 이 망명 무리는 불교 전통을 유지하고 티베트 불교의 가르침을 주변에 퍼트리는 데 큰 공을 세웠다. 그 사이 달라이 라마는 국제적인 명성을 얻게 되었고 동시에 중국 정부에게는 귀찮은 존재가 되었다.

티베트에서 불교도들은 심한 공격과 억압을 받았는데 특히 문화대혁명 기간에 제일 심했다. 20세기 말 이 억압은 점차 줄어들면서 정상 상태로 회복되었다. 그럼에도 불구하고 많은 티베트 불교 신자는 강한 민족주의를 고수하기 때문에 중국과는 계속해서 긴장 관계를 유지하고 있다.

파룬궁

'법륜의 수행'이라는 뜻을 갖고 있는 파룬궁은 1992년 리훙즈〔李洪之〕가 시작한 영성운동으로, 크게 논란이 되고 있다. 파룬궁 수련자들은 정신적·영적 각성을 얻기 위해 수련을 한다. 파룬궁의 가르침은 불교, 도교, 유교 등 아시아 종교 전통과 중국 민속신앙, 서구의 뉴에이지운동이 어우러진 것이다. 이 수련법이 1990년대에 갑자기 등장하자 중국 정부는 파룬궁을 사교(邪敎)로 보고 크게 우려했다. 이것의 기원은 길게는 중국 전통수련에서 찾아볼 수 있다.

기공(氣功)은 건강과 마음의 평화를 얻기 위해 명상과 신체 수련을 하는 것으로, 중국 문화나 종교에서 긴 역사를 갖고 있다. 하지만 현대 중국인은 이 기공 기술을 독립적인 종교활동에 대한 정부의 제한에서 빠져나가기 위한 노력에서 비롯된, 완전히 세속적인 것으로 보고 있다. 그럼에도 불구하고 20세기 말에는 종교적 뿌리를 가진 기공의 형태를 가르치는 스승들이 나타나기 시작했다.

이 가운데 가장 영향력을 많이 미친 리훙즈는 1992년 파룬궁의 영적 지도자가 되기 전에는 공무원과 경비로 일했었다.

리훙즈는 1952년 7월 7일, 중국 지린 성의 지식인 가문에서 태어났다. (그의 지지자들은 그가 1951년생이라고 주장하기도 한다.) 그는 불교와 도교 사상을 배웠다. 1980년대 말 기공과 관련된 활동이 붐을 이루자 리홍즈는 마음과 자연 간의 상승효과를 얻을 수 있는 자신만의 기술을 종합하기로 결정했다. 그는 『전법륜(轉法輪)』이라는 책에 자신의 생각을 정리했고 이 책은 그가 제시한 방법에 관한 주교재가 되었다. 이 책에서 그는 명상을 통한 영적 각성과 더 높은 도덕적 삶을 추구해야 한다고 주장한다.

중국 전통 불교에서 파룬(法輪)은 '법의 바퀴' 또는 '달마의 바퀴'라는 의미를 가지고 있는데 리홍즈는 이 단어가 영적 에너지의 중심을 가리킨다고 생각했고, 복부 아래쪽에 위치한 그곳을 수련하면 영적으로 각성할 수 있다고 믿었다. 다른 기공 모임과는 달리 파룬궁은 창시자만이 올바른 수련 모습과 영적 훈련을 결정하는 권리를 가졌다고 주장한다. 또한 "마음과 자연의 배양"만이 핵심적인 성공요소라고 주장한다.

좀더 심오한 수준에 도달한 신도에게 리홍즈는 악마가 사는 곳에서 온 외계인이 인류를 멸망시키려고 하는데 그들이 1900년에 지구에 와서 과학자와 세계 지도자를 조작했다고 설명한다. 파룬궁에 반대하는 사람들은 이런 주장을 우습게 생각할 뿐 아니라 정식 의약품을 대체할 목적으로 수련을 하는 것은 건강에 해롭다고 생각한다. 중국 정부에 따르면 현대 의약을 거부하는 바람에 죽은 파룬궁 수련자들이 1,400명에 달한다.

자체 추산 1억 명, 정부 추산 200만~300만 명 정도로 신도를 확보한 리홍즈는 1990년대 중반 해외로 운동을 확산시키고 1998년에는 뉴욕에 영구 거주하기로 결정한다. 그 다음 해에 큰 규모의 캠페인이 의학단체에 의해 시작되었는데 이 가운데에는 파룬궁 수련자들과 학회가 포함되어 있었다. 이 사건을 계기로 하여 중국 정부가 파룬궁을 사교로 규정하게 되었다. 다른 중국 단체와는 달리 파룬궁은 정부의 비난에 강력하게 대응했고 1999년 4월 25일 베이징에서 만 명 이상의 수련자들이 모여 허가받지 않은 항의 시위를 벌였다.

리훙즈는 항의 시위가 열릴 것이라는 것을 모른 채 발표회 계획이 있어 그 전날 호주로 출국했다고 알려져 있다. 그는 중국으로 돌아오지 않았다. 3개월 후 장쩌민 주석은 파룬궁을 정부에 대한 위협으로 규정하는 성명서를 발표하고 수천 명의 수련자를 감금하는 동시에 리훙즈에 대한 구속영장을 발부했는데 감금된 사람 가운데에는 공산당 관리들도 포함되어 있었다. 리훙즈의 책 수백만 권과 테이프는 압수되어 폐기되었다.

정부는 정치적 각성 기간 동안 파룬궁에 대항하는 마오쩌둥식의 선전을 시도했지만 그다지 큰 효과를 내지는 못했다. 마르크스주의, 레닌주의, 마오쩌둥주의에 관한 연구를 장려하는 캠페인을 통해 중국의 이데올로기를 부활시키려는 노력 역시 실패했다. 정부의 탄압으로 인해 파룬궁 신도들과 단체가 지하로 숨게 되었는지는 모르겠지만 그들의 믿음과 수련은 다양한 형태로 유지될 것이다.

청동기 : 상 왕조(商, 기원전 1600~1066년)와 주 왕조(周, 기원전 1066~221년)

상은 최초의 역사적 왕조로 기원전 약 1600년부터 1066년까지 중국 북부를 지배했는데, 비문을 통해 상 왕조 사람들이 하늘과 내세를 믿었다는 것을 알 수 있다. 그들은 하늘을 다스리는 신과 동일하게 상의 지배자가 땅을 다스린다고 믿었고 멀든 가깝든 조상의 영혼을 위한 제사를 드렸다. 조상을 포함한 가족 관계를 중시하는 태도는 기원전 5, 6세기에 공자에 의해 널리 퍼진 것인데 이는 지금도 중국인들의 삶의 특징으로 남아 있다. 또한 영혼이 되어서도 살아 있을 때와 비슷한 삶을 산다는 내세관을 가지고 있어서 죽은 사람에게 제사를 올림으로써 음식과 마실 것을 차려주고 하인과 마차도 준비해주는 풍습이 있었다. 상 왕조는 상나라의 서쪽인 지금의 산시 성(陝西城)에서 온 주 왕조에 의해 정복당했다. 주 왕조는 청동과 옥을 사용하는 의식이나 매장 의식 등 상 왕조의 풍습 일부를 물려받았다.

진시황(秦始皇) : 최초의 통일 황제

주 왕조의 중앙집권 체제가 흔들리면서 국가는 일곱 지역으로 나뉘었고, 서로 대립하는 전국시대가 시작되었다. 진나라의 젊은 왕은 다른 지역과 계속 전쟁을 벌였고 결국 기원전 221년부터 기원전 206년까지 짧은 시간 존재했던 진(秦) 왕조를 세울 수 있었다. "통일 황제"라는 이름에는 분리되어 대립하던 영토를 통일했다는 의미뿐 아니라 진나라의 도량형, 화폐, 문자 서체 등을 먼저 통일시켰다는 사실도 포함되어 있다.

진시황제에 관해 서구에 잘 알려진 것은 진 왕조의 수도였던 시안 근교에 위치한 그의 거대한 무덤이다. 그러나 중국인에게 잘 알려진 것은 정치를 비판하는 유가의 책을 다 제거하려 한 '분서갱유(焚書坑儒)' 사건이다. 진시황제는 도덕성만으로는 사회를 지배할 수 없다는 법가(法家)의 원리를 따르고 있었고 이는 덕이 전부라는 유교적 입장에서는 아주 충격적인 것이었다. 법가에서 말하는 이상국가는 이기적인 인간에 대한 상벌 제도와 이를 뒷받침하는 복잡한 법체계를 가지고 있어야 했다.

진 왕조에 대항하는 봉기가 일어나고 권력 다툼이 시작되었는데 그 중에서 가장 유명한 사건은 북쪽에서 일어난 반란군인 초(楚)의 북군 최고 지휘자인 항우(項羽)가 시황제의 무덤을 파괴하려고 시도한 것과 산적 출신 장군 유방(劉邦)이 훗날 한 왕조를 세우게 된 일이다.

한(漢) 왕조 : 기원전 206년~서기 220년

한 왕조가 세운 중앙집권체제는 뛰어나고 교육을 받은 덕 있는 사람이 세상을 다스린다는 유교의 가부장적 이념을 그 기초로 삼았다. 기원전 124년에 대학이 세워졌는데 100년이 지나기 전에 3,000여 명의 학생을 배출했다. 교육 내용은 대부분 유교 경전을 배우는 것이었고 나라를 위해 일할 재능있는 사람을 뽑기 위한 시험이 치러졌다.

서기 220년에 한 왕조가 몰락하자 전국은 수많은 제국으로 분리되어 각국이 중국의 일부를 통치하는 상황이 300년 넘게 계속되었다.

수(隋) 왕조 : 581~618년

기원전 221년에 처음으로 중국을 통일한 진 황제가 무자비한 폭군이어서 그가 세운 왕국이 오래 가지 못했는데 수 왕조의 초대 황제 역시 폭군이었다. 중국을 재통일한 후 사람들 위에 군림했던 그는 604년에 황위를 아들에게 물려주지만, 수 왕조의 수명 또한 길지 않았다. 진 왕조와 수 왕조 모두 그후에 등장해 황금 시기를 누린 왕조에 의해 그 모습이 왜곡되었다.

수나라는 분열된 왕국을 통일해서 당 왕조가 세워질 수 있는 기반을 닦았으며, 기존의 운하를 연결해서 수도로 곡물을 운반했는데 이 공사는 나중에 항저우와 카이펑을 잇는 대운하 건설로 이어졌다.

당(唐) 왕조 : 618~907년

당 왕조는 중국왕조사의 '황금 시기'로 인정받고 있는데, 그 이유는 300년 가까이 평화를 누렸고 국가적 번영을 이룩할 굳건한 경제적 기초가 이때 세워졌기 때문이다. 이 시기에 국가는 점점 그 수가 늘어나는 관료들을 먹여 살리기 위해 막대한 세금을 징수했는데 이는 당 왕조가 황제를 제일 위에 놓고 그 아래로 중서성(中書省), 문하성(門下省), 상서성(尙書省)을 직속으로 두는 피라미드 구조의 한 왕조 체계를 복원해 정비했기 때문이었다. 상서성은 다시 관리, 재정, 의례, 군대, 사법 등으로 나뉘었다.

당 왕조는 물리적·문화적으로 확장의 시기였다. 군사 전략과 외교 전략을 통해 중국의 영향력은 실크로드를 따라 서북으로 확대되었고 티베트인과도 좋은 관계를 맺었다. 한국과 일본은 중국의 복잡한 정치구조와 우아한 건축술 그리고 문학작품과 놀라운 솜씨의 수공예품이 어우러진 생활양식을 동경하게 되었고 문자 체계를 비롯해서 많은 영향을 받았다. 오늘날의 시안인 당나라 수도 장안(長安)은 성벽으로 둘러싸여 있는데 그 규모가 거대해서 명 왕조의 성벽 유물을 통해 그려본 외곽선보다 훨씬 더 큰 규모로 지어졌다는 것을 알 수 있다. 중국인뿐 아니라 중동에서 온 상당한 수의 외국인이 장안에서 거주하며 모스크와 조로아스터교 신전, 마니교 신전 등을 세워놓고 자신들의 신앙을 지켰다. 그들은 비단과 막 구워진 도자기나 사치품을 구입하러 온 상인들로, 진주, 황제의 폴로 게임에 쓰일 아랍산 말, 포도, 멜론, 보석 수공예품 등을 가지고 왔다.

당대의 위대한 유산은 정치와 문화 모두와 관련되어 있다. 황실 체계가 세워져 수세기 동안 거의 변동 없이 이어졌고 이 시기에 창작된 시가는 중국 최고로 인정받는다. 가장 잘 알려진 시인은 이백과 두보(杜甫)다. 이백은 애주가로 알려져 있는데 달을 보며 술을 마시는 모습을 묘사한 시가 잘 알려져 있다. 두보는 더 심원한 관찰가로 인정받는데 그의 시에는 추방의 고통(안녹산(安祿山)의 난 동안 쓰촨 성으로 피난을 가기도 했고 상관의 눈밖에 난 적도 있다), 부유한 사람의 집 문 앞에서 느끼는 가난의 고통 등이 묘사되어 있다. 백거이(白居易)는 당대의 또 한 명의 뛰어난 시인으로, 당 왕조 초기에 비해 여러모로 변질된 당시 정권을 비판하는 정치적 시를 많이 썼다. 황제를 직접 비난하는 것은 위험한 일이었기 때문에 그는 주로 왜곡 기법을 사용했다. 황실 동물원에 미얀마에서 공물로 바친 코끼리가 있는데 비쩍 말라 다 죽어가고 있는 반면 당 왕조가 처음 세워졌을 때 동물원에 있던 코끼리들은 모두 튼튼했다는 시 등이 그것이다. 이 시를 통해 그는 코끼리를 포함한 나라의 모든 것이 부패했으며 그 모두가 황제의 책임이라고 말하려 했던 것이다. 왕유(王維)는 시인이자 화가였는데 현존하는 그의 작품은 사본뿐이다. 그의 작품은 중국 회화가 사물의 외관 대신 본질을 묘사하는 것으로 발전하는 데 영향을 주었다.

분열 시기 : 5대 10국, 907~79년
당 왕조가 몰락한 뒤 전국이 5대 10국으로 분열되었던 시기다.

송(宋) 왕조 : 960~1279년
송 왕조는 중국 북쪽에 위치했던 5대의 마지막 병마절도사였던 조광윤 (趙匡胤)에 의해 세워졌다.
송 왕조는 당과는 문화적인 차이가 굉장히 컸다. 당 왕조는 외부와의 교류를 지향하고 중앙아시아의 헐렁한 여성 옷을 도입하는 등 외국의 영향을 받아들였다. 위대한 당대 시인 이백은 현재 소비에트 중앙아시아에 해당하는 곳에서 태어난 사람이었다. 뿐만 아니라 도자기 모양에서 외국적인 요소를 찾아볼 수도 있고 짐을 실은 낙타 모양의 도자 제품을 통해 해외 교역을 활발하게 했다는 것을 알 수 있다. 이와 대조적으로 송대는 외부세계와의 교류를 권장하지 않았으며, 중국 전통의 뿌리를 찾는 자기 성찰의 시기였다고 할 수 있다. 유교가 재평가되었으며 고대 청동기와 옥기에 기초를 둔 도자기 모양이 다시 등장했는데 송대의 학자들은 중세의 부흥을 중국 전통의 발견과 같은 맥락으로 생각했기 때문이다.

송 왕조는 북송(960~1127년)과 남송(1127~279년)으로 분리되는데 이는 수도가 황허가 있는 카이펑에서 남쪽인 항저우로 이동한 것을 기준으로 삼는다. 수도 천도는 북방민족의 군사력이 계속해서 늘어나자 어쩔 수 없이 결정한 것인데 당시에 위세를 떨쳤던 북방민족은 거란족, 여진족 그리고 후에 몽골족으로 알려지게 되는 탕구트 등이었다.

육로를 통한 해외 교역이 북방과 서북의 이민족의 방해로 어려워진 반면, 현재 해양무역박물관이 있는 푸젠 성의 취안저우[泉州] 등을 통한 바다 교역은 번성했다. 비단과 도자기를 실은 길고 좁은 배들이 동남아시아, 한국, 일본 등으로 보내졌고 돌아오는 배에는 향신료, 상아, 고급 목재, 약초 등이 실렸다. 배는 노와 돛을 이용해 이동했고 안전성을 위해 방수 처리를 하고 짐을 싣는 곳을 칸으로 나누어 일부에 물이 새도 전체가 피해를 입지 않도록 했다.

어쩔 수 없이 남쪽으로 천도를 했지만 송대의 수도 생활은 당대와는 완전히 달랐다. 당 왕조 시절 도시는 여러 개의 내성으로 구분되어 있었는데 밤에 소등이 되면 성문은 잠겼다. 이로 인해 당대에는 젊은 남녀가 밀회를 마치고 성문이 닫히는 시간 안에 성 안으로 들어오지 못하는 장면을 묘사한 사랑 이야기가 많았다. 이 제도는 송대에 와서 사라져 밤이 되어도 도시 외성의 문만 잠그는 것으로 바뀌었다. 성 안의 사람들은 강가에 묶어놓은 배 위에 올라 노래하는 소녀의 노래를 들으며 즐거운 시간을 보내거나 연극을 보고 술이나 차를 마시는 등 자유로운 시간을 보낼 수 있었다. 11세기 후반에서 12세기 사이 수도였던 카이펑의 모습을 그린 장택단(張擇端)의 《청명상하도(清明上河圖)》라는 작품이 지금까지 남아 있다. 사실적 묘사기법을 채택한 이 놀라운 작품은 여러 개의 상점이 늘어서 있는 거리의 모습과 다양한 교통수단을 묘사했는데 귀를 내놓을 수 있는 모자를 씌운 말을 타고 가는 관리, 짐을 가득 실은 중국 특유의 일륜차, 예쁜 무늬의 커텐이 달린 의자식 마차를 타고 가는 귀부인, 낚싯대를 담은 바구니를 들고 있는 아이의 모습 등이 담겨 있다. 건물 이층에는 베란다가 있고 상점 뒤에는 안마당이 있다. 의자식 마차에 앉아 있는 여성의 모습을 통해 여성의 모습을 노출시키지 않는 풍습이 있다는 것을 알 수 있는데 이 풍습은 전족이라는 새로운 유행을 통해 더욱 강력해졌다. 이 기묘한 풍습은 20세기까지 계속되었는데 처음에는 상류계급 사이에서 유행하다가 점점 남자뿐 아니라 여자도 일을 해야 겨우 생계를 꾸릴 수 있는 가난한 사람들에게까지 번졌다. 전족은 일곱 살쯤 된 여자아이의 발을 천으로 단단히 묶어 발이 자라지 못하게 하는 것으로, 발바닥에 나뭇조각을 대고 엄지발가락을 제외한 나머지 발가락을 발바닥 쪽으로 최대한 꺾어 묶는다. 그러면 여성은 걸을 때 뒤뚱거리게 된다. 발의 모양이 이렇게 고정이 되고 나면 걸을 수 있기 위해서 묶어놓은 부분을 잘 돌봐주어야 했는데 심지어 알몸의 여성을 그린 춘화도에서조차 여성은 발을 묶고 작은 신발을 신은 모습으로 등장한다.

몽골 원(元) 왕조 : 1279~368년

몽골족이 어떻게 해서 12세기에 빈부터 베이징까지 이르는 광대한 영토를 급속한 속도로 점령할 수 있었는지는 아직도 미스터리로 남아 있다. 당시 중앙아시아가 갑자기 건조해지면서 더 이상 이 유목민족에게 쾌적한 환경을 제공하지 못하게 된 것이 원동력이 되었다는 이론이 있지만 확실한 고찰은 이루어지지 않았다. 또 다른 가설 중 하나는 몽골족처럼 유목만으로 이루어진 사회는 경제적 불안정을 겪을 수밖에 없다는 것이다. 농작을 하지 않는 유목민은 주로 우유와 보잘 것 없는 식단을 섭취하게 되는데 영양소가 충분한 곡물을 얻을 수 없고 목축에 필요한 도구를 만들려고 채굴을 하거나 제련을 하기위해 정착할 수도 없기 때문이다. 철로 만든 등자를 사용하면 말 위에서 안정적인 자세로 철 화살을 쏠 수 있었다. 등자나 화살 모두 정착민이 철제품을 제작하는 곳에서 구입할 수 있었다. 그러나 이런 물품에 대한 필요는 갑작스레 생겨난 것이 아니라 늘 존재했던 것이었다는 점에서 몽골 제국이 등장하게 된 유일한 원인이라고 판단할 수는 없다. 칭기즈 칸(Chinggis Khan, 1167~227년)의 권력이 불안정하고 분리되었던 상황과 이런 요소들이 복합적으로 작용했던 것이 틀림없다. 그는 몽골 내부의 씨족을 정복하고 피할 수 없는 정복 확장을 시작했다.

칭기즈 칸의 손자인 쿠빌라이 칸(khublai Khan, 1215~94년)은 송 왕조를 전복하고 원 왕조를 세우며 중국 남부의 정복 사업에 앞장섰다. 원 왕조의 이름은 '처음의', '시작하는', '근본적인 원리' 등의 뜻을 가지고 있는데 단어에 담긴 뜻 때문에 왕조 이름으로 채택된 첫 사례라고 할 수 있다. 그 전까지 왕조의 이름은 중요한 사람의 성이나 지역의 이름을 따서 붙여졌다.

원의 수도는 북쪽에 있던 베이징으로, 중국 특유의 격자 형태를 가지도록 세워진 완전히 새로운 도시였다. 황허 강을 사용한 대운하는 북쪽까지 연결되어 베이징에 쌀과 같은 곡물과 남부 지방의 상품을 운송했다.

명(明) 왕조 : 1368~644년

명 왕조(밝다는 뜻)를 세운 주원장(朱元璋)은 1328년 안후이성 펑양(鳳陽)에서 가난한 소작농의 아들로 태어났다.

이민족 몽골의 지배를 받은 주원장과 그 지지 세력은 위대한 중국 왕조인 한, 당, 송 왕조를 되돌아보고 그 세 왕조를 모델로 삼았다. 도자기 분야에서도 당나라식 삼채(三彩) 기법을 재도입한 후 명 왕조의 새로운 색채를 입혔다.

오늘날 볼 수 있듯이 만리장성을 벽돌로 감싸는 재공사가 이루어진 것도 명 왕조의 일이다. 또한 영락제(永樂帝)의 재위기간 동안 윈난 성 출신의 총사령관 정화(鄭和)의 지휘 아래 많은 해외 원정선이 출항했다. 유럽인이 해외 원정을 본격적으로 시작하기 전인 1405년과 1433년 사이 페르시아 만, 동남아시아, 아프리카의 동해안 등으로 일곱 차례의 원정단이 출항했다. 원정에 들어가는 고비용이 원인이 되어 해외 원정은 곧 취소되었고 그 이후로 중국은 그 시기와 맞먹는 해상력을 갖지 못했다.

청(淸) 왕조 : 1644~911년

청(맑다는 뜻) 왕조를 세운 만주족은 중국의 동북쪽에서 온 사람들이다.

초기 몇십 년 동안 청 왕조는 중국 남부 전체를 장악하지 못했고 명 왕조의 최후 본거지인 타이완 섬을 1683년이 되어서야 정복했다. 청 왕조는 또한 투르키스탄, 몽고, 티베트 등 중국의 관심 밖으로 밀려나 있던 지역을 정복하고 통제하는 정책을 사용했다.

만주족은 전략적으로 중국 방식을 사용하긴 했지만 동화되지는 않으려는 태도를 보였다. 고유의 의상을 입고 여성도 전족을 하지 않았다. 청 왕조는 남성이 명대 스타일로 머리를 묶는 것을 금지했고 만주 식으로 앞의 절반을 밀고 남은 머리를 땋아서 길게 늘어뜨리는 변발을 해야 했다. 명대의 머리 스타일을 하는 것은 반항의 상징이었고 이는 20세기 젊은이들이 땋은 머리를 잘라서 청 왕조에 반기를 들었던 것과 같은 맥락이었다.

청나라 황제들 중 '위대한 지도자'로 널리 인정받는 사람은 강희제(康熙帝, 1654~722년)와 그의 손자인 건륭제(乾隆帝, 1711~99년)다. 강희제는 중국 남부에서 독립 정권을 유지하던 명 왕조의 잔존 세력을 젊은 나이에 평정했고, 1698년에는 네르친스크 조약을 맺음으로써 러시아와의 국경 분쟁을 종식시켰다. 그후에 직접 군대를 이끌고 외몽고와 투르키스탄으로 가서 청나라에 외협이 되는 이웃 세력을 정복했다. 그는 치수 사업을 살피기 위해 중국 남부를 여섯 번 방문했고 대운하를 이용해 교통시설을 개선시키는 것과 황허의 흐름을 안정시키는 일에도 관심을 가졌다.

강희제는 베이징에서 북동쪽으로 150킬로미터 떨어져 있는 청더(承德)에 있는 여름 별장 건축을 감독했다. 피서 산장은 사냥터로 누각과 연못이 여기저기 자리 잡고 있으며 티베트 스타일의 무대 장치가 된 '외부 신전' 8개로 둘러싸여 있는데 청 왕조의 웅장함을 느낄 수 있다. 계곡 전체가 조화를 이루고 있다. 외부 신전에 티베트 스타일을 사용한 것은 황제 개인의 기호이기도 했고 정치적인 이유가 적용되기도 했는데 그곳은 티베트와 몽골 성직자를 접대하는 데 사용되었다.

예수회 선교사들에게 현재 베이징의 우이상점 서쪽에서 볼 수 있는 흠천감(欽天監, 황실이 운영하는 천문·역법 연구기관)의 운영을 맡긴 것도 강희제로 그는 제르비용(gerbillon) 같은 예수회 선교사를 통역관으로 내세워 러시아와의 협상을 진행하기도 했다. 예수회는 중국인과 함께 강희제에게 바치는 중국 지도를 제작해 강희제가 정복한 토지를 지도로 보여주었는데 마테오 리치(Matteo Ricci)가 지도를 인쇄했다. 강희제가 많은 시를 남겼다고 알려져 있지만 정말 그가 쓴 것인지는 확실하지 않다. 예수회 마테오 리파(Matteo Ripa)가 쓴 회고록을 통해 강희제에 대해 알 수 있다. "황제는 자신이 뛰어난 음악가이며 수학 실력은 더 낫다고 여겼다. 그러나 과학에 관한 흥미는 조금 있었을지 몰라도 음악에 대해서는 아는 것이 없었고 수학의 기초 지식은 거의 이해하지 못한 상태였다."

어렸을 때 함께 사냥을 다녔던 할아버지와 마찬가지로 건륭제 역시 여러 전쟁을 이끌었다. 특히 중앙아시아, 미얀마, 베트남이 주된 무대였는데 중앙아시아와의 전쟁을 제외한 나머지는 실패한 전쟁이었고 비용 소모도 컸다. 전쟁을 통해 국가 보유고가 바닥났고, 그 결과 외국 침략에 대항할 능력을 잃게 되었다. 재난이 임박했다는 것을 암시하는 또 다른 징후가 있었다. 중국과의 교류를 위해 영국에서 파견한 매카트니 경(Lord Macartney)은 황제를 접견했지만 별다른 성과를 올리지 못했다. 황제가 광저우 지방의 관리에게 명을 내려 유럽 상인이 영국과 결탁하는 것을 막으라고 시킨 것으로 볼 때 그는 영국의 교섭을 거부한 일이 가지고 올 가능성에 대해서 인식하지 못했던 것으로 보인다.

건륭제는 자신의 조부와 마찬가지로 예수회 선교사들의 특별한 재능을 사용했다. 당시 그들은 포교보다는 궁중에 머물며 유럽의 과학과 미술을 가르치며 보내는 시간이 더 많았지만 1773년에 이르러 활발한 포교 활동을 이유로 해산된다. 건륭제는 특히 황제의 여름 별장과 베이징 외곽에 위치한 원명원(圓明園)에 유럽식 성과 이탈리아식 정원을 가미해준 화가 카스틸리오네(Castiglione)와 베노이 신부(Father Benoit)를 총애했다. 이 여름 별장은 1860년에 프랑스와 외국 군대에 의해 파손되었지만 유물은 아직도 남아 있다.

청 왕조의 마지막 인물은 죽은 남편의 자리를 계승한 서태후(西太后)로 '자애롭고 상서로운(慈禧)'이라는 이름의 뜻과는 어울리지 않는 삶을 살았다. 서태후는 1851년 황제의 첩으로 입궁했고 황제의 유일한 아들을 낳은 덕분에 지위가 상승했다. 황제는 1861년에 사망했는데 서태후는 황후와 함께 아들의 섭정을 시작했다. 여덟 명의 공식 섭정이 있었지만 서태후는 여러 수단을 동원해 황명을 내릴 때 필요한 옥새를 손에 넣었다. 서태후는 1860년에 일어난 영국과 프랑스의 침략에 제대로 대응하지 못했다는 구실을 내세워 여덟 명 가운데 한 사람을 처형하고 나머지 사람들에게도 모두 벌을 내렸다. 그녀는 아들을 죽인 것으로 알려지기도 했지만 실제로 그녀의 아들은 1875년에 천연두로 사망했다. 서태후는 아들이 사망하자 여동생의 아들을 후계자로 세운다. 후계자를 세우는 문제는 서태후가 결정할 수 있는 것이 아니었던데다가 실제로 다음 황제는 황실

위계질서에 혼동이 생기지 않도록 늘 그 다음 세대에서 선발했던 관습과
도 위배되는 것이었지만, 당시 서태후에게 반대하는 사람은 거의 없었다.
그녀의 며느리는 황제의 아이를 임신했지만 자살했다. 심지어 동치제(同
治帝)가 황위에 올라 자신에게 공식적인 지위가 없었던 시기에도 그녀는
계속해서 계략을 써서 자신과 가까운 사람을 황제의 주변에 심어두었다.
1898년 광서제(光緖帝)가 개혁 세력과 연합하여 외국의 침략에 대항할
힘도, 20세기를 맞설 능력도 없는 중국을 현대화하고 새 활기를 불어넣
어야 한다고 주장했을 때, 서태후는 해군력 증강에 필요한 예산을 빼돌
려 보수하고 있던 여름 별장에 광서제를 구금했다. 의화단(義和團) 세력이
베이징에 도착하고 일본 외교관이 중국 군대에게 살해당하자 외국 대사
들은 각자의 정부에게 군사 보호를 요청했다. 8개국 군대가 해안에 집합
하자 서태후는 모든 외교관에게 중국을 떠날 것을 명령했고 독일 대사는
황실군에게 죽음을 당했다. 황실이 의화단을 적극적으로 지지하는 것이
명확해졌고 베이징의 외국인 거주지역은 의화군과 황군으로부터 동시에
포위를 당했다. 마침내 연합군이 베이징에 도착했고 서태후는 시안으로
피난을 갔다. 중국 정부가 모든 배상을 치르는 내용의 협정이 체결되고
나서 서태후는 마침내 베이징으로 돌아올 수 있었고 곧 외국인을 환영하
는 행사를 시작했는데 이 행사에서 많은 외국인들이 서태후에게 매료당
했다. 그후 1898년에 제안되었던 것과 유사한 온건주의 개혁이 시작되어
현대식 학교가 세워지고 학생들이 유학을 떠났다. 1908년, 광서제가 죽고
서태후는 그 다음 날 세 살짜리 푸이(溥儀)를 후계자로 임명하고 죽었다.
서태후가 한 일은 청이 국내 봉기에 직면해서 무너져가고 있을 때 시작
되었고 외부세계로부터 받은 충격으로 인해 복잡한 결과를 낳게 되었다.
서태후가 죽은 지 얼마 지나지 않아 청 왕조는 무너졌다. 1911년에 우한
에서 시작된 통제할 수 없는 반란으로 인해 청 왕조는 막을 내리고, 중화
인민공화국의 시대가 열렸다.

07
미술

티베트, 내몽고, 신장, 한때는 만주로 불렸던 동북지역을 포함하는 현대 중국의 정치적 경계 안에는 여기서 소개하게 될 내용보다 더 넓은 동아시아지역이 포함되어 있다. '중국 본토'는 서쪽의 티베트 고원, 북쪽의 고비 사막과 남서쪽의 미얀마, 라오스, 베트남 등으로 둘러싸인 18개의 성으로 구성되어 있다. 그리고 여기서 소개할 미술은 이 중국 본토에 해당하는 지역의 미술을 주로 다룰 것이다.

문화적으로 중국이라고 분류될 수 있는 첫 공동거주지역은 황허의 분지에 자리 잡았다. 이곳에 정착한 이들은 차츰 다른 부족 문화에 영향을 미치며 퍼져나가 한 왕조(기원전 206~220년)에 이르러서는 중국 본토의 대부분이 중국 북부 문명의 '요람'에서 형성된 문화의 영향을 받게 되었다. 이 지역에 차츰 공통문자가 퍼져갔고 하늘의 힘이나 조상의 영혼이 사람의 생활에 영향을 준다는 믿음이나 하늘, 자연, 인간과 조화를 이루려면 제사를 올리고 제물을 바치는 것의 중요성도 널리 퍼져갔다. 이 믿음은 중국 미술에 큰 영향을 미쳤다.

중국 문명은 사람들이 일반적으로 생각하는 것과는 달리 세계에서 가장 오래된 문명은 아니다. 메소포타미아 문명과 이집트 문명이 중국 문명보다 훨씬 먼저 시작되었다. 그러나 초기에 발생한 서구 문명이 쇠퇴하거나 정체되거나 또는 연속성을 잃고 변절되는 동안 중국 문명은 선사시대부터 지금까지 계속해서 유지, 발전되어왔다.

중국인들은 중국이 중요한 문명이라는 역사적 인식을 갖고 있으며, 자신들의 문화적 전통이 가진 강점과 지속성을 매우 잘 알고 있다. 중국에서는 역사란 지배하는 왕조에 따라 상승과 쇠퇴가 반복되어 이어지는 큰 순환 체계라고 보았다. 쇠퇴기에 나타나는 정치 분열이나 사회적·경제적 혼란은 새 왕조가 시작될 때의 열정과 마찬가지로 미술 발전의 중요한 자극제가 되었다. 그러므로 중국의 미술사를 중국의 왕조사와 같은 맥락에서 바라보는 것은 크게 틀린 말이 아니다.

일반적인 특징

중국 미술의 두드러진 특징 가운데 한 가지는 바로 중국사의 다양한 시기에 존재했던 계급 구조가 미술에 반영되었다는 것이다. 전국시대(기원전 475~221년)로 거슬러 올라가서 살펴보면 미술작품은 이름 없는 장인의 손에 의해 만들어져 왕족이나 봉건 귀족에게 바쳐졌다. 전국시대와 한 왕조 때는 토지를 소유한 계급과 상인 계급이 등장해 예술작품을 구매하는 고객이 되었다. 미술이 교육받은 상류계급의 소일거리가 될 수 있다는 개념이 등장한 것은 한 왕조 이후다. 이때부터 상류계급은 시, 음악, 서예, 회화 등 다양한 예술을 즐겼다. 이 시기에 낮은 계급의 직업 화가와 취미 삼아 그림을 그리는 상류계급 사이의 구분이 생겨나기 시작했고 후자는 중국 미술의 특징에 큰 영향을 미치게 된다. 점차 궁정에서 일하거나 돈을 벌기 위해 작품을 파는 화가와 장인들이 생겨나게 되었고, 상류계급인 문인 화가들은 직업 화가를 경멸하는 시선으로 바라보았다. 송 왕조(960~1279년) 이래 지식 계급층의 회화는 고의로 어색한 기법을 사용하는 방향으로 발전했고 이는 문인 회화의 특징으로 자리매김되었다.

20세기에 일어난 혁명의 영향으로 아마추어 화가와 직업 화가 사이에 존재하던 계급 장벽이 무너졌는데 특히 1966년~76년에 진행된 프롤레타리아 문화대혁명 기간에는 당 왕조(618년~907년)와 그 이전에 존재하던 무명의 무산계급의 예술이 강조되었다.

3세기부터 서예는 중국의 시각예술 중 최고 분야로 인정받아왔다. 고도의 기술과 정교한 판단력이 필요할 뿐 아니라 붓을 잡은 사람의 특징과 수련의 정도가 독특하게 드러나기 때문이다. 신탁에 사용된 뼈나 거북이 등껍질에 글자(현존하는, 중국에서 가장 오래된 글자)를 새겨 점을 쳤던 상 왕조에서부터(기원전 17~11세기) 서예는 영적 교감과 연결되어 있었고 사람들은 서예가 스스로 영적인 조율을 하는 것이라고 생각했다. 좋은 서예 실력을 갖추려면 고상한 성품과 높은 수준의 미감을 가지고 있어야 하며, 최상의 실력을 가지려면 많은 훈련은 물론 고도의 감각이 필요하다.

중국 화가와 서예가는 같은 종류의 도구를 사용하는데 바로 붓, 먹, 비단 또는 종이다. 중국인은 작품을 평가할 때 주로 생명력과 표현력 그리고 전체 구성의 조화 정도를 기준으로 삼는다. 그러므로 중국의 회화는 본질적으로 선형 예술이다. 중국 미술사에서 대부분의 화가는 원형의 추구, 현실의 전달, 음영이나 원근법의 도움을 받아 삼차원의 입체를 나타내는 것보다 리듬감 있는 붓놀림을 통해 비단이나 종이에 사물의 내재된 생명력을 표현해내는 것에 더욱 집중했다.

서예와 회화에서 발전된 선의 미학은 중국의 다른 예술 분야에도 큰 영향을 주었다. 의식에 사용되는 청동기 장식, 불교 조각, 칠공예 장식, 도자기, 칠보 공예품 등에서 화가나 장인의 자연스러운 손길에 의해 만들어진 선을 볼 수 있는데 이는 전체적인 형태를 결정하는 동시에 중국 예술에 놀라운 조화로움과 통일성을 주는 역할을 했다.

초기에 이 조율감에는 하늘의 뜻에 복종하는 것을 제사와 희생을 통해 나타내는 것도 포함되었는데, 이 결론을 나타내는 역할을 하는 것이 바로 중국 회화였다. 고풍스러운 청동기는 하늘이나 조상의 영혼을 위해 드리는 제사에 사용되었는데 당시 사람들은 조상이 죽고 난 뒤라도 의식이 올바른 방식으로 정기적으로 행해진다면 산 사람들에게 영향력이 미칠 수 있다고 믿었다. 기본적으로 농업 사회였던 중국은 자연의 주기를 이해하는 것과 자연과 조화를 이루어 사는 삶을 굉장히 중요시했다. 자연 세계는 절대자의 행동이 음양(여자와 남자)이라는 두 가지 요소의 상호작용을 통해 시각적으로 발현되는 장소였다. 이런 개념이 발전하면서 중국 미술의 목적은 절대자를 달래거나 희생을 드리는 형태에서 경치, 대나무, 새, 꽃 등을 그려서 자연 속에 존재하는 힘에 대한 인간의 이해를 표현하는 것으로 바뀌어갔다. 이 형이상학적 개념이 바로 중국 회화에 남아 있는 도교적 영향이라고 할 수 있다.

중국의 초기 미술은 특히 사회적 기능과 도덕적 기능을 담당했다. 초기 회화 작품의 경우 당시 기록에 의하면 궁전이나 사당의 벽에 자비로운 황제, 현자, 고결한 성직자, 충성스러운 장군을 그려 산 사람들에게 본보기를 제시하거나 악한 존재를 그려 주의를 주었다. 초상화 역시 도덕적 기능을 하기 위한 수단이었는데 대상의 외모보다는 성격이나 사회적 지위에 대한 묘사가 더 강조되었다. 궁중화가들은 상서로운 행사나 기억할 만한 행사를 그림으로 남겨야 했다. 이는 회화에 담긴 윤리적 측면이자 유교적 측면이라고 할 수 있다.

종교 미술은 중국에서는 그다지 발전하지 못했다. 인기 있는 민간 종교 역시 위대한 미술작품의 영감이 되는 일은 거의 없었고 특수한 분야에서 많은 걸작품을 만들어낸 불교 역시 외국에서 들어온 것이었다.

중국에서 인간관계는 늘 중요하게 생각되는 주제였고 학문 추구를 즐겨하는 양반층에서 즐기던 인물화에서도 관직 수행차 먼 지방으로 가면서 겪는 이별을 통해 느끼는 가슴 사무치는 감정이나 가족을 자주 만날 수 없는 안타까움이 주로 표현되었다.

전쟁, 폭력, 죽음, 고통, 인간의 나체 등은 중국 회화에서는 거의 다루어지지 않았다. 또한 생명이 없는 물체도 회화의 소재로 쓰이지 않았다. 암석이나 시냇물 같은 것은 생명이 있는 것으로 인식되었는데 사람들은 암석이나 시냇물이 보이지 않는 우주의 힘이 눈에 나타난 것이라고 생각했다. 영감을 주지 않거나 고귀하지 않은 것, 영혼을 새롭게 하거나 적어도 매료시키는 것이 아니면 중국 회화의 소재로 사용되지 않았다. 또한 내용이 없는 순수한 예술 형태도 중국 미술 전통에서는 찾아볼 수 없는데 중국인은 주제의식 없이 아름답기만 한 것을 예술작품으로 인식하지 않는다.

그러므로 넓은 의미에서 보면 중국 예술은 상징적이라고 할 수 있는데, 회화로 표현된 모든 것이 화가가 직관적으로 인식한 것을 부분적으로 반영한 것이기 때문이다. 동시에 중국 예술은 좀더 특별한 종류의 상징으로 가득 차 있는데 그 가운데 일부는 다양한 해석이 가능하다. 대나무는 학자의 고매한 정신을 상징하는데, 구부러질 수는 있어도 절대 부러지지 않는 특성으로 인해 환경에 결코 굴하지 않는 모습을 의미한다. 옥은 청렴함과 파괴되지 않는 견고함을 나타낸다. 아주 옛날에는 악어였거나 비를 내리는 신이었던 용은 황제의 자비로움을 상징한다. 학은 장수를, 원앙 한 쌍은 충실한 결혼 생활을 상징한다. 식물도 상징물로 많이 사용되었는데 그 중 가장 중요한 것은 난으로, 유교에서 난은 순수함과 충성을 나타낸다. 눈 속에서도 꽃을 피우는 매화는 정치계에서나 영적인 세계에서 억압할 수 없는 순수함을 나타낸다. 그리고 소나무는 가혹한 정치 환경에서 살아남는 것이나 정복할 수 없는 오래된 정신을 나타낸다.

중국 회화와 서예의 특징은 그 도구의 특징과 깊은 관련이 있다. 기본적인 재료는 소나무 그을음과 아교를 섞어서 만든 짧은 막대 모양의 먹인데, 짙은 농도의 먹물을 만들려면 벼루에 약간의 물을 담아 먹으로 계속 문질러주어야 한다. 서예가나 화가는 염소, 사슴, 늑대 등의 털을 대나무 자루 앞쪽에 가지런히 모은 뒤 털끝을 뾰족하게 다듬은 붓을 사용했다. 대개 표면에서 물을 흡수하는 비단이나 종이에 글을 쓰거나 그림을 그렸기 때문에 다시 지우거나 수정을 할 수 없었다. 화가와 서예가는 그림을 그리거나 글을 쓰기 전에 미리 무엇을 할지 알아야 했고 붓을 한번 잡으면 확신과 속도, 오랜 시간을 통해 숙련된 기법으로 작품을 완성해야 했다. 예를 들어 넓게 붓질을 하려면 붓을 쥔 손에 더 힘을 주어야 했다. 이 과정은 미묘하면서도 조심스럽게 진행되어서 붓끝의 생생한 특징이 잘 드러나게 만들며 화가 또는 서예가는 물론 작품을 감상하는 사람들에게도 고도의 집중력을 요구한다.

중국 회화에서 색이 들어가는 경우는 더 진짜 같게 보이려고 하거나 장식적인 효과를 내기 위해서지 서구 예술에서처럼 색채가 디자인의 구조적 요소로 쓰인 적은 거의 없다. 광물 재료를 사용해서 더 밝고 불투명한 염료를 추출했는데 남동광에서 파란 염료를, 공작석에서 녹색을, 진사나 납으로부터 붉은색을, 웅황이나 황토로부터 노란색을 얻었다. 이런 염료는 비단에 그릴 때 주로 사용되었고 종이에는 식물에서 추출한 투명한 염료를 사용해 더 가볍고 섬세한 효과를 나타냈다.

중국 고대 미술에서는 마른 회벽이나 병풍에 그림을 그렸지만 지난 1,000년 동안 더 일반적으로 사용돼온 것은 불교의 교리를 적은 기에서 비롯된 수직 두루마리와 15미터 정도 길이의 가로로 펼쳐지는 두루마리였다. 또 다른 형태로는 부채나 족자도 있었다. 화가가 세심하게 배치한 서명, 낙관, 도장 등은 조화를 이루는 핵심 부분이었다. 중국인은 완성된 그림뿐 아니라 그림에 어떤 장식이 되어 있는지에도 큰 관심을 갖고 거기에 높은 가치를 매기는데 두루마리의 경우에는 표구를 한다. 회화 작품이나 서예 작품을 표구하는 것은 고도의 정교한 기술을 필요로 하는데 잘 될 경우 두루마리의 외관이 아름다워지는 것은 물론 수세기 동안 안전하게 보관할 수 있게 된다.

중국의 다른 예술 분야로는 도자기, 옥공예, 금속 공예(금, 은 세공과 칠보 공예 등), 직물, 칠공예 등이 있다. 이 가운데에는 중국이 전세계에서 가장 먼저 시작했다고 자부할 수 있는 분야도 많다. 진정한 도자기 유약은 기원전 이천년 전에 중국에서 개발되었고 도자기 개발은 6세기경으로, 유럽보다 1,000년 이상 앞섰다. 옥공예, 양잠, 비단 등은 신석기 시대부터 시작되었고 칠공예는 상 왕조 때 시작되었다. 청동 제품은 중동만큼 오래되지 않았지만 기원전 1,000년경에는 완벽한 아름다움과 솜씨가 담긴 청동 제품이 완성되어 고대 서구와는 비교할 수가 없었다. 형태적으로 이런 예술은 조각과 마찬가지로 생생한 그림과 역동적인 선의 움직임을 기초로 한 미학을 보여주었다.

중국 미술 문화에서 옥은 특별한 위치를 차지하고 있다. 서양에서의 금과 비슷한 위상이라고 볼 수 있지만 금보다 고상한 느낌을 준다는 평가를 받는다. 허신(許愼)은 『설문해자(說文解字)』에서 옥을 다음과 같이 설명했다.

"옥의 아름다움은 다섯 가지 덕을 갖추었으니, 윤기가 흘러 온화한 것은 인(仁)이요, 무늬가 밖으로 흘러나와 속을 알 수 있게 하는 것은 의(義)요, 소리가 맑아 멀리서도 들을 수 있는 것은 지(智)요, 끊길지언정 굽히지 않는 것은 용(勇)이요, 날카로우면서도 남을 해치지 않는 것은 결(潔)이다."

이런 평가와 단단함에 대한 신뢰로 인해 옥은 초기부터 장식품으로만이 아닌 유교와 도교에서 무덤 안의 죽은 자를 보호하는 의미를 가진 의례용 도구로 사용되었다.

고대 중국에서부터 사용되어오는 옥은 연옥으로, 칼슘과 마그네슘의 규산염으로 이루어진 결정체인데 순수한 상태일 때는 흰색이지만 철 혼합물로 이루어진 불순물에 따라 녹색, 크림색, 노란색, 갈색, 회색, 검은색, 얼룩덜룩한 색으로 나타나기도 한다. 일반적으로 중국에서는 연옥, 사문석, 경옥을 구분하지 않고 모두 옥이라고 불렀다. 중국에서 옥이 사용되기 시작한 것은 기원전 4000년경인 신석기 시대의 일로, 장쑤 성 타이 호에서 나는 옥이 남동부 문화권에서 사용되기 시작했고 북동쪽의 랴오허 훙산(紅山) 문화권에서는 사문석으로 추정되는 시위안 옥을 사용했던 흔적이 발견되었다.

수천 년 동안 중국인은 주로 오늘날의 신장웨이우얼 자치구인 허텐의 야르칸드(莎車)에서 생산된 연옥을 사용했다. 중국인들이 경옥을 다루기 시작한 것은 18세기에 윈난 성을 통해 미얀마에서 비취라고도 하는 경옥이 대량으로 들어오기 시작하면서부터였던 것으로 보인다. 경옥은 연옥만큼은 아니어도 꽤 단단한 나트륨과 알루미늄으로 이루어진 규산염이다. 철강이나 장석의 단단함을 가진 옥은 철제 도구로는 조각하거나 자를 수 없고 우선 덩어리나 얇은 널빤지 형태로 나눈 다음에 연마재와 계속해서 회전하는 기계를 사용해 구멍을 내거나 갈거나 잘라야 한다.

중국인은 상 왕조 때 조각한 나무, 대나무, 옷 등에 옻나무의 수액을 반복해서 얇게 발라주면 표면이 단단해지면서도 무게가 무거워지지 않는다는 것을 발견했다. 붉은색이나 검은색이나 가끔 녹색과 노란색 안료를 섞은 옻은 그림이나 용기의 표면을 장식하는 데 사용되기도 했다. 옻은 끈적거리기 때문에 조심스럽게 붓으로 칠해야 하는데 붓칠 자국은 때때로 우아한 곡선을 만들어낸다. 옻은 방수가 되기 때문에 기원전 5세기 후반 쑤이 현(隨縣)에 위치했던 국가 증(曾), 기원전 4~3세기의 초나라 그리고 기원전 2세기의 한 왕조가 창사에 남긴 축축한 고분에서는 옻칠을 한 용기와 술잔이 완벽한 형태로 발굴되었다. 옻칠을 한 물건은 큰 관, 새나 동물 모양의 북 같은 것과 작은 화장품 용기, 음식을 담는 용기 같은 일용품까지 다양했다. 전국시대에 이르러 칠기 공예는 중요한 산업으로 발전했다. 청동 공예품보다 열 배 정도 높은 가격을 받을 수 있는 칠기는 부유한 귀족 사이에서 제사 의례에 사용되는 용기로 청동기와 함께 사용되게 되었다.

누에고치로부터 약 1킬로미터 길이의 실을 뽑아내어 직물을 할 수 있다는 것을 처음 발견한 것도 중국인이었다. 그때부터 양잠업은 농촌 경제에서 중요한 위치를 차지하게 되었다. 중국 문화에서 양잠업이 차지하는 역할은 전설 속의 인물인 황제의 아내가 중국인에게 양잠업을 가르쳤다는 전설과 과거에 황후들이 양잠업과 관련된 의식을 열었다는 사실을 통해 드러난다. 무늬가 들어간 천을 직조했던 것은 상 왕조의 일로 알려져 있는데 사스 근처 마산(馬山)에 있는 기원전 4~3세기 고분(1982년 발굴, 후베이 성)에서 발견된 완성된 옷가지와 무늬 비단, 얇은 비단, 아름다운 무늬가 들어간 자수 비단 등은 당대의 뛰어난 직조 능력을 짐작케 한다. 중앙아시아를 지나 유럽으로 가는 통로를 통해 중국의 비단이 지중해지역에 많이 소개되었지만 비단 생산 기술이 전해진 것은 6세기의 일이었다.

08
서예와 회화

중국 서예는 중국 문자에서 파생된 순수 예술이다. 중국어는 알파벳과 달리, 한 자 한 자마다 다른 모양의 선으로 구성돼 가상의 정사각형 안에 들어가 있다. 초기 중국 문자는 이집트의 상형문자처럼 그림 같았지만 고대 이집트 문자처럼 글자가 나타내는 대상과 꼭 닮지는 않았다. 오히려 암시나 상상을 통해 대상을 지시하는 더 단순화된 이미지였다. 이 단순한 이미지는 구조적으로 보다 융통성이 있었고 약간의 변형을 통해 의미를 바꿀 수도 있었다.

가장 오래된 것으로 알려진 중국의 표의문자는 커다란 동물의 어깨뼈나 거북이 등껍데기에 새겨진 것이다. 이런 이유로 뼈나 등껍데기에 새겨진 글자를 갑골문(甲骨文)이라고 부른다. 갑골문은 새겨지기 전에 신중하게 구성된 것으로 보인다. 전체가 완전한 통일을 이루고 있는 것은 아니지만 글자들의 크기에는 거의 차이가 없다. 갑골문은 새겨졌던 시기보다 훨씬 전에 거칠고 성의 없이 갈겨썼던 문자에서 발전한 것일 것이다. 갑골문의 내용 대부분은 고대의 종교적이고 신비한 예지나 의식과 관련되어 있기 때문에 갑골문을 신탁문

(神託文)이라고 부르기도 한다. 고고학자와 고문서학자는 이 초기 글자가 상 왕조(기원전 약 18~11세기)에서 폭넓게 사용되었다고 주장한다. 그런가 하면 1992년 산둥성의 딩궁춘(丁公村)에서 발견된 질그릇 조각에 새겨진 글자를 통해 완성된 문자를 사용한 시기가 신석기 시대의 룽산(龍山)문화권(기원전 약 3000~1500년)으로 거슬러 올라간다는 주장이 제기되기도 했다.

갑골문은 조상에게 제사를 드리는 데 사용한 청동기에서도 발견되었는데 이는 금문(金文)이라고 불린다. 중국인은 특별히 제작된 청동기에 술과 음식을 담아 조상에게 제사를 지냈다. 금문의 글자수는 몇 글자에서 몇백 사이이며, 용기 안쪽에 날카로운 도구로 새겨져 있다. 이 글자들은 대충 쓰인 것도 있고 단순한 그림도 있는데 청동 제기 표면에 있는 장식 무늬와 잘 어울리는 것으로 보아 대부분의 경우 장식의 목적으로 문자가 새겨졌을 것이라고 추측된다.

금문은 갑골문의 일반적 특징을 갖고 있지만 훨씬 정교하고 아름답다. 발견된 청동기에는 각기 다른 종류의 비문이 적혀 있는데 내용이 다를 뿐 아니라 씌어진 방식도 다르다. 수백 점의 용기는 모두 다른 예술가가 만든 것이다. 고문(古文) 또는 대전(大篆)이라고 불리는 청동문은 중국 서체의 두 번째 발전 단계라고 볼 수 있다.

기원전 3세기에 중국이 처음으로 통일되었을 때 청동문도 하나의 통일된 질서가 잡혔다. 진나라의 첫 황제인 시황제는 승상인 이사(李斯)에게 새로운 문자를 만들라는 명령을 내리고 새 문자만 사용하도록 했다. 이는 중국 서체의 세 번째 단계로 소전(小篆)이라고 알려져 있다. 소전문의 특징은 예전의 문자들에 사용되었던 것보다 두꺼워진 선과 곡선, 원이다. 각각의 문자는 구조상 가상의 정사각형 안에 꼭 들어맞게끔 개정되었다. 소전으로 쓴 문구는 같은 크기의 정사각형들을 행과 열을 맞추어 균형 있고 짜임새 있게 배치해놓은 모양으로 보인다.

이 통일성 있는 서체는 문서 기록에 대한 요구가 증가하는 것에 부응하기 위해 만들어졌다. 그러나 소전은 빠른 속도로 쓸 수 없는 구조였기 때문에 이내 한계를 맞이하게 되어 제4단계인 예서(隸書) 체가 생겨났다. 예서체의 '예'에는 '작은 관리' 또는 '서기'의 의미가 담겨 있는데, 예서체는 특히 서기의 필요에 의해 만들어졌다. 예서체에는 원이나 곡선이 거의 없고 주로 사각형과 짧은 직선, 가로선과 세로선이 사용되었다. 붓이 위아래로 움직이면서 글씨를 빨리 쓸 수 있도록 하기 위해 예서체의 선은 얇다.

예서체는 정막(程邈, 기원전 240~207년)이 고안했다고 알려져 있다. 그는 시황제의 노여움을 사서 10년간 옥살이를 했는데 감옥에 있는 동안 예서체를 개발했고 이 서체는 그후에 생겨난 무수한 서체들의 시발점이 되었다. 예서체를 시작으로 기존의 제약에서 해방된 서체들은 여러 가지 변형을 겪으면서 발전했다. 예서체는 사각형 모양이고 가로의 길이가 세로보다 길다. 획의 두께는 다양하지만 전체 모양은 엄격하게 유지되었다. 예를 들어 수직선은 짧아야 하고 수평선은 길어야 한다. 이런 제약으로 개인의 예술적 감성을 표현할 자유가 제한되자 제5단계인 해서(楷書)가 등장했다. 누가 해서체를 개발했는지는 정확히 알려져 있지 않지만 시기는 삼국시대와 서진 왕조 시대(西晉, 220~317년) 무렵인 것으로 추측되고 있다. 현대 중국인은 해서체를 주로 쓴다. 현대 중국 서체로 알려진 것은 2,000년이나 된 서체로 서기 1세기 이래로 중국 서체는 바뀌지 않았다.

'해서'는 '중국인의 필기에 적합한 서체'라는 뜻인데 처음 사용된 이래로 모든 정부 문서, 책, 정부 및 개인 거래에 사용되었다. 당 왕조(618년~907년)이래로 나라의 관리 시험을 보려는 사람은 해서체를 숙련된 솜씨로 쓸 수 있어야 했다. 이는 학자나 관리가 되고 싶은 모든 중국인에게 커다란 영향을 미쳤다. 과거 시험은 1905년에 폐지되었지만 오늘날에도 대부분의 중국인은 해서체를 능숙하게 쓰려고 노력한다. 해서체의 모든 획, 각, 점은 붓을 쥔 사람의 의지와 뜻에 따라 바뀔 수 있다. 사실 해서체로 쓴 글씨는 구조와 구성에서 아주 다양한 모습을 보여주기 때문에 그 추상적인 형상으로 인해 단어 자체에 담겨 있는 글자 그대로의 의미에 집중하지 못하게 할 수도 있다.

중국 서예사에서 가장 위대한 인물은 4세기에 활약했던 왕희지와 그의 아들인 왕헌지(王獻之)다. 그들이 쓴 작품 가운데 원본이 남아 있는 것은 거의 없지만 비석이나 목판, 탁본으로 뜬 본이 남아 있다. 위대한 서예가 가운데 그 두 사람의 스타일을 모방하는 사람이 많지만 그들을 뛰어넘는 수준을 보여준 사람은 없다.

왕희지는 해서체에서 뛰어난 모범이 되었을 뿐 아니라 한 글자에서 다른 글자를 이어서 쓸 수 있도록 붓의 움직임을 자유롭게 함으로써 해서체 안의 긴장감을 완화했다. 이를 행서(行書), 흘러가는 글씨체라고 한다. 행서체는 초서(草書)체를 만들어냈는데 풀이라는 의미가 담긴 이름처럼 초서체는 무질서하면서도 질서를 가진 바람에 날리는 풀을 닮았다. 영어의 흘려쓰기는 초서체와는 다른데 영어의 흘려쓰기는 별 어려움 없이 어떤 글자인지 알아볼 수 있지만 초서체는 해서를 무척 단순화시킨 것이어서 잘 단련된 서예가만이 알아볼 수 있다. 초서체는 해서체보다는 사용 빈도가 낮으며 추상적인 예술 작품을 만들고 싶은 서예가들이 주로 선택한다.

기술적으로 말해서 중국 서예에는 어떤 신비로움도 존재하지 않는다. 중국 서예에 사용되는 도구는 먹, 벼루, 붓, 종이 또는 비단 정도가 다다. 숙련된 솜씨와 상상력으로 무장한 서예가는 매 획을 통해 흥미로운 형태를 보여주어야 하고, 어떤 덧칠도 없이 아름다운 구조를 완성해야 하며, 무엇보다도 중요한 것은 각 획 간의 공간이 균형을 이루어야 한다는 점이다. 이런 균형감은 수년의 연습과 훈련을 통해 얻을 수 있기 때문에 서예는 무술과 마찬가지로 철학적인 훈련으로 간주된다. 그런 이유로 중국 역사에 등장하는 무술의 고수 중 많은 수는 서예의 달인이기도 했다.

중국의 다른 예술과 마찬가지로 중국 서체에 있어 가장 근본적인 영감은 자연에서 온다. 해서체에서 각 획과 점은 모두 자연에서 볼 수 있는 물체를 나타낸다. 나무의 모든 가지가 살아있는 것과 마찬가지로 훌륭한 서체의 각 획은 살아있는 것과 같은 에너지를 보여준다. 인쇄를 한다고 해서 모양이나 구조가 변하는 건 아니지만, 중국 서예가 중에서도 초서체 서예가는 판에 박힌 규칙을 견디지 못한다.

좋은 서체로 쓰인 완성품은 틀에 박힌 모양을 따라 좌우가 대칭을 이루는 것이 아니라 기술적으로 조화로운 동작을 볼 수 있는 것처럼 맥박, 운동 방향, 순간순간의 자세, 활동적인 힘의 상호작용이 전체의 균형을 이룬다.

역사적인 맥락

서예와 회화는 모두 5세기에 등장했다. 북위의 터키 지배 계급이 한족화된 것과 1세기 후 수 왕조와 당 왕조에 의해 중국이 재통일된 것은 북쪽 궁정에 남쪽 문화를 주입시키는 결과를 가져왔고 점차 남쪽과 북쪽의 양식이 통합되었다. 서예는 궁중 활동이 되었고 황제 역시 서예 작품을 부지런히 모으고 열심히 붓글씨 연습을 했다.

중국 서체가 완성된 시기는 현종(玄宗, 716년~756년) 때다. 남과 북의 특징을 종합했으며 유연한 붓놀림과 표현력을 두루 갖춘 위대한 세 명의 서예가로는 고함을 지르며 미친 듯이 돌아다닌 뒤 붓을 잡았던 것으로 유명한 장욱(張旭)과 그의 제자인 안진경(顔眞卿), 그리고 난폭한 서체를 구사해 광승으로 불렸던 승려 회소(懷素)가 있다. 세 사람은 새로운 미적 기준을 세웠고 이 기준은 곧 서예뿐 아니라 회화에도 적용되었다. 이 새로운 기준은 '자연스러운' 감정과 표현의 '진실성'이라는 고대의 미학 원리를 시각화하는 것을 주요 내용으로 하고 있었다. 그들은 세련되지 못하거나 일부러 어색하게 표현하는 방식을 선택했는데 예전에 존재하던 세련된 남쪽 양식과는 확실히 다른 것이었다. 개성이나 감성을 표현하는 것을 강조한 점은 다음 세기의 유공권(柳公權)에게 전수되었고 송 왕조의 소동파(蘇東坡), 황정견(黃庭堅), 11세기의 미불(米芾)에게로 이어졌다.

회화 역시 황제의 관심을 받아 번성했다. 쿠빌라이를 비롯해 부얀투(巴顔圖), 토곤 테무르(Togon-temür, 安歡帖木兒) 그리고 쿠빌라이의 증손녀인 셍게(Sengge)는 중요한 초기 작품을 황실 차원에서 수집했고 건축이나 말 등을 그리는 회화가들을 후원했다. 그러나 이 작품들은 송의 왕족 후원자의 취향에는 맞지 않는 것이어서 이 시기에 아마추어 문인화가가 중국 회화의 기준으로 발전하게 되었다.

학자가 궁정에 들어갈 기회가 제한되자 그 가운데 많은 사람은 몽골 귀족을 섬기는 대신 은둔을 선택했는데 그 결과 계급 정체성이 발달하고 개인적인 목적이 분명해졌다. 이는 결과적으로 예술에 큰 영감을 불어넣었다. 이 시기에 궁정의 기준에서 탈피해 은둔한 사람들은 예전에는 존재하지 않았던 회화 예술을 만들어냈고 문인화가와 궁정화가 사이에 형식상의 차이점이 발생해 18세기에 들어설 때까지 그 간격이 좁혀지지 않았다.

기존 회화가 세련된 기교를 보여주었고 전 세대의 유물을 보수적으로 전달해온 것에 반해, 평범한 개인 화가들의 은둔을 통해 서서히 발전한 문인화는 이때부터 기존의 형식과는 거리가 먼 넓은 범위의 지식을 바탕으로 자신들만의 스타일을 고르고, 개성적인 붓놀림으로 급격한 변화를 이루었다. 형식이나 주제 모두 후원자의 소망에 순응하기보다는 화가 개인의 개성에 따라 결정되었다. 전형적인 예로 정사초(鄭思肖)가 단순한 기법으로 그린 난을 들 수 있는데, 정사초는 이민족의 지배를 받게 된 중국의 고통을 나타내기 위해 흙과 뿌리가 없는 난을 그려 정치적 충성을 표현했다.

전선(錢選)은 중국 회화의 새로운 방향을 제시한 인물이다. 저장성 우싱[吳興]에서 태어난 그는 궁중에서 일하라는 요청을 여러 차례 받았는데 이는 그의 화풍에도 영향을 미쳤다. 그는 사실적 화조화(花鳥畵)를 그렸는데 몽골 왕조가 세워진 후 자신의 화풍에 복고적인 스타일을 가미했으며, 풍경화나 동식물을 그리면서 당 왕조 스타일의 푸른색과 녹색을 가미했고, 그 그림에 어울리는 시를 짓기도 했다.

서예는 그의 디자인의 한 부분이 되었고 그는 역사적 내용을 통해 주제 의식과 자신의 은자적인 생활양식을 연결시켰다. 아마추어적인 이상을 지지했던 많은 중국학자와 마찬가지로 전선 역시 그림과 가족의 생계를 맞바꾸어 품위를 지키지 못할 정도의 생활고에 시달렸다. 문인화가 가운데 가장 유명한 사람은 조맹부(趙孟頫)로, 전선과 같은 고향 출신인 그는 전선의 화풍을 따르는 사람이었다. 그는 원 조정에 출사해 한림원의 책임자가 되었다. 관직을 수행하는 과정에서 북송 대가의 그림을 수집하게 되었고 북송 회화의 영감을 받아 자신만의 스타일로 고전을 재해석했다.

원 왕조 시기에 훌륭한 서예가가 많이 등장했는데 가장 영향력이 컸던 조맹부 외에 양유한(楊維翰)과 장우(張雨)가 있다. 이 시기에는 서예보다 회화 분야에서 많은 혁신이 일어났고 조맹부의 초기 업적이 정리되어 복고적인 것이 다시 통합되었다. 역사에 대한 넓은 이해를 보여준다는 이유로 그의 서체는 많은 칭송을 받았고 책 인쇄에 사용하는 국가 표준이 되었다. 그러나 나중에 대담함이 부족하고 개인 기질이 드러나지 않으며 지나치게 얌전하다는 이유로 비난을 받기도 했다.

　원 조정에서 일하던 문인화가들은 좀더 보수적인 송 화풍을 유지했는데 그 과정에서 송 왕조 화가들과 경쟁하거나 그들을 뛰어넘는 모습을 보여주었다. 엄인발(任仁發)은 아주 세밀한 그림을 그렸고 마화의 대가였다. 이간(李衎)은 관직 수행 시절 다양한 대나무를 주의 깊게 연구하고 대나무를 그리는 것에 관한 체계적인 논문을 썼다. 죽화에서 그를 능가하는 사람은 아직 없다. 고극공(高克恭)은 훌륭한 조정을 상징하는 구름 낀 풍경화를 그리는 미불과 미우인(米友仁)의 화풍을 이었다. 원 왕조가 끝날 무렵 반원 세력에 합류한 왕면(王冕)은 높은 수준의 매화도를 보여주었는데 매화는 억압할 수 없는 순수함과 혁명적인 열정을 상징했다.

　그러나 돌이켜보면 후대 중국 예술에 더 오래 영향을 미친 것은 은퇴 학자들의 예술 세계였다. 그들의 세계는 개인의 표현, 외부세계보다는 주제나 화가 자신의 내면을 더 드러내주는 붓놀림, 단순함을 위해 현실감과 장식적인 요소를 고의적으로 억압한 것 등으로 요약될 수 있는데 이는 과도한 기교를 꺼려하는 문인화의 중심이 되었다. 조맹부의 영향을 받아 원대의 중기와 말기에 활약했던 4대 화가는 원대 회화의 철학을 보여주는 핵심 인물들로 평가받는다.

도교에 의지해 속세를 버리고 은거한 황공망(黃公望)은 4대 화가 중 가장 일찍 태어난 사람이다. 그의 작품 중 가장 유명하고 또 유일하게 남아 있는 작품은 〈푸춘산거도권(富春山居圖卷)〉(타이완 국립 구궁 박물관 소장)으로 그가 1347~50년에 영감을 받을 때마다 작업해 완성한 것으로, 동적인 붓놀림이 인상적이다. 다른 학자들과 달리 황공망은 표현을 위해 자신의 그림을 연구하는 것을 주저하지 않았다. 그의 작품이 유명해진 것은 눈에 보이는 것을 똑같이 재연해서가 아니라 자연 속에서 홀로 거하는 깊은 감정을 잘 표현했기 때문으로, 이는 후대 문인화의 기준이 되었다.

이런 문인화의 고요함은 오진(吳鎭)이 그린 풍경화에도 나타나는데 그는 가난한 도교 점쟁이자 시인, 화가였다. 황공망처럼 동원(董源)과 거연(巨然)의 영향을 받아 풍경화와 죽화에서 굵은 붓놀림, 최소의 동작, 최대의 고요함을 표현했다. 소동파와 문동(文同)의 화풍을 잇는 그의 죽화는 타이완국립박물관에서 감상할 수 있다.

원 왕조 네 명의 대가 중 세 번째 인물은 예찬(倪瓚)으로 부유한 집안에서 태어난 서예가였는데 심한 세금제도로 모든 재산을 포기하고 은자가 되었다. 주로 풍경화를 그린 그는 모든 인간 존재에 대한 묘사를 그림에서 제외했다. 그가 보여준 단순한 구성 형태는 조정에서 멀리 떠난 고상한 학자를 상징하는 이성(李成)의 화풍을 잇는 것이라고 할 수 있는데 오진의 절제된 갈필에도 영향을 받은 그는 먹을 마치 금이라도 되는 듯이 아껴서 사용했다고 한다.

네 명의 대가 중 마지막 인물인 왕몽(王蒙)은 조맹부의 외손자로, 다른 이들과는 조금 다른 화풍을 보여주었다. 그의 작품은 짙은 농도의 동적인 그림이 많았는데 동원의 화풍을 이은 듯하면서도 이것저것이 얽혀 있어서 아주 옛것이라는 느낌을 준다. 그의 풍경화는 곽희(郭熙)의 화풍이나 당대 회화의 영향을 받고 거기에 학자적인 느낌이 가미된 것이다. 그는 때로 짙은 색을 사용하기도 했는데 이는 다른 세 대가의 그림에서는 발견되지 않는 시각적인 매력과 복고적인 느낌을 준다.

네 명의 대가가 보여준 철학적·정치적 태도와 다양한 먹물 기교는 후대 문인화의 삶과 예술에 많은 영향을 주었다. 명 왕조와 청 왕조의 풍경화 작품이 원 왕조 화가의 영향을 얼마나 받았고 그들의 화풍과 낙관을 얼마나 이어받았는지를 이해하지 못한다면 명 왕조와 청 왕조의 풍경화를 제대로 이해하기란 불가능한 일이다. 게다가 그때 이래로 화가 자신의 낙관은 전문 감정가의 간기만큼이나 중요한 요소가 되었다.

서체는 명대에도 계속해서 발전했는데 특히 16세기와 17세기 초에 이르러서는 서체 두루마리가 등장해 서예를 장식 예술의 형태로 인식하는 대중들도 관심을 보이게 된다. 동기창(董其昌)은 서체에서나 회화에서 당대 최고의 대가로 인정받아 전 세대의 문징명(文徵明)에 버금간다는 평가를 받기도 한다. 그는 전 세대의 대가인 조맹부보다는 좀더 개인성을 추구하면서 역사적인 서체를 발전시켰다.

그러나 동기창은 조맹부와 마찬가지로 너무 감수성에 호소하는 양식이라는 비난을 받게 된다. 게다가 그가 활동하던 시기에는 당 왕조 중기와 북송 왕조에 활약했던 개인주의자들의 영향으로 놀라운 수준의 개인적인 화풍을 개발한 많은 대가들이 활발한 활동을 통해 예술에 새로운 바람을 불어넣고 있었다. 이들 중에는 진헌장(陳獻章), 축윤명(祝允明), 진순(陳淳), 서위(徐渭), 장서도(張瑞圖), 예원로(倪元璐), 황도주(黃道周), 사가법(史可法), 왕탁(王鐸) 등이 있다.

명청 시대의 과도기에 활약한 서예가들은 특히 초서체와 행서체에서 개인적인 서체 개발을 계속했는데 이 가운데에는 부산(傳山), 법약진(法若眞), 주탑(朱耷) 등 회화에서도 뛰어난 실력을 보여준 사람들이 있다. 청대 서예가의 중요한 공헌은 후에 나타나는데 바로 인장과 서체를 중요하게 생각하는 흐름을 일으킨 것이었다. 이 두 가지는 도장 제작과 두루마리에 권두화를 써넣는 것으로 간신히 살아남아온 것이었다. 이는 주 왕조의 청동문과 한 왕조, 육조, 당 왕조 시기에 남은 석조 기둥에 대한 새로운 학문적 관심을 기반으로 한 것이었다.

초기 청 왕조의 부산, 주탑, 도제(道濟)의 작품에서 중국 서예가들이 인장과 서화에 관심을 가지고 있었다는 것은 발견할 수 있지만 금석학에 대한 과학적인 연구는 18세기 중반 학자이자 서예가였던 왕주(王澍)에 의해 시작되었다. 그때 이후로 서예가는 예전의 작품을 충실하게 모사하는 무리와 고대 작품을 창조적으로 응용하는 무리로 나뉘게 되었다.

후자에는 18세기 양저우[揚州] 출신 화가인 금농(金農)과 고봉한(高鳳翰), 그리고 18~9세기 서예가 등석여(鄧石如), 이병수(伊秉綬), 완원(阮元), 오대징(吳大澂) 등이 있다.

고대 서풍에 대한 관심은 20세기 초까지 이어져 고문서학자인 둥쭤빈[董作賓]과 다른 서예가들은 당시 발굴된 상 왕조 시대에 남은 점괘를 현대적인 필체로 기록하는 것을 시도했다.

1912년 이후의 인쇄와 회화

회화 분야에서 중국이 서구의 영향을 받기 시작한 것은 19세기 이후부터다. 더 현대적이고 혁신적인 흐름이 전통 예술에 영향을 주고 부유한 새 고객이 신흥 예술 시장을 찾기 시작한 것은 1842년 상하이 개방 후의 일이었다. 그러나 그로부터 10년도 되지 않아 상하이의 지역적 형식이 되살아났는데 이는 임웅(任熊)과 그보다 더 유명한 그의 제자 임이(任頤, 런보니엔(任伯年)으로도 알려져 있다), 우창숴(吳昌碩) 등에 의해 시작된 일이었다.

새로운 화풍의 영감을 받아 독자적인 작품 세계를 구축한 화가로는 서위, 진순, 진홍수(陳鴻壽), 주탑 등이 있는데 이들은 낡은 풍경화 등의 전통적인 양식보다는 화조화 등을 주로 다뤘다. 게다가 장식적인 특징, 과장된 스타일, 비유와 농담을 기교 있는 작품이나 고전주의보다 중요하게 생각했다. 우창숴의 영향을 받은 이 화풍은 혁명 초기에 천스쩡(陳師曾)과 치바이스(齊白石)에게 이어져 베이징 화단에 자리 잡게 되었다.

예술계의 새 세대 가운데에는 당시 이미 서구 문물을 도입한 일본의 영향을 받은 사람들이 있었다. 가오젠푸(高劍父)는 1898년부터 4년 동안 일본에서 공부를 했는데 두 번째로 일본을 방문하는 동안 쑨원을 만났고 그후 광저우에서 청 왕조를 몰락시키고 1912년 공화국을 성립시킨 봉기에 참가하게 되었다. '새로운 일본 스타일'에 영감을 받은 가오젠푸 형제와 천수런(陳樹人)은 '신미술' 운동을 시작했는데 이는 유럽과 일본의 특징을 통합한 새로운 광둥 스타일로 이어졌다. 이들의 작품은 중요한 선구적 역할을 했고 홍콩에서 계속해서 번성했는데 자오사오앙(趙少昂) 같은 화가에 의해 이어졌다. 처음으로 서구식 미술 교육이 도입된 것도 이 시기였다. 1906년 난징고등보통학교에서 소수의 인원을 가르치는 미술학과가 개설되었고 신해혁명이 일어난 1911년에는 16세의 류하이쑤(劉海粟)라는 소년이 상하이예술학교의 전신인 최초의 예술학교를 세웠다. 류하이쑤는

1913년 최초의 일반 전시회를 개최하고 교실에 처음으로 옷을 입은 모델과 나체의 모델을 세워 수업을 진행했다.

1920년대 중반이 되자 젊은 예술가들은 일본뿐 아니라 파리나 독일의 예술 중심지에도 관심을 가지게 되었다. 이 세 곳에서 공부한 예술가들은 유럽 전통과 운동을 중국에 도입했다. 류하이쑤는 처음에 인상주의 회화에 매료되었고 1928년 항저우에 있는 국립미술학교의 학장이 되는 린펑미엔〔林風眠〕은 앙리 마티스(Henri Matisse)가 색과 패턴을 가지고 실험한 후기인상주의와 입체파에 깊은 인상을 받았다. 린펑미엔은 서구 회화 기술과 중국의 표현법을 통합하자고 주장했으며 현대 중국 미술에서 붓 사용법에 커다란 영향을 남겼다. 난징국립중앙대학 미술학장을 지낸 쉬베이훙〔徐悲鴻〕은 유럽의 현대주의운동 대신 파리의 아카데미즘을 선택했다. 그는 드로잉과 유화에서 기법을 발전시켰고 중국의 화법을 펜과 분필로 표현하는 법을 연구했다. 그가 창작한 기념비적인 그림은 1949년 공산당혁명 이후에 사회주의 리얼리즘 작품의 기본으로 인정받았다.

1930년대가 되자 이 모든 현대적인 흐름은 뚜렷한 발전을 이루었고 조직화되었다. 대부분의 주요 화가들이 현대주의를 지지했지만 두 사람은 계속해서 전통적인 화풍을 고수했다. 한 사람은 상하이 화풍에 서민층에서 우러난 활력을 덧입힌 치바이스고 또 다른 사람은 비교적 보수적인 풍경화가 황빈훙〔黃賓虹〕인데 이 두 사람은 전통적인 화풍으로도 17세기 대가의 작품과 필적할 만한 작품을 그릴 수 있다는 것을 보여주었다.

사회주의는 예술 분야에 새로운 요구를 만들어냈고 이 요구는 회화 영역이 아닌, 저렴한 매개체를 이용하는 목판인쇄를 통해 먼저 만족되었다. 목판은 당 왕조 때 처음으로 발명되어 사용된 것으로 주로 불교 경전을 인쇄하는 데 사용되었다. 루쉰〔魯迅〕이 시작한 판화운동은 유럽의 사회주의 예술가인 케테 콜비츠(Kathe Kollwitz)와 중국의 새해 전통 풍습인 판화와 종이공예의 영향을 받으며 1930년대와 1940년대에 크게 번성했다. 가장 유명한 판화 예술가 중에는 리화(李樺)와 구위안〔古元〕이 있는데 이 두 사람의 작품은 중국 예술에서 새로운 정치 리얼리즘의 기준이 되었다.

1942년 공산당의 첫 지식개정운동의 일환으로 마오쩌둥은 옌안 문예좌담회에서 두 번의 연설을 했는데 이 내용은 그후 몇십 년간 미학에 관한 당의 공식적인 입장이 되었다. 마오쩌둥은 예술을 정치적인 목적에 귀속시킬 것, 화풍과 주제가 대중에게 잘 전달될 수 있도록 대중화할 것, 예술가들이 일반인과 삶을 공유할 것, 예술 활동을 통해 당을 비판하는 대신 당과 당의 목표에 긍정적인 영향을 줄 수 있어야 한다는 것을 강조했다. '예술을 위한 예술'은 예술의 정치적 본질로부터 도피하는 부르주아적 행태라고 비난받았다. 비록 훗날 마오쩌둥은 서구 자연주의의 한 흐름인 누드모델에 대한 미술 연구를 옹호하기도 했지만 그가 세운 입장은 이런 예술 활동이 실제로 실행되는 것을 강력하게 제한했다.

1937~45년의 중일전쟁 기간 동안 많은 예술가들은 다양한 이유를 들어 중국 동부를 벗어나 쓰촨 성의 충칭에 있는 임시 국민수도로 피했다. 이 결과 다양한 형식과 주제의식이 만날 수 있었고 예술 분야의 혁신도 기대할 수 있었다. 그러나 이런 가능성은 그 뒤에 일어난 사건으로 인해 사라져버리고 말았다. 1949년 혁명 이후 공산당은 문화부가 예술인을 감독하고, 선전부의 관리를 받는 협회와 연합 조직으로 예술인을 구성하고, 출판을 엄격하게 관리했다. 또한 예술 작품이 거래될 수 있는 시장을 폐쇄함으로써 예술 활동을 철저하게

통제하기 시작했다.

1950년대에 사회주의 리얼리즘의 기준이 점차적으로 자리를 잡게 되자 유화와 목판화가 선호되고 정치 만화와 포스터가 예술의 위치로 격상되었다. 봉건 귀족의 정치 아래에서 개인적 예술 세계를 추구했던 전통적인 화가들은 살아남기 위해 조직적으로 투쟁을 벌였지만, 그 투쟁은 소련의 붕괴로 인한 이데올로기 분열이 일어난 뒤에야 성공을 거둘 수 있었다. 국제주의자이자 비교적 보수적이었던 쉬베이홍은 베이징의 새로운 중앙미술협회의 책임자가 되었지만 1953년에 사망했다. 치바이스나 황빈홍과 같은 다른 윗세대 지도자들도 그후 얼마 지나지 않아 사망했으며 류하이쑤나 린펑미엔 등의 화가들은 한쪽으로 밀려나면서 젊은 세대가 두드러지게 되었고 새로운 정권에 어울리는 타협도 이루어지게 되었다.

새로운 흐름을 이끌게 된 이들 중 재능 있는 풍경화가 리커란[李可染]은 치바이스, 린펑미엔, 황빈홍, 쉬베이홍과 함께 그림을 배웠던 사람인데, 그들의 작품이 남긴 영향과 사실적인 스케치를 결합해 전통적인 도구를 가지고 새로운 자연주의를 표현했다. 상하이예술학교 출신인 청스파[程十發]는 중국 소수민족을 주로 다루며 회화에서 정치적인 묘사를 하는 화풍을 만들어냈다. 그 밖에도 뤄궁류[羅工柳]와 아이중신[艾中信] 등 걸출한 화가들이 있는데 이들은 소련과 소련 출신 화가의 영향을 받아 유화를 주로 그리다가 중국과 소련 간의 연합이 깨진 1950년대 후반에는 뒤로 물러나게 되었다.

중국 화가들은 1960년대 초에 정치권의 통제에서 잠시 자유로울 수 있었지만 1966~76년의 문화대혁명 기간 동안 육체노동에서부터 죽음에 이르게 하는 가혹한 감금까지 유례없는 고난을 겪어야 했다. 문화대혁명 초기에는 전통예술의 파괴가 계속되었다. 마오쩌둥의 아내인 장칭이 이끄는 군부 조직의 승인을 받은 예술만이 번성할 수 있었는데 예술가들은 당의 엄격한 선전도구 역할을 맡아 주로 무명으로 집단 작품을 만들어야 했다. 1970년대 초반 중국이 서구와의 관계를 다시 회복했을 때 저우언라이 총리는 전통예술에 대한 정부 후원을 부활시키려고 시도했다. 그러나 저우언라이 총리의 건강이 악화되면서 전통예술과 예술가들은 장칭의 통제 아래에서 또 한 번 고통을 겪어야 했고 1974년 베이징, 상하이, 시안 등에서 열린 '검은 예술' 전시회에서 공개적으로 비난받고 벌을 받게 되었다.

1976년 마오쩌둥이 사망하고 마오쩌둥 이데올로기가 쇠퇴하자 덩샤오핑 정권에서는 새로운 예술의 장이 열렸다. 1980년대에는 예술에 대한 정부의 통제가 완화되고 예술가들의 대담한 시도가 많아졌다. 1979년 일어난 세 개의 사건이 새 시대를 알렸다. 우선 새로이 단장된 베이징 공항에 입체파를 비롯한 서구 양식의 작품이 전시되었다. 정부가 잠시 가려두기는 했지만 그 중에는 누드 작품도 포함되어 있었다. 베이징미술관에서는 개인 미술전시회가 열렸다. 마지막으로 사회주의 리얼리즘이 보여주는 인위성이 완전히 배제된 진정한 리얼리즘 유화운동이 시작되었다. 1980년대에는 전통 중국 회화와 목판화 작품이 다시 등장했고 리커란, 청스파, 스루(石魯), 자오옌녠(趙延年), 황용위(黃永玉) 등이 복권되어 다시 활동을 시작했으며 우관중(吳冠中), 자유푸(賈又福), 리화성(李華生)과 같은 신인 예술가도 등장했다.

1985년 이후 대담한 아방가르드운동이 꾸준히 일어났는데 정부의 입장에서는 한때 위협적이었던 전통양식 그림이 안전한 대안으로 여겨질 정도였다. 1989년 6월 톈안먼 사건이 일어나 군법이 과도하게 시행되기 몇 달 전 중국국립미술관의 순수미술학회에서 주최한

누드 유화 전시회와 공공집회에 적합한 규정이 없는 파격적인 공연예술, 정부를 조롱하는 내용의 읽기 힘든 가짜 글씨들이 가득한 두루마리를 전시한 아방가르드 식의 설치예술 전시회는 기록적인 수의 관객을 불러모았다. 설치예술 전시회는 경찰력이 동원되어 폐쇄되었으며, 누드화 전시회와 설치예술 전시회 모두 대중 도덕의 수준을 떨어뜨리고 1949년 6월 사태를 촉진시키는 데 동조했다는 이유로 비난을 당했다. 예술 활동과 전시회, 출판에 대한 새로운 제한 법령이 공포되었다. 황용위를 포함한 수많은 주류 예술가들은 중국에서 망명해 다른 나라에 자리를 잡거나, 중국에서 벗어난 다른 예술가들과 함께 세계 각지에 중국예술협회를 세웠다.

중국 밖에서 활동하는 예술가 가운데는 파리에서 활동하는 차오우지[趙无極], 타이완과 브라질, 미국에서 활동하는 장다첸[張大千], 타이완에서 활동하는 왕즈첸[王季遷], 미국의 쩡유허[曾佑和], 타이완의 류궈숭[劉國松], 천츠콴[陳其寬], 호화이슈어[何懷碩], 홍콩과 런던의 팡차오린(Fang Chao-lin), 홍콩의 린펑미엔 등이 있다.

한편 중국 내에서 명성을 쌓고 있는 젊은 예술가들도 굉장히 많다. 그 가운데에는 행위예술과 사진을 접목시킨 설치예술가 천치우린[陳秋林], 순수 애니메이터 우중용(Wu Jungyong), 과거 중국의 권위주의와 현대의 시장경제를 비판하는 화가 뤼펑[呂澎], 상하이 중심의 미술계에서 활동하는 추상화가 셴판[申凡] 등이 있다. 각 예술가들은 서양과 중국 기교의 접목을 시도하는 동시에 과거의 예술가와 마찬가지로 정부 개입의 한계를 주기적으로 실험한다.

09

건축

현대에 이르기까지, 특히 농촌지역에서 중국인들은 주로 목재나 흙으로 집을 지었다. 두 재료 모두 불에 타기 쉽고 시간이 흐르면 파손되기 쉽다는 것이 중국의 고대 건축물들이 지금 거의 남아 있지 않은 이유다. 가장 오래된 목조 건물은 산시〔山西〕성의 우타이〔五臺〕산에 있는 난찬사〔南禪寺〕의 대전으로 알려져 있는데 782년에 세워져 같은 해에 보수되었다. 이 건물은 벽은 벽돌과 석재로 지어졌으며, 문과 다리는 아치형이고, 무덤의 천장은 둥근 형태를 갖고 있다. 벽 아래쪽에 무게를 받치는 받침대를 세우는 구조는 사원이나 무덤에는 거의 사용되지 않았다. 주 왕조(기원전 11세기~221년)에 이미 다층 건물을 세울 수 있는 기법이 개발되었지만 북부와 동부지역에서는 단층 건물을 선호했다.

중국 목조 건물의 기본요소는 건물을 세울 수 있도록 널빤지에 흙을 바르고 돌이나 타일을 붙인 것과 세로로 기둥을 세우고 그 위에 가로로 들보를 올린 가구식 구조, 지붕을 받치는 골조, 그리고 기와로 된 지붕이다. 기둥 사이의 벽은 내력이 없고 건물 앞면에 홀수로 세워진 기둥 사이의 공간은 문으로 채워지거나 벽돌 또는 회반죽이 덧칠된 대나무 윗가지 등의 재료로 채워지거나 또는 창조적인 기둥 양식을 위해 빈 공간으로 남겨지기도 한다. 유연한 삼각 지붕틀은 건물 정면을 비스듬히 가로지르는데 지붕틀을 차례로 쌓는 방법을 통해 박공 지붕을 만든다. 이때 지붕틀은 위로 올라가며 길이가 짧아지면서 지붕의 서까래를 마치는 도리와 지붕 들보를 연결하는 버팀목과 교차한다.

버팀목의 박공벽과 대들보의 비율을 유연하게 조정할 수 있기 때문에 원하는 지붕 모양을 만들 수 있었는데 주로 송 왕조 이전 북부에서는 낮고 반듯한 지붕이, 송·원·명·청 왕조 때는 높고 오목한 지붕이 많이 사용됐다. 박공벽은 건물 안으로 들어가는데 일부는 반모임 지붕이나 모임 지붕 형태를 채택하기도 했다. 목재 건물은 지붕틀의 넓이에 따라 깊이가 정해진다. 실제로는 11구획을 넘는 경우가 거의 없지만 이론상으로는 어떤 길이의 건축물도 지을 수 있다.

지붕의 특이한 곡선이 처음 나타난 것은 서기 6세기경으로 그에 관한 여러 가지 가설이 존재하지만 그 가설들 중 어느 것이 옳은지는 아직 밝혀지지 않았다. 가장 그럴듯한 것은 미학적인 이유로 동남아시아 국가에서 들여왔다는 설이다. 동남아시아에서는 야자나무 잎이나 쪼갠 대나무를 사용해 가옥을 덮었는데 이런 재료는 자연스럽게 늘어지면서 미적 효과를 낸다. 한편 지붕 네 귀퉁이에 구부러진 처마를 사용하는 것은 과도한 하중을 줄이려는 건축학적 목적을 가지고 있다.

각 건물을 독립적인 직선의 단위로 보는 누각에서 단위의 수를 늘리면 전체적인 유연성을 얻을 수 있는데 각 단위는 공개되어 정원을 둘러싼 회랑으로 연결된다. 이런 정원 공간에는 다양한 설계를 통해 개별성이 부여된다. 개인의 집이나 저택에서는 앞마당과 대청이 입구를 향하게 배치하는 것을 제외하고는 방과 정원을 하나로 묶는 것은 개인의 자유에 달려 있다. 그러나 베이징의 거대한 자금성과 같은 궁전에서 중요한 건축물들은 남북으로 배치되었으며 정해진 규칙에 따라 중요하지 않은 건축물은 북쪽으로 밀려났다. 사당과 사원도 이 규칙을 따른다. 건물의 규모, 구획의 숫자, 목재를 재는 데 사용하는 측정 단위, 까치발을 할 것인지 말 것인지, 지붕을 박공으로 할 것인지, 추녀를 얼마나 달지, 기와를 깔지 말지 등 모든 것이 전체 배치와 어울려야 하고 안마당 안 건축물의 중요성을 고려해야 한다. 또한 더 큰 단위 안에서 파악되는 안마당의 중요성에도 어울려야 하며 전체 건물의 지위에도 어울려야 한다. 그러므로 전체 체계가 아주 높은 수준의 기준을 따른다고 할 수 있다.

개인 건물의 형태에서 지붕의 변형은 거의 허용되지 않는다. 그렇기 때문에 미묘한 미학은 지붕의 까치발이나 기둥을 지지하는 받침대와 같은 세부적인 것에서 드러난다. 당 왕조의 건축은 '고전적인' 기준이 되었는데 단순한 디자인을 따르면서도 기능과 형태가 완벽한 조화를 이룬다. 송 왕조의 건축은 서로 맞물리는 지붕과 후대가 보여준 것보다도 낮은 지붕으로 대담한 시도를 했다. 명 왕조(1368~644년)와 청 왕조(1644년~1911년 12월) 건축의 아름다움은 색채 장식의 밝은 효과와 풍성함에서 느낄 수 있다.

역사적인 맥락

전통 가옥

중국 가옥의 기본구조는 상 왕조(기원전 17~11세기) 이래로 거의 변하지 않았다. 모든 건축에서 지붕은 가장 중요한 요소인데 당 왕조(618년~907년)에 이르러 뒤집힌 처마와 무거운 유리와 색기와 등이 발전했다. 지붕은 돌이나 청동 받침 위에 세워진 기둥 위에 올라가게 되는데 건물의 벽은 주로 벽돌이나 나무로 된 칸막이의 역할만을 한다. 바닥은 목재로 만든 경계에 맞도록 흙을 잘 채워서 만든다. 대개 가옥은 죽 늘어선 여러 개의 건물, 정원으로 둘러싸인 정자 그리고 벽으로 구성된다. 정원은 아주 중요한 부분인데 인간이 자연과 조화를 이루며 살아야 한다는 이상이 현실화된 장소이기 때문이다. 연꽃, 나무, 큰 돌 등으로 구성된 작은 연못은 전체의 자연 세계를 상징하는데 가옥을 꾸밀 때 가장 공을 들이는 부분이기도 하다.

중요한 건물의 기둥이나 받침대는 조각과 색칠도 했는데 중국 도자기에 나타난 무늬와 비슷하다. 황룡은 영혼의 힘을, 호랑이는 생명의 힘을 상징한다. 창문에는 나무를 이용해 다양한 무늬의 격자를 넣고 격자 위에는 반투명한 흰 종이를 붙였다. 창문에는 격자무늬 외에 마름모, 부채, 나뭇잎, 꽃 모양의 무늬를 이용하기도 했다. 문역시 달, 연꽃잎, 배, 화병 등 장식적인 모양으로 꾸며졌다. 얇은 판자로 만든 벽은 구조적으로 건물을 지탱해줄 수는 없었지만 일부 벽은 후대 일본식 집에서 발견할 수 있는 것처럼 움직이기도 했다. 그밖에도 색칠한 나무 조각으로 장식을 하거나 직물이나 그림을 비단과 함께 걸어두기도 했다.

명 왕조 시기 상류층의 집은 노란 갈대로 천장을 구획하고 벽과 기둥에는 종이를 발랐으며 윤기 나는 검은 돌로 바닥을 깔고 비단 커튼을 드리웠다. 풍부한 색감의 깔개와 의자 덮개, 쿠션을 배치해 어두운 색의 가구와 대비를 이루게 했다.

이때 사용되는 재료는 서구와는 달랐다. 중국인은 항상 도자기를 잘 다뤄왔고 이 기술은 북쪽으로 한국, 북동쪽으로 일본, 남쪽으로 동남아시아 국가들에 전수되었다. 마욜리카 도자기를 제외한 거의 대부분의 중요한 도자기 기술은 중국에서 전해진 것이다. 당 왕조 때는 세련된 질그릇이, 송 왕조 때는 화려한 석기가 유명했고 원 왕조부터 시작해 중국은 도자기 제조의 선두를 달렸는데 유럽인들은 수세기 동안 도자기를 수입하고 나서야 그 제작 비밀을 겨우 알 수 있었다. 청동은 장식 조각보다는 용기로 제작되는 경우가 많았다. 원래부터 종교적 의미가 많이 담겨있었던 청동 용기는 주 왕조 시절 왕이 자신이 아끼는 신하에게 선물로 주었는데 그때부터 일반적인 용도로 널리 사용되었다. 당 왕조에 이르러서는 유용하면서 장식적인 휴지통이나 편리한 거울을 만드는 데 사용되었다.

중국은 고대 로마 시대부터 비단으로도 유명했다. 중국 신장지역에서 발견된 비단 조각은 기원전 1세기경의 것으로 추정되는데 그 무늬가 20세기의 것과 무척 흡사하다. 중국인은 섬세한 기술로 무수한 작은 땀을 놓아 만든 화려한 비단 자수 기술로 유명하다. 그림이 그려진 비단은 대량으로 생산된다. 의자 덮개 같이 길게 우단을 짜는 것은 서양에서 배운 기술일지 모르나 벽걸이 융단 제작기술은 한 왕조(기원전 206년~서기 220년)에서 그 기원을 찾을 수 있다. 높은 품질의 카펫을 제작하는 기술은 페르시아에서 들어온 것으로 17세기 이전의 기록은 찾을 수 없지만 그보다 훨씬 이전에 들여온 것으로 보인다. 금실을 사용한 카펫은 드물지만 양모를 사용한 질 좋은 카펫이 많이 발견되는데 특히 기둥을 감싸는데 쓰는 기둥 카펫은 중국만의 상품이다.

옥(연옥과 경옥)은 다양한 용도로 사용되었다. 초기 청동기에는 주로 종교적 목적으로 사용되었지만 나중에는 다양한 용도와 이유로 사용되었다. 특히 학자의 탁자를 장식하는 붓통, 벼루, 물통, 탁자 가리개, 문진의 재료로 많이 사용되었다. 18세기에 이르러서는 다양한 무늬와 패턴으로 아름답게 조각된 그릇과 덮개가 많이 만들어져 향을 피우는 용도로 사용되기도 했다.

옻나무의 수액을 채취해 만든 옻은 나무를 칠하는 데 사용되거나 대마로 만든 직물을 장식하는 데 쓰였다. 이 옻은 페인트와 같은 용도로 쓰였으나 때로는 옻을 두껍게 발라 칼로 조각을 하기도 했다. 또한 건축물 내부의 목재를 장식하는 데도 사용되었다. 가장 질 좋은 옻은 17~8세기에 일본에서 들여온 것이었다.

금속에 법랑을 입히는 것은 유럽으로부터 배운 기술이지만 특히 18세기에는 다양한 장식이 된 많은 청동 제품이 칠보기술을 사용한 법랑을 입혔다. 18세기 광둥 지방에서 채색 법랑이 만들어졌는데 그 양식이 현재 같은 지방에서 만들어지는 법랑 자기와 비슷한 모습을 보인다.

그림 자료에서 얻을 수 있는 것을 제외하면 초기 중국 가구에 관해 알려진 것은 거의 없다. 낮은 의자와 탁자가 초기부터 사용되었고 의자, 경대, 탁자, 협탁이 딸린 침대 등은 서한 왕조(기원전 206년~서기 25년)부터 일반적으로 사용되었다. 설계와 사용되는 재료는 거의 바뀌지 않았다. 장미나무가 주로 사용되었으며 금이나 은, 옥, 상아, 진주 자개 등으로 장식을 했다.

중국 가옥의 내부는 의자, 탁자, 긴 의자, 침대, 서랍과 찬장으로 이루어진 장식장 등으로 구성되어 있는데 동양의 어느 지역보다 뚜렷한 풍습으로 남아 있다. 유럽의 의자와 같이 팔걸이가 달린 의자는 가장이 사용하는 것으로 인식되었다. 가구 제작에 사용되는 목재는 중국산이며, 장미나무로 만든 가구를 서양에 수출해 유명세를 얻었지만 목재 자체를 수출한 적은 거의 없다. 런던의 빅토리아앨버트 박물관에서 볼 수 있는 청 왕조 건륭제의 왕좌와 같이 옻칠이 된 가구는 황제나 고위 관리들이 사용했던 것이고, 흑단 병풍으로 알려진 옻칠을 하고 조각을 많이 한 제품은 가끔 서양으로 수출되기도 했다. 주로 정원에서 사용했던 대나무 제품은 남은 것이 거의 없지만 도자기로 만든 통 모양의 의자는 이따금 발견된다. 가구의 조각 장식은 늘 극도로 단순했으며 복잡해봤자 간단한 격자무늬 정도였다.

사원과 무덤

수-당 왕조(서기 581년~907년)는 중국 역사에서 가장 호화로운 왕릉을 건축했던 시기로 왕릉은 송대에서는 비교적 온건한 스타일로 지어졌고 후에는 점차 쇠퇴하는 모습을 보였다. 당나라 수도 북쪽의 장릉(長陵)은 측천무후(則天武后)가 황후의 자리에 오르는 과정에서 강등되었거나 죽임을 당한 가까운 친척 세 명을 포함한 왕릉으로 당 황실 계보가 회복된 706년 화려하고 호화로운 장례가 치러졌다. 각 무덤은 불완전한 피라미드 형태의 봉분을 이루고 있고 '영도'라고 불리는 길을 통해 들어갈 수 있다.

무덤 안에서 화려하게 칠한 복도와 조각한 석관을 통해 화려한 궁전, 외국 대사, 줄지어 기다리는 시중, 폴로나 사냥과 같은 오락거리 등, 당 왕조의 화려함을 확인할 수 있다. 복도를 따라 임시 환기 수직갱 역할을 하는 틈새가 말 타는 사람이나 즐겁게 해주는 사람 모습의 도자기 입상으로 메워져 있다. 당 나라의 말이나 멋진 동물들은 당삼채 기법으로 만들어졌다. 복도는 대기실과 매장지의 역할을 하는 두 개의 반구형 방으로 이어진다.

일부 당 황제의 무덤은 지나치게 커서 사람이 만든 고분은 사용하지 못하고 커다란 산 밑을 파서 묘지로 사용하기도 했다. 고종 황제와 측천무후의 거대한 묘도 장릉에 있는데, 아직 발굴되지 않은 채 그대로 보존되고 있다.

수 왕조와 당 왕조 시기에는 사원도 많이 지어졌다. 수 왕조의 첫 황제는 전국에 유물을 보내고 사리탑과 사원을 지어 유물을 안치하라고 명령을 내렸고, 당나라 초기 군주들 역시 기반을 세우는 데 열정을 보였다. 그러나 당대에 지은 석탑을 제외한 사원 건물 가운데 현재까지 남아 있는 것은 없다. 남아 있는 것 가운데 가장 오래된 건물은 782년 전에 세워진 우타이 산의 난찬사 대전으로 알려져 있다. 가장 큰 건축물은 난찬사 근처 포광사〔佛光寺〕의 대전으로, 857년에 지어진 것이다. 일본 나라(Nara)의 도다이사〔東大寺〕의 대부처전은 길이가 88미터고 넓이가 51.5미터인데 당 왕조 스타일로 지어진 건축물로, 현재 세계에서 가장 큰 목조 건물이다. 그러나 당 왕조가 뤄양과 창안에 세운 사원 건물과 비교한다면 그 규모가 작다고 할 수 있다.

당 왕조와 그 이후에 세워진 탑은 그 전부터 영향을 주었던 인도 스타일이 거의 반영되지 않았다. 당 왕조의 목조탑은 모두 파괴되었지만 일본 나라에 몇 개 남아 있다. 특히 호류사〔法隆寺〕, 야쿠시사〔藥師寺〕, 도다이사에서 찾아볼 수 있다. 시안의 58미터높이 7층짜리 석조탑인 따옌탑의 각 층은 처마 돌림띠가 있으며 돌로 만든 붙임 기둥, 지주, 기둥머리 등은 목재의 특징을 따라 만들어졌다.

이 시기 둔황(敦煌)의 동굴 사원은 점차 인도식의 중심 기둥을 버리고 중국화되었는데 서서히 사원의 네 귀퉁이에 극락을 조각하거나 그리는 육조시대(六朝時代) 형식이 시작되었다. 당 왕조 때 중요한 불교 기호나 극락을 그린 벽화들이 마치 궁전에 황제가 앉아 있는 것처럼 방의 뒤쪽, 높은 곳에 위치하게 되었다.

당 왕조가 끝날 무렵 전통 중국식 건축 배치기술이 풍수나 지관과 같은 풍수지리학(風水地理學)으로 통합되었다. 풍수지리학은 그 기원이 주 왕조까지 거슬러 올라가는데, 지금까지 계속 건축에 깊은 영향을 미치고 있다.

도가의 영향을 받아 북부 중국에서는 전통적으로 나침반 사용을 강조했고 달과 계절, 별과 행성, 역경에서 소개한 6각 선형, 한 왕조 때 처음 소개된 불(火), 물(水), 나무(木), 금속(金), 흙(土)의 오행(五行)사상 등 별자리나 땅의 원리를 결합하는 것을 중시했다. 풍경 요소가 불규칙하게 나타나는 남부에서는 어두운 세력과 이민족을 상징하는 북쪽으로부터 상서롭고 광활한 남쪽을 지킬 수 있는 산과 물을 잘 다스리는 것을 강조했다. 후에 이 두 가지 흐름은 중국 전역의 건축물에서 발견된다.

궁전 시대

원 왕조 건축물 가운데 현재까지 남아 있는 것이 거의 없다. 원의 수도 대도('위대한 수도'라는 뜻, 지금의 베이징)에 있었던 쿠빌라이 칸의 거대한 궁전은 명 왕조 때 대부분 재건축되었다. 발굴을 통해 원 왕조의 도시 계획이 명 왕조까지 그대로 대부분 이어졌다는 사실이 드러났다. 유병충(劉秉忠)과 무슬림 설계자의 영향을 받은 원의 도시 계획은 완전히 중국식이라고 할 수 있다. 더 자세한 정보는 명 왕조의 첫 왕실 기록과 마르코 폴로가 약간 과장해서 묘사한 설명에서 찾을 수 있다.

명의 첫 황제는 난징에 수도를 세운 후 30킬로미터 길이의 성벽을 둘렀는데 이는 세계에서 가장 긴 성벽에 속한다. 그가 세운 궁전은 남아 있지 않다. 1402년, 옛 원 왕조의 수도지역을 봉토 받아 살고 있던 초대 황제의 아들은 당시 2대 황제였던 자신의 조카에게서 왕위를 빼앗고 영락제가 되었다. 그는 무너진 몽골의 궁전을 보수하고 베이징('북쪽의 수도'라는 뜻)이라고 개명을 한 뒤 1421년 명의 수도를 옮겼다.

그가 건축한 궁전인 쯔진청[紫禁城]은 수세기 동안 성공적으로 보수·유지되어온 현존하는 가장 오래된 중국 궁전이다. 엄격한 순서를 따라 배열된 이 궁전은 황성의 관료주의 정점의 한 가운데에 배치되었고 내성이라고 불리는 중심지로 둘러싸여 있었는데 외성은 1556년에 세워진 남쪽 벽을 말한다. 여덟 개의 국가 사원이 균형 잡힌 대칭을 이루어 배열되어 있는데 동쪽의 태양을 위한 사원과 서쪽의 달을 위한 사원부터 가장 남쪽의 동쪽에는 하늘을 위한 사원이 서쪽에는 농업을 위한 사원이 자리 잡고 있다.

남북을 축으로 삼는 것, 벽으로 둘러싸고 출입을 제한하는 것, 마당의 구조 체계, 크기의 엄격한 통제, 지붕 형식 등의 전통적 원리를 최대한 준수한 것은 쯔진청이 오늘날까지도 고전 건축 표준으로 남아 있게 했을 뿐 아니라 당시 중국 본토 출신 황제의 힘과 전통 질서를 회복했다는 것을 분명하게 보여주었다.

성 전체의 배치 가운데에는 세 개의 대전이 있는데 모두 높은 대리석 바닥을 깔고 있다. 3이라는 숫자는 하늘을 상징할 뿐 아니라 황제의 역할이 하늘과 땅을 이어주는 소통자라는 의미로 사용되었다. 이 세 개의 대전 중 가장 남쪽에 있는 타이허뎬[太和殿]은 중국에서 가장 큰 목조 건물(약 너비 65미터, 길이 35미터)이다. 각 대전의 이름과 기능은 명 왕조와 청 왕조 동안 여러 차례 바뀌었다.

내성에 위치한 세 채의 대전 북쪽으로 더 작은 크기의 내정이 세

곳 있는데 황제와 황후, 비빈들이 거주하는 곳이었다. 자금성은 9,000개의 궁실로 이루어져 있는데 완전한 양(量)을 상징하는 9,999칸으로 만들어졌을 것이라는 추측이 있다. 이 웅장한 궁전 배치는 거대한 황릉으로 쓰인 남쪽의 산지와도 잘 어울리는데 이 산은 만리장성과 가까운 곳에 위치하며 베이징의 북쪽으로 이어진다. 정교한 복도와 의례 사원 건물이 포함된 이 산에는 13명의 황제가 묻혔다.

웅장한 규모, 황금빛 기와가 보여주는 기념비적인 장관, 대칭을 이루는 배치로 인해 쯔진청은 감히 범접할 수 없는 황제의 권력을 상징한다. 그러나 건축 기술로 볼 때 송 왕조에서 나타난 대담한 계획과 건축은 도리어 쇠퇴했다고 할 수 있다. 쯔진청은 단순한 사각형 또는 직사각형의 구조로, 돌출 부분이 거의 없고 까치발은 구조적 기능 없이 단순한 장식용 소벽으로 축소되었다. 그 대신 조각된 난간, 풍부한 채색, 섬세한 장식이 그 자리를 차지했다. 명 왕조에 세워진 사원도 비슷한 형태를 띠고 있다.

톈탄〔天壇〕의 기년전(祈年殿)은 그 예외라고 할 수 있는데, 밍탕〔明堂〕과 마찬가지로 고대 국가 사원의 후세 모습처럼 보인다. 풍성한 추수를 기원하는 기년전은 1530년부터 현재와 같은 둥그런 모양을 갖게 되었다. 원 모양의 세 개의 고리는 18미터 높이의 기둥을 중심으로 하는데 이 기둥들은 4계절, 12달, 하루 12시간을 상징한다. 놀라운 구조를 통해 이 기둥들은 양을 의미하는 3개의 지붕을 지지하고 있으며 거대한 사각의 받침대는 땅을, 거대한 원은 하늘을 상징하며 둥근 천장에는 구름 속을 날아다니는 황금빛 용이 그려져 있다.

기쁨의 정원

건축과 관련해서 자금성에서 청 왕조가 맡았던 역할은 명 왕조의 위대한 건축물을 복구하고 보수한 것이 전부라고 할 수 있다. 세세하게 따져보면 화려함을 더하고 반짝이는 색채를 입히기는 했지만 말이다.

만주의 지배계급은 도시의 더운 열기에서 벗어나기 위한 여름 별장을 짓는 데 돈을 아끼지 않았다. 1703년, 강희제는 옛 만주 왕조의 수도인 청더 근처에 궁전과 정원 들을 건축하기 시작했다. 그리고 예수회 신부인 마테오 리파가 1712~3년에 제작해서 1724년에 런던으로 가져간 조각품들은 당시 유럽에서 시작된 정원 설계 혁명에 영향을 주었다.

1687년에 강희제가 베이징의 북서쪽에 만든 정원은 후대에 이르러 거대한 규모의 원명원('순수한 빛의 정원'이라는 뜻)으로 다듬어졌다. 이곳에는 많은 관저와 궁전이 있어서 건륭제는 이곳을 왕실로 삼다시피 하고 정무를 보기도 했다. 원명원의 북쪽에는 예수회 선교사와 미술가 주세페 카스틸리오네(giuseppe Castiglione)가 건륭제를 위해 설계한 탁월한 중국-로코코식 건물들이 있는데 예수회 사제인 미셸 브누아(Michel Benoit)가 설계한 기계식 분수로 장식된 이탈리아식 정원 안에 있다.

오늘날 원명원은 거의 손실되었는데 서양식 건물들은 1860년 프랑스와 영국에 의해 불탔다. 원명원을 대신하기 위해 서태후는 베이징 북쪽의 쿤밍 호 가장자리를 따라 더 큰 여름 별장인 이하위안〔頤和園〕을 지었다.

그러나 이 시기에 이루어진 가장 멋진 건축적 성과는 이런 공공건물보다는 개인 건축 분야에서 볼 수 있는데 이른바 중국 동남부에서 나타나는 학자의 정원으로 대개 쑤저우, 양저우, 우시〔無錫〕 등의 도시에서 볼 수 있다. 학자의 정원은 대개 원대와 명대에 세워진 건물들을 재보수한 것이기 때문에 정확하게 어디까지가 청대의 유산인지 분간하기는 어렵다.

조원(造園) 기술서였던 『원야(園冶)』('정원을 제련한다'는 뜻)와 지금까지 남아 있는 그림들을 살펴보면 청 왕조의 가장 수준 낮은 건축물에서도 정원만큼은 그 어느 때보다 화려했다는 것을 알 수 있다. 그러나 가장 훌륭한 청대의 건축물은 주로 교양과 감각이 발휘된 학자들의 정원인데, 이 정원들에는 대부분의 만주 왕조 건축에는 부족한 창의적인 상상력이 깃들어 있다. 이런 정원들은 도교적 특징을 가지고 있으며 그 안을 거니는 사람이 고요함 속에서 건강한 삶을 얻을 수 있다고 여겨지는 소우주적 공간으로 기능했다.

이런 정원의 주요 특징인 연못은 정원의 정가운데에 배치되었는데, 연못은 중국 철학에서 음(陰)을 상징하는 으뜸가는 공간이라고 할 수 있다. 울퉁불퉁한 바위들로 채워지는 바위 정원도 많이 사용되었는데, 바위 정원은 양(陽)을 의미하는 동시에 대지의 생명력이 흘러가는 대산맥에 대한 중국인의 변함없는 열망을 보여주는 것이었다. 가장 좋은 바위는 쑤저우 근처에 있는 타이 호의 바닥에서 채취한 것으로 알려져 있다.

규모가 작아야 하고 공간에 엄격한 제한을 받는 이런 도시 정원 전통으로 인해 설계자들은 제한된 공간을 더 작지만 다양한 단위로 나누어서 그렇지 않으면 절대 할 수 없는 구조를 만드는 창의적인 건축 설계로 보는 사람의 상상력을 확장시켜 자연의 거대함이라는 의미를 전달하려고 시도했다. 이런 정원 중 현재까지 존재하는 것 중에는 쑤저우의 류위안(留園)이 있는데 이 정원은 뛰어난 일반 설계와 훌륭한 바위 정원, 격자 창문으로 이루어졌으며, 역시 쑤저우에 위치한 왕스위안[網師園]은 매우 섬세하고 복잡한 구조를 보여줌으로써 보는 이들을 감탄케 한다.

현대 건축

1920년대 중반까지 유럽 스타일의 공공 건축과 상업 건축은 주로 광저우, 샤먼, 푸저우, 상하이 등 외국과의 조약이 체결된 지역에서 등장했고, 그 가운데에는 외국 건축가가 설계한 것이 많았다. 이런 흐름 속에서 1925년, 서양에서 공부한 중국 건축가들이 전통적인 중국 건축을 부활시키고 그것을 현대의 필요와 기술에 접목시킬 방법을 찾자는 내용의 운동을 시작했다.

그들은 1930년 중국영조학사(中國營造學社)를 세웠는데 이는 중국 건축을 공부하는 학술모임으로, 그후 30년간 이 운동에서 두드러진 활약을 보이게 될 량쓰청〔梁思成〕이 그 다음 해에 이 모임에 합류한다. 이들의 연구를 통해 난징과 상하이에 새로운 대학과 주요 정부 건물이 세워진다. 그러나 중일전쟁을 치르는 동안 더 이상의 발전은 이루어지지 않았다.

1949년부터 이 운동은 극도로 보수적인 형태로 표현되었는데 중국문화연구소나 타이페이의 고궁 박물관에서 이를 발견할 수 있다. 타이완 타이중〔臺中〕에 있는 둥하이〔東海〕 대학은 중국계 미국 건축가인 I. M. 페이(Ieoh Ming Pei)가 설계한 것으로 중국 정신과 현대 기술이 훌륭하게 접목된 예라고 할 수 있다.

페이는 1989년에 홍콩의 중국은행 건물을 완성했는데 이 건물은 유리로 이루어진 아주 인상적인 삼각형 고층 건물이다. 이 건물에는 베이징에 본사를 둔 중국은행의 홍콩지점과 다른 회사들이 들어 있다. 약 369미터 높이인 이 고층 건물은 한때 미국을 제외한 세계에서 가장 높은 건물이었다. 이 건물은 특유의 삼차원적 삼각형 모양을 이루고 있는데 밑변은 사각형이고 꼭대기 부분은 삼각형이다. 페이는 "모든 수직적 하중이 건물의 네 모서리에 집중되어 건물이 안정적이고 바람의 저항에 잘 견딘다"고 설명했는데 이 점은 태풍의 위협이 큰 홍콩에서 아주 중요한 부분이었다. 건물 내부의 층계는 불규칙하고 수많은 점과 각으로 이루어져 있으며 다양한 시야를 제공하는 창문으로 마무리된다. 이 70층짜리 건물은 두 개의 동일한 막대기 위에 올라 있는데 이 막대기들은 단순히 장식적인 화려함을 더해주는 존재다.

최근 등장한 시장 경제, 2008년 올림픽 게임과 관련된 도시 재보수 작업, 아파트와 건물의 신축 등으로 인해 수요가 급증하면서 베이징과 다른 대도시들은 대규모의 계획 프로젝트로 외관이 크게 달라졌다. 그러나 건축에 있어서 상징이 가진 전통적인 역할에 대한 의식은 계속해서 유지되었고 공산주의 선전 목적에 알맞게 응용되었다. 베이징 자금성의 대부분은 재건축되어 공공박물관으로 다시 문을 열었지만 한 부분은 새로운 지배계급에게 자리를 내주게 되었다. 창안제〔長安街〕라고 하는 새로운 주요 도로가 남북을 축으로 배치된 고궁 앞으로 동서로 뻗게 되었다. 황궁으로 들어가는 입구 역할을 했던 톈안먼은 '하늘의 평화'라는 의미를 가졌는데 그 앞으로 대중 정치 활동을 위한 거대한 광장이 만들어졌다. 광장 한쪽에는 중국 역사박물관이 또 다른 한쪽에는 1959년 대약진운동 기간에 소련 스타일로 세운 인민대회장이 자리 잡고 있다.

베이징의 멋진 성벽은 대부분 문화대혁명 기간에 교통의 흐름을 막는다는 이유로 철거되었다. 시안의 성벽은 거의 대부분이 훼손 없이 보존되었는데 이를 통해 베이징의 성벽이 얼마나 웅대했을지 추측해볼 수 있다. 공산당 정권을 세운 마오쩌둥은 1976년에 사망한 뒤 웅장한 무덤에 묻혔는데 이는 워싱턴 D. C.에 있는 링컨 기념관과 놀라울 정도로 형태가 비슷하다. 이 무덤은 톈안먼 광장의 남쪽 하단, 즉 도시 정중앙에 위치했는데 이는 중국의 전통 풍수지리에서 말하는 남북축이라는 개념을 명백하게 위반하는 것이었다.

상하이의 대규모 현대화와 남부 연안지역의 새로운 도시의 거대한 성장을 포함하는 중국 도시의 발전 과정을 통해 건축은 활기를 띠게 되었다. 배치와 구조에 관한 고전원리가 가장 현대적인 실행 과정과 통합되었기 때문에 하늘 높이 올라가는 고층 건물의 대들보를 둘러싸고 있는 대나무로 만든 발판을 보는 것이 흔한 일이 되었다. 현재 세계에서 가장 높은 고층 건물들이 중국의 스카이라인을 우아하게 장식하고 있으며, 세계의 앞서가는 건축 회사들이 중국 대륙에서 점점 더 많은 일거리를 얻고 있다.

10
음악

중국 음악사를 연구해본 사람이라면 누구나 일종의 경외심을 갖게 된다. 중국의 다양한 음악에 대한 기록을 보면 중국의 여러 지방, 왕조, 시대에서 수백만 명의 황제와 공주들이 거쳐간 궁중에서뿐 아니라 종교 행사나 민간 풍습과도 관련된 매우 다양한 형태의 음악을 찾아볼 수 있다. 이런 나라에서 기원전 3000년경의 고고학적 유물이 발견되는 동시에 아직까지 여전히 활발하게 자신의 문명을 유지해오고 있다면 경외심을 느끼지 않을 수 있을까? 기원전 3000년의 역사부터 조사해온다면 송 왕조(960~1279년)에서 현대에 이르기까지를 작은 단위로 구분할 수 있는데 이 단위는 실제로 유럽 음악사의 중요한 부분과 대응된다. 실제 음악에 관한 정보가 풍부하게 보존되어 있는 것은 이 마지막 시기다. 그러나 그 이전 시기의 역사적·문화적·도구적·이론적 자료들 역시 많은 정보를 제공하고 매력을 느끼게 하는 부분이다.

기록에 의하면 기원전 2679년, 전설의 황제가 영륜(伶倫)이라는 학자를 서쪽 산간지역으로 보내 불사조 소리를 내는 대나무 피리를 만들게 했는데 그 창조된 소리가 황제가 다스리는 땅과 우주를 조화롭게 만들었고 이 조화가 처음부터 끝까지 변함없이 유지되게 했다고 한다. 그러나 이 매혹적인 음악의 탄생 설화는 역사적으로 증명된 최초 왕조인 상 왕조(기원전 18~11세기) 전에 존재했던 의식과 매장 때 사용된 가락과 악기 소리를 발견하는 데는 도움이 되지 않는다. 음악의 아름다운 소리는 사라지기 때문에 기록되지 않는 이상 연주가 끝남과 동시에 없어진다. 가장 오래된 고대 음악이 남긴 것은 강한 재료로 만든 몇 개 안 되는 악기다. 고고학자들은 동그란 점토 오카리나인 훈(塤), 돌을 깎아 만든 타악기 경(磬), 청동으로 된 종(鐘) 그리고 북을 의미하는 고(鼓)라는 단어가 상 왕조 때 신탁에 사용된 뼈에 새겨진 것을 발견했다.

음악에 관한 가장 오래된 기록 문서는 그 다음 왕조인 주 왕조(기원전 1066년~21년) 때의 것이다. 이 시기에 쓰인 오경 중 기원전 2세기에 작성된 『예지(禮記, 예식의 기록)』에서 음악에 관한 방대한 논의를 살펴볼 수 있다. 『역경(易經, 변화에 관한 원리를 기록한 책)』은 기하학적 도형, 우주론, 마법의 숫자를 가지고 점을 치는 데 사용하는 책으로, 음악과는 간접적으로 연관을 맺고 있다. 『춘추(春秋, 봄과 가을)』는 연대기로 중요한 사건이 기록되어 있으며 『서경(書經, 역사를 기록한 책)』은 사실과 허구가 뒤섞여 있는데 특히 궁정 행사에서 사용된 음악에 관한 언급이 많다. 이 책에는 농부들이 함께 노래를 하는 모습이 나오기도 하는데 이는 유럽의 초기 역사에서도 거의 발견하기 힘든 내용이다. 『시경(詩經, 시를 기록한 책)』은 기원전 10~7세기의 시가 305수를 담고 있어서 큰 관심의 대상이 된다. 그 주제가 사랑, 의식, 정치적인 풍자 등으로 다양한 것으로 봐서 현대인도 이해할 수 있을 만한 다양한 성악 전통이 있었다는 것을 보여준다. 이 기록에서는 피리나 생(笙), 하프와 유사한 두 악기 금(琴), 슬(瑟)처럼 앞에 소개한 악기보다는 내구성이 좀 떨어지는 음악 유물에 관한 언급도 찾아볼 수 있다.

음악 구성에 있어서 중국인이 보여주는 재능은 음의 높낮이에만 국한되지 않는다. 고대에 황실 음악에 사용되는 많은 종류의 악기를 분류하는 데 팔음(八音)이라고 하는 중요한 체계가 사용되었다. 이 체계는 악기를 만드는 데 쓰이는 재료를 기준으로 구분되는데 그 여덟 가지 재료는 돌, 흙, 대나무, 금속, 가죽, 명주실, 나무, 바가지다.

고대 중국의 현악기는 명주실 악기에 속하는데 현이 금속과 같은 재료가 아닌 꼬아서 만든 명주실로 제작되었기 때문이다. 북은 가죽 악기에 속하고 타악기는 나무 악기로 분류되었다. 나무 악기 중 가장 흥미로운 것은 어(敔)라는 악기다. 이 악기는 마치 호랑이가 웅크리고 있는 듯한 모양인데, 호랑이의 등 부분에 해당하는 곳이 톱날 모양으로 되어 있거나 얇은 판자가 여러 개 붙어 있다. 대나무채를 가지고 그 부분을 때려서 소리를 내는데 남아메리카 음악에서 바가지를 긁어서 내는 다양한 소리와도 흡사하다. 바가지 악기에 해당하는 고대 악기는 생(笙)이라는 관악기가 유일하다. 17개의 대나무 관을 바가지나 나무로 된 바람통에 넣는다. 각 죽관에는 금속으로 만든 자유황(自由簧, 프리리드)이 있다. 바람통 안으로 연결된 관에 바람을 넣으면서 죽관의 구멍을 손가락으로 막으면 소리나 가락 또는 화음을 낼 수 있다. 이 악기의 조음 원리를 응용한 많은 변형 악기가 동남아시아에서도 많이 발견되기 때문에 이 악기가 제일 처음에 어디에서 발명되었는지 단정짓기는 어렵다. 서양에서는 이 악기가 변형되어 리드 오르간으로 발달했는데 하모니카나 아코디언이 그 예다.

실제 음악 연주에 관한 정보는 많이 훼손되었는데 진시황의 명령으로 많은 책과 악기가 불태워졌기 때문이다. 그러나 한 왕조로부터 전해진 여러 책을 통해 음악 행사가 어떻게 열렸는지는 대략 살펴볼 수 있다. 황실이나 유교 사원에서 음악은 기본적으로 두 가지로 나뉜다. 연회음악(宴樂)과 종묘 제례와 같은 의식에 사용되는 아악(雅樂)이 그것이다. 유교 의식에서 춤은 무무(武舞)와 문무(文舞)로 나뉘었다. 음악가와 춤추는 사람이 모이면 굉장히 큰 규모였는데 공연의 내용이 적힌 목록이 마치 현대 미국의 축구 시합에서 악대가 공연하는 것과 비슷한 형태로 인쇄되었다. 한 왕조 무덤에는 지방행사에서 공연되는 격식 없고 활발한 음악과 춤에 관한 그림이 남아 있다.

한 왕조는 영토를 확장하는 동시에 국가 중심지와 서아시아 사이에 장벽을 세웠다. 그러나 오히려 서구의 사상과 경제가 유입되는 흐름은 가속화되었다. 서기 1세기에 인도에서 불교가 들어왔고 다양한 사막 무역 경로를 따라 중앙아시아 간다라, 월지(月氏. 기원전 128년 무렵부터 서기 450년 무렵까지 박트리아와 인도를 통치한 고대민족), 이란 문화권에서 전리품, 상품, 사상이 들어왔다. 이 시기의 사막 유물과 불교식 동굴에서 새로운 음악 합주와 개인 악기가 발굴되었다. 특히 관심을 끄는 두 종류의 현악기는 공후(箜篌)와 배 모양의 독주 현악기 비파(琵琶)다. 공후는 중앙아시아를 거쳐 아시리아(assyria)의 고대 조각에까지 그 유래를 되짚을 수 있다. 비파 역시 서아시아의 고대 전통 악기로 보이지만 그보다는 '현대적인' 모양을 가진 악기라고 할 수 있다. 이 악기는 유구한 중국 역사를 거쳐 지금까지도 악기로 사용되는데 모양은 세월을 지나는 동안 조금씩 변형되었다.

불교 도해에 기록되어 있는 음악단에 대한 설명에서 새로운 타악기의 존재를 확인할 수 있다. 방향(方響)이라는 악기는 중국과 서아시아에서 공통적으로 사용되었는데, 이것은 16개의 쇠 조각을 석비와 같은 방식으로 틀에 매달아놓은 악기다. 라(鑼)는 6세기 이전에 남아시아에서 유입된 것으로 보이며, 박(拍)은 그보다 먼저 중앙아시아 상인들을 통해 인도에서 들어왔다. 대야의 형태를 가진 청동기 종인 경(磬)은 불교를 통해 들어온 가장 격조 높은 악기로 쿠션 위에 놓고 가장자리를 치면 놀라울 정도로 풍성한 소리를 내며 오래 울린다. 산사음악제의 그림에 등장하는 다양한 새 악기 가운데에서도 예전부터 사용해오던 악기를 발견할 수 있는데, 예를 들면 좁게 다듬은 나무 여러 조각을 마치 나무로 만든 책처럼 한쪽 끝을 묶어 만든 악기인 쾌판(快板)이 있다. 이 악기를 다루는 사람은 손으로 나무들을 재빠르게 움직여 소리를 낸다. 주 왕조에 이 악기는 다양하게 변형되었는데 가장 주요한 동아시아 3개국에도 이 악기가 소개되었다.

종교나 무역을 통해서만 악기와 음악이 유입된 것은 아니다. 육조시대(서기 220~589년)에 중국은 내전과 접경지대에서의 전쟁에 시달렸다. 북쪽으로 마주보고 있던 타타르족은 북, 트럼펫, 더블 리드를 통해 음악 신호를 주고받으면서 중국인들의 흥미를 끌었다. 유사한 악기를 남쪽이나 서쪽에서도 볼 수 있었지만 그 존재에 대항해 큰 장벽까지 쌓게 만들었던 말을 탄 이민족이 겹 케틀드럼(팀파니)을 가진 기병대 악대를 조직했다는 것은 분명 놀라운 일이었다. 그후 중국은 수없이 노력을 하고 수많은 피를 흘리면서 수 왕조(581~618년)로 통일되었고 오래된 황실 음악과 최신의 음악적 흐름이 통합되기 시작했다.

당 왕조(618~907년)가 보낸 몇 세기는 침략 전쟁의 실패와 자연재해로 인한 고통도 컸지만, 황실이 눈부시게 발달하고 문화가 번영한 시기이기도 했다. 이렇게 비극과 희극이 공존한 시간은 그 시기의 음악이 세계에서 가장 매력적인 때를 보낼 수 있도록 해주었다. 과거에 비해 보다 격식을 갖추게 된 황실 제례는 종, 석종, 타악기, 관악기, 북, 치터로 이루어진 고대 악단을 부활시켰고 큰 규모의 궁중 무희단도 등장했다. 외국과의 교역이 활발해지면서 페르시아, 아랍, 인도, 말레이시아에서 온 상인들이 항구 마을에 외국인 거류지역을 형성했고 무역선이 들어올 때마다 많은 새 인물과 삶의 방식이 들어왔다.

현재의 시안인 당시 수도 장안에서는 외국 음악을 곁들여 외국 춤을 추거나 노래를 하는 소녀가 없는 술집은 장사가 되지 않을 정도였다. 현재의 우즈베키스탄 중앙지역에 위치했던 소그디아나(Sogdiana)에서 온 한 무리의 소녀들은 황제인 현종의 후원을 받았는데 이 소녀들은 붉은 망토를 걸치고 녹색 바지를 입고 사슴 가죽으로 만든 신발을 신고 공 위에 서서 빠르게 공을 돌리는 묘기를 보여주었다. 현재 타슈켄트지역에 해당하는 나라에서 온 다른 소녀들은 9세기 시인 백거이에게 춤을 통해 영감을 주었는데 이 춤은 인조 연꽃 속에서 등장하는 것으로 시작해 마지막에는 블라우스를 내려 살짝 어깨를 보여주는 것으로, 옛 서구 희극에서 찾아볼 수 있음직한 내용이다.

당 왕조 시절에는 이런 상업적 음악 말고도 왕궁의 감독을 받아 음악 체계가 크게 발전했다. 현종은 음악을 무척 좋아해서 아시아 각국으로부터 공물이나 포로를 받을 때마다 그를 통해 유입된 음악을 잘 활용했던 것으로 보인다. 여러 소리가 모인 장안은 이원(梨園)이라고 불리는 장소로 인해 더욱 풍성한 소리를 갖게 되었는데 이원에서 수백 명이 음악과 가무를 배워 황제에게 보여주었다. 여기서 교육받는 이들은 대부분 여성이었고, 이들은 궁녀들이 황실을 위해 일하는 것과 마찬가지로 황제와 귀족들에게 봉사해야 한다는 의무를 부여받았다.

다양한 외국 음악들의 특징이 혼합된 당시 수도의 음악을 왕궁 음악 관리가 감당하기는 벅찼다. 이미 왕정 음악인 아악(雅樂)과 통속 음악인 속악(俗樂)이라는 구분이 있었는데 당 왕조에서는 외국 음악인 호악(胡樂)이라는 단어가 하나 더 생겨났다. 결국 관리들은 황궁 음악을 10개 종류로 구분했다. 이 가운데 한 분류는 사마르칸드(Samarkand, 현 우즈베키스탄)에서, 나머지는 부하라(Bukhara, 현 우즈베키스탄 동부의 주)에서 온 것이었다. 동서를 잇는 산악에 위치한 카슈가르 역시 또 하나의 분류로 나뉘었다. 또한 쿠차와 투루판의 동 투르크 상인 중심지와 인도 그리고 고구려와 백제에서 황제에게 바친 악단이 있었다.

이 가운데에서 기록이 가장 잘 남아 있는 장르는 아악이다. 의례 음악은 일반적으로 두 가지로 나뉘는데 현악기 없이 정원에서 감상하는 음악과 모든 악기를 동원해 궁전 실내에 앉아서 감상하는 음악이었다. 이런 분류에 따라 황실에서 연주됐던 곡들의 제목을 적은 목록이 존재하는데, 거기에는 작곡가의 이름이 함께 나와 있고 그들은 대부분 황제와 황후에게 공을 돌리고 있다. 이는 헨리 8세나 루이 14세 시절 궁에서 연주되던 음악이나 늘 엘리자베스 1세 여왕을 찬미하는 것으로 마무리되는 곡들과 유사한 배경을 가졌다고 할 수 있다.

당 왕조의 그림을 모방한 후대 그림에는 현악기와 관악기, 타악기를 연주하며 황제를 즐겁게 하는 여성들이 나온다. 이런 공연 중 규모가 큰 경우는 책에도 그 기록이 등장하기도 한다. 어떤 사료에는 궁중 악단에서 연주하는 곡은 자유로운 리듬으로 전주곡을 연주하고 곡의 분위기를 정리한 뒤 악기를 소개하는 순서로 전개된다고 적혀 있다. 그런 뒤 일정한 박자를 유지하는 느린 부분이 나오고 끝날 때는 시작할 때보다 더 빠른 박자로 연주를 마친다. 기록을 통해 기악 편성이나 악사와 무희가 입은 의상의 색이나 디자인을 더 자세히 알 수도 있다. 그러나 악보는 남아 있지 않다.

금(琴) 독주 악보가 아직까지 전해지고 비파로 연주할 수 있는 28편의 제례용 가락이 둔황(敦煌) 천불동(千佛洞)의 비밀 도서관에서 발견되었지만 당 왕조의 웅장한 음악 전통은 알아볼 수 없게 되었다. 그렇지만 중동의 분위기가 희미하게 남아 있는 음악을 시안과 주변의 관광지에서 열리는 야외 공연에서 찾아볼 수 있다.

경극

중국의 극은 주 왕조부터 그 기록이 남아 있지만 중국 경극을 위한 본격적 무대가 시작된 것은 당 왕조의 이원에서부터였다고 할 수 있다. 송 왕조 시기 음악을 이용한 극이 지역별로 발전했는데 그 중 유명한 두 가지는 남부의 희곡(남곡(南曲) 또는 난시(南戲)라고 함)과 북부의 희곡(잡극(雜劇) 또는 베이쥐(北劇))이 있다. 사(詞)라는 시 형식이 두 희곡에서 자주 사용되었는데 남부 스타일이 좀더 부드러웠다. 북부 스타일은 현악기를 보다 많이 사용하며 일반적으로 더 대담한 분위기를 보여준다. 당대 작가들의 기록에 의하면 북부 희곡의 4장은 각각 다른 선율을 사용하고 사이사이에 대화를 삽입했다. 남부 형식은 북부에 비해 좀더 서정적인 분위기를 자아냈다.

경극은 안후이 성 출신의 배우들이 1790년대 베이징에서 공연을 하면서 시작되었다고 알려져 있다. 그러나 경극에는 이전부터 존재하던 다양한 형태가 결합되었기 때문에 서양 오페라와 마찬가지로

19세기 산물이라고 볼 수 있다. 앞에서 살펴본 악기 외에도 다른 여러 악기들이 동원된다.

경극에서 선율을 연주하는 악기로 가장 많이 사용되는 악기는 현악기 또는 호금(胡琴)의 형태를 가진 악기다. 징후(京胡)나 이후(二胡)와 같이 다양한 형태를 보여준다. 악기 몸체의 모양은 다를 수도 있지만 전통 중국 현악기는 특징 있는 구조적 형태를 보여준다. 악기의 작은 몸체는 가죽이나 나무로 된 울림통을 가지고 있고 뒷면이 열려 있다. 두 개의 현이 기러기발을 통과해서 줄감개에 연결되는데 이 줄감개는 뒤로부터 삽입된 것으로, 서양의 바이올린처럼 옆으로 박힌 것이 아니다. 이런 구조 때문에 밴조나 비파처럼 한 현이 다른 현과 평행을 이루지 않고 한 현이 다른 현 위로 지나가게 된다. 그래서 활이 두 현 사이를 지날 때에는 한 현을 누르고 다른 한 현은 당기면서 연주하게 된다. 운지법은 현 옆쪽을 눌러주는 것인데 현이 매어있는 부분과 너무 멀어서 지판의 역할을 하지 못하는 이런 수직의 현은 잘못 누르면 불쾌한 소리가 난다. 이런 현악기의 독특한 구조는 동남아시아에서 발견되는 다양한 현악기가 가진 여러 특징들 중 하나다.

극음악과 마찬가지로 경극의 선율은 극의 내용이나 극적 상황과 어울려야만 한다. 극적 상황이라는 요소 때문에 경극 대사 대부분은 7음 또는 10음 대구로 이루어져 있다. 경극의 가락은 서피(西皮)와 이황(二黃)이라는 기본형으로 나뉜다. 물론 각 가락에는 잘 알려진 선율이 여러 가지 포함되어있지만 '기본형'으로 이 둘을 말한 것은 각 극이나 각 상황이 다양한 기본 가락을 많이 사용하는데 여기에 쓰이기 때문이다. 서피나 이황 모두 기본 리듬으로 연주되지만 얼황은 비교적 빠르고 중후한 소리를 내서 남자 역할의 대사에 어울리고 서피는 여성스럽고 느리다.

서피나 이황 모두 빠르거나 느리게 연주할 수 있고, 특별한 리듬이 곁들여질 수도 있다. 특별한 리듬을 곁들일 때는 선율 자체에 변화가 생기기도 한다. 일반적으로 어떤 선율과 리듬이 쓰일지는 작품과 등장인물에 따라 결정된다. 대부분의 작품에서 각 대사는 중간중간 악기 연주로 분리된다.

경극에는 화려한 의상과 인물을 극적으로 표현하는 분장 그리고 곡예식의 결투와 춤이 등장한다. 경극의 이런 전통은 18세기 유럽 전통과 유사하다고 할 수 있는데, 물론 그 둘의 소리는 무척 다르다. 음악이나 극을 통해 의사소통을 하려고 할 때 청중이 내용을 이해하고 그들에게 감동을 주려면 청각적으로 그리고 동시에 시각적으로 계속 반복해야 한다. 문화대혁명 기간에 많은 탄압을 받았지만 경극은 지난 20년 동안 화려하게 부활해서 중국내에 경극을 공연하고 구경하는 사람을 많이 확보했으며 수도를 방문하는 관광객이 꼭 관람해야 하는 코스가 되었다.

20세기 음악

선교사와 현대화운동의 영향으로 마지막 왕조인 청 왕조 시기 다양한 음악 실험이 일어났지만 1911년 첫 공화국이 생기고 1949년 중화인민공화국이 성립되면서 이런 실험은 더욱 증가했다. 공화국과 일본 전쟁 시절 과다하게 많은 현대적 노래가 만들어졌다. 〈의용군 진행곡〉은 1934년 녜얼(聶耳)이 작곡한 것으로 중국의 극작가 텐한(田漢)이 쓴 애국적인 행진에 관한 내용을 담고 있는데, 1949년 애국가로 채택되었다.

중국과 서양의 작곡가들 중 함께 서로의 전통악기를 연주해보려고 시도하는 경우가 많지만 성공적인 연주를 선보이는 경우는 거의 없고 중국 음악가 중에서 서양 악기 연주로 유명해진 경우는 있다. 중국 악기 역시 현대화가 이루어져 이호(李胡)는 베이스용 이호나 앨토용 이호로 만들어지기도 했다. 이런 결합이 이루어지면서 서양과 중국 오케스트라에는 이런 현대화된 악기가 등장하기도 한다.

앞에서 언급했던 것처럼 공화국체제에서는 계속해서 온전한 중국 전통 음악을 추구했는데 특히 해외 화교 거주지역에서 그 양상이 두드러졌다. 그러던 중 1949년을 기점으로 하여 마르크스주의가 음악 분야에 응용되기 시작했다. 가장 뚜렷한 분야를 겪은 분야는 가장 인기 있었던 베이징 경극이었다. 황제, 공주, 신화적 존재에 관한 전설을 아예 무대에 올리지 못하게 막을 수는 없었지만, 노동자, 농부, 군인, 사회주의라는 주제를 다루는 경극이 주로 장려되었다. 그래서 〈삼국지연의(三國志演義, 후한 말 세 나라와 관련된 이야기)〉나 〈공성계(空城計, 빈 성을 이용한 제갈량의 책략)〉와 같은 극이 〈기습백호전(奇襲白虎團, 백호부대 습격)〉이나 〈홍호적위대(洪湖赤衛隊, 홍호수의 홍위병)〉 같은 극으로 대체되었다. 주제도 '전세계 인민 해방을 위한 전진'이나 '사회주의는 좋다' 등의 내용이 더해져서 다양해졌다.

대중음악을 장려하기 위해 정부는 지역 민속 음악을 강조했다. 각지역과 중앙정부의 조사기관이 만들어져 민속 음악을 수집하고 연구하는 작업이 이루어졌고 민속 음악은 발전한 서양 음악 교육과 마찬가지로 초등 교육 과정에 편제되었다. 일반적으로 민속 음악은 기존의 개별적 특징에서 벗어나 민속 음악 합창 같은 모양으로 재편성되었다. 이런 지역 음악이 다루는 주제 역시 재편집되어 새로운 사회주의 삶을 다루는 내용으로 바뀌었다. 산시 성(陝西省)에서 소개된 가장 인기 있는 민속 음악 중에는 〈동쪽은 붉은색이다〉 같은 곡이 있고, 먀오족은 〈마오 주석을 찬양하자〉라는 노래를 지었다.

마오쩌둥 사상이 지배하던 시기, 50개가 넘는 소수민족과 지방 정부 소속 합창단이 발표한 곡 가운데에는 적어도 한 곡 이상 마오쩌둥 주석을 직접 찬양하는 내용을 담은 노래가 들어 있었고 나머지는 지역 산업이나 업적을 다루는 내용이었다. 이런 곡들은 공립학교에서 사용될 수 있도록 서양식 악보로 발표되었지만 공연을 할 때는 전통 악기를 사용해 지역적 특색이 묻어나게 했다. 이런 노력은 현재까지 전해오는 녹음 음악과 함께 마르크스적으로 재조직되긴 했지만 자신들의 커다란 국가에 지역적인 음악 전통이 다양하게 존재했다는 사실을 중국인이 역사상 처음으로 인식할 수 있도록 했다.

민속 음악에 이런 변화를 준 마르크스주의자들은 한 시대의 음악이란 대중의 관점과 열망을 반영하고 사람들의 개성을 담은 것이어야만 한다고 항변한다. 콘서트 음악 작곡가들은 사회주의 리얼리즘이라고 불리는 기본적인 마르크스 음악 원리를 기본으로 해서 심포니, 피아노, 군악대로 어우러진 많은 민속 오케스트라 작품을 작곡했다. 작곡가들은 정부가 발표한 미학에 관한 정책이 가진 보수성에도 불구하고 전통 악기와 발성 스타일을 사용해 독창적이고 흥미로운 작품을 창작해내기도 했다. 특정한 국가 목표를 더 효과적으로 전달할 수 있었기 때문에 성악이나 합창이 심포니보다 선호되었다.

서양 음악, 특히 록 음악이 비난받고 금지되었던 문화대혁명 기간에도 중국의 젊은이들은 중국의 전통적인 의식과 서양의 박자 감각을 이용해 혼합 장르를 만들어내기도 했다. 1980년대에 서구 음악과 서구화된 음악에 대한 금지 명령이 내려지기 시작할 무렵, 추이지엔〔崔健〕, 탕차오〔唐朝〕, 쫭톈숴〔臧天朔〕 등은 전국적인 인기를 누리고 있었다. 그리고 음악의 상업화가 시작된 1990년대에는 더우웨이〔竇唯〕,

장추(Zhang Cu) 같은 예술가들이 텔레비전과 라디오를 통해 더 많은 팬을 확보할 수 있었다. 당시 중국 콘서트에서 서구 현대 음악의 요소들을 활용하려는 실험적인 시도가 이루어졌다. 21세기 초에 이르자 중국의 음악 시장은 서양과 마찬가지로 다양한 음악 장르로 세분화되었고, 대중들의 관심을 끌고 그들이 지갑을 열게 할 수 있는 것이라면 어떤 것이든 시도할 수 있는 환경이 조성되었다.

11
문학

중국 문학은 세계의 주요한 문학 유산 가운데 하나로서 적어도 기원전 14세기까지 거슬러 올라가는 3,000년이 넘는 유구한 역사를 지니고 있다.

중국어의 기록 측면상 그림적 특성은 중국 문학과 그 전파에 몇 가지 중요한 영향을 미쳤다. 첫째, 중국 문학, 특히 시가(詩歌)는 독자들에게 청각은 물론이고 시각적으로 심미적인 호소를 하는 것을 목표로 했다. 둘째, 이러한 시각적 호소는 중국에서 서예의 지위를 높여주었는데, 서예는 최소한 지난 1,600년 동안 회화와 대등한 수준의 훌륭한 예술로 여겨지고 있다. 시나 산문을 쓴 두루마리는 학자뿐 아니라 일반 민중의 집에서도 그림 옆에 자리를 잡아 사람들이 일상적으로 문학적 보석을 향유할 수 있게 해주었다.

부정적인 측면은 교육과 글자의 보급이 수월하지 않아 문학작품을 감상할 수 있는 사람들이 많지 않았다는 것이다. 그러나 중국의 문자는 그것이 가지고 있는 분명한 약점에도 불구하고, 중국에 동화된 이민족들과 수많은 중국인들의 단합을 유지하고 있는 놀라운 능력을 지니고 있다. 알파벳처럼 발음기호대로 기록되는 언어가 아닌 한자는 기본적으로 발음을 알려주지 않는데, 그래서 문자의 의미를 손상하지 않은 채 지역적으로 다양한 방언으로 발음되거나 음운론적인 시간의 변화를 표현할 수 있다.

그 결과 중국의 주요 방언은 로마 언어에서 그랬던 것처럼 독립된 문자 언어로 발전되지 않았고, 중국 남부에서 유교 경전을 읽는 독자가 먼 북부인의 일상 대화를 이해하지 못하는 등의 일이 발생해오기는 했지만 중국 문화는 전 중국인의 공통적인 문화유산의 자리를 계속 지켜왔다. 같은 맥락에서 중국의 문자는 다른 언어를 사용하는 사람들 가운데에서도 문학 활동의 매개체로 채택되어 사용될 수 있었다.

중국 문자의 발음은 문학 발전에도 영향을 주었다. 사실 각 특정 문맥에 들어 있는 같은 음으로 발음되는 문자는 동음이의어가 많아 문맥을 헤아리지 못한 채 큰 소리로 말하거나 읽는 것을 들으면 오해와 혼동이 일어나기 쉽다. 이런 상황을 개선하기 위해 도입된 것이 바로 성조다. 중국 작시법의 운은 영시에서처럼 운율, 협운으로 이루어진 것이 아니라 성조로 이루어져 영시와는 다르지만 동일한 시적 효과를 낸다. 중국어의 성조는 시와 음악이 친밀한 관계를 맺을 수 있도록 해주었다.

중국의 중요한 시들은 원래 음율에 맞춰 노래할 수 있는 것이었다. 가락이 남지 않게 된 뒤에도 시는 읽히기보다는 비슷한 곡조에 맞춰 불리는 경우가 더 많았다.

중국 시는 각운과 고저율을 사용해 리듬감을 얻는 것 외에도 함축성과 간결함을 그 특징으로 삼는다. 민속 분야든 문학 분야든 서사 장르가 없고 세계 문학 기준에서 길다고 말할 수 있을 정도의 산문시나 서정시가 거의 존재하지 않는다. 중국 시인은 서정시를 지을 때 작가의 감정이나 열망의 높이 또는 슬픔과 동정의 깊이를 표현해서 읽는 이를 고갈시키는 것을 멀리했다. 시 미학에서 언어의 경제성이 무척 중시되었다. 대명사와 접속사는 거의 생략되었고 한두 글자로 고도의 복잡한 생각이나 상황을 나타냈다. 이 사실은 고도로 정형화된 서정시가 주석가나 해석가에 의해 다양한 내용으로 해석되는 이유를 설명해준다.

중국의 산문과 운문의 경계는 다른 나라 문학과 비교했을 때 덜 뚜렷하다. 이는 특히 세 장르에서 두드러지게 나타난다. 첫째, 부(賦)는 운문과 산문의 특징을 모두 갖고 있다는 점에서 둘의 경계선 위에 있다고 할 수 있다. 부는 운과 격조를 사용하지만 대조적인 구조를 보이는 경우는 많지 않다. 때로 운문 영역에 포함되기도 하지만 산문의 필수 요소가 없는데도 산문적인 특징을 보이기도 한다. 그래서 부는 서양에서 시적 산문, 자유시, 산문시 등 다양한 이름으로 불리고 있다.

둘째, 변려문(駢儷文)은 대조적인 구조와 운을 사용하지 않고도 균형 있는 음운 패턴을 보여준다. 변(駢)이라는 한자는 '두 필의 말을 나란히 하다'라는 의미를 갖고 있다. 시의 효과에 근접한 다음(多音) 효과를 만들지만 변려문은 산문적인 설명과 논증의 도구로 사용되어왔다. 이 기이한 경계에 포함되는 또 하나의 장문은 팔고문(八股文)으로, 여덟 개의 짝으로 이루어진 산문이라는 뜻을 가지고 있다. 지금은 문학적으로 그다지 가치를 인정받지 못하고 있지만 1487년부터 1901년까지는 과거제도에서 팔고문이 중요한 시험 과목이었다. 과거 응시자들은 팔고문이라는 장르를 통해 대구 구조와 대비를 이루는 음성학적 패턴을 긴 산문으로 이루어진 쌍 안에서 각 단어, 절,

문장 등이 서로 대응하게 만들어야 했다.

역사

중국 문자 기록의 최초의 실물은 기원전 17~11세기의 상 왕조 후기 300년 동안 거북이 등껍데기와 짐승 뼈에 새겨놓은 신탁문이다. 이는 당시 왕실에서 신에게 제사를 드리거나 점을 칠 때 사용하던 것으로, 지극히 간단하고 단편적인 내용을 적은 것이었기에 문학 작품으로 볼 수는 없다. 그러나 신탁문에서 3,400개 정도의 글자를 찾아볼 수 있고 그 가운데 2,000개 정도는 해석이 가능하기 때문에 이것이 중국 문자의 근원이라는 것만은 분명하다.

초기의 중국 문학에는 신화의 내용을 구체화한 위대한 서사시가 아직 존재하지 않았으며, 지금까지 전해지는 신화 자료 또한 개략적이고 단편적이어서 완전하고 체계적인 신화 고사를 제공할 수 없다. 신화 자료가 아직까지 남아 있었다 해도 그것을 해석할 방법이 없다. 고대의 신화를 재구성해보려는 동서양 학자들의 시도는 그럴듯한 이론의 수준을 넘어서지 못했다.

그럼에도 불구하고 기원전 11세기 주 왕조 후반에 중국 신화는 근본적인 변혁을 경험한다. 실제로 완전히 새로운 신화 세계가 만들어졌다. 이미 많은 부분 잊혀져버린 옛 신화에 등장하는 신들은 새로운 신으로 대체되었는데 불교의 도입과 함께 인도에서 들어온 신도 있었고 도교가 전파되면서 인기를 얻은 신도 있었다. 이 과정에서 많은 초기 신화가 완전히 재해석되어 일부 신들과 신화 속의 주인공들이 추상적 개념이나 역사 인물의 성격을 갖게 되었다. 그 중에서도 왕궁에서 쓰이는 제도를 닮은 위계질서가 초자연 세계에서도 등장하게 되었다.

이 새로운 신들은 명확하게 정해진 기능을 수행했고 문학과 다른 예술 분야에서 두드러진 모습을 드러내게 되었다. 예를 들어 황제(黃帝)와 치우(蚩尤)의 전쟁 신화는 도교 고사의 일부분이 되었으며, 더 나아가 『수호전』, 『서유기』 같은 통속소설 창작에 부분적인 소재를 제공했다.

역사 인물도 이 문학 분야에 들어와 중국인의 상상력이 동원되어 사랑받는 영웅의 전기에 전설과 신화적인 요소를 보탰다. 초나라(기원전 771~221년)의 불운한 시인 굴원(屈原)이 가장 유명한 예라고 할 수 있다. 신화 만들기는 중국에서 끊임없이 활발하게 이루어지는 전통이 되었다. 역사적 영웅이나 영웅이 될 가능성이 있는 사람들은 기꺼이 자신을 신화의 소재로 제공했으며, 그를 통해 그 전기가 인기를 얻었다.

중국 최초의 시가집인 『시경』은 사당 음악, 조정 음악, 민간 음악으로 이루어져 있는데 공자 시대(기원전 551~479년)의 형식을 가지고 있다. 하지만 그 가운데 305수의 시는 주나라 초기(기원전 1122년 경)에 영토를 합병하던 시기에 만들어진 것으로 보는 시각이 일반적이다.

『시경』이 높은 가치를 가진 이유는 오래전에 만들어진 것이어서이기도 하지만 공자가 편집했다는 설이 있기 때문이기도 하다. 『시경』은 유교 문학 5경 중 한 권으로 인정받고 있으며, 다른 네 책은 예언과 우주론을 다룬 『역경』, 공식 문서 모음집인 『서경』, 예식과 관련된 이야기를 기록한 『예기』, 공자가 태어난 노(魯)나라의 기원전 722년부터 481년까지의 중요한 사건을 기록한 『춘추』다. 5경은 기원전

2세기 이래로 중국 학자들로부터 최고의 존경을 받아왔다.

『시경』의 시들은 원래 가락에 맞춰 부를 수 있었다. 특히 그 가운데 사당 음악에는 춤도 포함되어 있었다. 중국 문학사에서 시가 음악의 영향을 받기 시작한 것이 이때부터다. 『시경』에 실려 있는 대부분의 시들은 전반적으로 서정적인 특징을 보이는데, 주제는 군인의 어려움이나 계절 축제, 농사일이나 농촌 풍경, 사랑, 운동, 인간이나 부패한 관리를 보면서 느끼는 실망과 포부 등이었다. 분명한 것은 『시경』에 사용된 시어가 일반인이 일상생활에서 사용했던 언어와 닮았다는 점이다. 오랜 시간을 지나는 동안 『시경』의 시들을 세련되게 다듬으려는 시도가 여러 차례 있었지만 일상 언어로 이루어진 시어에 담긴 신선함과 자연스러움은 그대로 유지되었다. 그러나 가락을 붙이지 않고 그냥 큰 소리로 이 시를 읽으면 시에 사용된 4운으로 인해 단조롭게 느껴지며, 빈번하게 등장하는 길고 짧은 시구로도 그 단조로움을 해결할 수 없다.

고대 중국에 초기 인도나 서양에서 나타난 서사 문학과 비교할 만한 것이 있다면 그것은 문자 기록에 남은 희미한 흔적뿐이다. 『시경』에 귀족의 영웅적인 행위를 찬양하는 서사시가 몇 수 실려 있기는 하지만 이 시들은 반복적으로 재배열되어 있고 다른 민족의 서사시에 나타난 특징과는 공통점이 아주 적다. 예를 들어 반복적으로 나타나는 한 이야기는 주나라가 역사 무대에 어떻게 등장하게 되었는지에 관한 기록으로, 그 시조가 초자연적으로 출생해서 상나라를 정복한 이야기로 구성되어 있다. 역사 기록에 의하면 천 년 정도 되는 이 시기를 다룬 이야기는 시경에 겨우 400줄 정도의 부분만 차지하고 있다. 이와 비슷한 다른 이야기는 주나라 군대가 세운 업적들을 나열한 것으로, 주나라가 세워진 이야기보다 훨씬 단순한 내용이다.

『시경』은 중국 시문학에 심오한 영향을 미쳤는데 영향을 준 부분은 원래 중요하게 여겼던 서술적인 요소보다 서정성을 강조한 것이다. 원래 강조되던 서술적인 요소란 음악적 효과를 위해서 다른 어떤 수사기교보다 각운을 더 중요하게 생각하는 것, 통일된 수의 글자로 이루어진 규칙적인 행, 서양 시에서 강세가 있는 단어와 없는 단어를 반복해서 사용해 리듬을 만들어내는 것 대신 언어에 들어 있는 어조를 사용하는 것 등이다.

기원전 6세기경 철학자들이 나타나기 전에 씌어진 간단한 산문 기록이 많이 발견되었다. 그렇지만 지금까지 전해지는 것은 『서경』과 『역경』단 두 권뿐이다. 『서경』은 선언문과 연설문, 봉건 지주에게 보내는 대금 청구서 등 원시 국가의 다양한 서류들이 기록된 책이며, 『역경』은 예언을 하는 데 사용된 책이다. 두 책은 시간이 흐르면서 내용이 첨가되었는데, 근거가 무척 빈약한 이론에 의하면 원래 공자가 직접 엮은 책들이라고 한다. 두 권 모두 문학으로 인정받지는 않지만 유교 경전에 포함되었기 때문에 천 년 넘게 중국 작가들에게 지대한 영향력을 발휘해왔다.

정의를 좀 느슨하게 내린다면 개인 '원저자'를 가진 최초의 작품은 바로 『노자』 또는 『도덕경』이라고 할 수 있는데, 이 책은 도교의 창시자로 알려져 있으며 공자와 동시대 인물이었을 가능성이 있는 노자의 작품으로 인정받고 있다. 또한 『논어』는 공자의 작품으로 알려져 있다. 노자나 공자 모두 직접 집필한 것이 아니라 그들이 가르친 내용을 제자들이 기록한 것이다.

그렇기 때문에 『노자』는 현인 노자가 한 말을 간단하게 요약한 내용으로 이루어져 있는데 많은 부분이 운율에 맞게 기록되어 있고 산문 형식이라 할지라도 기억하기 쉽도록 잘 정리되어 있다. 『노자』와 마찬가지로 『논어』 역시 현자의 말을 모아둔 책으로 대부분 질문과 질문에 대한 대답이나 논쟁한 내용으로 이루어져 있는데 당시 필기도구가 무척 비싸고 귀했기 때문이다. 그러나 대화의 상황은 대부분 생략되어 있어서 현자의 말은 그 안에 담긴 깊은 지혜에도 불구하고 난해하고 문맥이 잘 맞지 않는 것처럼 여겨지는 경우가 많다.

기원전 400년경 필기도구 재료가 많이 개선되어 산문 형식에 변화가 일어났다. 대화가 기록된 길이가 길어지고 설명하는 내용이 더욱 자세해져서 농담, 이야기, 일화, 우화 등이 대화 사이사이 삽입되었다. 그래서 맹자의 가르침을 담은 책『맹자(孟子)』는 길이 면에서도 공자의 논어보다 세 배 정도 길뿐 아니라 주제도 다양하고 더 유기적으로 연결되는 모습을 보여준다. 비슷한 특징은 도교의 현인 장자가 기록한 것으로 알려진 『장자』에서도 발견된다. 장자는 "역설적인 언어, 대담한 표현, 미묘한 심오함 등을 사용해 머릿속에 담긴 사상을 자유롭게 표현했다. …… 그의 글은 흉내 낼 수 없이 독특하지만 에두르고 재미없어 보인다. 그의 담화는 불규칙적이고 형태가 없지만 관습에 얽매이지 않고 읽을 수 있다."(『장자』의 맺음말에서 발췌)

중국 최초의 통일제국을 이룩한 진 왕조(기원전 221~206년)와 이를 이어받아 더 강력한 제국을 유지한 한나라에서는 새로운 방향의 문학 활동이 시도되었다. 이 시기에 왕궁과 귀족 사이에서 새롭게 등장한 부(賦)는 시와 산문의 요소를 함께 지니고 있는 시가로 크게 번성했다. 길고 정교하며 묘사적인 시인 부는 초나라 애가의 연장선상에 있는데 예전과는 달리 새 지배계급을 즐겁게 해주거나 황제를 찬양하는 내용의 주제를 다룬다. 그러나 매승(枚乘)이나 사마상여(司馬相如)와 같은 사람들이 쓴 최고의 부 작품도 천박함과 경박스러움이 느껴진다. 또 다른 부의 대가인 양웅(揚雄)은 전성기를 누리면서 부라는 장르가 진정한 시인에게는 가치가 없는 단순한 기교라는 사실을 깨닫게 되었다. 그럼에도 불구하고 부는 창조적인 글쓰기의 한 형태로 전세계적인 인정을 받고 있으며 1,000편 정도가 창작되었다.

문학사상 한나라 때 이뤄진 또 다른 성과는 무제 때인 기원전 126년에 정식으로 악부(樂府)가 세워진 것이다. 이보다 앞서 악부령(樂府令)이라는 관직이 설치되기는 했지만 무제 때 이르러서야 비로소 정비되어 담당 관리가 시가를 채집하고 악기에 맞추어 음악화했다. 사당이나 궁정에서 불린 노래 외에도 각 지방에서 채집한 민가(民歌)가 보존되어 있는데, 여기에는 변경지역에서 채집된 것들도 있어 외국의 영향력을 보여준다. 악부에는 서정적인 시가 말고도 아름답고 애잔한 가요 등이 포함되어 있다.

산문은 진, 한 대에 이르러 더욱 크게 발전했다. 철학자와 정치 사상가의 뛰어난 작품 말고도 역사 기록이 문학의 중요한 분야가 되었다. 이 가운데 가장 뛰어난 것은 사마천이 지은 『사기』다. 이 작품은 장장 18년이 걸려 완성한 것으로, 전설상의 제왕 황제로부터 시작하여 한 무제까지 약 2천 년간의 역사 사실과 인물에 관한 사적(史跡)을 기전체로 기술했는데, 총 130권 52만여 자에 이른다. 이 책이 중국 최초의 역사책은 아니지만 후대 정사의 본으로 여겨지고 있다.

역사가이자 예술가였던 사마천은 과거의 사건과 인물을 살아있는 현실로 만들어 독자에게 보여주었다. 그의 전기는 소설과 역사 분야 모두에서 작가들이 본으로 삼는 모델이 되었다. 사마천의 위대한 계승자인 반고(班固)에 의해 지어진 『한서(漢書)』는 전한(前漢)의 역사를 기술한 것으로 총 80만 여 자에 이르는데, 체제와 규모면에서 『사기』에 다소 뒤지기는 하지만 중국 단대사(斷代史)의 효시로서 가치가 높다.

한나라가 멸망한 후 중국은 장기간의 정치적 분열 상태(기원전 220년~서기 589년)를 겪었다. 이 시기에는 정치와 사회가 불안하고 전쟁으로 인한 피해가 컸지만 문학은 오히려 발전했다. 여러 가지 이유가 있는데 우선 이전에 도입된 불교의 종교 음악과 인도 음악의 영향으로 중국어의 음률미가 강화되었다. 또한 중국을 침입해 316년부터 북부 절반을 다스린 북방 이민족이 문화적으로 중국에 흡수되었기 때문이다. 마지막 이유는 북방 이민족의 침입으로 세워진 북조(北朝)와 한족 중심의 남조(南朝)가 서로 대치하는 상황에서 문학적 다양성이 추구되었기 때문이다.

이 시기 문학은 정통 유가의 영향에서 벗어나 도가와 외래 불교문학의 영향을 점차적으로 받았으며, 대부분의 주요 작가가 억제되지 않는 개인성을 드러냈다. 3세기 시인이자 비평가인 육기(陸機)는 문장을 지을 때 창조성을 중요시했으며, 이전 사람들의 작품을 모방하는 인습에 반대했다. 그는 유명한 문학 에세이『문부(文賦)』에서 이 주장을 폈는데『문부』는 부 형식으로 쓰인 작품으로 그가 결국 아이에 지나지 않는다는 사실을 드러냈다.

3~4세기 도교 철학자 갈홍(葛洪)은 작가에게 있어 기교가 도덕적 완결성만큼이나 중요하다고 주장했다. 인습에 대해 반항하던 시대의 분위기는 당시 유행하던 청담(淸談)에 잘 반영되어 있는데 고상하고 비범한 일에 관해 지식인들이 논쟁을 벌이던 기풍으로 이 내용은 5세기에 유의경(劉義慶)이 쓴 일화 모음집『세설신어(世說新語)』에 잘 나타나 있다.

산문 작가들은 전반적으로 예술적 효과를 위해 서정적 표현과 수사적 기교에 많은 관심을 가졌지만 변려운의 일반적인 사용에서 일탈을 시도한 것도 있었다. 변려운에서는 문장의 대립적 구조와 대등한 억양을 맞추는 것이 중요한 요소였다. 변려운은 특히 철학이나 종교 논쟁과 관련된 작품에서 주로 사용되었다. 하지만 문학 비평서 인『문심조롱(文心雕龍)』에서 처음 사용되기도 했는데 이 책은 6세기 작가인 유협(劉勰)이 쓴 것이다.

중국 문학은 당대(618~907년)에 이르러 황금시대를 맞았다. 이 시기 가장 큰 영화를 누린 분야는 시가로 이전의 시체 모두 사용되 거나 개량되었으며, 아울러 새로운 형식도 만들어졌다. 당 대 초기 에 완성된 새로운 형식 중에는 율시(律詩)가 있다. 율시는 오언율시 나 칠언율시 모두 8구로 이루어지는데, 정확한 운율을 지켜야 하고 3, 4구와 5, 6구가 대구를 이루어야 한다.

또 다른 형식은 절구(絶句)다. 율시에서 파생된 시로 율시보다 더 간결한 형식을 가지고 있으며 율시의 앞 4구, 뒷 4구, 중간의 4구 또 는 맨 처음과 마지막의 각 2구를 절취한 형식을 가지고 있다. 그러므 로 율시의 운율은 지켜지지만 대조 구조는 선택사항으로 남아 있다. 오언절구와 칠언절구가 있는데 암시와 경제성을 통해 예술성을 구 축한 점은 오마르 하이얌(Omar Khayyam)의 루바이야트(roba' iyat) 나 일본의 하이쿠와 비교할 수 있는 점이다.

구어 음조의 확실한 구분 기준이 이 시기에 최고조에 달했는데 모 두 8가지의 음조로 구분되었다. 강약을 구분하는 규칙과 규제가 정 리되었다. 하지만 당시 여전히 존재했던 고시에서 엄격한 규칙은 반 드시 지켜야 하는 것은 아니어서 시인들은 정형성을 즐길 수도 있고 개인만의 자유를 누릴 수도 있었다.

지금까지 전해지는 당대의 시는 모두 4만 8,900수가 넘는데 모두 2,200명의 당대 시인에 의해서 씌어졌지만 그 중 몇 명만 여기서 언급하도록 하겠다.

중국의 위대한 시인으로 인정받는 두보는 자신이 처한 정치와 사회의 여러 모순들을 사실적으로 묘사했으며 755년 불만을 가진 민중이 일으킨 봉기에 뒤따른 대변동의 본질을 명확하게 이해하고 있었다. 이 봉기를 기점으로 당나라의 운명은 바뀌었다. 예술가로서 두보는 모든 형식의 뛰어난 시를 지었고 작시의 규칙과 규제에 순응하기도 하고 개척하기도 하면서 이를 후대에 전승시켰다. 그가 보여준 힘과 열정은 그가 지은 시 한 구에서 느낄 수 있다. "푸른 것은 전쟁의 연기고 흰 것은 인간의 뼈로다."

한편 당말 오대(五代) 때 일종의 새로운 시가 형식이 생겨났다. 그것은 음악에 맞추어 노래 부를 수 있는 더 자유스러운 형식으로 사(詞)라고 알려져 있다. 각 구의 글자수가 한 자에서 열 한자까지 일정하지 않기 때문에 산문의 자연스러운 리듬을 가지게 되고 노래로 부를 때 더 잘 이해된다. 처음에는 일반 평민에 의해 불린 사는 시인의 관심을 받은 직업 기생들 사이에서 많은 인기를 얻었다.

그러나 오국(907년~960년)이라는 전환과 투쟁의 시기에 이르러서야 사는 서정적 표현의 중요한 도구가 되었다. 사로 유명한 이욱(李煜)은 남당의 마지막 통치자였는데 송 왕조가 힘을 정리한 976년 사로잡혔다. 이욱의 사에는 남부에서의 행복했던 시절에 대한 비극적인 향수가 곳곳에 배어 있다. 또한 초기 연회나 궁정에서 불렸던 초기의 사에는 없었던 깊이 있는 슬픔의 감정도 발견된다.

당 말기에는 또 다른 문학 형식인 변려문이 생겨났는데 이것은 산문과 운문이 섞인 매우 색다른 형식으로, 처음에는 주로 부처의 일생에 관한 일화를 다뤘지만 나중에는 중국의 역사고사와 민간전설에 대한 내용을 담았다.

송 왕조(960년~1279년)는 문화 발전을 중요시했지만 군대의 힘은 약했다. 이 시기 동안 많은 문학 작품이 쓰였는데 주로 8세기에 발명된 인쇄 기술이 발전한 것과 전국적으로 공립학교가 세워진 덕이다. 그러나 이런 풍토는 이민족의 침입이라는 도전을 받게 되었다.

1127년 수도를 점령한 진의 타타르족으로부터 도망친 송 왕조의 왕족과 관리는 남쪽으로 피했다. 거의 한 세기 반 정도 중국은 다시 분리되었다. 훗날 원 왕조를 세운 쿠빌라이 칸이 1206년 정치 재통일을 시작해 1280년에는 전국을 통일했지만 문화는 여전히 분리되어 있었다.

중국 역사 전통을 간직한 채 피난을 간 남쪽에서 민족적·문화적 동종 의식이 유지되었다. 사실 중국 철학과 전통 문학의 중심은 양쯔 강 삼각주지역의 북쪽으로 절대로 돌아가지 못했다. 하지만 북쪽에서 발전이 시작되어 완전히 새로운 시작점을 맞이하게 되었다. 우선 다양한 민족이 이주해오고 융합되면서 성조의 개수가 감소하게 된 새로운 공통어가 만들어졌고 이는 나중에 표준 중국어의 기본이 되었다. 둘째로 전통 문화 중심이 남쪽으로 옮겨가면서 정복자의 관점에서 본 옛 문학의 위상은 그 지위를 잃게 되었다. 그래서 남쪽과는 달리 원 왕조가 지배한 북부 중국은 전통에서 벗어난 독특한 문학 활동을 시작하게 되었다.

이 시기에 희곡 문학이 전성기를 맞게 되었다. 기존의 골계희(滑稽戲), 참군희(參軍戲), 괴뢰희(傀儡戲), 영자희(影子戲) 등은 희곡 분야가 발전할 수 있는 기본을 제시했다. 그러나 원 왕조의 희곡이 발전할 수 있도록 보다 직접적인 영향을 미친 것은 인도와 이란의 희곡 양식이었던 것으로 보인다. 학식을 갖춘 중국인 가운데에는 이민족 왕조와 협력하지 않고 회화와 글쓰기에 몰입하는 경우가 많았다. 4, 5

장으로 이루어지고 서언과 끝말, 사이사이 노래와 일상 대화에서 사용하는 언어로 이루어진 대화 등이 들어간 새로운 희곡이 발전하면서 많은 지식인이 희곡을 쓰게 되었다. 1234년부터 1368년까지 1,700편 이상의 악극이 창작되고 공연되었으며 105명의 극작가가 이름을 남겼다. 게다가 무명으로 희곡을 쓰고 서명을 하지 않은 작품이 현대에 발견되는 것으로 보아 이 규모는 더욱 클 것이다.

유사하게 반통속적인 소설을 쓰는 작가가 등장하기 시작했는데 완전히 통속적인 장황한 소설을 쓰는 과거의 전통도 그대로 유지되었다. 이런 작품은 초기에 인쇄 품질이 떨어지고 작가도 가명이나 익명으로 출판되었다. 물론 많은 초기 작품이 나관중(羅貫中)의 것으로 추측되지만 어느 작품이 정확하게 그가 쓴 것인지에 관한 믿을 만한 증거는 많지 않다. 이런 소설들은 다양한 작가들과 편집자들이 오랜 시간 다듬었다고 밖에는 볼 수 없을 정도로 다양한 버전으로 존재한다. 루어관중의 가장 잘 알려진 작품은 『삼국지연의(三國志演義)』, 『수호전(水滸傳)』, 『평요전(平妖傳)』 등이 있다. 문학적인 관점에서 봤을 때 이 세 작품 중 가장 훌륭한 것은 수호전으로 긴 이야기 구조에 충분한 상상력이 동원되었고 사회적으로 정치적으로 불만을 품고 봉기를 일으킨 반란군 주변에서 일어난 일화를 잘 구성시켰다.

명대(1368~644년)의 작가들이 크게 활약한 분야는 바로 통속 소설이었다. 송 왕조부터 시작되어 몽골 왕조 기간에도 남부에서 잘 유지되어온 전통이 희곡에서 부활했다. 남부 희곡은 악극으로, 전기(傳奇)라고 알려져 있는데 다음과 같은 특징이 있다. 전기는 30~40개의 장면으로 이루어져 있다. 각 소절의 각운의 변화가 자유롭고 빈번하다. 남자 주인공이나 여자 주인공이 혼자 노래를 부르지 않고 여러 배우가 함께 노래를 부른다. 역사나 민속에서가 아니라 일상생활에서 찾은 소재를 다룬다.

전기의 구조를 결정하는 규칙이 없었기 때문에 1장으로 구성된 촌극 작품도 나타났다. 처음에 주로 익명의 아마추어 작가들이 이 새로운 흐름을 주도했지만 점차 지식 계급의 지지를 받게 되었고 16세기에 이르러서는 영향력 있는 새 학파가 만들어졌는데 이 학파를 지도한 것은 시인이자 가수였던 양진어(梁辰魚)와 그의 친구인 유명한 배우 위양보(魏良輔)였다. 이들이 주도한 곤(昆)학파는 부드러운 노래와 섬세한 음악을 그 특징으로 했는데 18세기 후반까지 극단을 주도했다.

남부에서 그 주제나 구성이 변화하면서 화려하고 학식적인 분위기를 갖게 되었던 희곡과 대곡(大曲, 이야기를 서술하는 중간 중간 멜로디를 넣는 형식)를 제외한다면 16세기 가장 발전했던 분야는 소설 분야이다. 이 당시 두 중요한 작품이 쓰였다. 오승은(吳承恩)의 『서유기』는 7세기 승려인 현장이 인도로 불경을 구하러 갔던 이야기를 소설화 한 것이다. 주제는 통속 문학 분야나 원대 희곡에서 비교적 이른 시기부터 다뤄진 것이라 전혀 새로울 것이 없지만, 생생하고 빠른 전개 속도로 쓰인 것은 처음이었다. 등장인물들이 순롓길에서 겪은 모험과 시련을 담은 81편의 에피소드에서 비슷한 내용을 담은 것은 없다. 많은 요괴가 소개되는 각 에피소드는 저마다 독특한 내용을 담고 있다. 『수호전』에서처럼 화자를 등장시키는 형식의 영향을 받은 것이 나타나는데 각 장은 "어떤 일이 일어날지 궁금한 독자는 다음 이야기를 읽으면 알게 될 것이다"라는 문장으로 끝난다. 그러나 고상한 문체로 쓰인 『수호전』과는 달리 『서유기』는 완전히 일상 언어로 쓰였다. 당시 작가가 이런 문체를 선택하는 것은 꽤 어려운 선택이었던 것으로 보이는데 왜냐하면 그가 처음 작품을 발표했을 때 비난을 피하기 위해 무명으로 책을 냈기 때문이다. 중국에서 출간된 수많은 주석서와 속편 부분을 제외하면 『서유기』의 영어판은 두 권이 있다.

두 번째 소설은 『금병매(金甁梅)』로, 작가는 알려져 있지 않으며 제목은 작품에 등장하는 여자 주인공들의 이름에서 한 글자씩 딴 것이다. 통속 산문 형식으로 쓰인 이 소설은 치밀한 구성으로 이루어져 있고 주인공 서문경(西門慶)의 주색과 악한 행동을 다루고 있다. 16세기 중국의 다양한 사회 모습이 세밀하게 묘사되어 있어서 당시의 사회 역사 기록으로 읽어도 좋을 정도이다. 등장인물의 성적 행위가 정교하게 묘사되어 있어서 여러 서구 번역가들은 수많은 음탕한 표현들을 라틴어로 번역했다. 중국 정부는 수차례 이 책을 금서로 정했고 1610년에 출판된 초본의 모든 복사본은 파기되었다.

19세기 중국은 더 이상 서구에서 멀리 떨어져 있을 수 없었고 1차 아편전쟁(1839~42년)이 끝난 후 중국의 항구 도시들은 강제적으로 서구와 개항 조약을 맺게 되었다. 그 과정에서 다양한 주제를 다룬 많은 서양 작품이 중국으로 번역되어 소개되었다. 그 가운데에는 번역 수준이 뛰어나서 중국 문학사에서 뛰어난 위치에 오르게 된 작품들도 있다. 그 가운데 뛰어난 번역가로는 옌푸[嚴復]가 있는데 그는 영국에서 유학을 한 뒤 서양 철학서들을 중국어로 번역했다. 그의 번역서들은 문학 분야의 업적이라는 관점에서 보면 주 왕조의 철학자들과 같은 수준의 칭송을 받을 가치가 있다고 주장된다. 또 다른 위대한 번역가로는 린수[林紓]가 있는데 그는 외국어 지식은 없었지만 통역의 도움을 받아 중국에 170편이 넘는 서양 소설을 소개했고 모두 사마천의 문학 형식을 도입해서 번역했다.

현대 중국 문학

청나라가 망한 다음 해인 1912년, 중화민국이 정식으로 수립되자 지식인들 사이에서는 문학을 개혁하자는 주장이 일어났는데 그 시작은 언어 자체에서부터여야 한다는 주장도 있었다. 1917년 1월 컬럼비아 대학에서 철학을 공부한 후스는 잡지 《신청년》에 「문학개량추의(文學改良芻議)」를 발표했다. 그는 그 글을 통해 새로운 국가 문학은 고어가 아니라 살아 있는 국어인 일상 언어로 씌어야 한다고 주장했다.

이 주장과 함께 시작된 문학 개혁운동은 문화적·사회정치적 개혁을 주장했던 5·4운동의 일부였는데, 5·4운동은 세계 1차 대전의 끝을 공식적으로 알린 파리 평화 회담의 결과에 굴복한 중국 관리 계급의 행동에 대한 학생 항의운동으로 시작된 1919년의 운동이다. 시작 단계에서 문학 개혁가들은 많은 지지를 받았고 유명한 번역가 린수와 같은 기존 지식 계급으로부터의 사소한 반대만 받았는데 린수는 얼마 지나지 않아 자신의 반대 입장을 포기했다.

이 운동의 결과는 1918년과 1919년에 나타났는데 자신을 제외한 온 세상 사람이 미쳤다고 생각하는 사람의 이야기를 다룬 『광인일기(狂人日記)』와 『약(藥)』과 같은 작품이 《신청년》에 발표되었다. 두 작품 모두 저우수런(周樹人)의 작품으로, 저우수런은 루쉰이라는 필명으로 더 잘 알려져 있다. 그는 동생인 저우쭤런(周作人)과 함께 일본에서 공부했는데 유학을 마치고 돌아와 문학 개혁운동의 지도자로 활약했다. 신랄하고 서구화되었으며 종종 비꼬는 어투로 중국의 봉건적인 전통을 공격한 것으로 인해 루쉰은 중국의 가장 유명한 비평가이자 작가가 되었다. 그가 지은 『아Q정전(阿Q正傳)』은 20세기 초반 중국의 보수주의를 비난하는 내용으로 5·4운동 시기를 대표하는 작품이자 세계적인 작품이 되었다.

이런 초기 작품들은 수많은 젊은 지식계급에게 자극을 주었고 그들은 자신의 지식들을 나누고 문학 단체를 형성해서 개혁운동을 주도했다. 문학연구회는 일반적으로 '현실주의' 또는 '인생을 위한 예술' 학파라고 언급되는데 그 들은 《소설월보(小說月報)》라는 문학잡지를 창간해서 편집했다. 1920년대 주요 소설 작가의 작품은 이 잡지를 통해 대부분 소개되었다. 이들이 보여준 사회반역적이고 현실 비판적인 작품은 교훈적이고 선전적인 문학이 점차 그림자를 드리우기 시작한 1940년대까지 중국문학계를 흔들었다.

이들보다 규모는 더 작았던 '창조사'의 구성원들은 '낭만적인' 전통을 따랐는데 이들은 자신들이 쓴 작품을 "예술을 위한 예술"이라고 규정하며 작가들이 사회운동에 참여하는 것을 피했다. 그러나 1924년 이들을 주도했던 궈모뤄(郭沫若)가 마르크스주의로 노선을 바꾸면서 창조사는 중국의 첫 마르크스 문학 단체로 바뀌었다.

두 단체는 다른 문화권의 작품을 번역하는 데 힘을 기울였고 이렇게 번역된 책은 전통 중국 문학의 자리를 대신하고 새로운 글쓰기의 기초가 되었다. 이런 현상은 특히 희곡과 시 분야에서 두드러졌으며, 서구 희곡 작품과 시를 통해 헨리크 입센(Henrik Ibsen)과 라빈드라나트 타고르(Rabindranath Tagore)가 중국 독자에게 널리 알려졌다.

1920년대 중반 국민당과 공산당 그리고 군벌이 서로 빈번하게 충돌했던 정치적 사건을 통해서 중국 지식인들이 좌파로 돌아서는 분위기가 조성되었고 이는 1930년대 좌익작가연맹(中國左翼作家聯盟)의 형성이라는 결과를 가져왔는데 당시 영향력 있던 대부분의 작가가 여기에 포함되었다. 루쉰은 이 연맹이 유지되었던 기간의 절반 넘게 대표를 맡았는데 1925년 소설 쓰기를 중단했고 1927년 베이징에서 상하이로 근거지를 옮긴 그는 자신이 가진 창조력을 모두 러시아 문학을 번역하는 일과 훗날 그의 특징이 된 신랄하게 비꼬는 내용의 잡문을 쓰는 데 쏟아부었다. 이 시기에 활동했던 소설가 중에서 가장 많은 성공을 거둔 사람 가운데에는 마오둔〔茅盾〕, 라오서〔老舍〕, 바진〔巴金〕 등이 있다.

마오둔은 문학연구회의 창립자로 전형적인 현실주의자였다. 5·4운동 전 시기 도시 지식계급, 농촌지역의 붕괴 등을 그림 그리듯이 보여주는 작품 활동을 했는데 그 가운데 대표작은 1930년대 상하이를 무대로 대공황 이후 중국이 겪은 경제적 사회적 혼란을 보여준 『자야(子夜)』(1933)다.

라오서는 현대 중국에서 가장 유머가 풍부한 사람으로 런던에서 중국어를 가르치며 작품 활동을 했는데 그의 작품은 전통적인 중국식 이야기와 찰스 디킨스(Charles Dickens) 소설의 영향을 받았다. 그의 작품은 에피소드 구조, 독특한 북부 방언, 생생한 인물, 풍부한 유머를 특징으로 한다. 1936년, 그는 군벌 통치하의 베이징을 무대로 한 젊고 순박한 인력거꾼의 비극적 생애와 몰락을 묘사하여 냉혹하고 암담한 현실의 구조적 모순을 고발한 『낙타상자(駱駝祥子)』를 발표했으며, 이 책은 1945년 영어로 번역돼 부분 삭제판으로 출판됐다.

무정부주의자로 유명한 바진은 당시 가장 인기 있는 소설가였다. 왕성한 작품 활동을 한 그는 최초로 발표한 자서전적 소설 『집(家)』(1931)으로 잘 알려져 있는데 이 책은 부유하고 세도 있는 집안에서 태어난 세 아들의 삶과 운명을 그린 책이다. 이 책은 중국의 압제적인 가부장적 사회상을 잘 묘사하고 있으며 사회개혁의 필요를 급박하게 느끼는 중국 젊은이들의 깨달음을 담고 있었다.

1930년대는 동북지역의 소설가 그룹이 잠시 활발한 활동을 했다가 사라진 시기이기도 한데 이들은 1932년 중국의 만주 합병으로 인해 고향을 잃은 사람들이다. 마음을 뒤흔들고 향수를 불러일으키는 샤오쥔(蕭軍)과 샤오홍(蕭紅)의 글이나 두안무홍량(端木蕻良)의 강한 단편소설들은 전쟁이 임박한 분위기에서 항일전쟁을 하자며 젊은이들을 일으키는 표어가 되었다.

1930년대 시 문학은 더 많은 학생들이 해외에서 돌아와서 "봉건주의와 제국주의에 대항하는 인민 항쟁"에 자신의 글 실력을 발휘하기 시작하면서 비슷한 정치화를 경험했다. 초기 신월파 시인이 보여준 서정적인 시는 독자의 애국적인 열정에 호소하는 아이칭(艾青), 톈치엔(Tian Chien)과 장커자(臧克家) 같은 시인의 시로 대치되었다. 처음에 신월파의 영향을 받은 사람들도 다양한 분야에서 두각을 드러내기 시작했다. 이 가운데 유명한 작품으로는 펑즈(馮至)의 명상적인 정형시, 볜즈린(卞之琳)이 보여준 베이징의 세련된 시, 허치팡(何其芳)이 지은 서정적인 시가 있다. 이들보다는 덜 유명하지만 더 대담한 시도를 했던 사람들로는 현대파의 다이왕수(戴望舒)와 리진파(李金發) 등이 있는데 이들은 프랑스 상징주의 형식으로 쓴 보다 정교하고 불가해한 작품을 발표했다.

1930년대에 더 많은 5·4운동 작가들이 단편소설을 발전시키고 소설 작품이 지위를 회복하면서 소설 분야가 군림을 하게 됐지만, 가장 놀라운 발전이 이루어진 분야는 희곡 분야였다. 1930년대가 되기 전에도 일상 언어로 쓴 현실주의적 사회주의 희곡이 발표되었지만 주로 서구 작품을 번역하거나 각색한 것에 불과했다. 차오위(曹禺)는 부유한 상인 가족을 등장시켜 그들의 운명, 인과응보, 근친상간 등을 다룬 희곡 「뇌우」(1934)를 발표했는데 이 희곡이 경이적인 성공을 거두게 되었고 이를 계기로 희곡 분야가 확고한 지위를 얻게 되었다. 그는 계속해서 「일출」(1936), 「평야」(1937) 등의 희곡을 발표해 큰 성공을 거두었는데 그의 작품에서 억압하는 사회 문제와 인간의 연약함이 손에 땀을 쥐게 하는 긴장과 혁신적인 극작법으로 표현되었다. 그 다음 시기에 시작된 정치 현실로 인해 희곡 예술은 계속해서 침체되었기 때문에 차오위의 작품은 여전히 현대 중국 희곡 분야에서 최고 수준을 차지하고 있다. 영화, 텔레비전, 다른 문화산업이 이 문학 분야의 탄력을 약화시키고 있기는 하지만 여전히 효과적인 선전도구 역할을 맡고 있고 특히 항일전쟁 시기 그 효과를 두드러지게 나타냈다.

중일전쟁 동안 대부분의 작가는 내륙으로 피신했는데 1938년 중화전국문예계항적협회(中華全國文藝界抗敵協會)를 조직해 라오서가 대표를 맡고 모든 문인들은 애국적인 문학작품을 쓰는 데 집중했다. 모든 문인이 농촌과 전선으로 가야 한다는 연합적인 요구에 대한 자연스러운 반응으로 보고문학(reportage)을 포함한 모든 문학 분야가 영향을 받았다. 문학잡지에는 짧고 읽기 쉬우며 각색하기 용이한 극본, 애국심을 주제로 한 시, 전쟁 지역 긴급 보도 등이 실렸다. 이 시기에 활발한 항일 문학 활동을 한 주요 작가로는 바진, 차오위, 마오둔, 딩링[丁玲] 등이 있다. 여성의 정신과 여성의 사회적 상황에 관한 소설적 탐구가 1920년대 대중의 관심을 끌었는데 이 주제는 30년대 말 옌안 공산당 본부의 주요한 소설에서 다시 등장했다.

충칭지역의 국민당 정부에 대해 지식 계급이 계속 키워오던 불만은 일본의 항복 뒤 시작된 공산당-국민당 전쟁 기간에 극적으로 드러났고 그 결과 국민당은 타이완으로 도망치고 1949년 10월 중화인민공화국이 성립되었다. 대부분의 작가는 자부심을 느끼고 이 변화를 환영하며 대륙에 남아 새 정부를 위해 일할 것을 선택했다.

1949년 이후 중국 대륙의 문학은 정치 선전과 이데올로기 싸움의 도구로 기능했다. 이런 상황에 이르게 한 발단은 1942년 마오쩌둥이 발표한「옌안 문예좌담회상의 강화(在延安文藝座談會上的講話)」에서 시작되었는데 이 발표를 통해 마오쩌둥은 진정한 프롤레타리아 문학은 예술성과 정치성의 통일을 전제로 노동자, 농민, 병사를 위한 문학을 창조해야 한다는 문예노선을 확정하여 공산혁명을 위한 문예활동을 전개했다. 1949년 제1차 전국문학예술공작자대표대회가 열려 중화전국문학예술계연합회(中華全國文學藝術界聯合)를 발족하고 궈모뤄를 첫 회장으로 선출했다.

자오수리(趙樹理)는 마오쩌둥의 문예 노선을 최초로 실현해낸 작가로, 농촌의 계급투쟁을 진정성 있게 묘사한『리유차이의 노래(李有才板話)』(1943)를 썼다. 내전이 끝날 무렵에는 토지개혁을 다룬 소설들이 발표되었는데 그 가운데 딩링의 장편소설『태양은 쌍간 강에서 빛난다(太陽照在桑乾河上)』(1949), 저우리보(周立波)의『폭풍취우(暴風驟雨)』(1949) 등이 큰 인기를 얻었다. 5·4운동에 참여했던 문인 가운데 1949년 이후 소설 창작을 계속했던 사람은 거의 없는데, 왜냐하면 사회 비평가로서의 그들의 경험이 사회가 어떤 모습이어야 하는지에 관해 소련으로부터 빌려온 작품들에 나타난 사회주의 리얼리즘 작품을 비평할 만큼 준비되지 못했기 때문이다. 그러나 인민공화국이 세워진 초기 나이 많은 시인들은 성공적인 문학 활동을 했는데 주로 토지개혁, 현대화, 한국전쟁에서 공을 세운 중국 영웅 등을 소재로 삼았다. 극작가 역시 프롤레타리아 주제를 작품에서 소개하면서 활발한 작품을 했는데 이 가운데에는 음악을 함께 넣은 작품도 있다. 이 시기 라오서는「용의 수염물결」(1951) 등의 희곡을 써서 인민 예술가라는 영예로운 칭호를 얻게 되었다. 또한 허징즈[賀敬之]는 중국 고유의 민족풍격을 지닌 최초의 대형가극 〈백발의 아가씨[白毛女]〉를 창작했는데, 이것은 중국 서북부의 농촌에 전해오던 '백발선녀'의 이야기를 모티브로 한 것이었다.

1950년대 중반 '백화제방, 백가쟁명'(百花齊放百家爭鳴)이라는 정책이 시행되었으나 곧 반우파 투쟁으로 이어져서 관련된 작가와 예술가가 숙청되는 결과를 맞이하게 되었다. 그러나 문학 분야의 절망 시기는 문화대혁명(1966~76년)에 이르러서야 시작되었다고 할 수 있는데 이 시기 루쉰의 소수 작품, 혁명을 다룬 경극, 하오잔(Hao Jan)의 혁명적 로맨티시즘 작품을 제외한 모든 문학은 금지되었다. 마오쩌둥이 사망하고 4인방이 몰락한 뒤에야 문학작품이 다시 쓰이고 그때까지 살아있던 작가들의 복권이 이루어졌다.

문화대혁명의 상처를 국가적으로 정화하기 위한 '상처 문학'의 흐름이 문화대혁명이 끝나자마자 시작되었지만 이내 왕멍[王蒙]이 의식의 흐름 기법으로 쓴 작품과 같은 정교하고 모험적인 작품들에게 그 자리를 내주게 되었다. 베이다오[北島] 등 시인들의 상징적인 시 작품들도 이 새로운 흐름에 동참했다. 대담한 희곡 작품들이 창작되었고 류빈옌[劉賓雁]의 혁신적이고 실험적인 보고문학 작품도 발표되었다. 문학에 대한 제한이 점차 풀려가면서 서양 작품이나 타이완 문학이 대륙 작가와 독자들에게 소개되었다. 이런 상황에서 1989년 일어난 톈안먼 사태와 그 뒤이어 일어난 사건들로 인해 현대 중국 작가의 주요 인물들이 해외로 망명하게 되는데 그 가운데에는 베이다오, 양롄[楊煉], 가오싱젠[高行健], 다천(Da Chen) 등이 있다. 캘리포니아에 정착한 베이다오가 편집하는 《오늘[今天]》이라는 잡지는 해외 망명 작가의 작품이 소개되는 가장 앞서가는 잡지가 되었다.

12
현대 중국인들의 일상생활

　중국 인구의 대부분을 차지하고 있는 한족이 주로 이끌어온 중국 문화는 지난 5,000년간 끊임없이 발전해왔다. 그러나 사용하는 악기가 약간 달라진 것을 빼고는 음악이나 춤을 포함한 대중적인 문화 표현 방식은 거의 변하지 않았다. 예를 들어 현대 중국인이 부르는 민속 가요는 중국 역사상 예술 발전이 가장 많이 이루어진 당 왕조 때 그 조상들이 부르던 것이다.

　중국 문화권에서 태어나지 않은 사람들은 중국 문화를 쉽사리 이해하지 못한다. 그 이유 가운데 하나는 언어라는 장애물 때문인데, 중국어는 성조에 따라 뜻이 달라지는 동음이의어 수천 자가 있어 다른 언어권 사용자가 중국어를 배우는 것은 굉장히 어려운 일이다. 중국의 전통 음악 역시 서구나 아프리카와는 다른 음률과 음계를 사용한다. 중국의 표의문자는 5만 개가 넘어 완전하게 학습하려면 적어도 몇 년간은 애를 써야 한다. 중국학자들은 중국어의 이런 점이 만리장성과 같은 목적을 가지고 있다고 말한다. 이런 어려움으로 인해 '중심이 되는 국가'이자 세계의 중심인 중국에서 이민족을 몰아내고 중국과 중국인이 중심이 된다는 것을 확실히 한다는 것이다.

중국인은 전통과 문화적 영속성을 굉장히 중시한다. 유교적 이상을 추구하며 전통과 탁월함을 유지하는 수단 가운데 한 가지가 교육이다. 굉장히 많은 수의 학생이 열악한 교육 환경에서 교육받는 공교육 체계에도 불구하고 중국인들은 다른 나라 국민에 비해 비교적 높은 학습 수준을 보여주며, 세계인이 서로 경쟁하는 수학과 과학 시험에서 높은 성적을 거두곤 한다. 이는 교사가 잘 양성되어 있어서이기도 하지만 중국 교육이 문제 풀이와 암기 위주라 시험에서 좋은 효과를 나타내기 때문이기도 하다. 하지만 중국 학생들이 두각을 나타내는 영역은 이뿐만이 아니다. 음악 교육이 잘 실행되고 있어 중국 학생들은 기본적으로 피아노와 바이올린을 다룰 줄 알며 악보 읽는 능력도 뛰어난 편이다. 비교적 젊은 세대는 덩샤오핑의 현대화 프로그램이 진행되는 동안 영어 교육을 받기도 했다. 중국이 세계 경제에 통합되면서 영어 교육의 수요는 점점 더 늘어났고 이제는 원어민을 영어 교사로 채용하는 경우도 많다.

다른 나라들과 마찬가지로 중국 역시 일, 음식, 운동, 건강, 취미, 시간 관리 등의 일상생활도 문화로 나타난다. 또한 어디에서나 그런 것처럼 전통과 현대성 간의 긴장도 존재한다. 예를 들어 중국은 지역 특색 음식을 중요하게 생각하지만 거리마다 서양 국가 소유의 음식점이나 서양 스타일의 패스트푸드 프랜차이즈가 점점 늘어나는 현상은 막을 수 없다. 정부가 인터넷을 통제하려고 갖은 노력을 함에도 불구하고 수입 음악, 영화, 패션에 열광하는 젊은이들은 전통 시장을 대형 쇼핑몰보다 멀리할 수밖에 없다. 서구 기술력의 도입으로 인한 빠른 변화와 경제발전과 맞물려 문화대혁명을 기억하는 노인 세대와 그렇지 못한 젊은 세대 사이에는 엄청난 간극이 생겨났

다. 이 두 세대는 서로 쉽게 이해할 수 없는 관습과 의식을 갖고 서로
다른 중국을 살아가고 있다고 할 수 있다.

음식

중국 문화는 음식을 통해 설명할 때 가장 잘 이해된다. 중국 요리
는 중국 철학과 마찬가지로 대립과 변화라는 요소를 가지고 있다.
차가움은 뜨거움과, 양념이 강한 음식은 담백한 요리와, 생식은 절
임과 서로 조화를 이룬다. 중국 중부를 대표하는 쓰촨 요리는 아주
매운 고추를 사용하는 것이 그 특징이다. 한편 남부 내륙에서는 신
선한 재료를 중요하게 생각한다. 특히 광둥 요리는 수확한 지 얼마
안 된 신선한 야채와 살짝 익힌 육류의 맛이 절묘한 조화를 이룬다.
어떤 지역에서든 모든 종류의 요리는 중국 식단의 주식인 곡류에 곁
들이는 반찬으로 인식된다.

미식 분야에서 최고로 인정받는 프랑스 고급 요리를 제외한다면
그 다음으로 인정받는 요리가 바로 중국 요리라고 할 수 있다. 중국
과 프랑스가 세계적으로 유명하고 환영받는 요리를 만들 수 있게 된
것은 결코 우연이라고 할 수 없다. 두 국가 모두 풍부한 음식 재료가
생산되는 조건을 갖췄기 때문이다. 게다가 전통적으로 양 국가에서
미식은 흥미와 존경의 대상이었다.

중국과 프랑스의 지성·예술·정치·경제 분야의 지도자들은 전통
적으로 훌륭한 식사에 큰 의미를 부여했다. 프랑스 부르봉 왕조의
경우나 탈레랑(Charles-Maurice de Talleyrand) 등이 남긴 말을 통해
이를 확인할 수 있다. 고대 중국에서도 음식을 준비하고 접대하는
것이 궁중 예절에서 중요한 의미를 지녔다. 황제가 황위에 올라 처

음 한 일이 요리사를 임명하는 것인 경우가 많았고, 그렇게 궁중 요리사로 임명된 사람들은 다른 사람보다 더 좋은 평가를 받기 위해 혼신을 바쳤다.

고대 중국에서는 주로 사냥과 수렵을 통해 식재료를 얻었다. 소고기, 양고기, 돼지고기뿐 아니라 사슴, 엘크, 수돼지, 아기사슴, 늑대, 메추라기, 꿩 등 야생동물들이 식용으로 사용되었다. 땅에서 고비, 여뀌, 엉겅퀴 등을 뜯어 먹기도 했다. 육류는 소금에 절이거나 향신료를 뿌려놓거나 술로 발효시켰다. 맛의 차이를 주기 위해 육류의 조리에는 다른 동물의 지방이 사용되었다.

농업이 발달하면서 그 지역에서 생산이 가능한 재료에 따라 음식 스타일이 결정되었기 때문에 조리 방법도 그에 따라 다양해지고 특색 있는 지역 요리가 발달하게 되었다. 다양한 요리가 등장하면서 맛도 더욱 세련되어졌다. 공자가 활동하던 시기에 이르러서는 상당한 지성을 가진 미식가가 역사 전면에 등장하기도 했다. 공자는 까다로운 식성을 가진 사람 가운데 한 인물에 대해 다음과 같이 썼다. "그는 웬만한 쌀밥에 만족하지 않는다. 밥이 제대로 지어지지 않으면 손도 대지 않고, 음식에 제철 재료가 쓰이지 않은 경우에도 먹지 않는다. 고기가 올바르게 썰리지 않으면 집어올리지도 않는다. 양념이 어울리지 않으면 거들떠보지도 않는다."

다른 나라들의 고급 요리와 마찬가지로 정통 중국 요리도 중국 사회가 풍요를 누리게 됐을 때의 결과물이다. 서기 2세기에 들어서자 중국 왕실은 아주 호화로운 생활을 하게 되었고 이때 고급 요리도 발전했는데, 귀족들이 하루 종일 고기만 구워 먹으면서 빈둥거린다는 불만이 생겨났을 정도였다.

10세기 또는 11세기경 특색 있는 요리가 등장하기 시작했는데 아주 세심한 부분까지 발전했고, 청 왕조(1644년~1911년 12월) 때 최고조로 발전했다. 이 시기의 요리는 단순함과 우아함이 조화를 이루었고, 음식을 준비하고 요리하는 목적은 각 재료에서 독특하고 재미있는 특징을 추출하기 위한 것이었다.

프랑스 요리와 마찬가지로 중국 요리에서도 전채요리가 식사의 분위기를 돋군다. "전채요리는 품위 있어야 한다"라는 말은 중국의 전문 미식가인 린주이펑(Lin Zuifeng)과 그의 딸 린샹루(Lin Xiangru)가 한 말이다. 두 사람은 궁합이 맞는 요리를 만드는 데 있어 최고의 솜씨를 갖고 있다. 중국 요리사들은 파슬리나 야채를 새, 물고기, 박쥐, 또는 꽃바구니 모양으로 조각해서 요리를 장식한다. 어떤 장식을 하느냐는 크게 중요하지 않지만 처음부터 마지막까지 일관된 스타일을 보여야 한다. 예를 들어 처음 시작한 요리의 장식이 꽃이었는데 코스 중간에 장식의 모양이 바뀌는 것은 아주 나쁜 경우라고 할 수 있다.

밥(쌀을 비롯한 곡류)과 요리(야채와 고기)가 조화를 이루게 하는 것도 중국 요리의 특징이다. 오랜 세월을 지나는 동안 재료간의 조화와 균형미가 점점 더 탁월해졌고 이 세련됨은 정찬이나 고급 요리 또는 특별한 때에 먹는 식사에만 국한되지 않는다.

가장 기본적으로는 맛이 있어야 하지만 천문적·지리적·개인적 특성이 뜨거움과 차가움이라는 음양의 복잡한 조화를 이루어야 한다. 이 이론에 의하면 모든 식재료에는 고유한 기질이 있다. 그렇기 때문에 적정한 온도의 알맞은 음식과 음료를 섭취하면 음양의 기운을 정돈할 수 있다.

특정 음식과 음식 재료 중에는 전국적으로 분포되어 있는 것이 있다. 쌀은 밀이 많이 나는 지역을 제외한 중국 전역에서 일상적으로 소비된다. 어류 또한 전 지역에서 중요하게 취급되는 식재료다. 돼지고기, 닭고기, 오리고기 등의 육류와 버섯, 죽순, 물밤, 콩나물 등의 야채도 많이 사용된다. 이런 재료를 조리할 때는 소금을 대신할수 있는 MSG나 간장이 양념으로 사용된다. 중국 요리의 또 다른 특징은 기름을 무척 많이 사용한다는 것으로, 기름은 매우 다양한 방법으로 사용되는데 재능 있는 중국 요리사의 손을 거쳐 아주 섬세한맛을 보여주기도 한다. 중국인은 녹차나 홍차 같은 차를 식사 도중에 마신다. 또는 재스민 차를 꽃잎과 함께 작은 컵에 담아 마시기도한다.

유명한 중국 요리

중국 요리는 다섯 개의 지역 요리로 분류된다. 그 가운데 베이징, 쓰촨, 저장-장쑤 세 지역이 중국 요리의 주요한 학파다. 나머지 두지역은 푸젠과 광둥인데 요리법의 발달로 봐서는 앞의 세 지역보다는 그 중요도가 낮다.

베이징은 튀긴 두부와 물밤의 본토다. 베이징 거리에서는 찐빵이나 해바라기씨를 사먹을 수 있으며, 돼지고기로 속을 채운 파오쯔[包子]라는 둥근 빵이나 교자(餃子) 또는 마늘, 배추, 돼지고기, 양파 등으로 속을 채워 돌돌 만 음식도 볼 수 있다. 양파와 마늘을 넣고 만부드러운 밀전병이나 다진 돼지고기로 만든 양념이 들어간 국수도베이징 특산 먹거리다.

그러나 그 중에서도 가장 인기 있는 베이징 요리는 오리 요리라고할 수 있다. 세계적으로 유명한 이 요리는 조리에도 시간이 오래 걸리며 식탁에 오를 때도 세 코스로 나뉘어 나오는 정성스러운 요리다. 조리 과정은 우선 오리의 껍질과 살 사이에 공기를 불어넣어 껍질을 부풀린다. 그런 다음 오리를 최소한 24시간 동안 차가운 곳에 매달아놓는다. 이 과정 동안 껍질은 고기에서 완전히 분리되는데 그런 뒤 껍질이 바삭거리고 갈색이 될 때까지 굽는다. 첫 번째 코스에서는 달콤하고 향기로운 하이셴장〔海鮮醬〕과 함께 파를 끼워넣은 껍질이 얇은 밀가루 전병에 싸서 먹는다. 두 번째 코스에서는 뼈를 발라낸 오리 고기를 잘게 썰어 야채와 함께 먹는다. 마지막 코스에서는 생강과 양파 등을 넣고 오리 뼈를 고운 국이 나온다. 이 국은 재료의 맛이 국물에 다 우러나면 국물만 남긴 채 식재료는 다 건져낸 후, 배추와 설탕 등을 넣어 먹는 것이다.

중국 중부에 위치한 쓰촨 성 요리는 그 지방에서만 나는 매운 고추를 사용하는 것이 특징이다. 고추가 들어간 음식을 먹으면 처음에는 입에 불이 난 것처럼 맵지만 이내 단맛, 신맛, 짠맛, 향긋함, 쓴맛 등이 어우러진 오묘한 맛을 느끼게 된다. 예를 들어 돼지고기를 얇게 썰어 양파, 생강, 쓰촨 고추, 간장 등을 넣어 볶은 요리를 맛보면 이런 감미로운 매운 맛을 즐길 수 있다.

저장과 장쑤 요리의 특징은 청어, 숭어, 농어, 새우 등의 해산물을 다양하게 사용하는 것이다. 이 지방의 대표적인 특선 요리는 잘게 썬 닭고기와 두부를 사용한 요리다. 이 지역에서는 요리를 매우 화려하게 장식해서 식탁에 올린다. 저장과 장쑤지역보다 더 남쪽인 푸젠에서는 잘게 찢은 생선이나 돼지고기 요리 그리고 돼지고기, 양파, 죽순, 새우, 껍질, 콩 등으로 속을 채운 춘권 등이 유명하다.

중국 요리 가운데 가장 많이 거론되는 것은 광둥 요리인데 이는 광저우지역이 해안에 위치해서 외국인들에게도 잘 알려져 있기 때문이다. 버섯, 참새, 야생 오리, 달팽이, 뱀, 뱀장어, 굴, 개구리, 거북이, 고둥 등은 이 지역 요리에서 사용되는 특색 있는 재료다. 서구에 잘 알려진 광둥 요리 가운데에는 에그롤, 계란 요리, 구운 돼지고기 등이 있다.

무술과 운동

신체 단련은 중국 문화에서 아주 중요한 위치를 차지하고 있다. 수백만 명의 사람들이 새벽에 한데 모여 태극권[太極拳] 등의 무술을 연습하거나 우아한 몸동작으로 칼을 휘두르고 여성들이 무리를 지어 춤을 추는 것은 중국에서 볼 수 있는 진기한 광경이다.

태극권은 아주 오래되고 특색 있는 중국 무예로 세계적으로도 널리 알려져 있는데, 신체 단련과 공격, 호신의 기능을 모두 갖고 있다. '최고의 큰 주먹'이라는 뜻을 가진 태극권은 훈련을 하는 동안 굳어진 근육과 긴장을 풀도록 고안되어 있으며, 도교에서 말하는 태극의 원리, 특히 음과 양의 조화를 응용했다. 음과 양은 각각 수동적·소극적 성질과 능동적·적극적 성질을 나타낸다. 태극권의 동작은 물이 흐르듯 유연하고 율동적이며 세심하다. 각 동작의 발 자세와 몸자세는 정해져 있지만, 실제로는 가르치는 사람마다 체계가 다르다. 공격, 방어 권법으로서의 태극권은 쿵푸와 비슷하며 무술로 여겨진다. 이런 형태의 태극권은 무기를 이용할 수도 있고 무기 없이 할 수도 있다.

건강증진을 위한 맨손운동은 3세기에 이미 중국에 나타났고, 5세기에는 사오린사[少林寺] 승려들이 5가지 동물, 즉 곰, 새, 사슴, 원숭이, 호랑이를 흉내 내어 운동을 개발했다. 그후 뱀을 흉내 낸 운동이 덧붙여졌고, 명대 초기(1368년)에는 음양의 원리를 추가하여 전체적인 조화를 이루었다. 이런 발전을 종합해서 청 왕조(1644년~1911년

12월) 초기 태극권이라는 이름이 붙게 되었다.

태극권에는 많은 파가 있었으며, 지금은 5개의 파가 이어져 내려오고 있다. 규정된 자세의 수는 도장과 가르치는 사람에 따라 24가지에서 108가지로 다양한데, 그 이상인 경우도 있다. 자세는 '하얀 황새가 날개를 펼치는 자세'라든지 '원숭이처럼 떨어져서 몸을 꼬는 자세' 식으로 동물의 몸동작을 흉내 내 이름을 붙인 것들이 많다. 모든 태극권은 3가지 자세, 즉 무게 중심을 앞으로 둔 자세, 무게 중심을 뒷발에 둔 자세, 말 타는 자세 또는 비스듬히 기울어진 자세 가운데 하나부터 시작된다.

중국 토착 운동 가운데 무술은 가장 긴 역사를 가지고 있다. 무술의 역사는 적어도 2,000년 이상인데, 장군, 산적, 외국에서 들어온 침입자들이 중국의 넓은 영토를 차지하고 일반 백성들은 무기를 가질 수 없게 했을 때부터 시작되었다.

무술은 무기를 가지고 하는 것과 무기 없이 하는 비무장무술로 구분된다. 무기를 사용하는 것으로는 궁술, 창술, 검술이 있고, 비무장무술은 발과 손으로 치거나 잡는 기술을 강조한다. 오늘날에는 무장무술에서 유래한 검도와 궁도 등을 스포츠로 즐긴다. 태권도, 유도, 스모, 가라테와 같은 스포츠는 비무장무술에서 유래했고, 합기도와 쿵후는 방어용 무술이다. 이 모든 것은 중국의 무술이라는 주제에 모두 포함되어 있다.

쿵푸가 무술로 등장한 때는 주 왕조(기원전 1111~256/255년) 시기지만 그 이전까지 거슬러 올라간다. 기원전 5세기에는 도가들이 신체를 단련하기 위한 운동으로 시작했다. 쿵푸의 규정자세와 동작은 인간의 골격과 근육구조에 대한 관찰 및 생리학에 바탕을 두고 있으며, 여러 근육이 조화를 이루는 협동운동을 채택하고 있다. 쿵푸의 다양한 동작은 대부분 동물의 싸움방식을 모방한 것인데, 5가지 기본적인 발 자세 가운데 하나에서 시작한다. 5가지의 기본자세는 정상적인 직립 자세와 용, 개구리, 기마, 뱀의 자세다. 쿵푸에는 수백 종류가 있으며, 비무장기술뿐 아니라 무장기술도 발달했다. 20세기 후반에는 쿵푸 기술과 철학에 대해 다루는 새로운 종류의 액션 영화가 홍콩을 중심으로 제작되었는데 이를 통해 쿵푸에 대한 국제적인 관심이 높아졌다.

중국은 1980년 동계 올림픽을 계기로 정기적으로 세계 경기에 참가하기 시작하면서 각종 국제 스포츠 경기에서 우월한 실력을 보여주었다. 특히 2004년 하계 올림픽 때는 눈부신 성과를 나타냈다. 중국 선수팀은 63개의 메달을 획득했는데 배드민턴, 다이빙, 탁구, 역도 등에서 우수한 실력을 보여주었고 사격과 여자 유도에서도 좋은 성적을 거두었다. 2008년 하계 올림픽이 베이징에서 열리기로 결정된 뒤에는 올림픽에 참가하는 선수와 방문객을 수용하기 위해 도시가 새롭게 정비되었다. 새 올림픽 경기장을 비롯한 20개의 스포츠 시설이 세워졌고 11군데는 재보수되었다. 2008년 하계 올림픽에서는 그리스 아테네에서 주최한 2004년 올림픽보다 한 개 늘어난 28개의 운동에서 302종목의 경기가 열렸으며, 경기는 베이징과 주요 대도시에서 분산되어 진행되고 홍콩에서는 승마 경기가 진행되었다.

중국 의학

중국인이 전통 의학을 중요하게 생각한다는 것은 전국적으로 찾아볼 수 있는 현상이지만 특히 농촌지역에서 더 강하게 나타난다.

모든 의대에서는 전통 의학을 교과 과정에 포함시키고 중국 의학을 서양 의학 과정과 연결시키려는 노력이 진행 중이다. 의학 교육 기간은 서구와 비교했을 때 상대적으로 짧으며, 실습을 강조하는 편이다. 의대생들은 대학 교육을 마친 후 일정 기간 동안 공장이나 인민공사에서 학교에서 교육받은 내용을 실행한다. 중국 전통 의학 가운데에서 가장 중요하게 여겨지는 것은 침구술로, 건강 유지와 고통 완화를 위해 사용된다. 쇠로 만든 침을 몸 여러 군데에 찔러넣는 침구술은 마취술로도 많이 사용되고 있다.

중국의 의료 분야 종사자 중에는 의학 학위가 없는 의료진도 많은데, 이들 중에는 정규직도 있고 단기간 근무자도 있다. 후자의 경우가 소위 의료보조원이라고 불리는 사람들로, 주로 농촌 지역에서 일한다. 이들은 대부분 농촌의 공장이나 지역 인민공사에서 일한다. 이들은 3개월 동안 이론 수업과 실습을 병행한 후 현장에 투입된 사람들인데, 3개월이라는 시간이 짧기 때문에 교육은 형식적일 수밖에 없다. 그래서 이들은 감독을 받으며 실무를 하면서, 이론으로 다 채우지 못한 것들을 다양한 경험을 통해 충족시킨다.

침구술

침구술의 원리는 고대 중국의 이원우주론(二元宇宙論)인 음양설(陰陽說)에서 유래했다. 음은 여성적 원리로 수동적이고 어두우며 땅으로 표현되고, 양은 남성적 원리로 능동적이고 밝으며 하늘로 표현된다. 음과 양의 힘은 자연계 전체를 통해 작용하듯이 인체 내에서 작용하는데 병이나 신체적 부조화는 체내에서 이 두 가지 힘이 불균형을 이루거나 한쪽이 지나치게 우세하여 생긴다. 중국 의학의 목표는 이 음과 양이 다시 서로 균형을 이루도록 해서 건강을 회복시키는 것이다.

 음과 양의 불균형은 생명에 절대적으로 필요한 힘인 기(氣)의 흐름을 방해하게 된다. 기의 근본적인 힘은 인체의 12경락을 흐르는데, 이들 각각은 차례로 주요 내장기관들(간, 신장, 심장 등)을 비롯한 인체의 기능적인 체계와 연관이 된다. 침구술은 이 통로 내의 음과 양의 분포에 영향을 주도록 고안되어 기가 자유롭고 조화롭게 흐를 수 있게 한다.

 침술은 기본적인 12경락과 수많은 특수한 경락 위에 있는 수백 가지의 지점에 침을 꽂는 것이다. 침은 끝이 화살촉 모양이거나 매우 뾰족하다. 침을 놓을 때는 주로 침이 3~10밀리미터 가량 들어가게 하는데, 깊이 찌를 때는 25센티미터 정도까지 박는 경우도 있다. 침을 꽂은 후에 효과를 높이기 위해 침을 비틀거나 빙빙 돌리거나 낮은 전압의 전류를 흐르게 하기도 한다. 침은 병이 있는 부위에서 상당히 멀리 떨어진 곳에 놓을 때도 있다. 예를 들면 복통을 낮게 하려고 엄지손가락에 침을 놓기도 한다. 이와 유사하게 연달아서 특정 경락에 꽂으면 여러 다른 부위나 상태에 영향을 미칠 수 있다. 예를 들어 수태음 폐경의 처음 여섯 지점은 주로 관절이 붓거나 열이 과다하게 날 때와 코피가 나거나 심장에 통증이 있거나 우울증이 있을 때, 그리고 팔을 머리 위로 뻗을 수 없는 등의 증상에 주로 사용한다. 침놓는 지점은 그림에서처럼 무수한 도형이나 모형을 사용하여 익힌다.

 침술은 통증을 완화시키는 데도 확실히 효과가 있어 중국에서는 수술시 마취를 위해 흔히 사용한다. 단지 침술로만 국부 마취된 완전히 의식 있는 중국 환자에게 대수술을 행하는 것을 서양 방문객들이 목격한 바 있다.

이 점에 관해서 침술의 효험을 설명하는 여러 학설이 나오고 있다. 침을 놓으면 엔돌핀이나 엔케팔린이 생성돼 자연스럽게 마취 효과를 얻게 된다는 주장이 있다. 침술의 약한 자극이 중추신경계의 자극 전달에 선택적으로 작용하여 몇몇 신경의 '문'을 닫아서 인체의 다른 부위의 통증 자극이 전달되지 못하도록 한다는 설도 있다. 이 방법을 연구해본 서양인 가운데에는 침구술로 통증을 느끼지 못하는 것은 실제 효과와는 무관한 심리적 현상이라는 의견을 내놓는 사람도 있다. 침구술로 병을 치료할 수도 있다는 중국인의 믿음은 임상실험을 통해 증명되지는 못했으며, 서구 의료계는 침구술을 치료 방법으로 인정하지 않고 있다.

중국은 음력을 쓰는데 그 역사는 4,500년이 넘었다. 전설 속의 황제가 기원전 2697년경 통치를 시작하면서 12지와 음력을 도입했다는 이야기가 전해온다. 각 해의 이름은 개, 돼지, 닭, 용, 소, 양, 말, 토끼, 뱀, 원숭이, 쥐, 호랑이 등 12지 동물의 이름을 따라 지어졌다. 중국에는 사람의 성격은 그 사람이 태어난 해를 대표하는 동물의 특성에 의해 결정된다는 전통적인 믿음이 존재한다.

한 해의 시작은 1월 말에서 2월 중순에 시작되는데 중국에서는 아주 큰 명절이다. 새해 전날에는 가족과 함께 시간을 보내며 조상이나 친척, 집에서 믿는 신에 대한 이야기를 한다. 새해는 전통적으로 용춤, 사자춤, 호랑이춤 등을 추며 노래를 부르고 폭죽을 터뜨리며 시작된다. 결혼한 여성은 그 다음 날 친정을 방문한다. 사람들은 새해 다섯째 날을 새로운 사업이나 계획을 시작하기에 좋은 길일로 여긴다. 새해 명절은 음력 1월 15일인 정월 대보름날 끝난다.

중국에는 많은 국경일이 있는데 새해를 축하하는 춘절, 5·4 청년절(5월 4일), 국경절(10월 1일) 등이 있다. 정월 대보름, 청명절(4월 4

일 또는 5일)과 중추절(10월)은 전국적으로 지켜지는 명절이다. 이 밖에도 다양한 지역 절기가 있다.

영화

20세기 말에 이르러 많은 발전이 이루어지긴 했지만, 아시아 국가들의 영화사는 전반적으로 굴곡이 있는 편이다. 중국, 타이완, 한국의 20세기 영화 산업은 강한 정부 규제를 받으며 주로 선전용 영화들을 만들어냈다. 그러다 1980년대와 90년대에 규제가 완화되면서 세계적인 주목을 받는 아시아계 감독이 나타나게 되었다. 21세기에 들어서면서 시작된 중국 영화 5세대 가운데에는 정치 탄압과 성적 억압을 주로 다루는 천카이거[陳凱歌]와 격변하는 사회에 맞서 인생을 살아가는 개인들을 찬양하는 작품을 제작하는 장이머우[張藝謀] 등이 있다. 천카이거 감독의 〈패왕별희〉(1993년)와 장이머우 감독의 〈홍등〉(1991년)은 국제 영화제에서 극찬을 받았으며, 궁리[鞏俐]와 거유[葛优], 장쯔이[章子怡], 리롄지에[李連杰] 같은 세계적인 영화배우들도 탄생했다. 리안(李安)의 무술영화 〈와호장룡〉(2000년)과 천카이거의 〈무극〉(2005년)은 수백만 달러의 제작비가 들어간 작품들로, 많은 국제 영화상을 수상했다. 이후 6세대 영화감독이 급부상하고 있는데 그 가운데 가장 잘 알려진 사람은 왕샤오솨이[王小帥]로, 그가 감독한 〈청홍〉(2005년) 역시 해외 영화계에서 좋은 평가를 받았다.

Part

5

명소

13

방문해봐야 할 도시

베이징

베이징은 중화인민공화국의 수도다. 베이징만큼 오랜 세월 동안 중국과 같이 거대한 나라의 정치·문화 중심지로서의 위치를 고수해 온 도시는 세계 어느 나라에서도 찾아보기 힘들다. 베이징은 과거 800년 이상을 중국 역사에서 중심 역할을 했고 그로 인해 베이징 곳곳에는 역사적으로 중요한 사실이 깃들어 있다. 따라서 베이징에 대한 지식 없이 중국을 이해하기란 거의 불가능하다.

20세기 초반 수십 년간 빈번한 정치적 변동을 겪는 와중에도 베이징은 굳건히 중국의 문화 중심지로 남아 있었다. 그러나 1949년 중화인민공화국의 수도로 결정되었을 때에야 비로소 베이징의 중요성이 제대로 입증되었고 그로써 정치적 위상이 높아짐에 따라 베이징은 더 활기 넘치는 도시가 되었다. 산업, 도시 활동, 인구 규모, 지리 변화에 있어서도 베이징만큼 빠르게 성장한 도시는 없다. 고대 문명으로부터 물려받은 역사 유적부터 패스트푸드 프랜차이즈, 외국인

여행객과 비즈니스맨들을 위한 호화로운 호텔까지 새로운 도시적 건축물을 모두 아우르면서 베이징은 현대 중국을 보여주는 명승지가 되었고 동시에 세계적인 도시의 면모를 갖추게 되었다.

베이징의 고풍스러운 아름다움은 1949년 이후 불어닥친 현대화와 공업화의 바람에 의해 거의 파괴되었으나, 아직도 도시 일부에는 옛 모습을 상기시키는 부분이 남아 있다. 불멸의 역사적 가치를 지닌 훌륭한 건물들과 오래된 음식점, 전통공예품 등에서 과거의 향기를 느낄 수 있다. 중국 정부는 베이징이 더 이상 공업화되지 않도록 규제 법안을 마련했다. 현대적인 상점이 가득 들어찬 넓은 포장도로는 베이징을 유명하게 만들었던 색색의 노점과 상점의 자리를 대신했지만 꽃이 심어진 작은 도자기 화분으로 장식한 작은 정원과 석탄을 태우는 화로, 그리고 집 문 앞에 놓인 돌사자를 볼 수 있는 좁은 후통에서 예전 베이징의 거주 모습을 살짝 들여다볼 수 있다.

베이징에는 다른 어떤 도시보다 중국의 건축학적 유산이 많다. 베이징이 수도 역할을 했던 각 왕조를 지나는 동안 세워진 건축물이 재보수되거나 재건축되면서 고유의 모습을 잘 간직하게 되었다. 도시 계획의 질서와 조화 측면에서 베이징을 따라올 도시는 전세계에서 거의 찾아볼 수 없다.

중국의 전통 풍수지리를 기초로 해서 베이징 중심부를 남북으로 관통하는 일직선상에 도시가 계획되었다. 성벽, 주요 도시 관문, 널찍한 가도, 종교 사원들, 시장 등이 중심축을 따라 배열되어 있다. 이 중심축은 역사적으로 지배 정권의 권위를 상징했기 때문에 관공서, 광장, 도시 관문 등이 이 축을 따라 세워졌다. 남북으로 뻗은 이 중심선을 따라 중러우(鐘樓), 구러우(鼓樓), 징산 공원(景山公園), 황궁 등

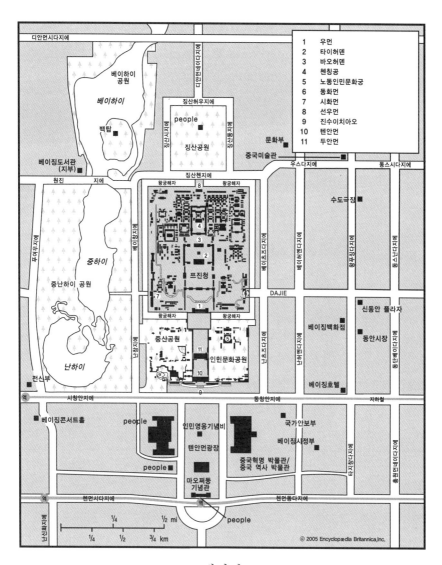

1	우먼
2	타이허뎬
3	바오허뎬
4	첸칭공
5	노동인민문화궁
6	동화먼
7	시화먼
8	선우먼
9	진수이치아오
10	톈안먼
11	두안먼

디안먼시다지에

베이하이
공원

베이하이

백탑

징산허우지에

people

징산공원

문화부

중국미술관

우스다지에

동스다지에

베이징도서관
(지부)

원진   지에

징산첸지에

징산첸지에

수도극장

중하이

중난하이 공원

쯔진청

DAJIE

난하이

신동안 플라자

전신부

중산공원

인민문화공원

베이징백화점

동안시장

베이징호텔

역   시창안지에

동창안지에

지하철

베이징콘서트홀

people

인민영웅기념비

국가안보부

베이징시정부

톈안먼광장

중국혁명 박물관/
중국 역사 박물관

people

마오쩌둥
기념관

역   첸먼시다지에

첸먼동다지에

people

¼   ½ mi

¼   ½   ¾ km

© 2005 Encyclopædia Britannica, Inc.

베이징

을 포함한 쯔진청, 톈안먼 광장, 첸먼[前門], 톈차오[天橋]지역, 융딩먼[永定門] 등이 있다.

이 남북을 잇는 대로를 중심으로 도시가 동서로 대칭을 이루는 모습은 참으로 인상적이다. 동쪽의 노동인민문화궁 안에 위치한 태묘는 서쪽에 있는 중산 공원(中山公園) 안에 위치한 사직단(社稷壇)과 대칭을 이룬다. 더 외곽으로 보면 동쪽의 둥단(東單) 시장은 서쪽의 시단(西單) 시장과 균형을 이루고 있는데 이 두 곳은 지금까지도 중요한 상업지구 역할을 한다. 천단 공원(天壇公園)은 내성의 남쪽에 위치하고 있는데 북쪽에 위치한 디탄 공원[地壇公園]과 균형을 이루고 있다. 명대에 세워진 16개의 도시 관문 가운데 7개는 중심선 동쪽에, 2개는 중심선 위에 설치되어 있다. 지금까지 남아 있는 문은 몇 개 없지만, 그 이름들은 거리 이름으로 남아 있다.

고성의 옛 도로는 남북으로 뻗은 것이든 동서로 뻗은 것이든 맞은편 성벽에 있는 문까지 연결되어 있어서 도시 전체를 직사각형의 격자 모양으로 분할한다. 성 안쪽의 건물은 안뜰 주변이나 안뜰을 따라서 세워졌는데 모두 남쪽을 향하고 있다. 건물은 주로 남북으로 뻗은 대로 주변에 세워졌는데 사이마다 뜰을 위한 작은 공간을 남겨두었다. 건물이 남쪽을 향해 배열되어 있는 것은 기후를 고려한 것으로, 청동기 시대부터 관습으로 형성되어온 조상 숭배나 하늘과 땅에 대한 숭배와도 관련이 있는 것으로 보인다.

1949년 이후 전개된 도시 외관상의 가장 큰 변화는 옛 성벽의 바깥쪽으로 도로를 연장한 것이다. 구도시의 서쪽으로 푸싱먼[復興門]이 서 있던 자리로부터 약 1.6킬로미터 정도 뻗어 있는 길은 시창안제[西長安街]의 연장인데, 이 길에는 주로 정부 관공서가 세워져 있다. 북서쪽의 이허위안 쪽에는 하이뎬구[海淀區]가 있는데 중국에서 가장 중요한 대학교와 연구기관이 들어서 있다. 도시 북쪽의 외곽지역은 북서쪽의 교육 중심지에 인접한 주택지로 발전해왔다. 동쪽 교외지역은 공업지역으로, 화학제품, 자동차, 농기계 제조가 두드러진다. 남쪽의 채소밭은 점차 공장들로 대체되고 있다. 최근 시내 중심부, 특히 동쪽에는 고층 건물과 아파트가 빠른 속도로 들어서고 있다.

역사

베이징은 약 800년 동안 거의 중단 없이 중국 수도의 자리를 지켜왔다. 베이징은 선사시대에 최초의 인류가 살았던 곳이기도 하다. 1918년에서 39년 사이, 50만 년 전에 살았다고 알려진 베이징 원인〔北京原人〕과 5만 년 전에 생존했던 상동인(上洞人)의 화석이 베이징에서 남서쪽으로 약 50킬로미터 떨어진 저우커우뎬〔周口店〕에서 발견되었다.

베이징 초기 역사의 상당한 기간이 공백으로 남아 있지만, 약 3,000년 전에 현재 베이징이 들어서 있는 지점 또는 그 근처에 신석기시대의 공동체가 존재했다는 사실은 확실하다. 주 왕조(기원전 1066~221년)의 전국시대(기원전 475~256년)에 강력한 제후국 가운데 하나였던 연(燕)은 계(薊)라고 하는 도읍을 이곳에 세웠다. 이것이 베이징지역에 들어섰던 최초의 수도다. 이 도시는 진나라(기원전 221~206년)를 세운 시황제의 군대에 의해 파괴되었다.

진은 당시 전국을 36군(郡)으로 분할하고 연경(燕京)을 그 중의 하나로 합병했다. 한 왕조(기원전 206년~서기 220년)에는 새로운 도시가 세워졌다. 한 왕조 시기와 그 뒤로 이어진 혼란의 시대에도 이곳은 계속 수도의 자리를 보전했지만 주로 남쪽의 한족과 북쪽의 흉노족 간의 숙명적인 전투지 역할을 했다.

삼국시대(220~80년)에 이 도시는 다시 연이라고 불리게 되었다. 고대 중국의 북쪽 경계는 현재 베이징의 위치에서 가까웠기 때문에 북쪽의 유목민들이 자주 국경을 넘어 쳐들어왔다. 이 때문에 나중에 베이징이 된 이 지역은 지방의 정치 중심지로서뿐 아니라 전략적으로도 중요한 곳이 되었다.

약 300여 년간(서진 말기인 316/317년부터 수 왕조 초기인 581년까지) 지금의 베이징이 들어선 지점을 포함한 북쪽 경계 지역이 광범위하게 유목민족의 지배를 받게 되었다. 당나라 때에 이르러서야 비로소 이 지역은 한족에 의해 수복되었으며, 유주(幽州)라고 불리게 되었다. 당대 중엽 티베트의 탕구트족이 세운 서하(西夏)와 거란족의 침입으로부터 변경지방과 이곳을 보호하기 위한 조치가 취해졌는데, 그 결과 유주의 위치는 점차 중요해졌다.

1211~15년 칭기즈 칸이 이끄는 몽골족이 이 지역을 금(金)으로부터 빼앗았다. 이때의 전쟁에서 궁전들은 불타버렸다. 칭기즈 칸의 후계자 쿠빌라이 칸(1215~94년)이 중국 전역을 차지한 뒤 원나라를 세웠다. 그는 베이징에 새 수도를 건설하기로 결정했다. 1271년 그는 새 수도에 대도(大都)라는 이름을 붙였다. 몽골족의 지배하에서 베이징은 처음으로 중국 전역을 포괄하는 정치 중심지가 되었다.

이전의 위치에서 약간 북동쪽에 재건된 대도는 역대 어떤 도시보다도 큰 규모로 건설되었는데, 외성의 길이가 29킬로미터 정도였으며 50제곱킬로미터가 넘는 지역을 에워싸고 있었다. 성벽은 흙으로 지어졌고 매년 한 차례 인부를 동원해 진흙으로 보수 작업을 진행했다. 지금의 위치보다 약간 서쪽에 있던 황궁은 도시의 남쪽 절반을 차지하는 크기였다. 그 당시 으뜸가는 궁전 건축가는 쿠빌라이 칸이 임명한 아랍인이었다. 대도는 원대의 웅장하고 다양한 건축을 보여주는 본보기다. 사각형의 성벽과 12개의 성문은 중국식 설계를 본떠 만들었으나 실내와 주거공간은 대체로 몽골 또는 중앙아시아의 양식으로 만들었다.

웅장한 황궁도 있었고 전국 각지에서 거두어들인 보물도 많았던 대도는 쿠빌라이 칸이 국가 행사가 있을 때마다 성대한 연회를 여는 장소로 쓰이기도 했다. 이런 특징과 잘 조직되고 정비된 도시는 1280년대에 이곳을 방문한 베네치아 여행가 마르코 폴로를 깜짝 놀라게 하기에 충분했다.

14세기 중엽 주원장(朱元璋)이 이끈 농민 봉기가 몽골 제국을 쓰러트렸다. 주원장은 명(1368~644년)을 세우고, 안후이 성에 있는 자기 고향 근처의 금릉(金陵)으로 수도를 옮기고 난징(南京)이라고 이름 지었다. 베이핑으로 개명된 대도는 주원장의 넷째 아들인 연왕(燕王)이 다스렸다. 주원장이 죽고(1398년) 그의 손자가 제위를 계승하자, 베이핑을 다스리던 연왕이 조카를 폐하고 영락제(永樂帝)가 되어 스스로 제위에 올랐다. 그리고 1403년, 베이핑을 베이징으로 개명하고 공식적인 명의 수도로 삼았다.

명대에 베이징은 원대보다 더 큰 규모로 발전했다. 전대의 수도 대도는 황궁을 포함해 크게 파괴되었다. 그보다 남서쪽에 새 수도가 세워지고 북쪽은 그대로 남겨둔 채 동벽과 서벽에서 문을 하나씩 떼어냈다. 1553년, 점차 늘어나는 시 외곽의 인구를 수용하기 위해 외성을 쌓기 시작했으나 공사를 완성하기 위해서는 엄청난 비용이 든다는 것을 곧 알게 되었기 때문에 이 계획은 남쪽 성벽만을 완성한 채 중지되었다. 따라서 오늘날과 같은 모습의 옛 성곽이 된 것이다. 원대에는 곱게 간 흙으로 성벽을 만들었고, 명대에는 풍화작용을 막기 위해 겉에 벽돌을 덧대었다.

베이징은 청대(1644년~1911년 12월) 내내 같은 모습을 유지했다. 서쪽 성벽 밖에 많은 궁전, 사찰, 부속 건물이 지어졌고, 17세기에 지어진 원명원, 19세기에 지어진 이허위안 등의 새로운 건물이 추가되었으나, 도시 구조는 변함이 없었다. 원명원은 아편전쟁 기간(1856~60년)에 영국-프랑스 연합군에 의해 전소되었다. 1958년 톈진 조약의 결과로 상설 영국대사관이 세워졌고, 궁전지역의 남동쪽에 영국을 비롯한 국가들의 공사관이 세워졌다. 1900년에 의화단운동이 일어났을 때 이 공사관들은 두 달 가까이 포위되어 있었다.

지금의 베이징을 살펴보면 1911년 신해혁명 이후, 베이징은 국민당이 난징으로 천도한 1928년까지 중화민국의 정치 중심지로 남아 있었다. 난징으로 천도했을 때 다시 베이핑으로 이름이 바뀐 베이징은 1931년 만주에 괴뢰정권 만주국을 세운 일본에 의해 점점 더 큰 압박을 받고 있었다. 1937년 7월 베이징 남서쪽에 있는 루거우차오〔蘆溝橋〕부근에서 일본군과 중국군이 충돌한 사건이 일어났다. 곧이어 베이핑은 일본에 점령되어 1945년까지 지배를 받았다. 제2차 세계대전 이후 베이핑은 국민당에게 반환되었다. 그후 잇달아 일어난 내전에서 국민당은 공산당에게 패했다. 1949년 중화인민공화국의 수립으로 베이징은 옛 이름을 회복하고, 새 정부의 수도로 선택되었다. 베이징은 곧 중국 전체의 정치·경제·문화 중심지로서의 위상을 회복했다.

1950년대와 1960년대 도시 발전 계획을 통해 도로를 확장하고 현대 도시의 특징인 행정 구역을 정비하게 되었는데 문화대혁명(1966~76년) 기간에 절정을 맞이한 정치적 선전으로 인해 이런 계획들이 많이 지연되었다. 1980년대 초반 경제계획과 함께 변화가 더욱 빨라졌고 베이징은 완전히 다른 모습으로 변모했다. 새로운 상점과 거주지역이 도시 곳곳에 나타났고 첨단 기술이 적용된 산업 공원이 교외에 세워졌다. '실리콘 밸리'라는 이름이 붙은 지역이 정부의 지원을 받아 베이징 대학과 칭화 대학 사이에 조성되었다. 또 다른 놀라운 변화는 새로운 쇼핑지역에서 소비 중심 중산계급이 출현했다는 것인데 이들은 홍콩, 싱가포르, 서울이나 빠른 경제성장을 하고 있는 기타 아시아 국가에서 볼 수 있는 계층이다. 동시에 베이징은 다른 현대 도시와 마찬가지로 대기오염, 교통 정체, 인구 증가라는 문제를 겪게 되었다. 2008년 하계 올림픽이 베이징에서 열리기로 결정되면서 정부는 오염을 감소시키고 교통 상황을 개선시키고 도시를 아름답게 하기 위한 계획을 빠르게 추진하였다.

건축

700년 넘게 국가의 정치와 문화 중심지 역할을 맡아 온 베이징에서 중국의 다른 어떤 도시보다 역사적 의미가 담긴 건물과 건축학적으로 중요한 건물을 더 많이 찾아볼 수 있다. 1949년 이래로 전통적인 형식과 서양식 건축 형태가 조합되어 새 정부와 행정 시설이 세워졌다.

쯔진청의 고궁은 황금빛 지붕, 흰 대리석으로 만든 난간, 붉은 기둥으로 구성되어 베이징의 한가운데에 서 있고 그 주위는 해자와 성벽이 두르고 있는데 성벽의 네 귀퉁이에는 탑이 있다. 쯔진청은 1987년 세계문화유산으로 지정되었는데 외성과 내정(內廷)으로 구성되어 있다. 쯔진성의 남쪽 출입구인 우먼[午門]을 형성하는 세 개의 터널식 문 북쪽으로 5개의 대리석 다리를 건너면 넓은 안마당이 나온다. 더 북쪽으로 가면 거대한 층층으로 된 석조 위에 지은 타이허덴[太和殿]이 나오는데 왕이 업무를 보던 공간이다. 대리석으로 만든 테라스는 그것을 둘러싸고 있는 난간 위로 나와 있고 거기에는 솥, 두루미, 거북이, 해시계, 고대 측량 도구 등이 놓여 있다. 타이허 덴은 중국에서 가장 큰 목조 건물이다.

타이허텐의 북쪽으로 마당을 하나 더 지나면 중허덴[中和殿]이 나오는데 이곳은 황제가 타이허덴에 가기 전 잠깐 멈춰서 휴식을 취하는 곳이었다. 중허덴을 지나면 마지막 궁전인 바오허덴[保和殿]이 나오는데 이 뒤로는 내정이 있다. 내정은 황제의 개인 공간으로 쓰였다. 내정에는 세 개의 큰 홀이 있는데 각각 치안칭궁[乾淸宮], 자오타이뎬[交泰殿] 그리고 쿤닝궁[坤寧宮]이다.

치안칭궁은 세 부분으로 나누어진다. 중앙 부분은 가족 연회나 외교 사절단, 장례 의식을 위한 공간이었다. 동쪽 부분은 제사를 위한 용도였고 서쪽은 국가 정무를 보는 곳이었다. 자오타이뎬과 쿤닝궁은 황제의 가족이 거주하는 곳이었다. 내정 바깥의 세 개의 전과 내정 안의 세 개의 홀은 수직으로 일직선을 이루며 배치되어 있다. 양쪽으로는 작은 궁전들과 안마당 그리고 부속 건물이 늘어서 있다. 그 뒤로 쯔진청의 북문이 나오기 전 황제의 정원이 있다. 각 궁전은 딸린 정원과 부속 건물과 함께 건축학적인 통일을 보여준다.

천단(天壇)은 성의 남쪽에 위치하고 있는데 지리학적 배치나 전통 중국 건축 형태를 가장 잘 보여준다는 점에서 베이징에 있는 역사적, 종교적 건축물 가운데 제일 독특하다고 할 수 있다. 1998년 천단역시 세계문화유산으로 지정되었다. 오래 전에 심은 삼나무가 우거진 길은 서문에서부터 490미터 정도 이어진다. 이 넓은 길은 천단 공원 안의 가장 중요한 두 건물을 이어주고 있다. 북쪽에는 기년전(祈年殿)이 남쪽에는 황총위(皇穹宇)와 위앤춘탄[圜丘壇]이 있는데 이 건물들은 일직선으로 배치되어 있다. 하늘에서 보면 천단의 남쪽 벽은 정사각형인 데 비해 북쪽 벽은 반원 모양을 이루고 있다. 이는 하늘이 둥글고 땅은 네모나다는 중국의 전통적인 믿음을 반영한 것이다.

기년전은 1420년에 황제가 하늘에 제사를 드리는 장소로 만들어졌는데 고상한 원뿔 모양의 구조물로 세 개의 처마를 가지고 있으며 가장 위에는 금도금을 한 종이 달려있다. 건축물의 아래쪽은 원형의 석조 받침대가 3층으로 쌓여있다. 각 계단은 조각한 흰 대리석으로 된 난간이 있는데 멀리서 보면 마치 레이스를 달아놓은 것과 같은 효과를 준다. 기년전의 지붕은 짙은 파란색으로 하늘의 색을 닮았다. 전체 건축물은 38미터의 높이로 지름은 30미터에 달하고 28개의 기둥이 받치고 있다. 가운데 네 개의 기둥은 용정주(龍井柱)라고 불리는데 사계절을 상징한다. 또한 12개로 이루어진 기둥이 두 열을 이루고 있는데 안쪽의 12기둥은 12달을 바깥쪽의 12기둥은 밤과 낮을 상징한다. 바닥에는 둥그런 대리석이 깔려있는데 여기에는 전통적으로 황제를 상징하는 용과 불사조가 조각되어 있다. 기년전에는 벽이 없고 격자창으로 이루어진 문만 달려있다.

황충위는 1530년에 처음으로 세워지고 1752년에 재보수되었는데 높이 20미터 지름 15미터의 좀더 작은 건축물이다. 이 원형의 건물은 대들보를 사용하지 않았고 중국의 독특한 건축 기술로 지탱되고 있다. 황충위의 칠은 처음 만들어질 당시의 색을 그대로 유지하고 있다.

더 남쪽으로 위앤추탄이 있는데 이 건물은 1530년에 만들어져서 1749년 재보수되었다. 세 층으로 된 흰 석조대는 두 겹의 벽으로 둘러싸여 있는데 안쪽의 벽은 사각형 모양이고 바깥쪽은 원형이며, 전체 구조가 정교한 지리적 형태를 이루고 있다. 안쪽의 석조대는 땅에서 5미터 높이에 있으며 그 직경은 30미터 정도 되고, 중간 석조대는 직경이 50미터, 가장 낮은 석조대는 직경이 70미터 정도 된다. 각 석조대는 9개로 이루어진 돌이 둘러싸고 있다. 황충위나 위앤추탄 모두 명대의 건축가들이 인식한 하늘의 지리학적 구조를 그대로 보여주고 있다. 1949년 이후 천단의 모든 건축물이 재보수되었고 지금은 공원으로 사용된다.

톈안먼 광장 동쪽에 있는 인민 공원 안에는 노동인민문화궁이 있는데 원래는 제왕가의 종묘였던 태묘였다. 태묘는 황궁처럼 3층의 석조대 위에 놓여 있고 두 층의 처마로 구성되어 있다. 양쪽에는 만명을 수용할 수 있을 정도로 큰 마당을 두 줄의 베란다가 둘러싸고 있다. 중국이나 외국 정부가 주최하는 산업 전시나 문화박람회 같은 행사를 위한 장소로 자주 사용된다. 또한 이곳에서 과학·문학·예술계 명사들의 강연회가 열리기도 한다.

1949년 이래 베이징에서 가장 이목을 끄는 건축물은 바로 인민대회당(人民大會堂)이다. 톈안먼 광장 서쪽에 위치한 인민대회당은 꽃무늬가 들어간 붉은 대리석 바닥에 거대한 회색 대리석 기둥을 세운 큰 규모의 건물이다. 평평한 지붕의 녹색 처마 위로 황금색 타일을 사용해 돌림띠를 돌려놓은 설계는 마치 연꽃을 보는 것 같은 느낌을 준다. 건물의 바닥은 분홍색 화강암이고 벽은 살구색이다. 건물의 정면은 폭이 335미터로 면적은 총 17만 2,000제곱미터다. 건물 안의 천장이나 벽은 모두 원형이다. 대회장은 만 명을 수용할 수 있으며 전국인민대표대회가 열리는 장소이기도 하다. 대회장의 조명이 비치는 곳에는 금색 해바라기 꽃잎으로 둘러싸인 붉은 별이 장식되어 있다. 다른 내부 시설로는 5,000명을 수용할 수 있는 연회장과 거대한 로비, 상임위원회가 사용하는 많은 수의 회의실과 사무실 등이 있다.

경제

과거 제국의 수도였던 시기와 현재 베이징의 커다란 차이점 가운데 하나는, 제국의 수도였을 때는 생산보다는 소비의 중심지였다는 것이다. 그 당시 베이징은 전국 각지에서 온갖 종류의 물품을 공급 받았다. 그러나 1949년 이후 총생산 가치면에서 전국적으로 대규모 수준에 올라섰는데 산업화가 도시 환경에 미칠 해로운 영향에 대한 염려로 인해 산업 발전이 점차 억제되었다.

역사적으로 황궁의 남서쪽과 남동쪽에 있는 두 도로의 교차점이 베이징의 시장 구역이었는데, 이 두 시장이 있던 둥단과 시단 부근은 지금은 중요한 상업지역이다. 그러나 1990년대 이후로 서구식 쇼핑몰과 백화점이 도시 여기저기에 세워지고 있다.

가장 활발한 거래가 이루어지는 소비지역은 왕푸징다제[王府井大街]로, 쯔진청의 동쪽에 위치한 거리다. 이 쇼핑지역에 대한 20년 발전 계획이 1991년에 시작되었고, 그 일환으로 1999년 상점과 점포가 정리되고 공공버스를 제외한 운송수단이 이 거리를 다니지 못하게 되었다. 국영 기업인 베이징 백화점은 아직도 영업을 하지만 거대 사기업 소유의 신둥안[新東安] 프라자와 같은 쇼핑몰이나 왕푸징다제 남쪽에 있는 복합 상가들에게 자리를 내주고 있다.

비슷한 쇼핑 거리는 외국 관공서가 많이 모여 있는 젠궈먼와이[建國門外]나 산리툰[三里屯] 등 다른 지역에서도 찾아볼 수 있다. 우이상점 역시 젠궈먼와이에서 아직도 영업을 하고 있다. 우이상점은 과거에 서양 제품을 구입할 수 있는 유일한 장소로 외국인과 관광객이 주로 이용했고, 중국 고위 간부나 해외의 친척으로부터 외환을 송금 받는 일부 중국인만이 물건을 살 수 있었다. 그러나 지금은 누구나 물건을 구매할 수 있는 장소가 되었지만 보다 새로운 상업지구에게

한 발 밀려난 실정이다.

아직까지 활발하게 거래가 이루어지는 전통시장 역시 도시 곳곳에서 찾아볼 수 있다. 이런 시장들은 오랜 역사를 가지고 있으며 각자의 특별한 상품과 서비스로 전문화되었다. 재건된 류리창[琉璃廠] 시장은 외성의 허핑먼[和平門]의 남쪽에 있다. 이 지역은 유리장수 가게라는 이름에서 지역 이름이 유래되었을 정도로 명대에 채색된 유리 타일을 생산하는 것으로 유명했지만 18세기 후반에는 점점 흥미로운 골동품이나 고서, 그림, 서예 작품, 종이 등을 파는 곳으로 변해갔다. 지금까지도 전통 예술 시장의 중심지 역할을 하고 있다.

첸먼다제[前門大街]의 서쪽에 위치한 다자란(Dazhanlan)은 1998년 재보수되어 청대의 많은 가게가 다시 문을 열게 되었다. 비단, 차, 약초, 음식, 옷 등을 전문으로 파는 시장이다. 판자위안[潘家園]은 룽탄[龍潭] 공원의 동쪽에 위치한 것으로 한때는 중국의 소수민족으로 유명했지만 지금은 거의 한족이 주도해 다양한 금속 장신구와 같은 수많은 종류의 물건을 판매한다.

차오양먼[朝陽門] 근처의 야바오루[雅寶路]는 러시아인과 동유럽인에게 유명한 곳이다. 이곳 상점 주인들은 간단한 러시아어를 할 수 있고 키릴 문자를 쓸 수 있으며 러시아 음식과 러시아제 옷과 생필품이 거래된다. 천단 공원 남동쪽에는 꽃, 새, 고양이, 강아지와 같은 동물과 연이나 다른 물건들을 살 수 있는 시장이 있다.

문화

베이징은 명대 이래로 전통 중국 문화와 학문의 최고 중심지였다. 황제와 궁정귀족들은 예술, 특히 회화와 서예를 후원했으며, 다른 지방과 외국에서 들어온 귀중한 물건들이 모두 수도로 쏟아져 들어왔다. 19세기 중엽에 시작된 정치적·사회적 대격변으로 인해 베이징에 전반적인 문화 침체가 찾아왔지만, 문화 중심지로서의 역할은 청대에도 계속되었다. 이 문화 침체는 현대로 이어졌으며, 베이징뿐만 아니라 중국 전역으로 확산되었다. 1949년 공산당에 패한 국민당은 엄청난 양의 보물급 예술품들을 타이완으로 실어 날랐다. 한편 본토에서 패권을 차지한 공산당 정권은 많은 가정에 상속되어 내려오던 가보들을 헐값에 사들여 외국에 팔거나 박물관을 채웠다.

1960년대 초까지 중국공산당은 전통예술, 수공예, 학문을 장려했으나, 문화대혁명은 그 이전 시기의 모든 것들을 일소해버렸다. 고의로 훼손시키지 않은 예술작품은 모두 몰수당했고 전통 중국 학문은 흐름이 끊겼으며 많은 학자들은 농촌에 보내지거나 감금되었다. 그러나 1970년대 말에 이르러 중국 정부는 훼손된 보물들을 복구하고, 전통예술과 학문을 되살리기 위한 노력을 기울였다. 이 모든 사건이 베이징에서 일어났기 때문에 베이징은 현재 문화부흥기를 겪고 있다고 할 수 있다.

베이징의 전통 가극이라고 할 수 있는 경극(京劇)은 문화대혁명 기간에 그 형식을 현대의 혁명적 주제에 맞춰 변화시키려는 시도가 있었지만, 그후 고유의 모습 그대로 되살아났다. 경극은 나이든 사람들에게는 대단한 인기를 얻고 있지만, 젊은이들은 영화, 텔레비전, 대중음악을 더 선호하고 있다. 오늘날 베이징에서는 다양한 뮤지컬 공연이 이루어진다. 교향악단과 서양식 오페라단 및 발레단이 있고 외국 악단과 연주자들의 초청 공연이 열리기도 한다. 다양한 중국 전통극이 해마다 공연되며, 셰익스피어를 비롯한 서양 극작가들의 작품이 베이징에서 공연되고 있다. 유명한 공연장으로는 수도극장, 청년예술극장, 텐차오(天橋) 극장 등이 있다. 또한 서커스 공연이나 뮤지컬 코미디 등도 인기가 있다.

서예와 중국풍 회화와 같은 시각 예술이 베이징에 다시 등장하고 있으며 많은 상점과 갤러리에서 서양 회화와 함께 중국 작품도 전시하고 있다. 첸먼지역과 판자위안 지역 근처에 있는 류리창에서도 전통 작품 시장이 점점 더 늘어나고 있다. 게다가 베이징에는 큰 규모의 서점이 많이 있다.

귀중한 국보급 예술품들을 가장 많이 모아둔 구궁 박물관〔故宮博物館〕은 옛 황궁의 주요 건물을 개장한 것이다. 황궁은 옛 왕조 시대의 분위기를 그대로 유지하고 있어서 그 자체만으로도 박물관의 전시품이 되며 곳곳에 값을 매길 수 없는 중국 과거의 보물들이 전시되어 있다. 가장 흥미로운 것에는 도자기, 법랑 제품, 자수 제품, 값비싼 금속, 돌로 만든 조각과 두루마리 등이 있다.

톈안먼 광장 동쪽에 있는 중국역사박물관은 50만 년 전의 인류인 베이징 원인에서부터 근대의 5·4운동에 이르기까지 6,000여 년에 걸친 중국 역사의 발전을 보여주는 많은 사료가 진열되어 있다. 중국혁명박물관은 19세기 중엽 이래의 중국 역사에 관한 사료를 전시하고 있는데, 특히 혁명운동과 공산당의 활약상을 강조하는 데 역점을 두고 있다. 안딩먼〔安定門〕 북동쪽에 있는 수도박물관은 공자 사당의 일부로 도시 역사에 관한 내용을 전시한다.

유명한 예술품은 구궁 박물관 북동쪽에 있는 중국미술관과 베이징 북서쪽 시즈먼〔西直門〕 북동쪽에 위치한 쉬베이훙 박물관에 전시되어 있다. 자연과학과 관련된 장소로는 천단 공원 북서쪽에 위치한 자연역사박물관, 베이하이〔北海〕 공원 동쪽에 있는 지질박물관, 시즈먼 서쪽의 베이징 천문관 그리고 베이징 동물원 등이 있다. 유명한 개인이 살던 집 가운데 송칭링〔宋慶齡〕, 궈모뤄, 치바이스의 집이 박물관이 되었다.

중국 국립도서관의 역사적 소장 도서를 보관하고 있는 베이징 도서관은 베이하이 서쪽에 있다. 이 도서관은 황실도서관이었던 문연각(文淵閣)의 서적, 필사본, 공문서 등을 비롯해서 청대의 황실도서관, 여러 황실대학, 개인이 소장하고 있던 책 등 500년간 쌓인 자료들을 보관하고 있다. 그 가운데에는 송대에서 청대로 넘어오기까지 다섯 왕조를 거치는 동안 남은 희귀한 자료도 있는데 6세기의 것으로 추정되는 불교 경전이나 고지도, 표, 금석비문에서 채취한 탁본 등이 포함되어 있다. 게다가 명대에 지어진 『영락대전(永樂大典)』과 청대에 만들어진 『사고전서(四庫全書)』의 복사본도 보관되어 있다. 1980년대 후반, 국립도서관의 소장품은 베이하이 서쪽의 원래 베이징 도서관 건물에서 현재 위치로 옮겨졌고 베이징 도서관은 국립도서관의 한 부서가 되었다. 다른 중요한 도서관으로는 지역 역사에 관한 대량의 자료가 보관되어 있는 베이징 대학 도서관과 수도 도서관이 있다.

오락

여러 왕조를 거치는 동안에도 내내 황족의 거주지였던 베이징은 공원과 휴양지가 많기로도 유명하다. 베이징만큼 여가를 위한 공간에 많은 부분을 할애한 도시는 중국에서 찾아보기 힘들다. 베이징의 유명한 공원으로는 중산 공원, 베이하이 공원, 징산 공원, 이허위안, 베이징 동물원 등이 있다.

중산(쑨원) 공원은 쯔진청 남서쪽에 위치하고 있다. 베이징 가장 중심에 위치한 공원으로 황제들이 토지와 농업의 신에게 제사를 지내던 곳인 사직단(社稷壇)을 둘러싸고 있다. 사직단은 공원 중심에 있으며 사각형의 층대 모양으로 되어 있다. 사직단 북쪽으로는 배전[拜殿]이 있는데 현재는 쑨원 기념관의 역할을 하고 있지만 원래는 15세기 초에 지어진 것이다. 단순한 형태와 우아한 디자인, 견고한 목공기술 등 명대 초기 건축의 특징을 확인할 수 있다. 연꽃을 심은 호수의 세 면을 따라 지은 누각은 학자와 시인이 모이는 장소로 사용되었는데 공원의 남서쪽에 위치하고 있다. 공원 안의 호수, 금붕어를 풀어놓은 연못, 작은 산, 수양버들, 소나무, 삼나무, 대나무, 꽃 사이로 정자, 의자, 탑 등이 군데군데 놓여 있는 이곳은 전형적인 중국 정원의 모습을 보여준다.

베이하이 공원은 쯔진청 북서쪽에 있다. 전체 크기가 70제곱킬로미터에 달하는데 그 중 절반의 면적을 호수가 차지하고 있다. 가장 중심이 되는 곳은 공원 안의 세 개의 호수 중 가장 북쪽에 있는 베이하이로 규모가 커서 '바다'라는 이름을 붙인 호수다. 이 공원은 8세기 전에 만들어졌고 놀이시설, 호수, 건물들이 세워졌다. 호수 바닥의 흙을 긁어내 깊이 파고 긁어 낸 흙은 뒤쪽의 산과 아름다운 섬을 만드는 데 사용했다. 1651년 청의 황제가 흰 탑을 짓기 시작했는데 섬의 꼭대기에 지어진 이 탑은 공원을 상징하는 건축물이 되었다. 베이하이 공원에는 여름에는 호수에서 뱃놀이를 즐기는 인파로 북적대고 겨울에는 천연 스케이트장으로 변한다.

징산 공원은 메이산[煤山] 공원이라고도 알려져 있는데, 쯔진청 북쪽에 위치한 1.6킬로미터 길이의 인공 언덕이다. 언덕 정상에 올라서면 베이징 시내를 한눈에 볼 수 있으며, 다섯 개의 봉우리로 이루어져 있고 각 봉우리마다 정자가 세워져 있다. 이 언덕은 역사적 비극의 현장이기도 한데, 1644년 명 왕조가 멸망할 무렵 전쟁에 패한 명 황제가 이곳에서 아카시아 나무에 목을 매달아 자살했다. 징산 공원 북쪽으로는 어린이들을 위한 오락·운동·교육 시설을 갖춘 베이징 어린이 궁이 있다.

이허위안은 건강과 조화의 정원이라는 뜻을 가지고 있는 여름 별장으로, 시즈먼에서 북서쪽으로 10킬로미터 되는 곳에 산을 끼고 위치하고 있다. 1998년 세계문화유산으로 지정된 이허위안은 베이징 근교에서 가장 큰 규모를 가진 공원으로 아름다운 경치가 유명한데 이는 나무, 물, 산, 건축물이 흉내 낼 수 없는 독특한 매력을 지녔기 때문이다. 공원의 크기는 2.9제곱킬로미터에 달하는데 그 가운데 5분의 4는 쿤밍 호와 인공 산이 차지하는 면적이다. 누각, 탑, 정자, 다리 등 100개가 넘는 건축물이 공원 여기저기에 흩어져 있다. 호수의 북서쪽에 있는 24미터되는 2층 높이의 대리석 배는 꼭 봐야 하는 명물이다. 화려한 색의 회랑이 호수를 따라 건물들과 정원을 연결시켜준다. 이허위안 동쪽에는 예전의 여름 별장인 원명원의 폐허가 남아 있는데 이곳은 1860년 외국 군대에 의해 파괴당했다.

이허위안의 서쪽에 위치한 산의 동쪽 끝자락에는 샹산[香山] 공원이 나온다. 황제의 휴식 공간으로 사용되었던 샹산 공원은 우거진 삼림과 아름다운 가로수 길로 유명하다. 북쪽으로는 벽운사(碧雲寺)가 자리 잡고 있는데 이곳은 국민당 지도자였던 쑨원이 죽은 뒤 난징으로 그의 시신을 보내기 전까지 묻혀있었던 곳이다. 북동쪽으로 좀더 가면 베이징 식물원이 나오는데 거기에는 와불을 모신 와포사[臥佛寺]도 있다.

베이징 동물원은 도시의 서쪽에 위치하고 있다. 동물원은 19세기 말에 지어졌고 만 종류의 동물이 사는 곳이라는 뜻으로 '만생원'이라는 이름이 붙어 있다. 실제로 이 동물원에 있는 동물의 종류는 이름의 절반 정도밖에 되지 않지만, 그래도 이곳은 중국에서 가장 규모가 크며 중국 각지와 전세계에서 온 동물을 볼 수 있다. 이 동물원에서 가장 인기 있는 동물은 팬더다.

베이징 외곽 : 만리장성

현존하는 가장 큰 건축물인 만리장성(萬里長城)은 보하이 만 연안의 산하이관[山海關]부터 간쑤 성의 자위관(嘉峪關)에 이르기까지 동서의 길이가 7,300킬로미터에 달한다. 본줄기에서 뻗어나간 부분과 부수적인 부분을 제외해도 길이가 6,700킬로미터에 달하는 이 거대한 건축물은 언덕과 산의 능선을 따라 구불거리는 뱀처럼 중국 영토를 휘감고 있다. 이 만리장성은 기원전 7세기에서 4세기 사이에 만들어진 것이다. 기원전 3세기 중국을 처음으로 통일한 진나라의 시황제는 기존의 방어벽을 모두 연결해 하나의 벽으로 만들었다. 비록 많은 부분이 훼손되거나 완전히 소실된 부분도 있지만 여전히 세계적으로 뛰어난 건축물 중 하나로 평가받고 있으며 1987년에는 세계문화유산으로 지정되었다.

만리장성은 중국의 각 왕국이 저마다 세웠던 변경 요새와 성곽에서 발전해왔다. 수세기 동안 이 왕국들은 이민족의 침입이나 습격에서 비롯된 위협으로부터 어떻게 국가를 보호할지 걱정했던 것으로 보인다.

현재 만리장성을 이루고 있는 대부분은 홍치제(弘治帝, 1487~505년)가 다스리던 동안에 지어진 것이다. 쥐융관[居庸關]의 서쪽에서 시작되는 부분은 남쪽 성벽과 북쪽 성벽으로 나뉘는데 각각 내성과 외성이라고 불린다. 성벽을 따라 전략적인 '관문'과 성문이 세워져 있다. 이 가운데 명나라의 수도인 베이징과 가장 가까운 쥐융관, 다오마관[倒馬關], 쯔징관[紫荊關] 세 곳은 삼내관이라고 불렸다. 그보다

만리장성

서쪽에 있는 안먼관〔雁門關〕, 닝우관〔寧武關〕, 펜토우관〔偏頭關〕 등은 삼외관으로 알려져 있다. 내관과 외관 모두 수도 보호에 있어 중요한 곳으로, 엄중한 경비가 이루어졌다.

만리장성을 구성하는 세 가지 중요한 요소는 관문, 신호탑, 성벽이다. 관문은 벽을 따라 배치해 둔 중요한 요새로 대개 무역로가 교차하는 지점에 위치한다. 많은 관문의 방어물은 큰 벽돌이나 돌로 만들고 그 사이를 흙이나 자갈로 채웠다. 요새의 높이는 10미터이고 두께는 4~5미터 정도가 된다. 각 관문에는 말이 통과하는 경사로와 병사들이 이용하는 사다리가 있다. 바깥 흉벽은 총안 무늬로 되어 있고 안쪽 흉벽은 1미터 높이로 사람이나 말이 떨어지는 것을 막는 역할을 한다.

상인이나 시민이 성 안으로 들어오는 출입구 역할을 했을 뿐 아니라 경비병이 침입자들을 막거나 수색대를 보낼 때에도 이 문을 사용했다. 문 아래에는 나무로 만든 이중문이 있다. 각 문의 안쪽으로는 빗장과 자물쇠 고리가 설치되어 있다. 문의 꼭대기에는 감시탑이 있는데 주로 3층 건물 높이로 나무만을 사용해서 지은 것도 있고 나무와 벽돌을 사용해서 지은 것도 있다.

신호소는 봉화, 봉화대, 연기 언덕 등으로 불리기도 한다. 신호탑은 군사상의 연락을 할 때 사용하는데 밤에는 불이나 전등으로, 낮에는 연기로 신호를 보냈다. 깃발을 올리거나 박수를 치거나 총을 발포하는 등의 신호도 사용되었다. 신호탑은 잘 보이도록 언덕 위에 설치되었다. 높은 탑의 위쪽은 신호를 보내는 역할을 했고, 아랫부분은 병사들이 쉬는 공간, 마구간, 양 우리, 창고 등으로 사용되었다.

성벽은 방어 체계에서 가장 중요한 부분이다. 아랫부분의 두께는 약 6.5미터고 윗부분은 5.8미터 정도 되는데 평균 높이는 7미터에서

8미터 정도 되고 가파른 언덕을 지나는 부분은 이보다 높이가 좀 낮다. 성벽의 구성은 지역마다 다른데 각 지역에서 사용할 수 있는 건축 재료에 따라 흙을 다져 나무 판 사이에 넣은 곳이 있는가 하면 햇빛에 말린 벽돌이나 벽돌과 자갈의 혼합물을 사용한 곳도 있고 돌이나 말뚝, 널빤지를 사용한 곳도 있다. 일부 지역은 원래 있던 제방을 사용하기도 했고 계곡이나 협곡을 사용해 인공 건축물 대신 사용한 지역도 있다.

만리장성은 중국의 여러 신화들에도 빈번하게 등장하며, 중국을 대표하는 존재로 기능하다 20세기에 들어서는 국가 상징물로 인정받게 되었다. 산하이관의 동문에는 중세 역사가인 샤오셴〔肖顯〕의 글씨로 알려진 현판이 걸려 있는데 현판의 '천하제일관'이라는 글자는 중국 문명과 북쪽의 이민족을 명확하게 구분해왔던 전통 중화 사상을 드러내준다.

만리장성이 가진 문화적 중요성에도 불구하고 도로를 낸다는 이유로 여러 지점에서 장성이 끊기기도 했고 수세기 동안 무시를 당하기도 했다. 1970년대 베이징 북동으로 110킬로미터 지점의 쓰마타이〔司馬台〕의 장성은 건축 재료가 부족하다는 이유로 허물어 사용된 적도 있는데 훼손된 부분은 이내 보수되었다. 다른 부분도 재보수된 곳이 많은데 그 가운데에는 만리장성의 서쪽 끝 부분인 자위관, 톈진 북쪽 170킬로미터 지점에 위치하는 황야관(黃崖關), 베이징 북동쪽 90킬로미터에 위치하는 무톈위〔慕田峪〕 등이 있다. 가장 잘 알려진 바다링〔八達嶺〕은 베이징 북서쪽 70킬로미터에 위치하는데 1950년대 말에 복구되었다. 바다링은 매일 수천만 명의 국내외 관광객이 방문하는 관광명소가 되었다. 동쪽 관문인 산하이관도 1990년대에 복구되었다.

상하이와 양쯔 강 삼각주

세계에서 가장 큰 항구 중 하나이자 중국의 주요 산업·상업의 중심지인 상하이는 동중국해 연안에 있으며 북으로 양쯔 강 어귀, 남으로 항저우 및 위판 만〔玉盤灣〕사이에 자리 잡고 있다. 전체 면적에는 상하이 시뿐 아니라 주변의 교외지역과 내륙의 농업지역도 포함된다.

상하이는 중국의 항구 중 서방 무역이 최초로 이루어진 곳으로, 오랫동안 중국의 상권을 독점해왔다. 1949년 공산정권이 들어선 이후로는 거대한 산업도시로 발전했다. 이곳에서 생산되는 제품은 점차 늘어나는 중국의 국내 수요에 충당되고 있다. 외곽으로는 산업단지와 밀집 거주지역이 들어서고 공공 교통 체계가 개선되고 공원과 여가 시설이 생겨나면서 도시의 외양은 크게 변화했다. 상하이는 중국 현대화에서 맡은 중요한 역할을 해내기 위해 외형적, 사회적 변혁을 이루어냄으로써 번영했던 과거의 경제적·심리적 유물을 모두 없애려고 시도했다.

역사

상하이는 원래 작고 고립된 어촌이었는데, 송대(960~1126년)에 이르러 낙후된 상태에서 벗어났다. 서쪽의 타이후 호 주변 지역의 제방으로 보호된 개간지에서 자립 농업경제가 발달했으며, 몽골족의 침략을 피해 한족들이 남쪽으로 이주해오며 상하이의 인구가 증가함에 따라 상하이가 급격히 발전한 것이다. 또한 해안과 내지로의 수송량이 급증하면서 수심이 깊은 항구가 있을 뿐만 아니라 교통 중심지이기도 한 상하이가 천연적 이점을 갖고 있음이 인정되었다. 11

세기 초에 세관이 들어섰고, 13세기 말에는 현청 소재지가 되었으며 장쑤 성의 관리에 들어갔다.

농업 중심이던 상하이 경제는 1850년대 이후 빠른 속도로 변화했다. 당시 상하이는 서유럽 열강들에 의해 중국에서의 상업제국주의를 위한 주요 기지가 되었다. 1842년 영국에 치욕스러운 패배를 당한 뒤, 중국은 상하이를 양도했으며 난징 조약을 맺었다. 이 조약에 따라 상하이는 모든 대외무역에 무제한 개방되었다. 영국인, 프랑스인, 미국인은 이 도시의 특정 지역을 점유했으며, 그 지역 안에서의 특권과 면책을 인정받았다. 일본도 1895년 시모노세키 조약에 따라 조계를 확보했다.

상하이가 외국 사업체에 개방되자 곧 유럽의 주요 은행과 다국적 기업들이 들어섰다. 광둥 성 남동 해안에 있으며 상하이와 어깨를 나란히 하던 항구인 광저우가 태평천국운동(1850~64년)으로 인해 내륙과 단절되자 상하이는 으뜸가는 대외무역 중심지로서의 전망이 더욱 높아졌다. 태평천국운동은 영국이 중국에서의 무역을 끊임없이 확장하는 데 잠재적인 위협이 되었지만, 1857년 영국은 양쯔 강에서의 항행권을 얻어냈다. 상하이는 양쯔 강 하류의 광대한 배후지에 대한 자연적 출구로서 급성장해 중국에서 으뜸가는 항구가 되었다. 1860년에는 중국 전체 선적량의 약 25퍼센트를 맡았다.

그러나 1890년대까지만 해도 상하이가 중국 산업의 중심지가 될 전망은 보이지 않았다. 1860년대 초 청(1644~911년) 왕조에 의해 세워진 강남병기창(江南兵器廠)을 제외하고는 대부분의 기업이 대규모 외국 무역업체에 딸린 소규모 사업체였다. 그러다 청일전쟁(1894~5년) 이후로 외국 자본의 유입이 꾸준히 증가함에 따라 조계 안에 경공업 공장들이 들어섰다. 이들 공장들은 상하이의 값싸고 풍부한 노동력과 그 지역에서 나는 원자재와 값싼 전력을 이용했다.

1920년대는 상하이에서 정치의식이 성장한 시기이기도 하다. 이 도시의 경제적·정치적 생활에 대한 외국의 지배가 이전보다도 한층 더 억압적이 되자, 노동자계급, 학생, 지식인이 점차 정치 활동에 참여하게 되었다. 1922년의 워싱턴 회의에서 영국, 미국, 일본이 서명한 동의서가 중국인들을 만족시키지 못하자 외국상품 불매운동이 실시되었다. 1921년 중국공산당이 상하이에서 창당되었으며, 4년 뒤에 공산당은 학생들과 노동자들이 일으킨 5·30사건을 이끌었다. 이 대규모 정치적 시위운동은 봉건주의·자본주의를 반대하고 외국 열강의 제국주의를 공식적으로 묵인하는 데 반대했다. 학생노동자 연합은 장제스가 지휘하는 정부군을 지지했지만, 1927년 국민당은 학생노동자연합과 공산당을 폭력적으로 탄압했다.

중일전쟁 동안 상하이는 일본에 점령되었으며, 이 도시에 있던 공장들은 심각한 피해를 입었다. 1949년 상하이가 인민해방군에 의해 점령되기 전의 짧은 기간 동안에 이 도시의 경제는, 비효율적인 소규모 가계업의 이상 증식, 인플레이션의 만연, 산업 재건을 위한 전반적 계획의 결여 등으로 인한 대혼란으로 고통을 당했다.

1949년 이후 중국은 내지 발전에 중점을 두었기 때문에 상하이의 발전은 뒤로 미뤄졌다. 소련과 긴밀한 협조 관계가 유지되던 1960년까지의 기간에 특히 성장이 더뎠다. 1960년 이후 중·소 관계가 냉각되면서 상하이는 중국에서 가장 숙련된 노동력을 가진 도시이자 중국에서 으뜸가는 과학·기술 연구 중심지로서의 위상을 되찾았다.

상하이 시내 한복판의 모습은 공산당이 정권을 잡기 전의 모습과 거의 다를 바가 없다. 밀집 거주지역과 산업단지를 교외지역에 개발하기로 한 정책으로 인해 시내 중심지 개발과 재보수가 우선순위 밖

으로 밀려났기 때문이다. 게다가 제2차 세계대전이 일어나기 전에
세워져 당시 외국 상점과 외교 관계용도로 사용되었던 건물들이 여
전히 그 자리를 지키고 있다.

우쑹[吳淞] 강과 황푸[黃浦] 강의 합류점에서 동쪽과 서쪽으로 뻗어
있는 상하이 중심부에는 바둑판 모양의 도로가 나 있는데, 원래 영
국 조계에 포함되었던 지역도 여기에 포함된다. 중심부 동쪽에는 황
푸 강을 따라 중산둥루[中山東路]가 있는데, 서쪽으로는 시장루[西藏
路], 남쪽으로는 옌안중루[延安中路]까지 이르는 지역에는 상하이의
중앙행정관청과 외국인 선원을 위한 주택, 그리고 몇 개의 호텔이
있다. 동쪽 도로에서 서쪽으로 뻗어 있는 난징둥루[南京東路]는 주요
상가로 상하이에서 가장 큰 소매상점인 상하이 제일백화상점이 있
으며, 식당, 호텔 및 중앙 전신, 전화국 건물이 들어서 있다.

우쑹 강 북쪽과 동쪽에 있는 훙커우 구[虹口區]는 원래 미국 및 일
본의 조계로 개발되었는데 1863년 남쪽의 영국 조계와 합쳐지면서
국제적인 거류지가 되었다. 이 지구 동쪽 구역에는 황푸 강 기슭을
따라 조선소와 공장들이 있어 지금은 중요한 공업지역이 되었다. 상
하이에서 가장 잘 알려진 상하이다샤[上海大夏]가 황푸를 내려다보고
있다.

오늘날 상하이 중심부의 일부를 이루고 있는 구시가지는 도로가
무계획적이고 미로처럼 얽혀 있으며, 20세기 초까지도 5킬로미터나
되는 성벽으로 둘러싸여 있었다. 지금은 원래 성벽이 있던 자리를
따라 런민루[人民路]와 중화루[中華路]가 있다. 이 지역은 남북을 잇는
주요 동맥인 허난난루[河南南路]에 의해 둘로 나뉜다.

상하이 서부는 기본적으로 주거지역의 성격이 강하며 산업박람회
장도 여기에 있다. 남서쪽에 있는 쉬지아후이 구[徐家匯區]는 17세기

중국 그리스도교 포교 활동의 중심지였다. 그래서 1800년대 말 예수회 선교사들이 이곳에 도서관, 인쇄소, 고아원, 기상대 등을 세웠다.

소매상점은 구시가지에 집중되어 있는 편이지만 산업 위성단지와 밀집지역이 외곽에 세워지면서 거래 규모는 줄어들고 있는 추세다.

문화

상하이에는 박물관, 역사적 유적지, 아름다운 정원 등 뛰어난 문화 명소가 많다. 상하이 미술·역사박물관에는 수천 년 전의 청동기, 도자기 및 그 밖의 인공유물이 광범위하게 소장되어 있다. 상하이 혁명사기념관에서는 이 도시의 발전을 추적하는 사진과 물건들이 전시되어 있다. 1920년대에 세워진 다스제〔大世界〕는 상하이에서 으뜸가는 연극 센터로 전통가극, 무용, 연극, 이야기 극 및 중국의 소수민족을 대표하는 특수화된 오락 등을 공연한다. 노동자들과 어린이들을 위한 레크리에이션 클럽도 많이 있으며, 상하이 극장을 포함해 규모가 큰 영화관도 몇 개 있다.

옛 중국 도시를 보여주는 유물로는 명 말의 정원 건축 양식을 대표하는 16세기 위위안〔豫苑〕과 옛 공자묘가 있다. 그 밖에 발길을 끄는 곳으로는 청대에 건축된 룽화 탑〔龍華塔〕과 산업전시관, 20세기의 혁명 작가인 루쉰의 무덤과 그가 살던 집 등이 있다.

상하이에는 중국의 주요 출판사인 런민문학인서관〔人民文學印書官〕과 런민교육인서관의 지부도 있다. 이 출판사들의 본사는 베이징에 있다. 또한 규모가 큰 중국과학원 도서관의 분관 외에도 수많은 도서관이 있다. 예술학교나 음악학교로는 톈진에 있는 음악학교의 분교, 상하이 음악학교, 상하이 희곡학교 등이 있다. 발레단, 오페라단, 교향악단, 인형극단 등 직업적인 공연예술단도 다수가 존재한다.

1949년 이후 상하이에는 공원, 야외 공간, 경기장도 상당히 많이 세워졌다. 상하이 중심부에 있는 런민 공원과 황푸 강 기슭에 있는 황푸 공원은 대중이 이용하는 공간으로 맨 처음 세워진 것이다. 시의 모든 구역마다 넓은 공원과 경기장이 있다. 그 중 넓은 곳으로는 북쪽에 있는 훙커우 수목원과 경기장, 북동쪽에 있는 허핑〔和平〕 공원과 경기장, 상하이 동부에 있는 푸둥〔浦東〕 공원, 남쪽에 있는 푸싱〔復興〕 공원, 시 중심부의 서쪽 외곽에 있는 중산 공원 등이 있다.

상하이 외곽 : 양쯔 강 삼각주

쑤저우는 타이후〔太湖〕 북쪽과 북동쪽의 양쯔 강 삼각주지역을 관장한다. 이 도시는 대운하의 남쪽 지역에 해당하는 타이후 동쪽에 있다. 쑤저우 시 자체는 사방이 운하로 둘러싸여 있으며, 작은 운하들이 교차하고 있는 도시이다. 호수, 강, 연못과 세계적으로 유명한 정원이 있고, 타이후 동안을 따라 풍경이 아름다운 구릉이 이어지며 자연미와 인공미가 조화되어 대단히 아름답다. 쑤저우는 중국에서 몇 안 되는 가장 비옥한 농업지대의 중심부에 있다.

쑤저우는 동주(東周) 왕조 시대인 기원전 484년경에 생겼으며 얼마 동안 오(吳)나라의 수도였다. 진(기원전 221년~서기 206년)이 들어선 후 양쯔 강 남쪽, 즉 지금의 장쑤 성과 저장 성 대부분을 관할하는 회계군(會稽郡)의 군청 소재지인 우셴〔吳縣〕이 세워졌다. 쑤저우라는 이름은 수 왕조(581~618년)가 중국 남부를 통일한 589년부터 사용되기 시작했다. 이 도시는 대운하가 건설됨에 따라 중국의 대곡창지대로 급성장하여 지역의 행정·상업 중심지가 되었다.

13세기에 이 도시를 방문한 베네치아 출신의 여행가 마르코 폴로도 쑤저우의 화려함에 대해 언급한 바 있다. 양쯔 강 삼각주에 토사가 쌓이고 계속된 관개·간척 사업으로 바다에 접근하는 일이 불가능해지기 전에는 쑹장[松江]과 쑤저우 강[蘇州河]을 통해 곧장 바다로 나갈 수 있었으므로, 얼마 동안 외국 선박이 정박하는 항구 구실을 했다. 명대(1368~644년)와 청대(1644~911년) 초기, 쑤저우의 번영은 최고조에 달했다. 수많은 지주 가문들이 이곳에 자리를 잡았고 쑤저우는 학문과 예술의 중심지가 되었다. 대규모 정원들이 많은 작은 연못 주위에 들어섰다. 이 도시의 부유함은 견직업과 자수 같은 부차적인 수공예 등에서 비롯되었다. 쑤저우는 또한 상업 자본의 주요출처였으며, 재정과 금융의 중심지이기도 했다.

태평천국운동(1850~64년) 기간에 속하는 1860년부터 63년까지, 쑤저우는 태평천국운동의 지도자인 이수성(李秀成)이 지휘하는 태평군에게 점령당했다. 쑤저우는 태평천국의 개혁정책이 효과적으로 시행된 몇 도시 가운데 하나였음에도 불구하고 크게 파괴되었다. 19세기 말에 이르러 많이 복구되었으나 상업상의 패권을 놓고 이웃 도시 상하이와 겨루게 되었다. 중국과 일본 사이에 시모노세키 조약이 체결된 후 1896년 이 도시는 대외무역에 개방되었으나 중요한 성과는 나타나지 않았다. 제2차 세계대전이 일어나기 전 열강의 경쟁으로 인해 대부분 소규모 수공업 형태로 운영되던 이 지역의 견직업이 심한 타격을 입었다. 이 무렵 공단과 면직물을 제조하는 몇 개의 근대식 공장이 설립되었으며, 대형 전기발전소도 들어섰다. 그러나 1937년 중일전쟁이 발발하기 전까지 근대식 공장은 소수에 지나지 않았다. 쑤저우는 1937년부터 45년까지 일본의 지배를 받았다.

이 도시는 교육의 중심지이기도 하다. 20세기 초 쑤저우대학교와 쑤저우 미술대학이 설립되었으며 얼마 후 쑤난[蘇南] 공업대학과 양잠 전문학교도 세워졌다. 또한 1950년대 말에는 전통 수공예의 도제

양성 체제로 명성을 얻었다. 1950년대 철강공장이 들어섰으나 중공업은 크게 발전하지 못했다. 그러나 견·면직물 산업은 대규모 산업으로 재건되었다.

쑤저우는 사찰, 누각, 석각벽화 등과 함께 150여 개의 우아한 정원을 자랑하는 도시다. 1978년 재건된 중국정원협회는 국제적인 학술교류단체를 조직했다.

항저우는 저장 성의 성도다. 항저우 만으로 곧바로 흘러들어오는 첸탕 강〔錢塘江〕 어귀의 북안에 있다. 남으로는 저장 성 내지와 수로로 연결된다. 대운하의 남쪽 끝이기도 하며, 북으로 양쯔 강 삼각주 지역을 뒤덮고 있는 운하나 수로와도 이어진다. 이 도시는 경치가 빼어난 시톈무 산맥〔西天目山脈〕의 기슭에 있으며, 시후〔西湖〕 호를 도시 속에 품고 있다. 항저우는 건축물과 정원이 유명하며, 중국에서 상당히 이름난 사찰들이 있는 산과 계곡들 사이에 있다.

진대(기원전 221년~서기 206년)에 항저우에 처음 첸탕 현〔錢塘縣〕이 들어섰으나, 양쯔 강 삼각주에 사람들이 정착하기 시작한 4~5세기까지는 크게 개발되지 못하다가 609년 대운하의 남쪽 부분에 해당하는 장난〔江南〕 운하가 완성되자 그 지역의 으뜸가는 중심지가 되었다. 항저우가 상업 중심지 역할을 했던 13세기 말에 마르코 폴로가 이곳을 방문했다. 그는 항저우를 킨사이(Kinsai 또는 Quinsay)라고 불렀다. 당시 항저우의 인구는 100만에서 150만 명 사이였던 것으로 추정된다.

1949년 이래 중국 정부는 항저우의 경치가 좋은 지역과 관광명소를 보존하는 한편, 항저우를 공업 중심지로도 발전시켰다. 견직업은 근대화되었으며, 지금은 견직물과 면직물이 모두 생산된다. 이 지역의 남서쪽에는 규모가 큰 신안〔新安〕 강 수력발전소와 중국 남서부 및 상하이, 난징을 동력망으로 연결시켜주는 발전소가 있다. 또한 이 지역에는 화학 공장도 세워졌고, 1950년대 말에는 주요 트랙터 공장이 설립되었다. 공구산업도 잇달아 발전했다. 이곳은 도정과 차 가공, 대마, 비단, 면화 생산을 하고 있는 공업지역의 중심지다.

홍콩

중국어로 '향기로운 항구(중국식 지명은 샹강〔香港〕)'라는 이름을 가진 홍콩은 뛰어난 천연 항구와 수익성이 좋은 무역, 특히 아편 무역으로 발달한 도시다. 그러나 홍콩이 세계 무역과 경제의 중심지가 될 수 있게 한 경제성장의 원동력은 영토의 확장으로 공급된 노동력과 자원이었다.

이 지역은 면적이 넓지 않고 천연자원이 부족해서 한때 인구 밀집, 무역 불안, 사회·정치적 동요 등의 문제를 겪었다. 그런 문제들이 있었지만 홍콩은 중계항으로 역할을 바꾸어 제조와 경제의 중심지로 거듭났고, 중국의 무역과 현대화에 있어 없어서는 안 될 존재가 되었다.

거주지로서의 홍콩 섬의 조건은 그리 좋지 못해서 19세기 중반에 영국이 들어오기 전까지는 소수의 어부들만 사는 곳이었다. 비옥한 토지와 물이 부족하고 바위투성이 산들만 많았으며, 해적이 자주 출몰하는 곳으로 유명했다. 하지만 1821년 아편을 실은 배들이 정박할 항구로 홍콩을 사용하기 시작한 영국 상인들에게는 비교적 안전하고 방해될 것이 없는 장소였다. 동쪽과 서쪽으로 모두 배가 드나들 수 있고 극동 지역의 주요 무역 노선 위에 놓여 있던 이 깊고 안전한 항구가 가진 경제적·전략적 중요성은 이내 높은 평가를 받게 되었

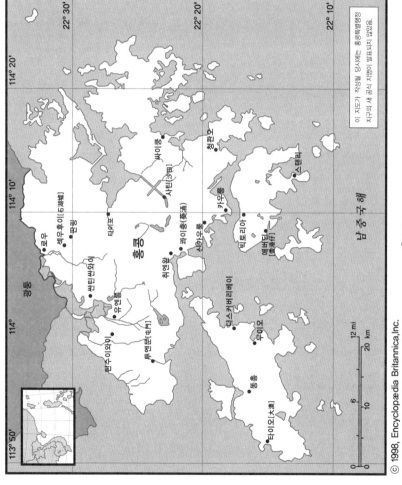

홍콩

남 중 국 해

이 지도가 작성될 당시에는 홍콩특별행정
지구의 새 공식 지명이 발표되지 않았음.

로우
셱우후이[石湖墟]
판링
타이포
틴수이와이
샨틴산와이
유엔롱
루엔문[屯門]
취엔완
콰이충[葵涌]
샤이우룽
카우룽
빅토리아
애버딘[香港仔]
싼틴[沙田]
씨이쿵
청콴오
스탠리
딕스커버리베이
무이오
둥충
타이오[大澳]

홍콩

광둥

22° 30'
22° 20'
22° 10'
114° 20'
114° 10'
114°
113° 50'

12 mi
20 km
6
10
0
0

다.

1차 아편전쟁(1839~42년)이 끝난 뒤 홍콩 섬은 난징 조약에 의거해 영국에게 양도되었다. 그러나 영국은 항구 전체를 통제할 수 없다는 사실에 만족하지 못했다. 20년이 채 지나기도 전 영국은 2차 아편전쟁(1856~60년)을 일으켰고, 그 전쟁의 결과로 중국은 베이징협약(1860년)을 통해 현재 신계(新界)로 불리는 주룽 반도 남부와 스톤커터 섬을 영국에게 넘겨주게 되었다. 1898년에 맺은 협약으로 235개 섬으로 이루어진 신계는 1898년 7월 1일을 기점으로 영국에 99년간 양도되었다. 이 결과 영토가 확장된 홍콩의 인구는 1861년 12만 명에서 19세기 말에는 30만 명으로 급격히 증가했다.

다른 조약 항구와는 달리 홍콩은 초기부터 동남아시아나 그 밖의 지역으로 이주하는 사람들의 거주지 역할뿐 아니라 중국에서 빠져나온 사람이나 돈의 피난처 역할을 했다. 중국인이 중국과 홍콩 사이를 오고가는 것은 자유로웠고 중국의 정치적·경제적 상황에 따라 이 흐름은 증가하거나 감소했다. 1912년 중화민국이 세워진 뒤 민족주의를 옹호하는 사람들은 중국이 외국과 맺은 모든 조약을 폐기하려 했다. 외국 상품에 대한 불매운동은 중국에 이미 자리를 잡은 영국에게 큰 타격을 주었다. 이 운동은 곧 홍콩에서도 시작되어 1920년대에는 사회가 전반적으로 불안해졌다.

1937년 중일전쟁이 발발하자 홍콩은 또 한 번 피난처 역할을 했고 수천 명의 중국인이 일본군이 들어오기 전에 홍콩으로 피난을 떠났다. 1939년에 유럽에서 전쟁이 터지면서 홍콩의 상황은 더욱 불안정해졌고 일본은 1941년 12월 홍콩을 공격해 점령했다. 전쟁 기간 동안 홍콩 경제는 급격하게 악화되었고 음식 등의 물자 부족을 겪게되어 많은 사람들이 대륙으로 돌아갔다. 1941년에 160만 명이던 인구는 1945년 일본이 항복할 무렵에는 65만 명으로 감소했다.

1945년 8월 30일 영국군이 홍콩으로 돌아왔고, 1946년 5월 정부군이 조직되었다. 수십만 명의 중국인과 외국인이 홍콩으로 되돌아왔고 이 가운데에는 국민당과 공산당 사이에 벌어진 내전을 피해 국외로 탈출한 정·재계 인사도 포함되어 있었다.

1951년 유엔은 한국전쟁 기간 동안 중국과 북한 무역 선박의 출항을 금지했는데 이로 인해 홍콩의 중요한 생명선인 중계무역이 감소했고 이 상황은 그후 수년간 지속되었다. 홍콩은 방직과 같은 경공업을 중심으로 다시 소생했는데 이는 외국에서 유입된 자본력과 필요한 노동력의 공급 덕분이었다. 자본과 노동력이라는 두 요소는 홍콩이 더 높은 수준의 산업화를 이루는 데 있어 중요한 기본 조건으로 인정되었다. 그러나 경제발전 대부분이 값싼 노동력에 의존했는데 이 노동자들은 아주 열악한 근로 조건에서 고생해왔던 터라 1960년대 초부터 노동분쟁과 사회 불만이 넓게 확산되기 시작했다.

1967년 봄, 심각한 폭동이 홍콩과 주룽 반도에서 일어났는데 이는 조화(造花)를 만드는 공장에서 일어난 노동분쟁이 확산된 것이었다. 경제적·사회적 불안은 이내 폭력적인 정치 집회로 이어졌고, 이를 조직한 이들은 문화대혁명과 관련된 사람들이었다. 1960년대 말 상황이 안정되어가면서 노동 관련 법안, 대규모 정부 주도 프로젝트, 광범위한 공적 노동 프로그램 등으로 노동과 생활 조건이 크게 개선되었다.

이와 동시에 전기 분야 등의 첨단 산업이 발전했고 부동산과 금융 시장이 1973년 초까지 번성했는데 이때 발생한 주식 시장의 붕괴로 수억 달러의 돈이 홍콩에서 빠져나갔다. 그러다 1970년대 중반, 중국 본토와의 관계가 호전되면서 홍콩 경제가 다시 호전되기 시작했다.

신계를 양도받은 영국 사법권 기간이 만료되는 시점이 1997년이었는데, 1970년대 말부터 홍콩의 미래에 대한 걱정과 관련된 여론이 확산되기 시작했다. 양도는 신계에만 해당되었지만 중국 정부는 홍콩 전체가 중국 영토이며 예전에 맺은 홍콩–영국의 조약은 불평등조약으로 보고 접근해야 한다는 입장을 고수했다.

홍콩 문제에 관한 두 정부의 첫 접촉은 1979년 3월에 시작되었지만 공식 협상은 1982년 9월 영국 총리가 중국을 방문하고 나서야 시작되었다. 협상은 2년간 계속되었다. 마침내 중국과 영국 정부는 홍콩 문제에 관한 공동 성명을 발표하고 1984년 12월 19일 두 나라의 정상이 공식 서명을 했다. 성명서에는 홍콩 전체(홍콩 섬, 주룽 반도, 신계)가 1997년 7월 1일에 중국으로 반환될 것이라는 내용이 명시되었다.

홍콩이 중국 법령 아래로 들어오게 될 것을 알리는 문서의 마지막 용어 정리에 관해서 홍콩과 베이징 정부는 쉽게 합의를 보지 못했다. 홍콩이 몇 가지 항목을 보류했음에도 불구하고 인민의회는 1990년 4월 4일 기본법을 공식적으로 승인했고 이 법은 1997년 7월 1일에 효력을 발휘해 홍콩 특별행정지구는 중앙정부의 직접적인 관리를 받게 되었다.

세계의 다른 큰 도시들과 마찬가지로 홍콩의 인구는 지난 20년간 계속해서 증가했다. 1950년대에는 연간 성장률이 2~4퍼센트 사이를 왔다갔다하는 불안한 모습을 보였는데 이는 중국으로부터의 단발적인 이민자의 수가 늘어나고 중국 남부 연안지역이 크게 성장했기 때문이었다. 이민은 줄곧 홍콩 인구 증가의 가장 중요한 요인이었다. 출생률은 1950년대 말부터 꾸준히 감소해 1980년대에는 자연 증가율이 1퍼센트 미만으로 떨어졌다. 그러나 평균 수명은 계속해서 늘어났다. 1950년대 이래로 15세 미만의 인구 비율은 급속하게 감소한 반면 15세에서 64세 사이의 인구는 눈에 띄는 증가 추세를 보였고 65세 이상의 인구는 두 배로 늘어났다. 홍콩은 세계에서 인구밀도가 가장 높은 지역 가운데 한 곳이다.

1969년 이래로 홍콩은 중앙은행 시스템이 없는데도 불구하고 아시아-태평양지역에서 가장 중요한 경제 중심지로 떠올랐다. 지역 정부는 이런 기관이 맡아야 하는 기능을 특정 정부 부서에게 위임하고 일반 은행들을 선택했다. 홍콩에는 시중 상업은행 말고도 외국 은행의 대표 사무실이나 예금 수취기관이 있다.

홍콩의 외환 거래 시장을 통해 중국과 해외 화폐의 거래가 이루어진다. 주식 시장은 외국 자본과 국내 자본을 끌어들이는 역할을 한다. 홍콩 주식 시장에서 거래되는 것 중에는 런던 주식 시장에 상장된 것들도 있다. 세계에서 가장 큰 규모를 자랑했던 황금거래소는 이제 중국 금은업 무역장이 관리를 맡게 되었다. 거래 규제의 부재가 오히려 홍콩이 경제 중심지로 발돋움하게 되는 요인으로 작용했다.

문화

홍콩은 동서양 문화가 공존하는 곳이다. 이 지역에서는 단오절, 중추절, 구정과 같은 동양의 명절뿐 아니라 크리스마스, 신정이 기념되고, 전통 광동지역이나 기타 지역의 가극이나 인형극에서부터 국내외적으로 유명한 공연가와 예술인의 발레, 연극, 음악회, 회화전, 조각전 등이 연중 내내 열린다. 홍콩 아트 페스티벌은 아시아의 주요 문화 행사가 되었고 홍콩 필하모닉 오케스트라, 홍콩 중국 오케스트라, 중영극단(中英劇團), 홍콩 시립현대무용단은 유명한 지역

예술 단체가 되었다. 홍콩 음악학원과 홍콩 발레학원은 홍콩 공연예술학교와 합쳐져서 학생들에게 춤, 드라마, 음악, 실용 예술을 교육하고 있다.

매년 홍콩에서는 수많은 영화가 제작되며 이 가운데 많은 영화가 세계적인 인기를 얻는다. 또한 홍콩 무술영화와 같은 분야는 새로운 트렌드를 창조해서 1980년대 세계 영화 시장에 등장하면서부터 헐리우드 영화와 경쟁하거나 각색되기도 했다. 1977년에 시작된 홍콩 국제영화제는 아시아 영화를 소개하는 중요한 행사가 되었다. 홍콩은 패션계와 다이아몬드 세공 및 디자인 분야에서도 국제적인 중심지 역할을 해오고 있다.

교육기관 부설 도서관 말고도 홍콩에는 25개의 도서관이 있는데 이 가운데에는 이동 도서관도 있다. 박물관 가운데에는 역사, 예술, 과학, 기술, 우주 등을 특화시킨 중요한 박물관이 있다. 문화 센터와 예술 센터는 갤러리, 극장, 콘서트장으로 사용된다. 게다가 새 지역에 세워지는 지역센터나 문화센터는 지역 행사를 위한 장소로 사용된다.

홍콩에서 공원이 차지하는 면적은 전체 영토의 5분의 2나 될 정도로 넓어서, 홍콩 주민들은 공원에서 야외 활동을 하는 것에 아주 익숙하다. 도시 사람들은 도심 공원에서 산책, 조깅, 태극권 수련 등을 하고, 외곽의 공원에서는 연 날리기, 소풍, 하이킹, 캠핑 등이 이루어진다. 각 지역의 공원에는 지역 단위로 조성된 행사 및 스포츠 프로그램이 있다. 세계에서 가장 큰 해양 박물관인 오션파크, 1만 2,500명을 수용할 수 있는 아시아 최대 규모의 경기장인 홍콩 콜로세움, 그리고 퀸엘리자베스 경기장 등은 국내외 운동 경기, 뮤지컬, 문화 및 연예 프로그램이 개최되는 주요 장소다. 경제적인 조건만 허락한다면 홍콩의 작은 해협과 만에서 배를 타거나 워터 스키, 카누 등 수상 스포츠를 즐길 수 있다. 홍콩 요트 클럽은 남중국해지역에서 가장 활발한 활동을 벌이는 단체이기도 하다.

시안

웨이허〔渭河〕의 황투 고원에 위치한 시안은 예로부터 여러 왕조의 수도였고 매매와 교역의 중심지이며 역사적 중요성이 매우 큰 곳이다. 또한 중국과 지중해를 연결시켜주었던 무역로인 실크로드의 종착지점이기도 하다.

이 지역에 처음으로 도시가 형성된 것은 기원전 11세기다. 전한의 수도였던 장안 성은 당시 전세계에서 가장 큰 도시 가운데 하나로 기원전 202년 지금의 시안 바로 북서쪽에 세워졌다. 왕망〔王莽〕의 난(9~23년)에 뒤이은 혼란의 와중에 장안 성이 크게 파괴되어, 23년에 세워진 후한은 뤄양을 수도로 정했다. 그 뒤로 장안은 수세기에 걸쳐 쇠퇴하다가 수 왕조(581~618년)가 이곳을 수도로 정한 후부터 다시 번성했다.

수에 이어 당(618~907년)의 수도가 된 장안은 크게 확장되어 세 구역으로 나뉘었다. 즉 궁성(宮城), 관리들이 거처하면서 집무했던 황성(皇城), 장인과 상인들이 활동했던 외성(外城)이 바로 그것으로, 장안은 세계에서 가장 화려하고 사치스러운 도시 가운데 하나가 되었다. 13세기에 중국에 왔던 마르코 폴로는 이 도시를 "번창하는 교역 중심지"라고 묘사했다. 현재 널리 통용되는 이름인 시안은 '서쪽의 평화'라는 뜻으로, 명대(1368~644년) 이후에 정해진 것이다. 얼마 후 서경(西京)으로 이름이 바뀌었으나, 1943년에 다시 시안으로 복귀되었다.

1920년대부터 이 도시는 소련으로부터 공산주의 이론을 받아들이는 주요 창구 역할을 했다. 또한 1936년 12월의 시안 사건이 발생한 곳이다. 이 사건으로 항일국공합작(抗日國共合作)이 시작되었다.

시안에 있는 산시 성 박물관은 예전에는 공자 사당이었다. 이곳은 글씨가 새겨진 비석과 불상 등 중요한 유물들을 모아둔 베이린(碑林)으로 유명하다. 산시 역사박물관에는 구석기 시대부터 청대에 이르는 중국사의 공예품과 예술품이 전시되어 있다. 당대에 세워진 샤오옌 탑(小雁塔), 높이가 45미터나 되는 다옌 탑(大雁塔), 다츠언 사(大慈恩寺), 명대에 건립된 종루(鐘樓)와 고루(鼓樓), 원래는 742년에 세워졌으나 현재의 건물은 14세기에 지어진 거대한 이슬람교 사원, 보존 상태가 양호한 14세기의 성문 세 개 등 흥미 있는 유적들이 이 오래된 도시를 둘러싸고 있다.

실크로드

마르코 폴로가 중국을 방문했을 때, 중국은 소아시아와 인도로 연결되는 무역로를 1,400년 이상 사용해온 뒤였다. 이 무역로가 바로 중국의 별칭이기도 한 '실크로드'다. 이 무역로는 기원전 300년경부터 부분적으로 존재했는데, 당시 코탄(현재 중국 허톈)에서 옥을 들여오는 통로로 사용되었다. 기원전 200년경에 길은 서쪽으로 연결되었고 기원전 100년에는 두 문명 사이를 활발하게 오가는 길이 되었다. 서기 200년에 전성기를 맞이한 실크로드는 서쪽으로 로마로 가는 길과 연결되면서 지구에서 가장 길이가 긴 길이 되었다.

시안에서 시작해 6,400킬로미터에 달하는 길은 원래 대상(隊商)이 이용하는 길로, 중국의 만리장성에서 북서쪽으로 이어져 타클라마칸 사막과 파미르 고원을 지나 아프가니스탄을 건너 지중해 연안 국가들로 이어졌다. 그곳에서 상품들은 지중해로 보내졌다. 전체 길을 다 여행하는 사람들은 거의 없었고 상품은 중개인들의 손을 거쳐 이동했다. 아시아에서의 로마 영토가 점차 줄어들고 지중해지역에서 아랍 국가가 부상하기 시작하면서 실크로드는 위험한 곳이 되어 왕래가 줄어들게 되었다.

현대 실크로드는 파키스탄과 중국의 신장웨이우얼 자치구를 잇는 포장된 고속도로의 형태로 일부가 남아 있다. 실크로드에서 영감을 받은 유엔은 아시아를 관통하는 고속도로를 계획하기도 했다.

병마용

시안 북동쪽 32킬로미터 지점에는 만리장성을 쌓은 것으로도 유명한 진시황의 무덤이 있다.

1974년 3월, 우물을 파던 농부들이 처음으로 지하에 묻힌 방을 발견했다. 고고학자들은 이곳에서 6,000구가 넘는 실물 크기의 병사와 병마 도용(陶俑)을 찾아냈다. 이 도용들은 모양이 서로 같은 것이 하나도 없는 것으로 보아 실물을 모델로 했으리라고 추측된다. 실제의 마차, 철제 농기구, 청동 및 가죽 재갈, 비단, 아마, 옥, 뼈 등으로 만든 물건들도 함께 출토되었다. 또 활, 화살, 창, 칼과 같은 무기들과 13가지 성분을 합금한 주형(鑄型)도 출토되었는데, 이것들은 오늘날에도 여전히 빛이 나고 날카롭다.

예전에는 광물성 안료로 밝게 칠해져 있었던 것으로 보이는 진흙 상들이 당시의 군대 규율에 따라 독특한 군사 대형으로 늘어서 있었다. 선두에 궁수(弓手)와 석궁(石弓) 사수가 배치되어 있고 그 바깥에는 사수 및 보병과 전차병 무리가, 그 뒤에는 갑옷을 입은 호위병이 줄지어 있다. 1970년대 기존 발굴지 부근에서 세 개의 방이 더 발굴되었는데, 그 중 한 방에는 1,400개가 넘는 도용이 들어 있었고 이것은 전차와 기병을 보충하기 위한 것으로 더 작게 만들어져 있었다. 또 하나의 방에는 아마도 진군의 정예 지휘부를 나타내는 것으로 보이는 68개의 상이 들어 있었다. 나머지 하나는 빈방이었다.

도기로 만들어져 매장된 호위병들은 무덤 바깥벽으로부터 1.2킬로미터 정도 떨어진 곳에서 전투태세를 한 채 동쪽을 향하고 있다. 이것은 아마도 동쪽에서 침입해온 강력한 적으로부터 시황제를 보호하려는 목적으로 보인다. 또한 시황제의 자녀의 것으로 보이는 7구의 시체도 발굴되었고 말의 뼈로 가득 찬 마구간, 실물 크기의 반 정도 되는 마차, 70개의 개인 매장지, 색다른 동물과 공예품 등도 출토되었다.

시황제의 무덤 자체는 아직 발굴되지 않고 있으나 아마도 4면으로 된 피라미드 형태의 흙 둔덕 바로 아래, 내벽 안에 원형 그대로 보존되어 있을 것으로 짐작된다. 이 피라미드형 흙 둔덕은 원래는 낮고 숲이 우거진 산처럼 보이도록 만들어진 것이었다. 능 내부는 광대한 지하 궁전으로, 각지에서 징발된 70만여 명의 일꾼들을 동원해 36년이 넘게 걸려 완성했다고 한다. 역사가 사마천(기원전 145~85년경)은 다음과 같이 적고 있다. "노동자들은 매우 깊은 지하까지 파들어갔다. 그들은 청동으로 바닥을 깔고 그 위에 관을 안치했다. 궁전, 누각, 집무실의 본을 만들고 멋진 그릇, 값진 석재와 진귀한 물건들로 묘지를 가득 채웠다. 기술자들은 침입자가 나타나면 석궁이 자동적으로 발사되도록 장치하라는 지시를 받았다. 중국의 여러 강, 예컨대 양쯔 강과 황허, 심지어 동중국해와 남중국해까지 수은으로 만들어 흐르게 하고 기계적으로 순환되도록 장치했다. 반짝이는 진주로 만든 하늘의 별자리를 천장에 설치하고, 금과 은으로 새를 만들었으며, 옥을 쪼아 소나무를 만들었다. 마차는 바닥에 진열했다. 등불은 고래 기름을 연료로 써서 영원히 탈 수 있도록 했다."

이 유물은 1987년에 유네스코 세계문화유산으로 지정되었다. 이 유적지에서 발굴 작업이 시작된 지 20년이 지난 뒤 고고학자들은 나머지 보물을 완전히 발굴해내려면 아마도 몇 세대가 더 소요되어야 할 것이라고 발표했다. 도용들이 발견된 이후 이곳은 중국에서 가장 중요한 관광 명소가 되어 매년 수천 명의 방문객이 다녀가게 되었다.

티베트

'세계의 지붕'이라고 불리는 티베트는 중앙아시아의 고원과 산맥 1,221,600제곱킬로미터를 차지하는데 이 가운데에는 에베레스트 산이 포함되어 있다. 1950년대까지만 해도 티베트는 외부세계와 단절된 채 홀로 단일하게 존재했다. 고유의 문화와 종교를 갖고 있던 티베트는 티베트 불교를 믿고 티베트어를 사용했다. 다른 나라와 교류를 거의 하지 않았고 경제발전도 이루어지지 않은 상태였다. 중국으로 합병된 뒤에는 경제발전을 위한 시도가 이루어졌지만, 이는 한족과 티베트족 사이에 일어난 민족 분쟁이나 마르크스적 가치에 대한 티베트인의 저항으로 인해 단발적으로 진행되었다. 1980년대 이후 정부 정책이 완화되고 한족과 티베트족 간의 관계가 약간 개선되어 경제발전과 관광업 성장의 기회가 생겼다. 세계에서 가장 고도가 높은 철도인 칭하이-티베트 철도가 완공된 2006년부터는 더 많은 관광객이 방문하게 되었지만 동시에 더 많은 외부인이 유입되어 티베트족의 수는 감소하고 한족의 수는 증가하는 추세를 보이게 되었다.

역사

전설에 의하면 티베트족의 선조는 원숭이와 여신 사이에서 태어났다. 10세기 당 왕조의 기록은 티베트족의 기원을 목가적인 유목민인 장족(藏族)으로 서술하는데 장족은 기원전 200년경 중국 서북쪽의 거대한 초원에서 거주하기 시작했다. 그 지역은 다양한 인종적 요소가 만나서 수세기 동안 결합해 온 곳으로 티베트족의 기원이 되는 고향으로 인정될 수 있지만 최소한 7세기경까지 티베트족은 다른 민족과 전투와 연합을 통해 섞였다. 그 과정에서 특히 두 인종이 두드러졌는데 하나는 단두민족(短頭民族)이고 또 다른 하나는 장두민족(長頭民族)이다. 단두민족은 경작지에서 많이 발견되는 인종으로, 황허 분지에서 흘러왔을 것으로 보이고 초기 중국인과 미얀마인과 흡사하다. 장두민족은 북부의 유목민과 라싸의 귀족 가문에서 많이 발견되는데 조상 때부터 유목을 하며 더 북쪽까지 돌아다녔던 터키 인종과 유사점을 보인다. 서쪽에는 다딕(Dardic) 인종과 인도 인종도 발견되고, 몬족으로 알려진 소수민족은 주로 히말라야 동쪽 경계를 따라 티베트족과 섞여서 살아가고 있다.

7세기부터 9세기까지 티베트 왕국은 줄곧 중앙아시아에서 강대국으로 존재했다. 그러다 왕국이 분열되면서 세력이 약해졌고, 10세기부터 13세기까지는 주로 무역을 통한 장사일을 했다. 몽골 왕조인 원 왕조가 티베트 불교의 후원자 역할을 맡자 중국 왕조는 티베트인이 종교적인 관점에서 몽골인의 일부라고 생각하기 시작했다. 이 종교적인 중요성은 18세기가 되어 오이라트족(Oyrat)이 티베트 불교를 믿는다고 공언한 일을 계기로 실질적인 중요성이 몽골을 넘어 청 왕조의 권력에 도전하게 되었다. 19세기 티베트는 러시아의 제국 확장과 인도의 국경보호 정책으로부터 중국을 막아주는 역할을 했다.

19세기 중반 티베트인은 영국으로부터의 교섭을 거절했는데 당시 영국은 티베트를 중국과 무역 거래를 할 수 있고 나중에는 인도를 위험에 빠뜨릴 수 있는 러시아의 전진을 막을 수 있는 지역이라고 생각했다. 1903년, 중국이 고분고분하지 않은 속국을 통제하지 못하게 되자 국경과 무역 관계 이해를 확실히 하기 위해 인도에서 특사가 파견되었다. 티베트의 저항은 무력으로 진압되었고 달라이 라마는 중국으로 도피했지만 1904년 라싸에서 중국의 중재 없이 영국과 티베트가 맺은 조약으로 이 거친 구애가 일단락되었다. 그러나 1906년, 중국은 티베트를 배제한 채 영국과 조약을 맺는데 그 주된 내용은 중국이 티베트에 관한 종주권을 갖는다는 것이었다. 조약을 맺은 중국은 대담해져서 10세기 만에 처음으로 무력으로 티베트인을 통제하기 시작했다. 1910년, 달라이 라마는 인도로 다시 망명했다.

　만주 왕조의 도발은 티베트인이 중국에 대해 갖고 있던 무관심을 증오로 바꾸어놓았고, 1911~2년에 일어난 신해혁명이 끝나자 티베트인은 중국을 격퇴하고 독립적인 새 공화국의 성립을 선언했다. 티베트는 1951년까지 독립 정부를 유지했다. 1931년까지 중국과의 국지적인 전투를 통해서 국경을 잘 방어해왔지만 1949년 티베트의 '해방'이 알려졌고 1950년 10월 중국인이 티베트 동부로 들어가서 빈약하게 무장된 티베트 군을 함락시켰다. 유엔에 보낸 달라이 라마의 호소문은 거부당했고 인도와 영국의 지원도 미미했다. 중국으로 불려간 티베트 대사는 1951년 중국이 불러주는 내용으로 이루어진 조약에 서명해야 했다. 조약의 내용은 티베트의 자주권과 종교를 보장하는 내용이었지만 동시에 라싸에 중국 지방 정부와 군부대 주둔을 인정하는 것이었다.

　중국 군인과 민간인이 들어오면서 자원 사용을 놓고 시작된 압박에 대한 사무친 분노는 1956년 불붙기 시작했는데 이 계기는 양쯔강 상류 동쪽지역에서 일어난 잔인한 전투와 진압 과정이었다. 라싸 자치구 바깥에서 일어난 일이지만 티베트인, 티베트어, 티베트 불교에 국한된 사건이었다. 동쪽의 전투에서 도망쳐온 사람들은 유격대를 조직해 중국군을 공격했고 이 일로 전투는 티베트 중심까지 이어져서 1959년 3월 라싸에서는 민중 봉기가 일어났다. 달라이 라마와 그의 제자들과 지지 세력은 히말라야를 통과해 탈출을 시도했고 봉기는 진압되었다.

1959년 사건 이후 달라이 라마에게 피난처를 제공한 인도와 중국의 관계가 악화되었는데, 1962년 중국군은 아쌈(Assam) 동북지역을 공격함으로써 새로운 대화 방식의 효율성을 증명했다.

1966~7년 라싸에서 문화대혁명이 시작되었을 때 홍위병의 난폭 행위와 살육으로 인해 중국의 입장이 곤란해졌다. 1969년 티베트의 군사 통제력이 회복되었고 1971년 새로운 지역 정부가 출범했다. 1963년부터 71년까지 외국인은 티베트지역에 접근할 수 없었다. 1970년대에 문화대혁명이 끝나면서 티베트인에 대한 박해도 누그러졌지만 티베트인이 자치권과 독립을 요구하기 시작하자 다시 중국의 억압이 심해졌다. 그러나 중국은 티베트의 경제발전에 많은 재정을 투자했고 1980년대 초반 달라이 라마와의 외교 관계를 회복시키려는 움직임을 보였다. 중국이 티베트에 자유를 일부 허락하고 억압적인 태도를 완화하려고 노력했지만 1980년대 말 폭동은 다시 일어났고 중국은 1988년 티베트에 계엄령을 선포했다. 티베트는 단발적인 동요를 계속해서 겪었고 중국이 정치와 종교의 자유를 계속해서 억압하자 서양 국가의 비난과 인권단체의 항의가 쏟아지기 시작했다. 아직도 중국 정부의 인정을 받지 못하는 달라이 라마는 1989년

노벨평화상을 수상했다.

티베트인은 자신의 영토를 '눈의 땅'이라고 부르지만, 티베트 기후는 건조한 편으로 연간 강수량이 460밀리미터 정도밖에 되지 않는다. 히말라야 산맥이 남쪽에서 불어오는 다습한 몬순 바람을 막기 때문에 남쪽에서 북쪽으로 가면서 강수량이 감소된다. 만년설 경계선이 해발 4,850미터지만 북쪽 산맥에서는 상승해서 해발 6,060미터까지 올라간다. 습도가 낮고 안개는 거의 없다.

고도가 높은 곳은 기온이 낮으나 낮은 계곡은 따뜻한 편이다. 지역에 따른 기온 차이는 거의 나지 않지만, 24시간을 주기로 기온이 크게 변화하는데 3,585미터 지점을 기준으로 봤을 때 낮 기온이 최고 30도까지 올랐다가 밤에는 최저 영하 19도까지 떨어진다. 1년 내내 강한 바람이 불어서 이른 아침과 밤에는 혹독하다 싶을 정도로 춥다. 서늘하고 건조한 공기 때문에 한번 곡물을 저장하면 50~60년이 지난 후까지 먹을 수 있다. 말린 날고기는 1년 이상 보존이 가능하며, 전염병이 발병하는 경우가 굉장히 드물다.

정부

중국 정부가 주권을 주장하기 전에 티베트는 달라이 라마가 종교와 세속 권력에서 모두 최고의 자리를 차지하는 신정(神政) 권력 형태를 가지고 있었다. 1951년 이후 중국은 군사력과 1965년 결정된 점진적인 종교 자주권에 의지하기 시작했다.

1965년 이후 시작된 종교와 사법기관 분리의 일환으로 티베트는 중국의 자치구가 되었다. 티베트는 지역 정부의 사법권 아래 놓인 라싸 시내와 지구(地區), 그 하위 개념인 현(縣)으로 나누어진다.

군대는 라싸에 주둔하는 중국 장군의 명령을 받는 정규 중국 부대로 이루어져 있다. 인도, 네팔, 부탄의 접경지역을 따라 늘어서 있는 규모가 큰 마을에는 군 막사가 세워져 있다. 티베트인은 정규군, 경비, 민병 부대로 강제 징집된다.

문화

티베트는 종교적인 내용을 담은 두루마리, 금속 조각, 목판 인쇄 등이 유명하다. 평화, 온유, 분노의 신을 대표하는 세 종류의 이미지와 세 회화 분야가 있는데 색이나 얼굴 표정 묘사 방법 등에서 서로 차이를 보인다.

잘 발달된 티베트의 고대 문화는 종교에 그 기원을 두고 있다. 가르(Gar)와 참(cham)이라는 춤은 승려들이 추는 아름다운 춤이다. 그들은 춤을 통해 신들의 행동, 태도, 자세 등을 재현한다. 고대 전설, 역사적인 사건, 기품 있는 노래, 음악에 관한 논쟁 등이 오페라, 경가극, 희곡 등의 형태를 통해 정교하게 구성되어 공연된다. 티베트 민속음악과 춤은 화려한 색, 즐거움, 단순함을 그 특징으로 한다. 캄스(Khams) 지역의 탁무(卓舞, bro), 뷔창(dbus-gtsang) 지역 농부의 과해(果諧, Sgor-gzhas, 티베트 농촌에서 유행하는 대중적인 가무), 아도(A-mdo)지역의 카드라(Kadra) 등은 여러 명이 함께 추는 군무로, 그 모습이 장관이다. 티베트인들은 축제라도 열리게 되면 이런 춤들을 며칠 내내 계속 추기도 한다. 이런 흥겨운 공연의 주제는 사랑, 신앙, 자연의 아름다움, 조상의 용기 있는 행동 등이다.

전통 혼례에는 부부의 조화를 예측하기 위해 라마와 점성술사에게 먼저 상담을 하는 과정이 포함된다. 결혼 서류에 서명을 하고 나면 신랑의 집에서 정식 혼례가 거행된다. 사원에 가거나 행정 관청에 가는 것은 필수는 아니다. 정식 부부가 되면 신랑의 집 지붕 위 가족의 신부측에 기도 깃발이 게양되는데 이는 새로운 가정에서 신부가 평등한 지위를 얻었다는 것을 상징한다. 간혹 일처다부제가 시행되기도 하지만 대부분은 일부일처제를 따른다.

사람이 죽으면 그 가족은 죽은 사람이 환생하여 더 좋은 삶을 살기를 바라는 마음으로 후한 기부금을 낸다. 중요한 종교적 인물이 사망한 경우 그의 시체는 무덤에 보관된다. 그렇지 않은 경우 전통적인 의식에 따라 시체는 자비를 표현하기 위해 매의 먹이로 던져진다. 매장이나 화장 풍습도 존재하지만 거의 시행되지는 않는다.

사원을 방문하거나 결혼식, 장례식에 참석하는 사람에게는 전통 티베트 스카프인 카타(ka-btags)를 목에 걸어준다. 이것은 누군가를 만나 인사를 하게 될 때도 마찬가지다. 이 전통은 신을 숭배하기 위해 옷을 바치던 고대 전통에서부터 시작되었고, 이 행위가 인사의 형태로 발전했다. 순결을 상징하는 흰색의 스카프를 목에 걸어주는 것이 티베트의 중요한 풍습이 된 것이다. 또 다른 중요한 풍습은 지붕, 천막, 언덕 등 티베트인이 볼 수 있는 모든 곳에 기도 깃발을 게양하는 것이다. 이 깃발은 운명과 행운을 상징한다.

티베트인의 주식은 보릿가루다. 다른 주요 먹거리는 밀가루, 야크고기, 양고기, 돼지 고기 등이다. 버터, 우유, 치즈와 같은 낙농 제품도 많이 먹는다. 높은 고도에서 사는 사람들은 낮은 지역에 사는 사람보다 더 많은 양의 육류를 섭취하는 편이고 낮은 곳에서는 다양한 야채를 먹을 수 있다. 쌀의 섭취는 부유한 집이나 남쪽에 사는 농부, 승려 등으로 제한된다.

음료 가운데에는 차와 창(chang)이라는 이름을 가진 쌀맥주가 특히 중요하다. 중국과 티베트지역 차 잎을 가지고 만든 전차[磚茶]는 소다수로 끓인다. 그런 뒤 건더기를 걸러내고 교반기에 넣은 후 소금과 버터를 넣고 젓는다. 이렇게 만들어진 차는 옅은 붉은 빛이 나는 흰색인데 위는 두텁게 버터막이 형성되어있다. 창은 약간 알코올 기운이 있는 음료로 걸쭉한 흰 음료이며 달고 자극적인 맛이 난다.

티베트인이 즐기는 축제에는 국가적인 것도 있고 지역적인 것도 있다. 지역적인 축제는 다양한 종류가 있다. 국가 축제는 종류는 적지만 통일성과 호화스러운 모습을 보여준다.

티베트력 1월 1일(양력 2월 또는 3월에 해당한다)에는 티베트인 전체가 새해 절기를 지낸다. 사람들은 동틀녘에 수도원, 사원, 사리탑, 예배 장소 등에 가서, 신과 성인의 상과 유물에 헌금을 한다. 이날 각 가정에서는 특별히 구운 과자를 준비하고, 뿔 달린 양머리를 진짜든 박제든 준비해서 장식용으로 사용한다. 화려한 용기에 보릿가루와 밀가루 그리고 창을 담아 자신의 집을 방문하는 사람에게 선물로 주고, 이를 받은 사람들은 음식을 조금 맛본 뒤 공중으로 던져 신에게 바친다.

새해 축제가 끝나면 곧바로 기도 축제가 이어지는데 이 축제는 새해 사흘째 되는 날에 시작해 15일 동안 계속된다. 이 축제는 부처가 6명의 종교적인 적을 논쟁과 기적을 통해 물리친 일을 기념하는 것이다. 이 축제 기간 동안에는 매일 특별한 기도를 드려야 한다. 기도, 금식, 기부를 통해 티베트력 4월 15일에 일어난 부처의 탄생, 득도, 죽음을 기념한다.

게룩파의 창시자인 총카파의 제일(祭日)을 기념하는 축제일은 10월 25일로, 이날은 모든 가정의 지붕과 창가에서 버터 램프를 태운다. 악령을 추방하는 절기는 티베트력 마지막 달 29일에 지낸다. 밤에 밀가루 죽을 담은 사발과 불붙은 짚 한 줌을 집 안 각 방마다 놓아두면 악령이 소환된다. 이 사발과 짚을 집 밖 멀리 가지고 나가 다 태워버린다.

티베트에는 미신이 많다. 여행자가 우연히 장례식 행렬을 만난다든지 강의 기원을 발견한다든지 지나가는 사람이 물주머니를 가지고 있는 걸 보게 되는 것은 행운을 만날 징조라고 생각한다. 지붕에 매나 부엉이가 앉으면 사람이 죽는 일 등 안 좋은 일이 생길 것이라고 믿으며, 결혼식 도중에 눈이 내리면 결혼 당사자들에게 안 좋은 일이나 어려움이 생긴다고 여긴다. 하지만 장례식 도중에 내리는 눈은 그 가족에게 오랫동안 죽음이 멈출 것을 상징한다.

2001년 처음 중국이라는 나라에 왔을 때 우루무치에 갈 기회가 있었다. 우루무치는 베이징과 시차가 2시간 넘게 나기 때문에 밤 10시가 되어서야 해가 지는 풍경을 볼 수 있는 사막의 도시다. 우루무치에서 시속 140킬로미터로 밤낮으로 꼬박 3일을 달리는 기차를 타고 베이징으로 돌아오는 동안, 중간에 한 번씩 기차가 설 때마다 중국말이 아닌 다른 말을 하며 흔히 보던 한족과는 생김새마저도 다른 사람들이 차에 오르는 모습을 볼 수 있었다. 그 여행을 통해 중국이 단순히 인구만 많은 나라가 아니라, 언어, 외모, 풍습, 역사, 문화마저 다른 수많은 민족이 살고 있는 큰 나라라는 사실을 머리가 아닌 몸으로 느낄 수 있었다.

긴 기차 여행으로 시작된 3년간의 중국 생활 동안 베이징, 상하이, 청다오, 난징, 우한, 홍콩, 샤먼, 쑤저우, 항저우, 시안, 시닝, 둔황, 란저우, 정저우 등 많은 도시를 방문했고, 한족뿐 아니라 만주족, 화족, 위구르족, 짱족 등의 사람들을 만났다. 단순히 '중국사람'이라고 묶어 부르기에는 너무나 다른 그들을 만나면서 어떤 주제로 그들과 이야기를 나눌 수 있을까 생각해보았다.

2007년, 중국인 남편과 결혼을 하게 되면서 나는 중국이라는 나라를 어떻게 어디서부터 이해해야 할까를 본격적으로 고민하기 시작했다. 중국인은 어떤 일을 겪으며 살아왔는지, 무엇을 보면서 아름답거나 추하다고 느끼는지, 이들을 울고 웃게 만드는 것은 무엇인지, 또한 어떤 일을 자랑스럽게 생각하고 어떤 것을 고민하는지 궁금해졌다.

중국이라는 나라가 존재해온 시간 자체가 어마어마하게 길기 때문에, 그리고 너무나 많은 사람들이 이 나라에서 살았고 살고 있기 때문에 중국 전부를 이해하려면 평생 동안 공부해도 부족하겠다는 막막함을 느끼던 찰나, 이 책을 만나게 되었다. 작업하는 내내 잘 만들어진 지도 한 장을 들여다보는 것 같았다. 긴 역사를 간결하게 정리하고 현대사에는 넉넉한 지면을 할애한 부분이 특히 마음에 들었다. 자칫 어려울 수 있는 정치나 경제뿐 아니라 음악, 미술, 문학, 건축, 종교 등 여러 영역의 핵심을 짚어주는 이 책을 읽으면서 비로소 좋은 나침반을 만난 기분이었다.

내 평생의 숙제를 하는 데 큰 도움이 된 책을 만나게 해주신 아고라출판사에 깊이 감사드린다. 그리고 작업하는 내내 옆에서 자료를 찾아주고 같이 고민해준 남편에게 사랑한다고, 이 큰 나라를 품게 해주어서 고맙다고 전하고 싶다.

_이선미

중국을 말하다
인류 지식의 표준, 브리태니커가 집대성한
현대 중국의 모든 것

1판 1쇄 발행 2014년 3월 10일

지은이 브리태니커 편찬위원회
서 문 조너선 머스키 외
옮긴이 이선미
펴낸이 김찬

펴낸곳 도서출판 아고라
출판등록 제2005-8호(2005년 2월 22일)
주소 경기도 파주시 와석순환로 347 101동 504호
전화 031-948-0510
팩스 031-948-4018
홈페이지 www.agorabook.co.kr

ⓒ 아고라, 2014
ISBN 978-89-92055-43-7 04910
       978-89-92055-41-3 04080(세트)

* 책값은 뒤표지에 있습니다.